3일 만에 끝내는 히브리어의 뼈대

개정판

3일 만에 끝내는
히브리어의 뼈대

2016년 9월 5일 개정 1쇄 발행
2019년 3월 28일 개정 2쇄 발행

지은이 | 박철현
펴낸이 | 박영호
펴낸곳 | 도서출판 솔로몬

주소 | 서울시 동작구 사당로 155, 신주빌딩 B1
전화 | 599-1482
팩스 | 592-2104
직영서점 | 596-5225

등록일 | 1990년 7월 31일
등록번호 | 제 16-24호

ISBN 978-89-8255-535-0 03230

개정판

3일 만에 끝내는 히브리어의 뼈대

• 박철현 지음 •

3단계로 푸는 히브리어의 원리

히브리어의 유전자 : 자음과 모음/음절/액센트 법칙

히브리어의 뼈대 : 규칙 명사/동사 변화 등

히브리어의 살 : 약동사 변화 등 기타

이 땅의 모든 아들이 상상할 수 있는 부모님 중 최고의 부모님이신
박필순 집사님과 정정자 권사님께 이 책을 바칩니다.
두 분의 아들이라는 점이 자랑스럽고 행복합니다.

차례

5장 동사 …188

3부 히브리어의 살:추가적 사항들 …351

『3일 만에 끝내는 히브리어의 뼈대』란 이 책은 히브리어라는 언어에 대한 저의 통찰들을 담고 있습니다. 한없이 복잡해 보이는 히브리어 동사나 명사 등의 변화가 거의 대부분 몇 가지 간단한 법칙들에 기초하고 있다는 것을 깨닫는 순간부터 저는 히브리어라는 언어는 상당 수준까지 꽤 쉽게 습득될 수 있다는 것을 확신해왔습니다. 그리고 이 확신은 지금까지 한 번도 변한 적이 없습니다. 그것이 이 책을 쓰게 된 동기입니다.

이 책의 내용은 통상적인 히브리어 교재들의 배후에 깔린 히브리어 변화의 원리들을 교실에서 강의하듯이 늘어 놓은 것입니다. 이 책을 쓰기 이전에도 저는 제가 깨달은 원리들을 가지고 많은 강의를 해왔고, 또 상당히 좋은 결과들을 얻어왔었습니다. 그러나 제가 생각하기에는 제 강의를 들으면 거의 모든 학생들이 히브리어를 잘하게 될 것 같았지만 그렇지는 못했습니다. 그 원인이 무엇일까 깊이 생각하고 관찰해 본 결과 제가 얻은 결론은 제가 히브리어의 본질을 쉽게 습득하는 방법들에 대해 가르치는 내용들이 문자화되어 있지 않다는 점이었습니다. 다른 사람들이 쓴 교재들을 가지고 강의를 하면서 이런 원리들을 부차적으로 설명하는 방식으로는 한계가 있었던 것입니다. 물론 제가 이런 식으로 제공한 내용의 핵심들을 파악한 사람들은 굉장히 좋은 성과를 얻어냈습니다.

그러나 그렇지 못한 사람들은 제가 가르치는 원리들을 어렴풋이는 깨닫는다 할지라도 체계적으로 복습할 방법이 딱히 없었던 것이지요. 이런 고민을 담아 제가 깨달은 히브리어의 작동 원리를 문자화시킨 것이 이 책입니다.

이 책을 쓴 후 저는 세미나를 10회 정도 운영하고, 유투브에 강의 동영상을 띄우기도 했습니다. 그 결과 이제 이 책은 그 나름대로의 생명력을 얻게 된 것으로 보입니다. 이 책이 절판되어 서점들에서 사라진 후 이 책을 찾는 분들의 끊임없는 재출판 요청이 전화나 이메일로 있어 왔습니다. 이런 요청들을 채우기 위해 이 수정판 책을 냅니다.

원래 저는 그 동안의 세미나와 온라인 강의 경험을 바탕 삼아 전면 재개정판을 내고 싶었습니다. 그러나 이렇게 대규모적으로 손 보는 것은 시간이 너무 걸리는 일이고, 현재의 제 상황으로는 불가능해서 먼저 이렇게 소규모 개정을 한 수정판을 냅니다. 시간이 많이 필요한 전면 재개정판이 나오기 전까지 목회자들과 신학생들에게 히브리어를 쉽게 공부하는 길을 제공할 필요가 있다고 개인적으로도 생각하고, 또 꽤 많은 요청들도 있었기 때문입니다.

하지만 내용 수정을 최소화하고자 했지만 처음 생각한 것보다는 꽤 많은 부분을 수정했습니다. 세미나와 온라인 강의 등을 통해 좀 더 저의 이해가 선명해진 부분도 있고, 초판에서 충분히 논리적으로 생각한 부분들도 있었는데 이것들을 조금 더 보강했습니다.

이 수정판을 낸 후에 이것에 맞추어 동영상을 다시 차근차근 제작하여 올릴 생각입니다. 또 이 책의 자매지로 『직독직해를 위한 히브리어 400 단어장』이라는 책도 낼 계획입니나. 이 후자의 책은 이미 오래 전에 초벌 원고는 끝난 상태였으나 그 동안 여러 가지 개인적인 일 때문에 출판을 하지 못했지만 이번 기회에 내고자 하고 있습니다. 여러분이 『3일 만에 끝내는 히브리어의 뼈대』 책으로 먼저 공부하시고 다음으로 『직독직해를 위한 히브리어 400 단어장』을 공부하시면 구약성경을 히브리어로 읽는 목표에 좀 더 쉽게 다가가실 수 있으리라 생각합니다.

이 책이 좀 더 많은 독자들에게 다가갈 수 있게 된 데는 네오와인이라는 IT 기업을 운영하시는 이효승 집사님의 조언과 도움이 컸습니다. 또 이 집사님은 제가 하나님의 인도를 따라 교회를 하는 데도 많은 도움을 주셨습니다. 그리고 이영애 권사님에게도 감사를 드리고자 합니다. 이 권사님은 제가 광야와 같은 시기를 지나면서 헤맬 때 만나와 메추라기 같은 역할을 해주셨읍니다. 마지막으로 솔로몬 출판사의 박영호 사장님께도 베풀어준 은혜에 대해 감사의 마음을 표합니다. 제가 먼저 있던 학교에서 사표를 내고 시간 강사 생활이나 강의 전담 교수 자리로 쉽지 않은 생활을 이어나갈 때 실제적인 도움들을 주셨습니다. 이 모든 분들에게 이 자리를 빌어 깊은 감사를 다시 한 번 표하고자 합니다.

2015년 7월 15일

박철현

| 초판 서문 |

이 책은 철저히 "꿩 잡는 게 매"라는 정신으로 일관합니다. 히브리어를 처음 배우는 분들, 그 중에서도 특히 어학에 소질이 아주 없는 분들이 이 책을 통해 히브리어에 최소한이나마 친숙해지고, 더 나아가서는 히브리어를 잘 배우는데 도움이 된다면 무엇이라도 하겠다는 마음으로 이 책을 썼습니다.

그래서 다른 학자분들이 보면 "뭐 이따위 책이 다 있어"라고 생각하시거나 이 책 내용들 중의 어느 부분에 가서는 "이런 식으로 설명하다니 말도 안 돼"라고 생각하실 수 있는 부분들도 있을 수 있습니다. 그러나 안타깝게도 상당히 많은 교수님들과 학자분들은 히브리어를 처음 배우는 학생들 중 상당수 학생들이 겪는 답답함과 안타까움을 잘 모릅니다. 한국에서는 잘못된 외국어 교육으로 인해 많은 학생들이 노력을 안 해서가 아니라 정말 어떻게 공부를 해야 할 줄 모르기 때문에 외국어를 잘 못하는 경우가 많습니다. 특히 영어의 경우가 그렇지요. 그리고 한 번 외국어 공부에 자신을 잃은 학생들은 그 뒤로는 모든 종류의 외국어를 무조건 다 싫어하게 마련입니다. 그런 분들에게 아무리 이 정도도 못하느냐고 다그쳐봐야 소용이 없습니다.

영어 같은 경우에는 서점에 가보면 정말 온갖 종류의 교재들이 많습니다. 아주 딱딱하면서도 체계적인 교재들도 있는 반면에 정말 이게 무슨 옛날 시골 약장수 약팔기 식인가 하는 정도의 책들도 많습니다. 또 기초부터 아주 쉽고 간단하게 가르쳐주는 책들도 많습니다.

제 열 살짜리 아들 같은 경우는 만화로 영어 문법을 배웠습니다. 이 아들이 지금도 영어 알파벳을 거의 모르는 상태인데 만화로 문법을 배우더니 놀랍게도 문법에 대한 이해도는 공부 잘 하는 웬만한 고등학생 빰칠 정도입니다. 제가 이게 가능한가 싶어 여러 가지로 테스트도 해봤는데 놀랍게도 문법에 대한 이해가 아주 정확했습니다. 문법 용어도 거의 완벽하게 다 알고요.

영어의 경우에는 이런 식의 놀라운 교재들이 많은데도 불구하고 한국의 영어 수준은 여러분도 알다시피 아주 심각한 수준입니다. 그런데 히브리어는 어떻습니까? 천편일률적으로 아주 딱딱한 책들뿐입니다. 그나마 외국에서는 히브리어를 쉽게 공부할 수 있도록 해주겠다고 약속하는 책들이 최근에 많이 쏟아져 나오고 있는 판국인데 우리 나라는 여전히 아주 딱딱하고 고전적인 책들이 주로 신학교에서 사용되고 있습니다.

게다가 외국에서 요즘 나오는 쉬운 히브리어 교재들 역시 제가 생각하기에는 한국의 많은 신학생들에게는 여전히 너무 어렵습니다. 그래서 저는 지금 제가 쓴 것과 같은 교재가 필요하다는 생각을 하게 되었습니다.

이런 책을 만들게 된 배경에는 또 다른 이유도 있습니다. 궁극적으로는 다른 모든 언어들도 그렇겠지만 특히 히브리어의 경우는 문법의 핵심 사항은 정말 한 줌도 안 됩니다. 또 필수 어휘도 다른 언어들에 비하면 극히 적습니다. 그래서 한 줌도 안 되는 문법 사항에 필수 어휘를 먼저 익히고 나서 좀 더 복잡한 내용들을 배우면 히브리어는 아주 쉽게 일정 수준 이상의 실력을 갖출 수가 있습니다.

그런데 현재 신학교 수업들에서는 전혀 이런 식으로 학습이 이루어지고 있지 않습니다. 대부분의 수업들은 앞에서 말한 고전적이고, 딱딱하고, 방대한 내용을 가진 교재를 처음부터 밀고 나가는 식으로 교육을 합니다. 학생들은 히브리어 공부에서 크고 핵심적인 내용이 뭔지도 모르고 무작정 쏟아지는 방대하고 딱딱한 내용들을 빠른 시간 안에 씹어 삼켜야 합니다. 어학 습득 능력이 좋은 학생들은 놀라울 정도의 우수성을 가지고 빠른 시간 안에 히브리어를 습득합니다만 나머지 대다수의 학생들은 수업 내내 "포기"란 단어를 떠올리게 됩니다.

그 결과 히브리어 수업을 하는 강의실 풍경은 마치 고3 때의 영어나 수학 수업을 하는 교실 풍경 같습니다. 다 아시죠? 고3 때 영어나 수학 시간에 극소수의 학생들을 제외한 나머지 학생들은 자거나 딴짓을 하고 있죠. 선생님은 그런 학생들을 격려하려 들지도 않고 그냥 현실이 어쩔 수 없다는 식으로 방치합니다. 참 슬픈 그림이지요. 불행하게도 히브리어 수업도 이런 경우가 참 많습니다. 좋은 어학 습득 능력을 가진 극소수의 학생들과 학습을 포기한 대다수의 학생들! 안타깝기 그지 없습니다.

히브리어 강의를 해오면서 저는 어떻게 하면 다수의 학생들이 히브리어에 흥미를 가지게 만들고, 또 실제로 대부분의 학생들이 히브리어를 잘하게 만들 수가 있을까 하는 고민을 많이 했습니다. 또 학생들이 히브리어 수업을 잘 못 따라오는 이유를 알기 위해 직접 학생들에게 물어보기도 하고, 관찰도 했습니다.

그 결과 몇 가지 점들이 제 눈에 들어왔습니다. 그 중 중요한 것 몇 가지만 언급하자면 다음과 같습니다. 첫째, 히브리어를 못하는 첫 번째 장벽은 히브리어 자음과 모음입니다. 상당수의 학생들은 눈에 낯선 히브리어 자음, 즉 히브리어 알파벳을 배우는 순간부터 심리적으로 히브리어에 대해 어려움을 겪습니다. 이 심리적 어려움은 히브리어 모음을 만나는 순간 더 확 커지게 되고, 이 두 이상한 글자들의 조합을 통해서 히브리어를 배워야 한다는 것을 깨닫는 순간 히브리어와는 이별을 고하는 경우가 많습니다. 그리고 학생들이 이런 심리적 장벽을 겪는데도 불구하고 대부분의 히브리어 수업에서는 이 첫 순간의 어려움을 해소하는 데 시간을 별로 할애하지 않습니다. 보통 첫 수업시간에 히브리어 자음과 모음 설명을 끝내버리죠. 그리고는 그것들을 소화해내고 암기해내지 못하면 학생의 책임으로 돌려버립니다. 물론 꼭 의식적으로 그렇게 하는 것은 아니지만요. 제가 관찰하고, 학생들과의 대화를 통해 파악한 바로는 많은 학생들이 정말로 바로 이 대목에서 히브리어를 포기합니다. 이 말은 다시 말하자면 바로 이 대목에서 학생들을 잘 도와주면 좀 더 많은 학생들이 히브리어를 잘하게 될 것이라는 말이기도 합니다. 이 교재를 통해 제가 학생들에게 해주고 싶은 것들 중의 하나가 바로 이것입니다.

둘째, 학생들은 히브리어가 동사 변화나 명사 변화를 하면서 모음이 제 마음대로 아무 규칙 없이 막 변화한다고 생각하는 경우가 많습니다. 헬라어는 동사 변화나 명사 변화에 대해 외울 것이 많기는 하지만 그래도 억지로 이것들을 외우고 나면 나름대로 할 만합니다. 반면에 히브리어는 어미 변화 같은 것은 간단한 대신에 정작 상관없는 곳이 마구 변하는 것에 학생들이 진저리를 칩니다. 그런데도 정말 놀랍게도 학생들의 이런 곤란함을 해소시켜 줄 만큼 체계적인 설명을 해주는 히브리어 교재나 강사는 생각보다 많지 않습니다. 사실 이 변화들은 한 줌도 안 되는 간단한 원리만 터득하고 나면 너무나도 쉽게 다 해결되는데 말이죠. 이 책이 학생들을 도와주고 싶은 또 하나의 대목이 바로 이것입니다. 사실 히브리어를 잘 아는 분들은 뻔히 다 아는 사항들이지만 이 간단하면서도 중요한 원리들을 학생들이 충분히 익히도록 해줌으로써 학생들이 히브리어를 쉽게 배우게 해주고 싶습니다. 이 간단한 원리들만 터득하고 나서 이것들을 실제 변화에 적용해보는 훈련만 어느 정도 하고 나면 학생들은 초등학교의 간단한 방정식 풀듯이 히브리어의 변화를 다룰 수 있게 됩니다. 그리고 이것만 터득하고 나면 웬만한 수준의 히브리어를 익히는데 필요한 사항들은 거의 다 익힌 거나 마찬가지가 됩니다.

셋째, 히브리어를 공부하면서 외워야 할 복잡한 문법사항들이 무척이나 많다는 인상을 받는 학생들이 꽤 있습니다. 그래서 질리죠. 그러나 사실 이 책의 제목에 나온 대로 히브리어의 "뼈대"는 정말 황당할 정도로 간단합니다. 이 "뼈대"만 제대로 익히고 나면 나머지 살은 아무리 많아도 다 거의 자동으로 해결됩니다. 외울 필요조차도 거의 없을 정도입니다. 제가 초급 히브리어를 가르치면서 자주 하는 말처럼 "뼈대" 외의 사항을 만나면 위의 둘째 항목에서 말한 몇 가지 간단한 원리들을 적용해서 스스로 해결하면 되고, 그래도 안 되는 극히 드문 몇 가지 경우는 굳이 수고할 필요 없이 "그러려니" 하고 넘어가면 됩니다. "뼈대"

와 원리를 벗어나는 것들은 정말 사소한 것들이라 몇 번 스쳐 지나다 보면 자동으로 머리에 들어오거나, 다시 만날 때까지 별 신경 안 쓰고 있으면 되는 것들입니다. 여러분들이 히브리어 문법 학자가 될 것이 아니라면 말이죠.

넷째, 히브리어는 외워야 할 것이 너무 많다고 생각하는 분들이 많습니다. 그러나 사실 히브리어를 강의하면서 제가 학생들이 꼭 암기해야 할 사항으로 요구하는 것은 극히 적습니다. 주격 인칭대명사(10개), 기본 칼 동사 변화(7개, 이게 뭔지는 나중에), 칼 동사부터 호팔 동사까지 완료와 미완료 3인칭 남성 단수(14개, 이게 뭔지는 나중에), 명사 변화 어미(딱 3개), 이것이 거의 전부입니다. 이것만 외우고 나시면 히브리어의 거의 모든 변화는 다 파악할 수 있고, 이해할 수 있습니다. 히브리어를 웬만큼 하시는 분들은 아마 다 제 말에 동의하실 것입니다.

다섯째, 히브리어는 꼭 암기해야 할 필수 어휘도 극히 적습니다. 다른 언어와 비교하면 정말 상대도 안 되죠. 여러분이 이 책에 나오는 어휘들을 좀 익히고 나면 이미 어느 정도 히브리어에 대한 부담이 확 줄어들 것입니다. 또 제가 학생들이 쉽게 익힐 수 있는, "획기적인" 기초어휘집을 곧 만들 건데 그것을 좀 참고하거나, 이 책보다 좀 더 상세한 기초 문법책을 공부하면 성경을 읽는 데 필요한 웬만한 어휘는 거의 다, 그리고 쉽게 배울 수 있습니다.

또 히브리어 어휘는 기초가 되는 자음이 딱 세 자음으로 구성되는 경우가 거의 대부분입니다. 이 세 자음이 형태는 거의 그대로 유지하면서 동사, 형용사, 명사, 부사 등으로 변화하는 것이죠. 따라서 여러분이 기초가 되는 세 자음과 그 의미에 대해서 어느 정도 감만 터득하고 나면 여러분은 위에서 익힌 얼마 안 되는 어휘로부터 뜻을 상당히 많은 경우 정확히 유추할 수 있게 됩니다. 그 정도만 공부하고 나도 히브리어 성경을 읽는 것이 상당히 쉬워지게 됩니다.

이 책을 쓰면서 저는 한 가지 목표를 세웠습니다. 그것은 위에서 말한 저의 관찰 사항들을 반영하여 히브리어 학습의 과정이 최대한 고통스럽지 않은 책을 쓰도록 하자는 것이었습니다. 마치 재미있는 소설책을 만나면 정신없이 밤을 새워 읽듯이 읽을 수 있는 책을 써보자는 것이었습니다. 학생들이 그렇게 몰입

할 수 있도록 하기 위해서 저는 학생들이 가능하면 페이지를 이리저리 뒤적거리지 않도록 동일한 내용을 여러 번 반복해서 설명했습니다. 이미 나온 도표들도 여러 번 반복해서 실었습니다. 학생들이 "지금 여기에서 설명하는 내용의 도표가 어디에 있더라" 하면서 책을 뒤적거리기 시작하면 제가 말한 바와 같은 소설 읽듯이 히브리어를 공부하게 한다는 목표가 달성될 수 없기 때문입니다. 그래서 "똑같은 내용을 다시 쓰고 또 쓰고 하느라 제가 귀찮더라도 그 덕분에 학생들이 편하게 히브리어를 공부할 수만 있으면 그렇게 하자"라는 심정으로 이 책을 썼습니다. 가제본 상태에서 이 책을 읽어본 독자분들, 그리고 이 책이 나오기 전에 세 번에 걸친 "3일 히브리어" 세미나에 참석한 분들의 말에 따르면 저의 이런 저술 방식이 상당히 효과가 있다고 합니다. 이제 정식으로 책이 나온 지금, 이 책을 가지고 공부하는 여러분에게도 동일한 효과가 있었으면 합니다.

이 책은 다음과 같은 삼중 구조를 가지고 있습니다. 즉 히브리어의 유전자, 뼈대, 살의 구조입니다. 가장 기초가 되는 부분은 히브리어의 유전자입니다. 이에 해당하는 사항들은 1부에서 다뤄지는 히브리어 알파벳과 모음, 음절, 액센트입니다. 마치 유전자가 생물체의 모든 것을 다 결정하듯 히브리어의 유전자들 역시 히브리어라는 언어의 성격을 결정합니다. 따라서 이 유전자적 사항들을 잘 파악하면 히브리어는 상당히 쉬워집니다.

삼중 구조의 두 번째 사항은 히브리어의 뼈대입니다. 이 뼈대는 2부에서 다뤄지는 규칙 명사, 규칙 동사의 변화와 같은 사항들입니다. 유전자가 발현되면 생물체는 특정한 골격을 갖추게 됩니다. 이 뼈대를 잘 알아야 해당 생물체의 실제 모습을 알 수 있게 되겠지요. 예를 들어, 2m가 훨씬 넘는 씨름 선수 최홍만은 집안에서 유일하게 거대한 신체를 가진 사람입니다. 부모와 다른 형제들은 그냥 일반인 수준의 신체를 갖고 있습니다. 최홍만 선수만 엄청나게 거대합니다. 가족이니 다 거의 동일한 유전자를 갖고 있을 텐데 참 신기한 일입니다. 마찬가지로 아무리 히브리어의 유전자를 잘 알아 봤자 그 유전자가 발현된 결과물인 실제 뼈대를 알지 못하면 소용이 없습니다.

삼중 구조의 세 번째 사항은 히브리어의 살입니다. 이 살은 3부에서 다뤄지는 추가적 사항들, 즉 히브리어의 불규칙 동사(약동사라고 함) 변화와 같은 것들입니다. 아무리 뼈대를 잘 파악해도 최종적으로 우리의 눈에 비치는 생물체의 모습은 겉으로 드러난 모습입니다. 비유적으로 저의 예를 들자면 저는 대학교 때 50kg 초반대의 체중이 나갔습니다. 신대원 때도 60kg 초반을 넘지 못했습니다. 그런데 미국에 유학을 가자마자 몇 달 만에 몸무게가 80kg이 훌쩍 넘어버렸습니다. 계속 살이 더 쪄서 95kg을 넘긴 것까지는 제가 확인했지만 어쩌면 100kg을 넘은 적도 있지 않나 생각됩니다. 50kg대의 저와 95kg대의 저의 모습은 기본 뼈대는 완전히 동일하지만 살집의 차이로 인해 완전히 달랐습니다. 히브리어도 결국 최종적으로 학생들이 받는 인상은 이 살집에 의해 결정됩니다.

이 살집의 변화무쌍함이 학생들이 히브리어를 못하는 또 하나의 커다란 이유일 것입니다. 그러나 상황에 따라 계속 변화하는 이런 살집의 모습에 휘둘리면 안 됩니다. 겉이 아무리 변화무쌍하게 변해도 뼈대의 제약을 받습니다. 50kg이던 제 체중이 100kg이 된다 해도 제가 갑자기 최홍만처럼 커질 수는 없습니다. 제가 이 책의 제목을 "3일 만에 끝내는 히브리어의 뼈대"로 정한 것은 1부의 히브리어의 유전자와 2부의 히브리어의 뼈대만 여러분이 정말 제대로 공부하면 3부의 히브리어의 살에 해당하는 공부는 얼마든지 쉽게, 여유 있게, 즐기면서 마스터할 수 있다는 확신 때문입니다.

아무쪼록 이 책이 여러분에게 정말 그 어떤 다른 방법보다도 쉽게 히브리어를 익히게 만드는 통로가 되면 좋겠습니다. 제가 이 책의 제목으로 삼은 "3일 만에 끝내는 히브리어의 뼈대"라는 말이 허풍이 되지 않도록 저의 히브리어 공부 노하우를 최대한 이 책에 담으려고 노력했습니다. 여러분이 이 책에서 제가 전달하고자 하는 바를 깨닫고 제가 요구하는 몇 가지 사항들을 잘 익히신다면 정말 히브리어를 잘할 수 있게 되리라고 저는 확신합니다. 저의 노력과 여러분의 노력이 만나 이 나라의 좀 더 많은 신학생들과 목회자들이 구약 본문을 히브리어로 즐기고 설교할 수 있는 때가 왔으면 좋겠습니다.

이제 감사를 표현하고자 합니다. 지난 몇 달 동안은 마라톤의 마지막 스퍼트의 속도로 내달린 기간이었습니다. 원래는 "한두 주 정도면 충분히 다 쓰겠지"라고 생각했던 이 책이 몇 달짜리 일이 되어버렸고, 그 와중에 제 아내와 아이들은 이 남편과 아빠를 많이 누리지 못했습니다. 그 시간을 견뎌준 가족에게 감사드립니다. 가족은 저에게 Perhaps Love란 팝송의 가사처럼 "폭풍우 치는 날의 따뜻한 난로"와 같은 존재임을 고백합니다.

마지막으로 저를 낳아주시고, 최선을 다해서 길러주신 제 부모님, 박필순 집사님과 정정자 권사님께 이 책을 바칩니다. 두 분의 평생의 헌신에 대한 보답을 드리기에는 이 아들의 모습이 아직은 아쉽습니다. 그러나 최소한 두 분의 헌신에 걸맞는 정직한 삶을 살려고 해왔고, 앞으로도 그렇게 살고자 할 것임은 변함이 없습니다. 하나님의 은혜가 이 땅에서의 두 분의 남은 삶에 항상 풍성하기를 기원합니다. 사랑합니다. 두 분의 아들인 점이 영광스럽습니다. 오래오래 사세요.

2013년 5월 27일

박철현

1부

히브리어의 유전자

1

1장 : 히브리어의 유전자
2장 : 히브리어 자음
3장 : 히브리어 모음
4장 : 음절 개념
5장 : 액센트 법칙

1부의 내용은 크게 다음의 세 가지입니다.

- 히브리어의 알파벳과 모음
- 음절
- 액센트

히브리어를 하나의 생명체라고 할 때 이 1부에서 배우는 사항들은 히브리어의 유전자라고 할 수 있습니다. 우리 몸의 모든 요소들은 다 우리가 가진 유전자 정보에 의해서 결정이 되듯이 이 1부에서 배우는 사항들은 히브리어의 모든 것들의 바탕이 되는 원리라고 할 수 있습니다. 이 사항들은 2부와 3부에서 배울 히브리어의 모든 기본 사항들(뼈)과 추가적 사항들(살)의 바탕에 깔린 작동 원리입니다. 이 1부의 사항들을 제대로 파악하지 못한다면 2부와 3부의 모든 사항들은 도무지 해독 불가능한 수수께끼와 같은 것이 되어 버립니다. 사람들이 히브리어를 못하는 이유는 바로 이 1부의 사항들에 대한 충분한 지식 및 이해가 없기 때문입니다.

따라서 1부에서 우리는 이 세 가지 사항들을 제대로 습득하기 위해 상당한 정성을 들일 것입니다. 이 1부는 위의 사항들을 효과적으로 다루기 위해 다음과 같이 더 세분화된 구조를 띠고 있습니다.

1장 히브리어의 유전자

보통 히브리어 문법책의 첫 페이지는 알파벳에 대한 소개가 장식합니다만 저는 다른 이야기부터 하도록 하겠습니다. 그것은 히브리어라는 언어의 유전자 정보에 대한 것입니다. 히브리어를 잘하기 위해서는 히브리어라는 언어가 가진 유전자 정보를 잘 이해해야 합니다. 그 유전자 정보는 다음의 세 가지입니다.

(1) 히브리어 알파벳과 모음
(2) 음절
(3) 액센트

이 히브리어의 유전자들이 가진 정보들, 즉 히브리어라는 언어의 본질적 특성들을 잘 터득하고 나면 히브리어는 아주 쉬워집니다. 그러면 이 히브리어의 유전자 정보들을 하나씩 설명해보도록 하겠습니다.

그 전에 히브리어의 특징들을 한국어나 영어 등의 다른 언어들과의 비교해보겠습니다. 물론 다른 언어들에 대해서는 히브리어의 특징을 강조하는 와중에서 과도한 단순화가 있기는 합니다. (이하의 도표는 Ethelyn Simon and Joseph Anderson, *Teach Youself To Read Hebrew* [Rev. Ed.; Oakland, Calif.: EKS Publishing, 2008], 3에 기초한 것임.)

	영어	히브리어
읽는 순서	● 왼쪽에서 오른쪽으로 (→) (예) dog란 단어를 읽을 때 왼쪽에서 오른쪽으로 (→) 즉 d/o/g의 순서로 읽음	● 오른쪽에서 왼쪽으로 (←) (예) dog란 단어를 읽을 때 오른쪽에서 왼쪽으로 (←) 즉 g/o/d의 순서로 읽음
알파벳	● 26자로 구성 모음(a, e, i, o, u)과 자음(b, c, d 등)이 섞여 있음	● 22자로 구성 알파벳은 전부 다 자음 모음은 따로 존재함 ※한국어와 비슷 자음: "ㄱ, ㄴ, ㄷ, ㄹ" 모음: "ㅏ, ㅑ, ㅓ, ㅕ" ※한국어와 히브리어는 모두 자음과 모음을 조합해야 음절이 되고, 읽을 수 있는 소리가 됨
소리 내기	● 영어는 각 자음과 모음이 여러 방식으로 읽힐 수 있음 (예) c의 경우: cat (캐트[ㅋ]), cider (사이더[ㅅ]) gh의 경우: through (쓰루[묵음]) cough (코프[f 소리])	● 히브리어의 자음과 모음은 항상 동일한 소리가 난다고 보면 됨 ※한국어와 비슷
글자 모양	● 영어는 문자 처음의 대문자를 빼고는 항상 같은 모양	● 히브리어는 단어 끝에 올 때 모양이 달라지는 알페벳이 있음 ● 알파벳 글자 중간에 점을 찍어서 특별한 소리를 표시하기도 함

위의 히브리어가 영어와 가진 차이점들을 고려해 볼 때 히브리어는 사실 한국 사람이 배우기 참 좋은 언어입니다. 비록 위 도표의 첫 번째 특징이 현대 한국어와 차이가 나기는 하지만 사실 한국어는 왼쪽에서 오른쪽으로 읽든 그 반대로 읽든 간에 거의 차이가 없습니다.

반면에 영어권 사람들은 단어의 기록 순서를 뒤집어 버리면 엄청난 혼란에 빠질 것입니다. 한 번 생각해보세요. cough라고 쓸 단어를 hguoc라고 하면 얼마나 읽기가 난감하겠습니까.

또 히브리어가 자음과 모음이 분리된 체제를 갖추고 있다는 점도 정말 한국인에게는 큰 이점입니다. 따라서 히브리어는 여러분이 마치 한글에서 "ㄱ"이란 자음과 "ㅏ"란 모음을 묶어서 "가"라는 글자를 만들고, "ㄱ", "ㅏ", "ㄴ"을 조합해서 "간"이란 글자를 만들듯이 글자를 만들어내면 됩니다. 히브리어도 이와 똑같습니다.

● 히브리어와 한글의 글자 원리:

자음 + 모음	= ㄱ + ㅏ	= 가
자음 + 모음 + 자음	= ㄱ + ㅏ + ㄴ	= 간

또 히브리어는 자음과 모음이 거의 항상 같은 소리를 내기 때문에 여러분이 자음과 모음을 정확하게 익히기만 하면 뜻을 알든 모르든, 단어를 알든 모르든 항상 그 글자를 정확하게 소리 낼 수가 있습니다. 이렇게 알파벳(자음만 있음)과 모음을 습득하는 것만으로도 모든 히브리어 글자를 다 읽을 수 있다는 것은 엄청난 일입니다.

(이에 반하여 영어는 알파벳과는 별개로 매 단어마다 정확히 어떻게 읽어야 하는지를 따로 알아야만 합니다. 예를 들어, "wind"라는 단어는 "바람"이라는 뜻을 가진 명사로 쓰일 때는 "윈드"라고 읽지만, "[끈 같은 길다란 것을] 감다"라는 뜻을 가진 동사로 쓰일 때는 "와인드"라고 읽습니다. 따라서 영어는 글자만 안다고 해서 발음 문제가 해결되지 않습니다. 훨씬 더 많은 것을 알아야만 제대로 말을 읽고 쓸 수 있게 되지요.)

처음에 히브리어를 배울 때, 그리고 히브리어를 가르칠 때 부딪치는 거의 유일한 골치거리는 히브리어 자음의 글자가 단어 끝에 올 때 모양이 좀 달라지는 글자들(22개 알파벳 중 총 5개)이 있고, 또 각 자음 중간에 때때로 점을 찍어야 하는 특수한 일들이 발생한다는 점입니다(이런 사항들에 대해서는 조만간에 설명할 것임).

그러나 마지막의 이 유일한 난점만 극복하고 나면 히브리어는 한국인에게 정말 배우기 쉬운 언어가 됩니다. 여러분은 일단 뜻을 알든 모르든 간에 상관없이 히브리어의 글자를 아주 정확하게 소리 내어 읽을 수 있고, 또 소리를 들으면 쓸 수 있게 되는 것입니다. 참 멋진 일이지요.

(그리고 더 놀라운 점은 사실 여러분이 이 단계까지만 해도 히브리어가 마구 난무하는 상당수의 성경 주석들이나 학적인 글들을 마음 편하게 읽을 수 있게 된다는 점입니다. 히브리어를 잘 모르는 목사님들은 글을 읽다가 히브리어 글자만 나와도 갑자기 움츠러듭니다. 그리고 일단 심적으로 위축되고 나면 그 이후의 내용은 머리에 잘 들어오지도 않습니다. 이런 히브리어 울렁증은 자음과 모음을 잘 조합해서 정확히 소리를 읽고 쓸 수 있게 되는 것만으로도 상당히 많이 극복할 수 있습니다. 실제로 대부분의 전문적인 주석들이나 성경신학적 글들은 사실 히브리어와 관련해서 이 정도만 공부해도 충분히 이해할 수 있는 것들이지요. 단지 히브리어 울렁증을 극복하는 것만으로도 굉장히 많은 혜택을 누릴 수가 있습니다.)

그런데 어떤 언어에 대한 능력은 사실 자음과 모음을 가지고 글자를 읽고 쓸 수 있게 되는 것만으로는 다 해결되지가 않지요. 단순히 자음과 모음을 조합하여 글자를 읽는 것 이상의 단계로 올라가면 많은 사람들은 히브리어의 변화가 상당히 어렵다고 생각합니다. 예를 들어 명사가 단수에서 복수로 변할 때 영어의 경우는 그냥 명사 뒤에 s만 첨가해주면 됩니다(dog→dogs). 그러나 히브리어는 단수에서 복수의 변화가 대책 없이 막 변하는 것처럼 보입니다. 그리고 그 변화를 차근차근 설명해주는 책은 별로 없습니다. 그래서 히브리어는 참 배우기가 어렵다고 생각하시는 분들이 많습니다.

그러나 사실 이런 복잡해 보이는 변화는 아주 단순한 원리만 알면 거의 대부분 해결됩니다. 그 원리는 "**음절**"과 "**액센트**"입니다. 이 두 가지 사항이 결합되어 발생되는 간단한 현상(소위 "**액센트 법칙**", 총 3개가 있음)만 터득하면 거의 모든 사항들이 아주 논리적으로 설명됩니다. 이 "액센트" 법칙은 히브리어 공부를 관통하는 고속도로와 같습니다. 이 법칙만 잘 터득하면 변화무쌍해 보이는 히브리어의 변화가 아주 명쾌하고 쉬워집니다.

자 이처럼 히브리어는 자모와 음절, 액센트 법칙만 알면 되는데, 이 세 가지 사항을 조금 더 설명해보도록 하겠습니다. 아직 본격적인 설명은 아니고 그냥 개념을 잡아주는 정도이니 너무 부담 갖지 마세요.

1. 히브리어 알파벳과 모음

어떤 언어든지 잘하기 위해서는 그 언어의 문자 체계를 잘 터득해야 합니다. 영어를 잘 하려면 반드시 영어 알파벳을 터득해야죠. 한국어나 일본어의 경우도 마찬가지입니다.

히브리어도 문자 체계를 잘 알아야만 합니다. 그런데 히브리어의 경우에는 이 문자체계에 대한 정확한 지식이 특별히 더 요구됩니다. 그 이유는 다음과 같습니다.

첫째, 헬라어와 달리 히브리어는 글자가 상당히 생소합니다. 히브리어를 처음 배우는 학생들은 거의 대부분 히브리어 글자같이 생긴 문자를 본 적이 없을 것입니다. 이런 생소함이 학생들이 히브리어를 잘하지 못하는 이유입니다. 헬라어의 경우만 해도 그 모양새가 영어 알파벳과 닮았으니 큰 힘을 들이지 않고 곧 글씨를 읽을 수 있게 됩니다. 그러나 히브리어는 처음에 노력을 좀 해야 합니다. 하지만 대부분의 신학교의 히브리어 수업에서는 이 히브리어 문자 체계를 학생들이 습득하게 하는 데 시간을 별로 할애하지 않습니다. 그냥 한 번 설명을 해주고는 학생들에게 다음 시간까지 외워오라고 하고 끝내지요. 그러나 사실 히브리어 알파벳을 제대로 공부해오는 학생들은 그렇게 많지 않습니다. 히브리어와 학생들 사이의 악연은 대개가 이때부터 시작됩니다. 히브리어 알파벳을 제대로 알지 못하는 데 그 다음의 공부가 어떻게 제대로 되겠습니까? 이 책을 읽는 여러분이 히브리어를 잘하고 싶다면 제가 드리고 싶은 부탁은 히브리어 알파벳을 한글처럼 완전히 익숙해질 때까지 제대로 공부하라는 것입니다. 알파벳 공부만 제대로 되면 그 다음부터는 참 쉬워집니다.

둘째, 알파벳 공부가 중요한 이유는 히브리어의 거의 모든 변화가 사실은 히브리어 알파벳을 구성하고 있는 자음들의 특성을 제대로 파악하고 나면 자동으로 해결되기 때문입니다. 이 책이 자신 있게 "3일 만에 끝내는 히브리어의 뼈대"라는 제목을 달 수 있었던 것도 바로 이 점 때문입니다. 알파벳에 대해 제대로 이해만 하면 히브리어 공부의 척추를 바로 세울 수가 있습니다. 이 점은 나중에 차차 더 살펴보도록 하지요.

셋째, 히브리어의 알파벳은 처음부터 끝까지 모두 다 자음입니다. 히브리어 알파벳에는 모음이 존재하지가 않습니다. 놀랍게도 이 점을 잘못 알고 있는 분들이 꽤 됩니다. 한 가지 예를 들어보지요. 히브리어의 알파벳의 첫 번째 글자는 "알렢"이라고 합니다. 글자는 다음과 같이 생겼습니다.

א

희한하게 생겼죠? 이 글자가 바로 히브리어의 첫 글자인 "알렢"입니다. 문제는 굉장히 많은 사람이 이 글자를 영어의 a라고 생각한다는 점입니다. 히브리어를 꽤 하는 사람들의 경우에도 제가 이 "알렢"은 영어의 a가 아니라고 하면 어리둥절해하는 경우가 많습니다. 물론 정말 히브리어를 제대로 아는 분들은 처음에는 잘못 생각했다가도 제 말을 듣는 즉시 제가 말하는 뜻을 깨닫고 제 말에 동의하게 되지만요.

그럼 왜 이 "알렙"은 영어의 a일 수가 없을까요? 그 이유는 히브리어의 알파벳은 전부 다 자음인데 반해 영어의 a는 모음이기 때문입니다. 자음과 모음이 서로 같은 것일 리가 없지요.

넷째, 히브리어는 알파벳 외에 모음이 따로 존재합니다. 마치 히브리어 알파벳은 "ㄱ ㄴ ㄷ ㄹ…"과 같은 한글의 자음에 해당하고, 히브리어 모음은 "ㅏ ㅑ ㅓ ㅕ…"와 같은 한글의 모음에 해당하는 것과 마찬가지지요. 그리고 한글에서 "자음 + 모음" 혹은 "자음 + 모음 + 자음"의 결합을 통해 하나의 글자(정식으로 말하면 "음절")가 만들어지는 것처럼 히브리어의 경우에도 역시 마찬가지입니다. 히브리어의 자음, 즉 히브리어 알파벳의 글자와 히브리어 모음이 어우러져야 비로소 우리가 읽을 수 있는 글자가 됩니다. 이 점을 선명하게 이해하셔야만 히브리어가 쉬워집니다.

2. 히브리어의 음절

히브리어를 쉽게 공부하기 위해서 반드시 깨달아야 하는 히브리어의 유전자의 두 번째 특성은 음절입니다. 히브리어를 쉽게 배우기 위해서는 정확한 음절 개념을 가져야 합니다. 히브리어의 음절은 두 가지입니다.

- 개음절(=열린 음절): 자음 + 모음 (예: 가, 나, 다)
- 폐음절(=닫힌 음절): 자음 + 모음 + 자음 (예: 감, 납, 닶)

이 음절 개념은 앞에서 말한 히브리어의 자음의 특성 및 다음에 언급할 액센트와 연결해서 히브리어의 모든 변화를 주도하는 역할을 합니다. 따라서 히브리어의 음절을 정확히 파악하셔야만 합니다.

음절이라는 주제를 벗어나기 전에 반드시 알아 두셔야 할 상식은 음절의 각 구성 요소는 그 위치에 따라 각기 이름이 있다는 점입니다. "각"이란 글자를 가지고 설명을 해보지요. "각"은 다음과 같이 구성되어 있습니다.

ㄱ	+	ㅏ	+	ㄱ
①		②		③

1번 자리에 오는 자음을 "음절의 처음에 오는 소리"란 뜻에서 "초성"이라고 부릅니다. 1번의 "ㄱ"이 바로 초성이지요. 2번 자리에 오는 모음을 "음절의 중간에 오는 소리"란 뜻에서 "중성"이라고 부릅니다. 위의 예에서 "ㅏ"가 바로 중성이지요. 3번 자리에 오는 자음을 "음절의 끝에 오는 소리"란 뜻에서 "종성"이라고 부릅니다. 위의 예에서 3번의 "ㄱ"이 바로 종성이지요.

하나 더 예를 들어보지요. "룬"의 경우는 어떻습니까? "ㄹ"이 초성, "ㅜ"가 중성, "ㄴ"이 종성이겠지요? 언어 공부를 할 때 이 정도는 상식적으로 알아 두셔야 편합니다. 가르치는 사람과 배우는 사람 모두가요.

3. 히브리어의 액센트

영어 등의 언어를 배울 때도 액센트는 굉장히 중요합니다. 우리 한국 사람이 영어를 못하는 큰 이유 중의 하나가 액센트 때문이라고 하죠. 한국어에서는 액센트 개념이 거의 없다 보니까 외국어를 배울 때 액센트에 대해 감각이 많이 떨어집니다. 역으로 말해 영어를 잘하고 싶으면 액센트 개념을 키우면 됩니다.

영어의 경우에도 액센트가 이처럼 중요하지만 히브리어의 경우에는 특별히 더 중요합니다. 앞에서 말한 바와 같이 음절과 액센트의 결합, 이것이 히브리어의 작동 원리의 거의 대부분을 결정합니다.

그 이유는 "음절 + 액센트"의 결합의 변화에 의해 히브리어 단어의 모음이 마구 변하기 때문입니다. 따라서 이 변화의 원칙을 잘 모르면 히브리어는 완전히 대책 없는 언어처럼 느껴집니다. 예를 들어보지요. 여러분은 다 "왕"이란 뜻을 가진 영어 단어가 뭔지 아시지요? 네 king입니다. 영어의 경우는 일단 king이란 단어를 알고 나면 이 단어의 복수를 만들 때 이 king에 s를 붙이면 된다는 것 정도는 다 알고 있습니다. 복수의 경우에는 s를 붙인다는 점을 제외하고는 단수든 복수든 king이란 요소는 불변입니다. king이 복수가 된다고 해서 kang이 된다거나 kong이나 kung이 되는 것은 아닙니다. 혹시 왕이란 단어가 kang이나 kung이라고 쓰여져 있다고 한다면 그건 보나마나 오타가 난 것입니다.

그런데 히브리어는 영어 같지 않습니다. 사실 여러분이 지금까지 공부해 왔을 모든 언어랑 완전히 틀립니다. 즉 히브리어의 경우는 여러분이 king이란 단어를 알았다 해도 이 단어가 "음절 + 액센트"의 결합 여부에 따라 keng, kung, kang, kong식으로 모음이 마구 바뀌는 것입니다. 원리를 모르면 도대체 뭔 일이 일어났는지도 모를 정도로 이런 일이 마구 발생합니다.

그러나 다행히도 여러분이 "음절 + 액센트" 법칙만 제대로 알고 나면 이 변화는 굉장히 규칙적이라는 것을 깨닫게 됩니다. 그리고 이 변화의 규칙이라는 것도 아주 간단합니다. 즉 히브리어는 여러분이 간단한 변화의 원리만 알고 있으면 놀라울 정도로 쉬운 언어가 되는 것이고, 모르면 죽었다 깨어나도 절대 배우지 못할 수수께끼 같은 언어가 되고 마는 것입니다.

따라서 이 책에서 저는 여러분께 히브리어 공부의 지름길을 가르쳐 드리고자 합니다. 즉 알파벳과 모음, 음절, 액센트에 대해서 최대한 상세하게 설명을 해드릴 것입니다. 또 이 세 가지 요소의 결합이 만들어내는 변화의 원리에 대해서도 그 어느 책보다도 상세하게 설명을 해드릴 것입니다. 설명이 길 뿐 여러분이 노력해서 터득해야 할 것은 사실 한 줌 정도밖에 안 됩니다. 그런데 이 한 줌의 깨달음이 히브리어를 여러분이 배우는 언어들 중 가장 쉬운 언어로 만들어 줄 수 있습니다. 그러니 제가 말하는 바를 잘 따라오시기 바랍니다.

2장 히브리어 자음

세상 모든 언어를 배우는 첫 걸음은 알파벳 혹은 '가나다라'를 배우는 것입니다. 히브리어도 마찬가지입니다. 헬라어 알파벳은 생긴 모양이 영어 알파벳과 흡사하기 때문에 사람들이 배우기 쉬워합니다. 그러나 히브리어의 경우에는 보기에는 너무나도 영어 알파벳과 다르기 때문에 사람들이 어려워합니다. 오죽 히브리어 글자들이 생긴 모양이 이상했으면 20세기의 한 저명한 구약학자는 히브리어 글자에 대한 첫 인상을 이렇게 표현한 바가 있습니다.

> **히브리어 알파벳은 마치 지렁이 몇 마리를 책상 위에 올려 놓고 무거운 책으로 내리눌렀을 때 그 지렁이들이 눌린 모습 같았다. 그래서 나는 히브리어를 아주 싫어했다.**

아마 이 구약학자와 같은 인상을 받는 분들이 꽤 있을 것입니다. 하지만 어떡하겠습니까? 히브리어를 잘하고 싶으면 히브리어 글자랑 친해지는 수밖에요. 아래에서 저는 먼저 무시무시한 히브리어 알파벳 도표를 먼저 제공하겠습니다. 이어서 이 무시무시한 목록이 조금이나마 만만해 보이도록 설명을 해보도록 하겠습니다.

그럼 먼저 목록을 보지요. 아래 도표에서 맨 오른쪽 열의 한글 표기는 엄밀하게 학술적인 것이 아니라 그냥 편의를 위한 임시방편적인 것입니다. 언젠가는 히브리어의 한글 표기도 학술적인 인정을 받은 표준 표기가 있어야겠지만 아직까지는 그런 것이 없습니다. 따라서 아직은 비표준화된 한글 표기를 쓰는 것이 어느 정도 위험성도 있기는 하지만 그동안의 경험을 볼 때 학생들에게 한글 표기를 가르쳐 주는 것이 학습 효과를 분명하게 올려 줍니다. 그래서 쓰기는 하지만 한글 표기는 표준적인 학술적 체계가 아닌 임시방편적인 체계라는 점을 꼭 염두에 두시기 바랍니다.

*표가 표시된 사항들은 나중에 각 알파벳 글자를 설명할 때 다시 한 번 언급할 사항들로, 학생들이 꼭 기억해야 할 사항들입니다. 세 번째 열의 알파벳의 이름은 좀 더 학술적으로 엄밀한 표기 방식이 있지만 일단 학생들이 보기 편하게 일반적인 영어 음으로 표기해 놓았습니다. 나중에 설명을 통해서 보충되어야만 합니다. 하지만 이건 차후의 일이니 일단 신경 쓰지 말고 각 자음의 이름과 소릿값(음가, 音價, sound value)을 아는 데만 치중하세요.

	알파벳 자음*		이름	소릿값 표기	소릿 값 한글표기
	(일반)	(꼬리형)			
1	א		알렙(aleph)	ʾ*	ㅇ(ㅇ)
2	ב		베트(bet)	b	ㅂ
3	ג		김멜(gimmel)	g	ㄱ
4	ד		달레트(dalet)	d	ㄷ
5	ה		헤(he)	h	ㅎ
6	ו		뵈브(waw)*	w	ㅂ(ㅸ?) (영어의 v)
7	ז		자인(zain)	z	ㅈ
8	ח		헤트(het)	ḥ	ㅎ(ㆅ)
9	ט		테트(tet)	ṭ	ㅌ

10	י		요드(yod)	y	영어의 y
11	כ	ך	카프(kaph)	k	ㅋ
12	ל		라메드(lamed)	l	ㄹ
13	מ	ם	멤(mem)	m	ㅁ
14	נ	ן	눈(nun)	n	ㄴ
15	ס		사메크(sameq)	s	ㅅ
16	ע		아인(ain)	ᶜ*	ㅇ(ㅎ?)
17	פ	ף	페(pe)	p	ㅍ
18	צ	ץ	짜데(sade)*	ṣ*	ㅉ(ㅊ)
19	ק		코프(qoph)	q	ㅋ
20	ר		레쉬(resh)*	r	ㄹ
21-1	שׂ		씬(sin)*	ś	ㅆ (ㅅ계열이라고 생각하면 됨)
21-2	שׁ		쉰(shin)*	š	영어발음기호 ʃ ("쉬"발음, English)
22	ת		타브(taw)*	t	ㅌ

앞의 서문에서 이미 언급한 바와 같이 히브리어를 쉽게 공부하는 첫 번째 관문은 히브리어라는 언어의 유전자의 가장 근본 요소인 알파벳, 즉 히브리어의 자음과 다음 장에서 배울 모음을 잘 습득하는 것입니다. 따라서 저는 일반적인 히브리어 책들과는 달리 히브리어 자음과 모음을 습득하는 일에 아주 많은 지면을 할애할 것입니다. 제가 미주알고주알 설명을 많이 해도 이해해주시기 바랍니다.

알파벳, 즉 히브리어 자음들의 이름은 언뜻 보기에는 도무지 외워질 것 같지 않습니다. 그러나 사실 여러분이 이미 알고 있는 영어 알파벳의 이름과 비슷한 구석이 꽤 있습니다. 영어의 '알파벳'이란 말 자체가 히브리어와 친척 관계에 있는 언어인 페니키아어에서 파생된 것이기 때문에 비슷할 수밖에 없지요.

우선 목록의 첫 두 글자인 알렢(aleph, א)과 베트(bet, ב)를 붙여서 읽어 보세요. "알렢베트"(Alephbet)라고 읽겠지요. 이 "알렢베트"(Alephbet)는 영어 문자의 이름인 "알파벳"(Alphabet)과 거의 비슷하지 않나요? 히브리어 알파벳의 나머지 글자들도 사실상 이처럼 영어 및 헬라어의 알파벳 이름과 상당히 유사합니다. 그러니 영어 알파벳을 잘 활용하면 히브리어 알파벳의 이름을 파악하는 일이 생각보다는 쉬워집니다. 또 혹시 헬라어 알파벳을 이미 배운 적이 있는 사람은 헬라어 알파벳에 대한 지식을 잘 활용하면 히브리어 알파벳을 외우는 일이 한결 더 쉬워집니다.

히브리어 글자와 영어 글자가 정말 서로 사촌 간이었다는 것을 보여주기 위해 아래에 알파벳 모양의 변천사 도표를 하나 게재합니다. 심심풀이 삼아 한 번씩 보시기 바랍니다.

Ancient Hebrew Alphabet Chart

	Ancient Hebrew Picture-Letter (Pictograph[1])	Picture Description	Meaning of Letter	Best English Translit-eration[2]	English Trans-cription (Sound)[3]	Modern Jewish Hebrew Translit-eration	Name of Letter: Ancient Hebrew	English Translit-eration[4]	English Trans-cription	Main Meaning (AHLB): Letter by Letter	Letters Combined	AHLB #, Strongs #
1		ox-head	strong, power, leader	A	A [ah]	א		AL	al	strong - authority	power	1012, H410
2		tent floor-plan	family, house, in	B	B	ב		BaT	bat	family - mark	surname	1045
3		foot	gather, walk, carry	G	G	ג		GaM	gam	walk (to) - water	gather	1059, H1571
4		tent door	movement, hang, enter	D	D	ד		DaL	dal	door (on) - rod	curtain	1081
5		man with arms raised	breath, look, reveal	E	E [eh]	ה		EA	eh-ah	breath - (at) strong (sight)	behold	1093, H1887, H1888,H1889
6		tent peg	add, secure, hook	U	U [ooh]	ו		UU	ooh-ooh	tent peg - tent peg	peg	1121, H2053
7		mattock (plough)	food, cut, weapon,nourish	Z	Z	ז		ZaN	zan	mattock - (of) seed	harvest	1152
8		tent wall	outside, divide, half	H	CH[6]	ח		HaS	chats	dividing - trail	arrow	1179, H2671
9		basket	surround, contain, mud	ð[5]	TH	ט		ðað	thath	basket - basket	container	1193
10		hand and arm	work, throw, worship	I	I [eeh]	י		ID	eed	hand & arm - moving	hand	1211, H3027, H3028,H3197
11		open palm of hand	bend, open, allow, tame	K	K	כ,ך		KaP	kap	palm - open	palm	1247, H3709,H3710
12		shepherd's staff	teach, yoke, toward, bind	L	L	ל		LaM	lam	staff (of) - might	toward	1266
13		water	chaos, mighty, blood	M	M	מ,ם		MA	mah	water - strong	hundred	1277
14		sprouting seed	continue, heir, son	N	N	נ,ן		NaN	nan	seed - seed	sprout	1313
15		thorn	grab, hate, protect	X	X	ס		XaN	xan	thorn - seed	thorn	1336
16		eye	watch, know, shade	O	O [oh]	ע		ON	on	eye (of) - continuance	watch	1359
17		open mouth	blow, scatter, edge	P	P	פ,ף		PA	pah	mouth (of) - strength	mouth	1369
18		destination and path	trail, journey, hunt	S	TS	צ,ץ		SaD	tsad	trail - (of) movement	journey	1395
19		sun at the horizon	condense, circle, time	Q	Q[7]	ק		QaP	qap	sun - mouth	sun speaks	1431
20		man's head	first, top, beginning	R	R	ר		Raʃ	rash	head - presser	chief	1458
21		two front teeth	sharp, press, eat, two	ʃ[5]	SH	ש		ʃaN	shan	two teeth - continue	teeth	1474, H8127,H8128
22		two crossed sticks	mark, sign, signal	T	T	ת		TA	tah	mark (of) - strength	flag-pole	1484

Notes: [1] A pictograph is a pictorial sign or symbol. Hieroglyphs are *Egyptian* pictographs. A glyph is an element of writing. [2] Transliteration is the process of *mapping* letters from one alphabet into another alphabet using *graphology* (letter-shapes) & *history* (see Evolution of the English Alphabet Chart & The True Hebrew Alphabet Family Tree). [3] Transcription is the process of *matching* the sounds of human speech to letters (see The Sound of Ancient Hebrew & Ancient Hebrew—the First Text Language). [4] with default "a" added when needed—which is usually between 2 consonants in Ancient Hebrew. [5] ð & ʃ are Old English (mid 5thC–mid 12thC) & Middle English (late 11thC – 1470) letters. [6] as in the Scottish "loch". [7] as said in Modern Jewish Hebrew, Syriac Aramaic & Arabic. Mar. 5, 2010 © 2008–2010 Jane E Marchant. YehSpace.ning.com. For non-commercial educational purposes only. For how this chart was compiled see the article Ancient Hebrew Alphabet Chart.

자 그러면 지금부터 위 도표의 문자들을 하나씩 설명해보도록 하겠습니다. 다시 한 번 강조하지만 위 도표의 모든 문자들은 다 자음들입니다. 히브리어에서 모음 기호들은 구약 성경 시대가 끝나고 세월이 한참 지난 후에야 완전히 새롭게 창조되었습니다. 이 모음 기호들은 자음에 대한 설명이 끝난 다음에 체계적으로 설명할 것입니다. 자 그럼 알파벳 설명을 시작해 보지요.

첫 번째 자음은 알렙(Aleph, א)입니다. 서문에서 이야기한 적이 있지만 이것은 절대 영어의 a가 아닙니다. 왜냐하면 영어의 a는 모음인데 반해 히브리어의 이것은 자음이기 때문입니다. 자음과 모음은 카테고리 자체가 다릅니다. 따라서 결코 서로 동일시될 수가 없습니다. 히브리어의 이 알렙은 목구멍이 열리는 표시 같은 것입니다. 이 알렙이라는 자음의 소릿값(음가, sound value)이 무엇인지를 굳이 한국어로 설명하자면 자음 "ㅇ" 정도가 될 것입니다. 이 알렙을 영어로 음역(音譯, transliteration, 어떤 한 언어의 소리를 다른 나라의 글자로 소릿값을 표기하는 것)할 때는 특별한 기호, 즉 마치 따옴표같이 생긴 ʼ라는 기호를 사용합니다. 비록 모양이 비슷하기는 하지만 이것은 결코 한국어의 따옴표가 아닙니다. 예전에 타이프라이터를 쓰던 시절이나 컴퓨터 폰트가 발달하지 않았던 시절에는 부득이하게 따옴표로 이 알렙을 표시했던 시절이 있기는 하지만 지금은 결코 그러면 안 됩니다. 반드시 ʼ라는 특수 기호를 사용해야 합니다. 여러분은 이 표시를 보면 그것이 알렙(א)을 나타내는 것이라고 알면 됩니다.

머리 속에 그림이 잘 안 그려진다고요? 그러면 한 번 우리 말의 "아"에 해당하는 것을 히브리어로 써보도록 하지요. 여러분이 아직 히브리어의 모음을 안 배우기는 했지만 "ㅏ"(a)에 해당하는 모음을 먼저 소개하고 "아"라는 글자의 표기를 어떻게 하는지 보여주도록 하겠습니다.

히브리어에서 "ㅏ"에 해당하는 모음 기호는 몇 개가 있지만 그 중의 대표적인 것은 마치 영어의 T자같이 생긴 기호입니다. 이 기호를 알렙의 아래에 쓰면 한글의 "아"에 해당하는 글자의 표시가 됩니다. 다음과 같습니다.

א

T

알렙이란 글자 아래 T자같이 생긴 기호가 보이나요? 그것이 바로 모음 "ㅏ"(a)입니다. 그리고 그 위에 있는 알렙(א)은 자음입니다. 이것을 보면 마치 한글의 표기 방식과 비슷하지 않나요? 한글은 자음과 모음이 있지만 자음이나 모음은 따로따로 존재할 때는 그 자체로는 글자, 좀 더 정확히 말하면 "음절"이 되지 않습니다. "음절"이 되려면 반드시 한 개 이상의 자음과 한 개 이상이 모음이 합쳐져야 합니다. "아"의 경우 자음 "ㅇ"과 모음 "ㅏ"가 합쳐져서 하나의 음절이 되었습니다. (원래는 히브리어의 경우 모음을 길이에 따라 장모음과 단모음 등으로 구분하고 이 각각의 경우마다 같은 "ㅏ"라도 표기가 달라집니다. 그러나 일단은 이 점은 나중에 모음을 정식으로 배울 때까지는 무시하고 가겠습니다. 히브리어는 이렇게 처음 배울 때 걸리적거리는 게 정말 많습니다. 하지만 이 처음 부분을 체계적으로 잘 이해하고 나면 뒤에는 정말 쉬워집니다. 혹시 뒤의 공부들을 하는 데 힘들다는 생각이 들면 그 이유는 바로 이 처음 부분을 잘못 배워서 그런 것입니다.)

히브리어에서도 이것처럼 하나의 음절을 나타내고자 할 때는 한 개 이상의 자음과 모음이 만나야만 합니다. 위의 경우 자음인 א과 모음 기호(ָ)가 합쳐져서 하나의 음절이 되었습니다.

위의 히브리어 자음과 모음의 결합체를 음역을 해보면 다음과 같습니다. (한국어에는 아직 정확히 표준화된 음역 시스템이 없어서 학술적인 글에서는 주로 영어 음역 시스템을 사용합니다. 물론 영어 음역 시스템도 완전히 표준화되고 단일화되어 있지는 않지만 좀 더 정확히 히브리어를 옮길 수 있게 몇 가지로 체계화가 이루어져 있습니다. 그래서 될 수 있는 한 이 책에서는 영어 음역을 먼저 해주고, 학생들의 이해를 돕기 위해 한글 음역을 병행시키고자 합니다. 학생들은 한글 음역은 단지 보조 자료일 뿐 엄밀한 학술적 자료는 아님을 유념해야 합니다.)

אָ

א = ʾ (ㅇ)

ָ = a(ㅏ)

א + ָ = ʾ + a = ʾa(아)

이해하시겠나요? 알렙은 모음이 아니며, 위의 예에서 굳이 한국어와 대응시키자면 자음인 "ㅇ"에 해당합니다. 따라서 영어로 음역 표기해줄 때도 자음 알렙의 음역 표기인 ʾ를 해주는 것이지요. 절대 위의 אָ을 영어 음역할 때 그냥 a만 쓰지 않고, ʾa라고 써야 합니다. 다시 한 번 강조하지만 알렙은 모음이 아니라 자음입니다.

이제 아주 중요한 사항을 하나 설명하고자 합니다. 그것은 이 א의 소릿값이 음절의 처음에 올 때와 끝에 올 때 차이가 난다는 점입니다. 즉 초성일 때와 종성일 때 차이가 난다는 점입니다.

당황스럽지요? 그러나 이것은 한글의 경우도 역시 마찬가지입니다. 한번 "앙"이라는 글자를 생각해보세요. 이 초성의 "ㅇ"은 소릿값이 없습니다. 한글에서 "ㅇ"은 모음 앞에 올 때는 소릿값이 없지요. 그러나 받침으로 쓰인, 즉 종성으로 쓰인 "ㅇ"은 소릿값이 있습니다. 여러분은 "아"의 "ㅇ"과 "앙"의 받침의 "ㅇ"을 똑같이 발음하지 않지요? 바로 받침으로 쓰인 "ㅇ"은 초성에 오는 "ㅇ"과는 달리 소릿값이 있기 때문에 우리는 "아"와 "앙"을 똑같이 발음하지 않습니다.

이 점은 훈민정음이 처음 만들어졌을 때에는 초성의 "ㅇ"과 달리 종성에는 이 소릿값이 있는 "ㅇ"을 표시하기 위해 다른 자음 기호, 즉 "ㅇ" 위에 꼭지점이 달린 "ㆁ"("꼭지 이응"이라고 부름)이라는 자음을 사용한 점을 통해 알 수가 있습니다. 그러나 현대 한국어에서는 자음을 간소화하는 과정에서 이 "꼭지 이응"이 사라지고, 그냥 보통 "ㅇ"을 초성과 종성에 다 씁니다. 그러나 분명히 "ㅇ"이 종성에 쓰이는 경우는 초성과 달리 소릿값이 있다는 점은 분명합니다.

히브리어의 א의 경우도 초성에 쓰일 때와 종성에 쓰일 때 소릿값이 달라진다는 점은 분명합니다. 한글과의 차이라면 소릿값이 있을 때와 없을 때의 경우가 정반대라는 것이지요. 즉 히브리어에서는 한글과는 반대로 א이 초성에 올 때는 소릿값이 있고, 종성에 올 때는 소릿값이 없습니다. 다시 말해 히브리어에서는 א이 초성에 올 때에는 한글의 종성의 "ㅇ"처럼 소릿값이 있게 발음을 해야 하고, א이 종성에 올 때에는 소릿값이 없는 것입니다. (실제로 발음할 때에는 한국인은 초성에 "ㅇ"을 소릿값이 있게 발음하는 것이 거의 불가능하니 너무 신경 쓰지 마세요. 그냥 이론적인 측면을 알고 있는 것이 중요하기에 이 문제를 다루고 있는 것입니다.)

이 점을 좀 더 살펴보지요. 위의 예의 한글의 "앙"처럼 초성과 종성에 א이 오는 히브리어 글자를 한 번 써보겠습니다. 다음과 같이 되겠지요. (참고로 히브리어는 한글과 달리 오른쪽에서 왼쪽으로 읽는다는 점을 잊지 마세요.)

אָא

위의 히브리어 글자를 어떻게 읽을까요? 초성 א은 소릿값이 있게 발음해야겠지요. 그리고 종성 א은 소릿값이 없으니 묵음이 되겠지요. 이처럼 히브리어에서는 א은 종성에 오는 경우는 항상 묵음이 됩니다. 따라서 이것을 한국어로 굳이 소릿값을 표시한다면 "아"가 됩니다. "앙"이 아니라요. 그리고 정식 영어 음역 표기로 하면 다음과 같습니다. (좀 복잡한 이야기가 되기는 하지만 영어 음역시 한 가지 유념하셔야 할 점은 종성의 א은 소릿값이 없는 묵음이기 때문에 아무 표시도 안 해야 맞지만 좀 이상하게도 א에 대한 음역 표기는 해줍니다. 그러나 소릿값은 없는 묵음으로 간주하고요. 히브리어 음역 체계에 일부 논리적 일관성이 부족한 부분들이 존재하는 것이지요.)

אָא

א = ʾ (ㅇ)(초성)

□ָ = a(ㅏ)

א ʾ(묵음)(종성)

$$\text{א} + \underset{\text{ָ}}{\square} + \text{א} = ʾ + a + ʾ(\text{묵음}) = ʾaʾ(\text{아})$$

너무 이야기가 복잡해져서 죄송합니다. 이 점을 아직 잘 이해 못하겠으면 일단 넘어가세요. 앞으로 글자들을 배우고, 읽는 법에 익숙해지다 보면 자연스럽게 "아 그렇구나"하고 알게 됩니다.

두 번째 글자로 넘어가지요. ב는 베트(bet)라고 부릅니다. 이 글자는 영어의 b와 상응합니다. 한글로는 "ㅂ" 정도 생각하면 됩니다. (참고로 히브리어의 알파벳의 소릿값은 그 알파벳 글자의 이름의 첫 자음과 상응한다고 생각하면 아주 간단합니다. 이 베트의 경우도 이 글자의 소릿값은 그 첫 자음인 "ㅂ"입니다. 앞으로 나머지 것들도 다 마찬가지입니다.)

세 번째의 김멜(gimmel, ג)은 영어의 g, 그리고 헬라어의 감마(gamma, γ)와 같은 것입니다. 헬라어 알파벳 이름과 많은 공통점이 있지 않나요? 한글로는 "ㄱ"에 해당합니다. 영어의 g의 경우는 뒤에 오는 모음이나 단어 내에서의 위치에 따라 발음이 막 달라지지만 히브리어의 ג은 한글과 같이 "ㄱ"이란 소릿값을 항상 유지합니다.

네 번째의 달레트(dalet, ד)는 영어의 d, 헬라어의 델다(delta, δ)와 거의 유사합니다. 특히 헬라어 이름과 유사합니다. 한글의 "ㄷ" 정도 됩니다.

다섯 번째의 헤(he, ה)는 영어의 h, 헬라어의 에타(eta, η)와 비슷합니다. 헬라어 에타보다는 영어의 h에 더 기깝습니다. 한글의 "ㅎ" 정도로 생각하면 일단 쉽습니다.

ה 역시 앞의 א과 마찬가지로 초성과 종성일 때 차이가 납니다. 초성일 때는 영어의 h에 해당하는 소릿값을 갖고, 종성일 때는 א과 마찬가지로 소릿값이 없는 묵음입니다. 다음과 같습니다.

초성의 경우

הָ

ה = h

ָ = a(ㅏ)

ה + ָ = h + a = ha (하)

종성의 경우

הָה

ה = h(초성)

ָ = a(ㅏ)

ה = 소릿값 없음 (종성)

ה + ָ + ה = h + a + 묵음 = ha

(종성의 이 ה의 묵음을 영어 음역 기호로 어떻게 표시하는지에 대해서는 여러 가지 방식이 있습니다. 이 책에서는 그냥 안 쓰는 방식을 채택했습니다. 대신 앞의 모음이 좀 길어지게 되는데 이 점은 나중에 모음을 배우시면 해결됩니다. 지금은 모음을 배우지 않은 상태이니 그냥 넘어가겠습니다.)

너무 이야기가 복잡해져서 죄송합니다. 이 점을 아직 잘 이해하지 못하겠으면 일단 넘어가세요. 앞으로 글자들을 배우고, 읽는 법에 익숙해지다 보면 자연스럽게 "아 그렇구나"하고 알게 되는 점입니다.

여섯 번째의 봐브(waw, ו)는 흔히 한국어로 된 히브리어 책에서 '와우'라고 표기하고 있습니다. 그러나 히브리어를 영어로 옮길 때 사용하는 음역 표기상의 w는 영어의 w보다는 독일어의 w의 소릿값과 거의 동일합니다. 즉 영어로는 v소리에 더 가깝지요. 따라서 "와우"라고 읽는 것은 전혀 히브리어의 소리를 제대로 표기하지 못한 셈입니다. 한국어로는 굳이 말하자면 세종대왕의 훈민정음에 나오는 소위 "ㅂ 순경음"(ㅸ)이라고 하는 것과 아주 잘 상응할 것 같습니다. 경상도 사투리에는 이 "ㅂ 순경음"이 좀 살아 있습니다. 즉 "추워"라는 말을 경상도 사투리로는 마치 "추붜"라고 하는 것처럼 들립니다. 그러나 좀 더 정확히 적자면 "추ㅸㅓ"라고 적어야 합니다. 현대 한국어에서는 이 "ㅂ 순경음"을 안 쓰기 때문에 할 수 없이 "봐브"로 표기합니다. 이 자음은 나중에 모음을 배운 후 단어들을 가지고 글씨 읽기를 배울 때 좀 더 설명하도록 하겠습니다.

일곱 번째의 자인(zain, ז)은 영어의 z, 헬라어의 제타(zeta, ζ)에 해당된다고 보면 됩니다. 한글로는 "ㅈ"으로 옮기면 무난해 보입니다.

여덟 번째의 헤트(het, ח)는 영어의 h보다 강한 소리입니다. 독일어의 ch 소리 혹은 스코틀랜드어의 ch에 해당됩니다. 강한 "ㅎ"소리입니다. 단순한 추측이지만 훈민정음에 나오는 쌍ㅎ 소리(ㆅ) 정도가 아닐까 합니다. 음역 기호로는

h 아래에 점을 하나 붙인 기호(ḥ)를 사용합니다. 5번 자음인 헤(he, ה)와 잘 구분하셔야 합니다. 굳이 말하자면 헤는 왼쪽 귀퉁이에 빈 틈이 있고 헤트는 거기에 빈틈이 없는 차이가 있습니다(헤 ה, 헤트 ח). 글씨 쓰기 연습을 할 때 잘 구분해서 쓰셔야 합니다.

아홉 번째의 테트(tet, ט)는 엄밀하게 말하면 영어나 헬라어에는 없습니다. 그냥 영어의 t에 해당하는 소리라고 생각하면 됩니다. 위의 도표에서 보듯이 이것을 표기할 때는 t 아래에 점을 하나 붙인 기호(ṭ)를 사용합니다. 이 자음은 22번 자음인 타브(taw, ת)와 혼동하시면 안 됩니다.

열 번째의 요드(yod, י)는 영어 사전에 사용되는 발음 기호의 [j]에 해당합니다. a(아)소리에 발음기호 j를 붙여서, ja로 표기하면 어떻게 되지요? 음성학적으로는 조금 더 복잡한 이야기를 해야 하지만 그냥 편하게 이야기하자면 "야"로 읽지 않나요? (음성학을 전공한 학생들은 그냥 적당히 이해해주시기를 바랍니다. 저도 이 자음의 음성학적인 내용에 대해서는 알고 있습니다. 그러나 이 책은 '꿩 잡는 게 매'라는 철학을 가지고 좀 더 많은 학생들이 잘 이해하게끔 히브리어를 설명하고 있다는 점을 유념하시기 바랍니다. 일단 개념을 잡고, 정확한 음성학적 이해는 나중에 하는 게 외국어를 좀 더 재미있게 배우는 방법입니다.) 마찬가지로 이 글자는 모음 앞에 와서 다음과 같은 변화들을 만들어냅니다.

- j + o = jo (요)
- j + u = ju (유)
- j + i = ji (이) → (이건 한글로 표기하기 불가능. 한국인은 ear와 year의 차이를 죽었다 깨어나도 모른다. 음성학적으로 설명을 할 수 있기는 하지만)
- j + e = je (예)

물론 유념할 점은 음역 표기할 때는 영어 발음 기호에 쓰는 j를 쓰는 것이 아니라 y를 쓴다는 것입니다. 따라서 위의 변화들은 각각 ya, yo, yu, yi, ye 등이 됩니다.

열한 번째의 카프(kaph, כ)는 영어의 k에 해당하는 글자입니다. 이것부터 열세 번째의 눈(nun, נ)까지는 완전히 영어의 알파벳 순서와 동일합니다.

열두 번째의 라메드(lamed, ל)는 영어의 l에 해당하는 글자입니다.

열세 번째의 멤(mem, מ)은 영어의 m에 해당하는 글자입니다.

열네 번째의 눈(nun, נ)은 영어의 n에 해당하는 글자입니다. 좀 위에서 말한 것처럼 열한 번째의 카프(kaph, כ)부터 이 눈(nun, נ)까지는 정말 영어의 알파벳 순서와 동일하지 않나요?

열다섯 번째의 사메크(sameq, ס)는 영어의 s에 해당합니다. 히브리어의 중요한 특징 중의 하나는 s소리와 비슷한 소리가 많이 있다는 점입니다(좀 전문적으로 말하면 **치찰음**[이빨에 공기의 마찰이 일어나는 소리]이라고 함).

열여섯 번째의 아인(ain, ע)은 영어에는 해당되는 글자가 없습니다. 히브리어의 첫 알파벳인 알렢(aleph, א)과 거의 동일하지만 좀 더 강한 소리로 이해하면 됩니다. 이 아인을 알렢과 구분하기 위해 ʿ로 표기합니다. 한국어로 소릿값을 굳이 옮기자면 이것도 알렢과 마찬가지로 "ㅇ"으로 옮기는 수밖에 없습니다. 알렢과 비교해서 음역 표기를 표시해보면 다음과 같습니다.

א = ʾ   ע = ʿ

(한글로는 둘 다 "ㅇ")

이 두 자음에 "ㅏ" 모음을 붙인 것을 음역 표기해보면 다음과 같습니다.

אָ = ʾā   עָ = ʿā

(한글로는 둘 다 "아"라고 표기)

ע은 א과 달리 종성의 경우에도 소릿값이 있습니다. 이 점이 א과의 큰 차이입니다. 우리 한국 사람들은 죽었다 깨어나도 이 히브리어 ע의 종성의 소리를 흉내 낼 수 없고, 또 현대 이스라엘 사람들이나 외국 사람들 역시 종성의 ע은 마치 묵음인 것처럼 발음합니다. 하지만 이 ע의 경우 종성에도 소릿값을 갖고 있다는 점을 잘 이해하고 있어야지만 나중에 히브리어의 각종 변화가 이해가 된다는 점을 유념하시기 바랍니다.

열일곱 번째의 페(pe, פ)는 영어의 p에 해당하는 글자입니다.

열여덟 번째의 짜데(sade, צ)는 영어에는 해당되는 글자가 없습니다. 독일어의 z와 가까운 소리로 한국어로는 "ㅉ" 혹은 "ㅊ" 정도의 소리에 해당됩니다. 저는 "ㅉ"로 표기하는 것이 더 정확하다고 생각하지만, 이렇게 소리를 한글로 옮기다 보면 컴퓨터로는 조합이 불가능한 경우들이 생깁니다. 그래서 부득이하게 한글로 옮길 때는 "ㅊ"으로 옮기기도 합니다. 영어 음역 표기는 s 아래에 점을 하나 붙인 기호(ṣ)를 사용합니다.

열아홉 번째의 코프(qoph, ק)는 영어의 q로 표기하는 글자입니다. 소릿값도 영어의 q 혹은 k에 해당한다고 보면 됩니다. 고대 히브리어에서는 정확히 어떻게 소리가 났는지는 몰라도 열한 번째의 카프(kaph, כ)와 그냥 같은 소리를 내면 됩니다(영어에서도 q와 k는 소릿값을 구분 못합니다). 카프(kaph, כ)와의 구분을 위해 전통적으로 코프(qoph, ק)의 음역 표기는 q로 해왔습니다.

스무 번째의 레쉬(resh, ר)는 영어의 r로 표기하는 글자입니다. 소리는 목구멍을 강하게 긁어서 내는 소리이며, 프랑스어나 독일어의 r(한국어로 들으면 "ㄱ" 소리나 "ㅎ" 소리와 비슷하게 들리기도 함)과 유사합니다. 한글로 표기할 때는 "ㄹ"로 표기하면 됩니다.

스물한 번째 글자는 사실 두 개의 알파벳으로 구성되어 있습니다. 이 두 알파벳은 위의 도표에서 각각 21-1과 21-2로 번호를 붙여 놓았습니다. 이 두 글자는 위에 붙은 점을 제외하고는 똑같이 삼지창이나 포크 모양으로 생겼기 때문에 하나로 묶어서 취급합니다. 그러나 사실은 두 개는 서로 다른 글자이고, 히브리어 사전에서도 구분해서 취급합니다.

21-1은 씬(sin, שׂ)이라고 부릅니다. 21-2는 쉰(sinh, שׁ)이라고 부릅니다. 이렇게 분명히 구분되어 있지만 이상하게도 전통적으로 히브리어 알파벳의 숫자가 몇 개냐고 할 때는 이 두 글자를 하나로 취급해서 알파벳의 총 숫자가 22개라고 합니다. 사실은 이 21-1, 21-2 때문에 총 숫자가 23개인데도 불구하고 말이지요. 씬(sin, שׂ)의 음역 표기는 s 위에 비스듬한 줄 하나 붙인 것 같은 기호(ś)를 사용합니다. 쉰(shin, שׁ)의 음역 표기는 s 위에 갈매기 표시를 붙인 것 같은 기호(š)를 사용합니다.

스물두 번째의 타브(taw, ת)는 영어의 t로 표기하는 글자입니다. 한글로는 "ㅌ"으로 표기합니다. 아홉 번째의 테트(tet, ט)와 소릿값이 비슷하다고 해서 혼동하지 마세요.

이 22(혹은 23)개의 자음들과 그 소릿값(영어 및 한국어)을 완전히 기억할 때까지 써보세요. 다음 페이지에 위의 도표를 빈 칸으로 실어 놓았습니다. 완벽히 도표를 채울 수 있을 때까지 기억하고 공부하도록 하세요.

(아예 다음 두 페이지에 걸쳐 실어놓은 도표를 복사하든지 여러분이 문서 프로그램을 가지고 도표를 새로 만들든지 해서 철저하게 익히세요. 제가 이미 여러 번 강조했지만 히브리어 공부의 성공과 실패는 얼마나 히브리어 알파벳과 모음에 친숙해지느냐에 달려 있습니다. 이 조언을 무시하고 히브리어 잘하는 사람을 한 명도 못 봤습니다. 생각해 보세요. 한글 자음과 모음을 제대로 모르는데 어떻게 한글 읽기와 쓰기 공부를 잘할 수가 있을까요? 그런데도 불구하고 신기하게도 히브리어의 경우는 학생들이 자음과 모음 공부를 제대로 하지 않아 놓고는 왜 자기가 히브리어를 못하는지를 모르는 경우가 너무나도 많습니다. 제가 자신 있게 이야기하지만 히브리어를 못하는 학생들의 거의 대부분은 히브리어 자음과 모음을 충분히 잘 모르기 때문입니다. 이 말을 바꿔서 말하면 여러분이 히브리어 자음과 모음을 부지런히 읽히면 여러분은 히브

리어를 잘하는 사람이 될 가능성이 엄청나게 높아진다는 것입니다.)

● 자 여기에는 이 글자들의 크기를 가늠할 수 있게 좀 새로운 방식으로 표시를 해 보았습니다. 참고하세요.

아래는 위의 글자들을 연습하기 위해 줄을 그어 놓은 것이 글자 크기에 유념하면서 두꺼운 펜을 사용하여 최대한 비슷하게 쓰도록 노력해 보세요.

א

ב

ג

ד

ה

ו

ז

ח

ט

י

כ

ל

מ

נ

ס

ע

פ

צ

ק

ר

שׂ

שׁ

ת

이제 다음 페이지의 도표를 여러 장 복사해서 그 글자와 소릿값을 철저하게 공부하도록 하세요. 이 알파벳에 최대한 익숙해지도록 노력하세요. 저는 학생 여러분이 최대한 고통스럽지 않게 히브리어를 배울 수 있도록 도와주기를 원하므로 가능한 한 여러분에게 뭘 암기하라는 소리를 안 합니다. 그럼에도 불구하고 언어란 것은 반드시 암기해야만 하는 사항들이 있기 마련입니다. 그 암기 사항들은 여러분이 철저하게 암기해줘야 합니다. 제가 대신 암기해줄 수는 없는 일이지요. 반드시 암기하세요.

아직 히브리어 자음 공부가 끝나지 않았습니다. 앞에 실어놓은 알파벳 공부 도표의 빈 칸을 열심히 채워보았나요? 제발 그랬기를 바랍니다. 그걸 제대로 안 해 놓으면 여러분은 앞으로 마구 추가되는 새로운 내용들의 홍수 속에서 익사할 수밖에 없을 것입니다. 도대체 뭐가 뭔지도 모를 소리가 마구 튀어나올 것입니다.

그러니 더 진도가 나가기 전에 다시 한 번 말합니다. 앞의 도표를 자유자재로 채워 넣을 수 없으면 앞으로의 공부를 아무리 해봐야 아무 소용 없습니다. 그냥 여러분에게는 외계인의 소리일 뿐입니다. 꼭 암기하세요!

	알파벳 자음*		이름	소릿값 표기	소릿값 한글표기
	(일반형)	(꼬리형)			
1	א				
2	ב				
3	ג				
4	ד				
5	ה				

6	ו				
7	ז				
8	ח				
9	ט				
10	י				
11	כ	ך			
12	ל				
13	מ	ם			
14	נ	ן			
15	ס				
16	ע				
17	פ	ף			
18	צ	ץ			
19	ק				
20	ר				

21-1	שׁ				
21-2	שׂ				
22	ת				

1. 꼬리에 올 때 모양이 달라지는 글자들(꼬리형)

앞에서 본 알파벳 도표를 보면 알파벳 자음을 써놓은 열(column) 옆에 "꼬리형"이라는 제목의 열이 존재합니다. 그리고 거기에 보면 다섯 개의 알파벳의 경우 다른 글자 모양을 써 놓았습니다. 이 다른 글자 모양을 수평 방향으로 정리해 놓은 것은 아래와 같습니다. 왼쪽 줄은 알파벳 자음들을 나열한 것입니다. 그리고 그 오른쪽 줄에는 다섯 개의 글자들에 대해 약간 다른 모양의 글자들을 제시하고 있습니다. 이 다른 모양의 글자들은 해당 알파벳 글자가 단어의 끝에 오게 될 때, 즉 꼬리에 오게 될 때의 모양을 적은 것입니다. 이처럼 단어 꼬리에 오게 되면 모양이 달라지는 글자들은 순서대로 말하면 **카프(כ), 멤(מ), 눈(נ), 페(פ), 짜데(צ)**입니다.

כ → ך (카프)

מ → ם (멤)

נ → ן (눈)

פ → ף (페)

צ → ץ (짜데)

예를 들어, "그래서"(so, thus) 등의 의미를 가진 단어는 카프(כ)란 자음 두 개로 하나의 단어를 이루고 있습니다. 즉 카프(כ)가 두 번 반복되지만 두 번째 카프(כ)는 단어의 끝자리에 오게 됨으로 해서 첫 번째 카프(כ)와 달리 꼬리형 형태로 글자를 써야 하는 것이지요. 다음과 같습니다.

כך

("카크"라고 읽음)

위의 예처럼 위의 다섯 개의 알파벳 글자는 단어 내에서 처음이나 중간에 오느냐, 아니면 끝에 오느냐 하는 것에 따라 글자 모양이 달라집니다.

히브리어를 처음 배우는 사람들은 그렇지 않아도 배울 것이 많은데 글자 모양이 이렇게 바뀌는 것에 대해서 상당한 거부감을 느낍니다. 그러나 조금 지나고 보면 이건 아무것도 아닌 사항입니다. 그러니 그냥 히브리어를 배울 때 겪어야 하는 운명이겠거니 하고 받아들이면 속이 편합니다.

그리고 생각해보면 우리 한글도 이런 식입니다. "ㄱ"의 예를 들어보지요. "각"이라는 글자를 보면 음절의 첫 번째 자음(초성)인 "ㄱ"과 음절의 마지막 자음(종성)인 "ㄱ"의 모양이 다릅니다. 한 번 큰 글씨로 보도록 하지요. 다음과 같습니다.

각

이처럼 히브리어의 꼬리형 글자들은 단어 내에서 쓰이는 위치에 따라 글자 모양이 달라지는 것들을 가리킵니다.

다행히 이 글자들이 아무 원칙도 없이 그냥 모양이 막 변하는 것은 아닙니다. 위의 다섯 개의 글자들 중 두 번째 글자인 "멤"(מ)을 제외하고는 다 동일한 원리에 의해서 알파벳 글자가 꼬리형으로 바뀝니다. 그 원칙이란, 원래는 구부러져 있던 꼬리를 쫙 아래로 펴주는 것입니다. 위에서 본 카프(כ)의 예를 보세요. 둥그렇게 말리듯이 생긴 글자를 꼬리형에서는 쫙 아래로 직선으로 내려그으면 되는 것입니다. "멤"(מ)을 제외한 나머지 글자들은 다 이렇게 해서 만들어졌습니다.

마지막으로 "멤"(מ)의 경우는 원래 알파벳 글자는 꼬리형에서는 글자를 마치 사각형을 그리듯이 써주면 됩니다(ם). 미묘하지만 모양이 다르지 않나요? 후자의 모양이 좀 더 단어가 끝나는 느낌을 주지 않나요?

מ ם

이처럼 이 꼬리형 글자들은 단지 위치에 따라 모양이 다르게 글씨를 쓰는 것일 뿐 문법적으로는 아무런 역할도 하지 않습니다. 단지 심미적인 것일 뿐이니 일단 글자 모양만 익히고 나면 히브리어를 공부할 때 전혀 신경 쓸 거리도 되지 않습니다. 그러니 글자 모양만 익숙하게 만들도록 하십시오.

2. 베게드케페트 문자

조금 더 복잡한 것은 소위 베게드케페트(자음에 주목, ㅂㄱㄷㅋㅍㅌ) 문자라는 것입니다. 이것은 ב ג ד כ פ ת의 여섯 개 글자를 암기하기 좋게 히브리어의 알파벳 순서대로 늘어놓고 모음을 적당히 붙여서 만든 이름입니다. **"베게드케페트"**(begedkepet)라고 외우면 무슨 글자가 이에 해당되는지를 알기 때문에 편합니다.

그럼 이 여섯 개의 글자는 왜 따로 떼어서 분류할까요? 그 이유는 이 글자들이 어디에 위치하느냐에 따라 표시를 약간 달리하기 때문입니다. 이처럼 다른 표시를 하는 이유는 이 글자들이 단어 처음에 오느냐 아니냐, 그리고 폐음절 다음에 오느냐 아니냐 등에 따라 소리가 좀 차이가 났기 때문입니다. 여러분이 앞의 알파벳 도표를 보고 외울 때처럼 이 자음들에 아무 표시를 하지 않은 경우는 소리가 부드럽고, 이 글자들 중앙에 점을 하나 찍어주면 소리가 딱딱하다는 표시입니다. 다음과 같이 표기가 달라집니다. 참고로 이렇게 해서 찍어주는 점을 한국어로는 보통 "경음점"이라고 보통 부릅니다. 즉 "소리가 딱딱하게 나는 것을 표시해주는 점"이라는 뜻이지요.

베트, b, ㅂ	김멜, g, ㄱ	달레트, d, ㄷ	카프, k, ㅋ	페, p, ㅍ	타브, t, ㅌ
בּ	גּ	דּ	כּ	פּ	תּ
b	g	d	k	p	t
ב	ג	ד	כ	פ	ת
ḇ	ḡ	ḏ	ḵ	p̄	ṯ

음역 표기에 이 소리의 차이를 표시하는 방식이 여러 가지가 있지만 이 책에서 택하고 있는 시스템은 다음과 같습니다. 즉 점이 있는 경우에는 앞의 알파벳의 소릿값으로 써놓은 그대로 표기하면 됩니다. 즉 표에서 보듯이 위의 글자들의 순서대로 하면 b g d k p t로 표기하면 됩니다. 그리고 소리가 부드러운 경우에는 이 음역 표기 알파벳의 위나 아래에 하이픈 표시를 붙여주는 것입니다. 즉 ḇ ḡ ḏ ḵ p̄ ṯ 의 식으로요.

책들에는 이 소릿값이 실제로 어떻게 차이가 나는지에 대해서 왈가왈부 말이 많습니다. 또 현대 히브리어에서도 이 글자들에 점이 있느냐 없느냐 하는 것에 따라 상당히 다른 방식으로 읽습니다. 특별히 위의 자음들 중 세 개 혹은 네 개는 현대 히브리어에서는 점이 있느냐 없느냐에 따라 다음과 같이 확실하게 구분해서 발음하기도 합니다. 또 구약 학자들 중에서도 현대 히브리어 식의 발음을 고집하는 사람들은 이런 식으로 차이가 나게 발음하려고 합니다.

ב = v　　　בּ = b

כ = ch　　　כּ = k

פ = f　　　פּ = p

ת = th　　　תּ = t

그러나 저는 이런 설명들이 정말 얼마나 신빙성이 있는지에 대해서 상당히 의심이 듭니다. 제가 보기에는 이런 식으로 차이 나게 발음하는 이유는 정말 고대 히브리인들이 이런 식으로 차이 나게 발음했다기 보다는 이스라엘 사람들이 2천년 전에 나라가 망한 후에 유럽을 떠돌면서 받은 영향이 더 크지 않나 생각합니다. 어찌 됐든 이 과정을 정확하게 파악하는 것은 거의 불가능해 보입니다. 또 이런 식으로 차이 나게 발음을 하는 것은 초급 히브리어를 배울 때 혼란만 가중시킵니다.

이런 저런 이유로 해서 저는 이 책에서 위 글자들에 점이 있든 없든 그냥 다 똑같이 표기합니다. 단지 영어 음역을 할 때는 최대한 점이 있는 경우와 없는 경우를 위와 같이 영어 글자에 하이픈 표시를 하느냐 하지 않느냐 하는 것으로 표기하려고 노력했습니다. (제가 초보 학생들에게 도움을 주기 위해 히브리어 옆에 영어 음역 표기를 최대한 해주려고 했는데 이 베게드케페트 문자의 음역 표기는 아무리 정성을 다해서 점검을 해도 꼭 오류가 납니다. 일단 이 책의 앞 부분들의 공부를 통해서 히브리어 소리에 대한 개념을 잡은 뒤에는 나중에 제가 음역 표기 중에 이 베게드케페트 문자 등과 관련해서 오류가 난 경우는 양해를 바랍니다. 구더기 무서워 장을 못 담그는 것보다는 담그는 게 더 낫잖아요.)

뭐 어찌 됐든 이 경음점 역시 위의 꼬리형 글자들과 마찬가지로 문법적인 기능은 전혀 없습니다. 그냥 이 여섯 개 글자가 음절이나 단어 내에서 오는 위치에 따라서 소릿값이 좀 다르다는 것을 알려주는 것뿐이지요. 어차피 별로 안 중요해서 저는 히브리어 글씨 쓸 때 자꾸 경음점을 빼먹습니다. 처음 배우는 여러분이야 빼먹으면 안 되겠지만요.

3. 이중점

앞에서 "경음점"이 나온 김에 모양은 똑 같지만 종류가 다른 점 하나를 더 이야기할게요. 그것은 소위 "이중점"이라는 점입니다. 이 점은 정말 중요합니다. 이 책의 꽤 많은 부분이 이 점과 관련이 있다고 할 정도로요. 그리고 이것은 여러분이 문법 공부를 할 때도 중요하기 때문에 꼭 알아두셔야 합니다.

그럼 "이중점"이 무엇일까요? 이름 그대로 자음이 "2중"으로 되어 있음을 나타내주는 표시입니다. 고대 히브리어의 아주 중요한 특징 중의 하나가 바로 동일한 자음이 반복될 때 그 자음을 반복해서 표기하는 것을 아주 싫어한다는 점입니다. 정말 부득이한 경우가 아니면 자꾸 동일한 자음이 반복되는 경우 자음을 하나만 표시하고 점을 그 자음의 한 가운데에 방금 앞에서 배운 "경음점"과 똑같이 생긴 모양으로 찍어준다는 것입니다. 다음과 같습니다.

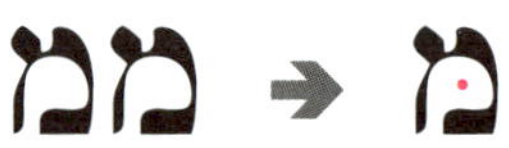

한국어의 예를 들어 설명해보지요. "자꾸"라는 글자에서 "꾸"에는 "ㄱ"이 두 번 반복된 "ㄲ"이 들어있죠? 이 경우 히브리어에서는 "ㄱ"을 두 번 반복시켜 "ㄲ"라고 표시하지 않고 "ㄱ" 하나만 쓴 다음에 이 "ㄱ"의 가운데에 "이중점"을 찍어준다는 말이지요.

이렇게 이중점이 찍힌 글자의 모습을 몇 개 더 보도록 하지요.

שּׁ שּׂ קּ צּ פּ סּ נּ לּ כּ יּ טּ זּ וּ

뭐 이런 식으로 생겼습니다.

이 이중점은 문법적으로 중요하기 때문에 반드시 잘 파악하고 있어야 합니다. 그리고 위의 경음점과 달리 절대 빠뜨리면 안 됩니다. 빼먹으면 문법사항이 달라지고 단어의 의미 자체가 달라질 수 있습니다. 그러니 정말 중요하지요.

그러면 여러분이 의문이 하나 들겠지요? "경음점"과 "이중점"이 모양이 똑같이 생겼는데 도대체 어떻게 구분하겠냐고요. 다음의 몇 가지가 있습니다. 당장 이해되는 내용은 그렇게 받아들이시면 되고 아직 뭔 소린지 모르겠다 하시는 부분은 이해될 때가 될 때까지 기다리시면 됩니다. 아직까지 아래의 내용이 다 이해가 되기 위해서는 여러분이 더 배워야만 할 것들이 많이 있기 때문입니다. 그럼 구분점들을 좀 써보죠.

❶ 경음점은 오직 베게드케페트 문자에만 사용된다. 그러나 이중점은 거의 모든 자음에 다 쓸 수 있다.

❷ 이중점은 항상 모음 사이에 와야 하므로 절대로 단어 처음에는 올 수가 없다. 따라서 단어 처음에 오는 것은 모두 다 경음점이다.

❸ 이중점은 폐음절(예: "간") 다음에는 오지 않는다. 항상 개음절(예: "가") 다음에 오게 된다.

현 단계에서는 "이중점이 중요하구나" 하는 정도만 생각하시면 됩니다. 위의 내용을 이해 못 해도 스트레스 받지 마세요. 사실 이해가 되는 사람이 더 이상한 거에요.

4. 후음

아마 히브리어 자음들 중에 제일 중요한 자음들이 후음일 것입니다. 베게드케페트 자음들이나 꼬리에 올 때 모양이 달라지는 자음들 정도는 어느 정도까지는 알아도 그만 몰라도 그만 입니다. 그러나 후음 자음들은 모르면 절대로 히브리어를 공부하는 것 자체가 불가능합니다. 여러분은 이 후음 자음들은 정확히 공부하고 아셔야만 합니다.

"후음"이라는 이름은 "목구멍 소리"라는 의미이지요. 즉 그 자음을 발음을 할 때 목구멍 깊숙한 곳이 열리면서 나는 소리입니다. 알파벳 22(혹은 23)개 자음 중 다섯 개입니다. 좀 더 정확히 말하면 "4+1"입니다. 왜냐하면 이 부류의 자음은 네 개의 후음과 한 개의 유사 후음으로 구성되어 있기 때문입니다.

먼저 네 개의 후음은 א ע ה ח입니다. 그리고 유사 후음은 ר입니다. 이 후음들은 다시 세 개의 부류로 나눠볼 수 있을 것입니다(א ע//ה ח//ר).

그럼 첫 번째 쌍인 א ע부터 살펴볼까요?

א(알렙) ע(아인)

❶ 이 두 글자는 모두 한글로는 "ㅇ" 정도의 소리에 해당.

❷ 아랍어에도 비슷한 소리들이 있고, 그 소리들이 구분된다. 히브리어에서도 그와 비슷한 정도로 이 두 글자의 소리가 차이가 있는 것 같지만 현대의 우리가 그 소리들을 정확히 재현하고 구분하는 것은 불가능해 보인다. 굳이 구분하자면 א(알렙)이 좀 더 약하고, ע(아인)이 좀 더 강한 소리였던 것으로 생각된다. 이런 두 소리의 차이는 실제로 명사나 동사가 변화를 하는 과정에서 주변의 모음이나 자음이 영향을 받는 현상 등에 반영되어 나타난다.

❸ 실제 발음을 할 때는 별 구분 없이 하는 수밖에 없지만 발음을 옮

기는 **음역 표기**는 다르게 한다. 다음과 같다. 앞에서도 썼지만 다시 한 번 써본다.

א = ʾ ע = ʿ

(한글로는 둘 다 "ㅇ") (따옴표 아님!!!)

ה (헤) ח (헤트)

❶ 이 두 글자는 모두 한글로는 "ㅎ" 정도의 소리에 해당.

❷ ה(헤)가 좀 더 약하고, ח(헤트)가 좀 더 강한 소리이기는 하지만 실제로 발음할 때는 그냥 비슷하게 한다. 이런 두 소리의 차이는 실제로 명사나 동사가 변화를 하는 과정에서 주변의 모음이나 자음이 영향을 받는 현상 등에 반영되어 나타난다.

❸ 소리의 차이를 나타내기 위해 **음역 표기**는 다르게 한다. 다음과 같다. ה(헤)는 그냥 h로 표기하고, ח(헤트)는 h 아래에 점을 찍어준다.

ה = h ח = ḥ

(한글로는 둘 다 "ㅎ")

ר (레쉬)

❶ 이 자음의 표기는 r로 한다. 그러나 실제 소리는 목구멍 안쪽에서 소리가 긁히면서 나는 소리이다. 마치 불어나 독일어의 r소리와 비슷하다. 한국인이 듣기에는 "ㅎ"이나 "ㄱ" 소리처럼 들릴 수가 있다.

❷ 후음과 같이 취급을 받는 이유는 바로 소리가 나는 위치로 인해 "ㅎ"과

비슷한 소리와 성격을 갖기 때문이다.

❸ 그러나 또한 정확히 후음도 아니기 때문에 때로는 후음처럼 취급 받기도 하고, 때로는 일반 자음처럼 움직이기도 한다. 양쪽에 한 발씩 걸치고 있는 중간적 성격의 글자이다.

이 후음을 이렇게 중요하게 다루는 이유는 다른 자음들과 선명하게 차이가 나는 성격을 갖고 있기 때문입니다. 후음의 성격은 크게 다음의 세 가지입니다. (이 사항들은 앞으로 여러분이 더 진도가 나간 후에야 정말 이해가 되기 시작하는 사항들이지요. 그러니 지금은 "아 이런 것이 있구나" 하는 정도만 생각하면 됩니다.)

❶ 후음은 이중점을 못 찍는다. 대신 그 앞에 오는 모음을 길게 해준다.

(거의 100% 적용되는 원칙)

히브리어를 잘하려면 히브리어의 거의 모든 명사 및 동사 변화들이 일정한 공식을 따라 질서 있게 움직인다는 점을 인식해야 합니다. 변화의 결과만 보지 말고, **변화의 원리**를 터득하면 히브리어 공부는 참 쉬워집니다. 그러나 못 터득하면 히브리어는 마치 혼란의 도가니처럼 느껴지기 마련입니다.

히브리어의 단어들의 변화 과정에서 빈도수가 가장 높은 현상들 중의 하나가 바로 **후음에는 이중점을 못 찍는다**는 것입니다. **즉 히브리어에는 다음과 같은 식으로 후음에 이중점이 오는 경우는 존재하지 않습니다!!!** (위의 이중점이 찍힌 예에 있는 글자들 중에 아래의 후음 글자들은 다 빠져 있습니다. 다시 한 번 올라가서 확인해보세요.)

רּ חּ הּ עּ אּ

그런데 문제는 이처럼 후음은 이중점을 찍지 못하는 데도 불구하고, 원래는 이중점을 찍었어야만 하는 상황들이 아주 빈번하게 발생한다는 것입니다. 그때 계산이 정확한 히브리어는 이 이중점 대신에 다른 것으로 보상을 시켜줍니다. 그 다른 보상은 바로 그 자음 앞의 짧은 모음을 길게 만들어주는 것입니다. 지금 단계에서는 **후음은 절대 이중점을 찍지는 못하며, 대신 그 앞의 모음을 길게 해준다(모음 보상)**는 원칙이 있다는 정도만 어렴풋이 기억하세요.

❷ 후음은 단순 쉐바를 취하지 않는다. (80~90%?)

먼저 쉐바란 것부터 설명하죠. 이 쉐바란 것의 모양은 기본적으로 영어의 콜론(:)같이 생겼습니다(ְ). 이 쉐바를 히브리어 자음 아래에 표기하는 거지요(예, בְ). 이 쉐바란 것의 개념을 가장 간단하게 말하면 바로 **"그 자음 아래에 모음이 없다"는 표시** 정도로 이해하시면 됩니다.

없으면 아예 아무 표시를 안 하면 되는데 굳이 이 쉐바란 표시가 왜 꼭 필요했을까요? 그 이유는 바로 고대 히브리어에서는 원래 모음 표기 시스템 자체가 없었다는 점에 있습니다. 다음의 예를 들어보지요. "간다"라는 말을 자음만 표기해봅니다. 다음과 같습니다.

ㄱ ㄴ ㄷ

자 히브리어는 이렇게 자음만 쓰던 문자체계였습니다. 위의 자음 글자들만 보고도 고대 이스라엘 사람들은 위의 글자들이 "간다"라는 단어라고 알아먹었던 것입니다. 그런데 이스라엘이 주전 586년에 완전히 멸망하고 이방 땅으로 유배를 당하고 나면서부터는 모국어를 제대로 읽고 쓰는 사람들이 점점 희박해졌습니다. 그런 상황에서 일부 학자들이 구약 성경에 기록된 모국어를 제대로 보존하기 위해 모음도 포함시키는 문자 체계를 만들어냈습니다. 그런데 조건은 구약 성경의 자음 문헌은 신성한 것이라 함부로 건드려서는 안 된다는 것이었습니다. 따라서 히브리어 모음을 만들어낸 학자들은 세종대왕이 한글을 창시했을 때처럼 무작정 자음과 모음을 마음대로 결합하여 "간다"라고 쓰는 방식으로 모음을 표기할 수는 없었습니다. 그냥 위의 예에서 보듯이 "ㄱㄴㄷ"식으로 자음이 수평으로 늘어져 있는 원래의 본문을 그대로 유지시킨 상태에서 모음을 추가시켜야 했습니다. 히브리어로 된 구약성경을 보존하기 위해 애썼던 이 **마소라 학자들**이란 랍비 집단은 이처럼 자음 본문에는 전혀 손을 안 대면서도 모음을 표기하기 위해서 결국 자음의 위와 아래에 모음을 추가하는 방식으로 모음을 달았습니다. 한글을 가지고 흉내를 내보면 다음과 같죠. "간다"란 단어가 있다면 아래와 같은 방식으로 표기한 것입니다.

ㄱ ㄴ ㄷ
ㅏ   ㅏ

자 위에서 보면 "ㄱ"과 "ㄷ"은 모음 "ㅏ"와 같이 맞물리죠. 그러면 남는 것이 있습니다. 바로 가운데의 받침 글자인 "ㄴ"입니다. 나머지는 모음이 있으니까 상관이 없는데 모음이 없는 이 받침 자음이 겉돌지요. 바로 이때 이 남는 자음에 모음이 없다는 표시를 해준 것이 바로 쉐봐입니다. 표기를 해보면 다음과 같지요.

ㄱ ㄴ ㄷ
ㅏ : ㅏ

이렇게 하면 글씨를 읽기가 훨씬 쉽지요. 쉐봐가 있는 데까지가 하나의 음절이 되는 것이니까요.

이 쉐봐는 단어의 처음에 나오기도 합니다. 영어의 경우를 예로 들어 study이라는 단어를 보지요. 단어 처음에 s란 자음과 t란 자음이 이어서 나옵니다. 이때 t는 뒤에 오는 u라는 모음에 연결되지만 s는 바로 이어 나오는 모음이 없지요? 이런 경우 히브리어에서는 s아래에 쉐바를 찍어주는 식입니다.

히브리어에서는 이처럼 단어 처음이나 중간에 오는 자음에 거기에 모음이 없다는 표시로 쉐바를 찍어줄 필요가 많이 생깁니다. 그런데 여기에 문제가 있습니다. 후음은 목구멍을 열어주면서 내는 소리라 보통의 쉐바는 못 취합니다. 어떻게든지 목구멍이 열리다 보니 진짜 모음은 아니라 할지라도 모음 비슷한 소리가 나게 되는 거지요. 이 모음 비슷한 소리를 표기할 때 히브리어는 a, e, o 등의 모음과 쉐바를 같이 표기해 줌으로써 모음이 있는 것도 아니고 없는 것도 아닌 소리를 표시해줍니다. 아래와 같죠.

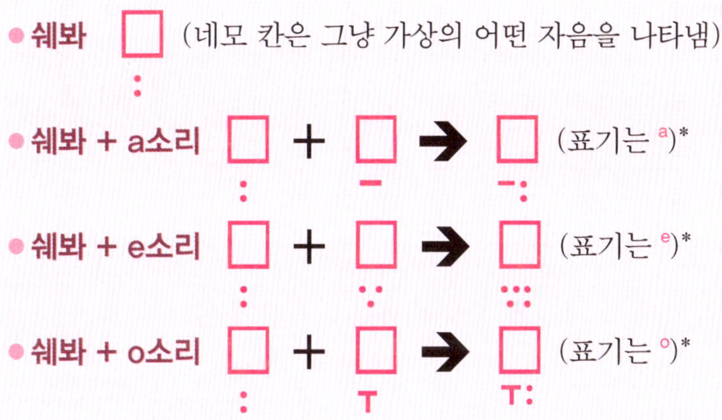

(* 다른 글자들의 어깨의 위치에 쓰는 윗첨자를 써서 음역 표기를 작게 하는 이유는 바로 쉐바가 정식 모음이 아니라는 점을 나타내기 위함)

위에서 다른 모음들과 합성이 된 쉐바를 "**합성 쉐바**"라고 합니다. 그리고 합성이 없이 쉐바 그 자체만을 쓴 것을 "합성 쉐바"와 대비시켜 "**단순 쉐바**"라고 합니다.

네 그래서 만약 어떤 자음 아래 쉐바가 올 기회가 생기면 일반 자음은 그냥 쉐바를 찍어줍니다. 그러나 후음은 위의 합성 쉐바들 중 어느 하나가 오게 됩니다. 이것은 절대적인 법칙은 아닙니다. 그러나 비록 통계를 안 내봤지만 거의 80-90% 이상은 후음 자음들은 합성 쉐바와 온다고 생각하면 됩니다. 중간 성격의 ר만 빼고요. 이 ר는 거의 단순 쉐바만 옵니다.

- 일반 자음 – **단순 쉐바**와 함께 : בְ גְ דְ 등
- 후음 자음 – **합성 쉐바**와 함께 : אֲ עֱ הֳ חֲ 등
- ר – 거의 **단순 쉐바**와 함께 : רְ

이처럼 후음 자음들은 일반적으로 단순 쉐바를 받지 않기 때문에 일반 자음 같으면 단순 쉐바가 올 자리에 합성 쉐바로 대체하게 됩니다.

❸ 후음은 "ㅏ" 계열(a) 모음을 좋아한다. (80–90%?)

후음은 자기와 함께 쓰이는 모음으로 "ㅏ" 소리를 정말 좋아합니다. 그래서 다른 모음이 올 경우 그 모음을 "ㅏ" 모음으로 바꿔버리든지, 아니면 그 모음과 후음 자신 사이에 "ㅏ" 모음을 억지로 집어넣습니다. 그 이유는 아마 후음이 "목구멍 소리"라는 점에 있지 않나 생각합니다. 앞에 목이 열리면 가장 자연스럽게 나는 소리가 "ㅏ"라는 모음이죠. 목을 활짝 열고 "ㅏ" 소리 외에 "ㅗ"나 "ㅜ"를 발음해 보세요? 되시나요? 되면 병원을 가보셔야 합니다. 정상이 아니에요. 목이 열릴 때 나는 가장 자연스러운 소리는 "ㅏ" 소리입니다. 다른 모음은 목을

좀 더 닫든지 소리가 울리는 위치를 바꿔야만 가능합니다. 바로 이런 이유로 해서 후음은 "ㅏ" 소리를 좋아합니다.

그러면 여러분이 이미 잘 아는 것으로 예를 한 번 들어볼게요. "영, 혼" 혹은 "바람"이라는 단어가 히브리어로 뭔지 다 아시죠? 웬만한 평신도들도 히브리어 글자는 몰라도 발음은 다 알더라고요. 바로 "루아흐"죠. 이것의 히브리어는 원래는 다음과 같습니다.

רוּחַ

보조해설

아직 진도가 안 나간 부분이 있으니 보조 해설을 좀 달을게요.

ר = r, ㄹ

וּ = û, ㅜ

ח = ḥ, 강한 "ㅎ" 소리

위의 רוּחַ를 원칙적으로 발음해보면 "루흐"라고 읽어야 합니다. (참고로 "ㅎ" 아래의 모음 "ㅡ"는 그냥 히브리어의 쉐바와 같은 역할을 한다고 생각하면 됩니다. 좀 너 엄밀하게 표기하면 "루ㅎ"라고 표기해야 하겠지만, 그러면 한글로는 글자가 안 이루어지니 "ㅎ" 아래에는 그냥 모음이 없다는 표시로 "ㅡ"를 넣는 것입니다. 이 "ㅡ"는 히브리어의 쉐바와 상당히 잘 상응합니다. 여러분은 "ㅡ"를 볼 때 될 수 있으면 이것을 발음하지 말고 "루ㅎ"처럼 발음하려고 노력하세요. 그러면 원어에 가까운 소리가 나게 됩니다.)

"루ㅎ"를 발음할 때 "ㅎ"를 목구멍을 최대한 활짝 열고 발음해 보세요. 당연히 발음이 힘듭니다. 이럴 때 앞의 "ㅜ"란 모음과 후음 ח사이의 충돌을 막아주기 위해 그 사이에 "ㅏ" 모음을 도입하는 것이지요. 그 형태는 다음과 같이 생겼습니다.

□ַ (짧은 "ㅏ"[a] 소리)

이 짧은 "ㅏ" 모음을 וּ란 모음과 ח란 자음 사이에 집어 넣어주면 다음과 같습니다. 이 둘 사이에 낀 모습을 나타내기 위해 일반적인 모음과 달리 ח의 오른쪽에 וּ와 사이에 걸치게 표시합니다. 빨간색으로 그 부분을 나타내보면 다음과 같습니다.

רוּחַ

이렇게 하면 "루"와 "ㅎ" 사이에 "아" 소리가 들어가게 됩니다. 그래서 결과는 다음과 같습니다.

루 + ㅏ + ㅎ → 루아ㅎ(흐)

이렇게 존재하지도 않는 "ㅏ" 모음을 끌고 올 정도로 후음은 "ㅏ" 소리를 좋아합니다. 물론 이 규칙은 아주 강력하지는 않아 후음이 다른 모음과 함께 쓰이는 것도 아주 불가능한 것은 아닙니다. 될 수 있는 한 "ㅏ" 모음을 좋아한다는 것이지요.

★정리를 해 봅시다. 후음의 특성은 세 가지입니다.

❶ **후음은 이중점을 못 찍는다. 대신 그 앞에 오는 모음을 길게 해준다.**
(거의 100% 적용되는 원칙)

❷ **후음은 단순 쉐바를 취하지 않는다.** (80–90%?)

❸ **후음은 "ㅏ" 계열(a) 모음을 좋아한다.**

이 세 가지 후음의 특성이 히브리어의 동사나 명사 등의 단어들이 변화를 일으킬 때 상당히 중요한 작용들을 합니다. 여러분이 히브리어를 잘하고 싶으시면 후음의 이런 특성들을 완전히 통달하고 있어야만 합니다.

그러나 아직 여러분이 위에서 말한 사항들을 제대로 이해하기 위해서는 아직도 더 배워야 할 것들이 여러 가지가 있으므로, 해당 사항들이 나올 때마다 반복해서 설명하도록 하지요. 위의 후음의 특성들은 결코 어려운 것들은 아니고 조금만 구체적인 예들을 보고 몇 번 연습만 해보면 자연스레 익숙해지는 것들입니다. 그러니 위의 내용을 이해하지 못했다고 해서 괜히 주눅들 필요는 전혀 없습니다.

5. נ

히브리어를 재미있게 만드는 또 하나의 중요한 자음은 נ ("눈" nun, 소릿값은 영어의 n, 한국어의 "ㄴ" 정도)입니다. 이 글자도 상당히 많이 쓰이는 글자라 여러분이 자주 접하게 되니 꼭 알아두시길 바랍니다. נ의 특성은 크게 두 가지입니다.

❶ **נ은 쉐바와 함께 올 때 뒤에 오는 자음에 동화된다.**

이 현상을 설명하기 전에 먼저 거의 모든 나라에서 발생하는 언어 현상에 대해서 설명하겠습니다. 그것은 "**자음접변**"(子音接變)이라는 현상입니다. 이 용어의 의미는 "자음들이 서로 만나면 변화를 일으키는 현상" 정도가 되겠네요. 예를 들어 "~위에서 통치하다"라는 의미로 쓰이는 "군림"(君臨)이라는 단어를 생각해 봅시다. 한 글자씩 따로 읽으면 "군", "림"이라고 발음하면 됩니다. 그런데 이 두 글자를 합쳐서 "군림"이라고 쓰고, 이것을 발음해보면 무슨 일이 일어나지요? 아무도 글자가 쓰여진 그대로 발음하지 않습니다. 대신 "굴림"이라고 읽습니다.

군림 → **군림** (쓸 때)
→ **굴림** (읽을 때)

이처럼 글자를 쓸 때와 읽을 때 달라지는 이유는 이렇습니다. "군"의 종성인 "ㄴ"과 "림"의 초성인 "ㄹ"이 바로 이어서 만나게 되면 그 영향으로 "ㄴ"이 "ㄹ"로 발음되는 현상이 발생되기 때문입니다.

일본어에서도 모든 음절의 받침으로 사용되는 "ん"라는 글자의 소리는 한국어로 나타내자면 "ㄴ", "ㅁ", "ㅇ" 등으로 소릿값이 달라집니다. 이처럼 달라지는 소릿값은 뒤에 오는 자음이 무엇이냐 하는 것에 달려 있습니다.

영어의 경우 "con"이라는 접두어의 마지막 자음 "n"은 대체적으로는 "ㄴ"으로 발음하면 됩니다. 그러나 congress란 단어에서는 "ㅇ"으로 소릿값이 바뀝니다.

이런 예는 모든 언어에서 발생하는 현상입니다. 히브리어의 נ도 바로 이런 현상을 겪습니다. 그런데 재미있는 것은 히브리어의 נ은 그 아래에 자음이 없으면, 즉 쉐바(◌ְ)가 오면 무조건 뒷자음에 동화가 된다는 점입니다. נתן("나탄"이라고 읽음, "주다"[give]라는 의미)이란 단어를 변화시켜 "줄 것이다"(will give)라고 말하려면 다음과 같이 됩니다. (이 역시 나중에 다 이해가 되니 지금은 신경 쓰지 말기를. 현재는 그냥 נ이 뒷자음에 동화가 된다는 현상만 보기 위한 것이다. 이해에 방해

될 요소는 최대한 배제시킴. 그냥 빨간색에 집중할 것.)

נתן (“나탄”의 미래형을 만들면)

יִנְתֵן (“인텐”이 됨. נ아래에 쉐바 있음)

יִתְתֵן (נ아래에 쉐바가 있으면 נ이 뒷자음에 동화)

יִתֵּן (히브리어는 동일 자음 반복 되는 것 싫어함.
앞의 ת를 없애는 대신 이중점 도입)

❷ נ이 단어 처음에서 쉐바와 함께 올 때는 아예 사라져버린다.

이 두 번째 현상은 예를 들어 바로 설명하지요. 위에서 사용한 נתן(“나탄”이라고 읽음, “주다”[give]라는 의미)이란 동사를 다시 봅시다. 이 단어의 명령형을 써서 “줘”(give!)란 의미를 표현할 때 일반 자음의 경우로 한다면 다음과 같을 것입니다.

נְתֵן (“느텐”이라고 읽을 수 있을 것임. 가상적 형태. נ아래 쉐바 있음)

תֵן (“텐”이라고 읽음. נ아래 쉐바가 와서 아예 제거해버림)

נ이 단어 처음에서 쉐바와 함께 올 때는 아예 제거해버린다는 규칙에 따라 “줘!”라는 명령의 히브리어 표현은 원래의 “느텐”이 아니라 “텐”이 됩니다. (이 역시 “이런 것도 있구나” 정도만 어렴풋이 기억하세요. 때가 되면 다 알게 됩니다.)

(또 방금 위의 표기는 아주 정확한 것은 아닙니다. 그러나 여러분이 지금 단계에서는 헷갈릴 수 있어서 그냥 저렇게 적었습니다. 이 점 역시 때가 되면 제대로 표기하고 설명하도록 하겠습니다.)

6. י (y)와 ו (w): 반자음

이 두 히브리어 글자는 음역 표기로 하면 y와 w로 합니다. 영어에서도 y와 w는 자음인지 모음인지 혼란스러울 때가 있습니다. 단어 내에서 위치나 역할에 따라 자음이기도 하고 모음이기도 합니다. 한글로는 이 두 글자를 일관된 문자 기호로 소릿값을 나타내는 것이 불가능합니다. 히브리어에서도 이 두 글자는 자음과 모음 사이를 넘나듭니다. 이런 이유로 해서 이 두 글자는 반쪽 짜리 자음이라는 의미에서 "반자음"이라고 부릅니다. 이 두 "반자음"은 기회만 되면 자음으로서의 성격을 상실하고 모음이 되려고 듭니다

예를 하나만 들지요. 여러분이 히브리어를 잘 몰라도 이미 다 알고 있는 유명한 것입니다. 즉 마가복음 5:41에서 예수님이 야이로의 딸을 일으켜 세우면서 "소녀야 일어나라" 하실 때 하신 "달리다 쿰"이라는 말씀입니다. 앞은 "소녀야"라는 뜻이고, "일어나라"는 "쿰"입니다. 물론 이 "쿰"은 원래는 아람어이지만, 이 아람어가 히브리어랑 워낙 비슷하다 보니 히브리어와 똑같이 "쿰"이라 합니다. 이 단어를 크게 써보면 다음과 같습니다.

קוּם (qûm, 쿰)

위의 형태는 사전에서 이 단어를 찾을 때 찾아야 하는 형태이기도 하고, 마가복음 5:41에서 보듯이 명령형으로 사용되는 형태이기도 합니다. 그런데 이것을 과거형으로 써서 "그가 일어났다"고 말하고자 하면 가운데의 וּ가 사라져 버립니다. 그 결과 다음과 같이 됩니다.

קָם (qām, 캄)

이처럼 반자음인 י(요드, yod, 소릿값은 y)와 ו(봐브, waw, 소릿값은 w)는 기회만 되면 자음으로서의 효력을 상실하고 모음처럼 쓰이거나 아예 없어져버리는 경향이 있습니다. (이것 역시 지금은 이해 못해도 됩니다. 그냥 지금 말한 사항을 어렴풋이 기억했다가, 나중에 여러분이 충분히 이해할 상황이 되어 제가 다시 설명을 할 때 이 내용을 다시 보면서 "아 이게 이 말이었구나" 할 정도로만 기억하고 있으면 됩니다.)

◇◆◇◆◇◆◇◆◇

이제 자음에 대해서 정리를 해봅시다. 여러분이 히브리어를 잘하기 위해서 해야 할 가장 기본적인 것은 글자를 제대로 익히는 것입니다. 히브리어는 생김새가 낯설기 때문에 처음에 정성이 좀 많이 들어가야 합니다. 그러나 일단 히브리어 글자가 친숙하게 되고 나면 나머지는 아주 쉬워집니다.

히브리어 자음 중에서도 특별히 잘 익혀야 하는 8개의 자음이 있는데, 그것들은 다음과 같습니다.

❶ 후음: א ע ה ח / ר (후음 성격 세 가지)

❷ נ (아래 쉐봐[ְ]가 오면 뒷자음에 동화)

❸ 반자음: י ו

3장 히브리어 모음

1. 모음의 기본적인 이해

이제는 히브리어 모음에 대해서 배워보도록 하지요. 앞에서 배운 히브리어 알파벳은 모두 자음이라는 것을 이야기했습니다. 원래 성경 히브리어에서는 모음이 없었습니다. 그냥 자음으로 된 본문만이 존재했을 뿐이지요. 한글을 가지고 비유적으로 설명을 해볼게요. 창세기 1:1의 시작이 "태초에 하나님이"라고 되어 있지요? 이 경우 고대의 성경 히브리어 본문은 "ㅌㅊㅇ ㅎㄴㄴㅁㅇ"라고 되어 있었습니다. 고대 이스라엘 사람들은 이것만 가지고도 "태초에 하나님이"라고 읽을 수 있었습니다.

히브리어 모음은 이스라엘이 멸망하고 난 후 그 백성들이 이방 땅을 떠돌면서 점점 히브리어를 모국어로 능숙하게 쓸 수 있는 사람들이 줄어들게 되자 필요하게 되었습니다. 이때 소위 **마소라 학자들**(the Masoretes)이란 사람들이 그 이전에 존재하던 몇 가지 모음 체계를 집대성해서 현재 우리가 표준 구약성경인 BHS 히브리어 성경에서 보는 것과 같은 모음 체계를 완성시켰습니다. 이 모음 체계를 자음 본문과 결합한 본문을 **마소라 본문**(the Masoretic Text, MT라고 줄여 씀)이라고 부릅니다.

그래서 우리가 현재 구약성경을 원어로 읽을 때 중요한 것은 앞에서 배운 자음과 지금 배우고자 하는 모음을 결합해서 읽을 수 있는 능력이 중요합니다. 다행히도 이런 자음과 모음의 결합 작업은 한국인인 우리에게 유리합니다. 한글이 바로 이런 식으로 구성되어 있으니까요.

그럼 모음을 배워볼까요? 히브리어 모음은 크게 다섯 가지 소리가 있습니다. "ㅏ", "ㅔ", "ㅣ", "ㅗ", "ㅜ"가 그것이지요. 영어로는 a, e, i, o, u겠지요.

여기에 쉐바라는 것이 추가됩니다. 이미 앞에서 이 쉐바는 그냥 "모음이 없다는 표시"쯤으로 이해하면 된다고 설명한 적이 있지요? 그러나 사실 쉐바는 단순히 "모음이 없다는 표시"를 넘어서서 다른 모음들과 왔다갔다 하는 호환 작용을 하기도 합니다. 이런 현상은 단어 내에서 액센트의 위치가 바뀔 때 일어나는 현상인데 이 현상에 대해서는 나중에 실제 명사나 동사 변화를 배우면서 살펴보도록 하겠습니다. 지금은 그냥 이 쉐바가 이처럼 때로는 "모음이 없다는 표시" 정도의 역할을 하기도 하고, 때로는 다른 모음들과 호환작용을 하기도 한다는 점만 기억하고 있으면 됩니다. 이처럼 쉐바가 때로는 모음이 아니기도 하고 때로는 모음과 상호작용을 하기도 한다는 점 때문에 어떤 학자들은 이 쉐바를 "**반모음**"이라고 부르기도 합니다. 마치 י(y)와 ו(w)가 자음과 모음의 중간적 성격 때문에 "**반자음**"이라고 불리기도 하듯이 말입니다.

이 정도로 모음에 대한 사항들이 끝났으면 좋겠지만 사실 조금 더 있습니다. 그것은 각 모음 소리마다 **장모음**, **단모음**, 그리고 **쉐바**와 조합된 형태(**합성 쉐바, 반모음**), 자음과 조합된 형태(**순장모음** 혹은 **자음 장모음**)가 있다는 것입니다. 엄청나게 복잡하게 들리지요. 너무 걱정은 마세요. 조금만 노력해서 익숙해지고 나면 아무것도 아니에요.

그럼 먼저 히브리어 모음의 도표를 보도록 할까요? (아래 도표의 사각형은 임의의 히브리어 자음을 나타내는 표시임)

반모음 쉐바	□ְ

	장모음	단모음	반모음	순장모음 (자음 장모음)
아	□ָ	□ַ	□ֲ	□ָה □ָא

에	□ֵ	□ֶ	□ֱ	□ֵי □ֶי □ֵה □ֶה
이		□ִ		□ִי
오	□ֹ	□ָ	□ֳ	□ֹה □וֹ
우		□ֻ		□וּ

위의 모음 도표를 학생들에게 외우라고 시키면 정말 안 외웁니다. 또 굉장히 많은 분들이 이 모음 도표로 인해 큰 어려움을 느끼지요. 뭐 사실 어려움을 느끼는 것도 당연해요. 일단 이 모음 글자들이 너무 못 생기게 보여요. 한글의 우아한 모양새와 비교해볼 때 정말 글자 같지도 않게 보이지요.

이왕 모음을 만들려면 한글처럼 예쁘게 만들지 왜 이렇게 만들었을까요? 그 이유는 위에서도 잠깐 언급한 바와 같이 마소라 학자들이 자신들에게 전수된 구약의 자음 본문에 변형을 가하려고 하지 않았기 때문입니다. 사실 하나님의 말씀인 자음 본문에 변형을 가한다는 것은 경건한 그들로서는 상상도 할 수 없었던 것이지요.

그 결과 그들이 모음을 만들어 붙이고자 할 때 그들에게는 별로 선택의 여지가 없었습니다. 아래의 창세기 1:1의 첫 대목의 자음 본문을 한 번 봐보세요.

בראשית ברא אלהים

이 자음 본문에 어떤 형태의 변형도 가하지 않고 모음을 첨가하는 방법은 한계가 있을 수밖에 없겠지요. 절대로 한글의 경우처럼 아예 처음부터 자음과 동시에 만들어져서 자음과 잘 어울리도록 디자인된 형태의 모음을 만드는 것은 애초에 불가능했습니다. 그들이 할 수 있는 것이라고는 겨우 신성한 자음 본문의 위나 아래에 간단한 점과 같은 모양을 찍어 소릿값을 표시하는 정도였습니다.

그 결과 마소라 학자들이 많든 모음은 위의 모음 도표에 있는 모양과 같이 되었답니다. 그럼 모음을 붙인 것을 한 번 볼까요(그리고 경음점 표시도 추가되어 있음)?

בְּרֵאשִׁית בָּרָא אֱלֹהִים

자 각 단어에 모음을 완벽하게 붙이면서도 자음 본문을 하나도 안 건드렸지요? 마소라 학자들은 이처럼 하나님의 말씀인 자음 본문을 자신들에게 전수된 그대로 완벽하게 보존하면서도 모음을 최대한 완벽하게 표기하는 방법을 찾아냈던 것입니다. 그러나 안타깝게도 모음의 모양은 그다지 아름답지는 못합니다. 공부하기 싫은 마음이 들게 생겨 먹었지요.

하지만 저는 학생 여러분이 마소라 학자들이 자신들의 전통에 대해 가졌던 숭고한 마음가짐을 좀 이해해주셨으면 합니다. 그리고 그 마음을 이해한다면 히브리어 모음을 공부하고 싶은 마음이 조금은 더 늘 것입니다.

히브리어를 배우는 학생들에게 그나마 다행인 것은 이 마소라 학자들이 상당히 천재적인 사람들이라 나름대로 위의 모음체계에는 일관성이 있다는 것입니다. 그 일관성을 잘 파악하기만 한다면 사실 위의 모음들을 외우는 것이 그다지 어렵지 않습니다. 왜냐하면 모음은 각 소리 계열마다 서로 비슷하게 생겼거든요.

2. 장모음, 단모음, 반모음

그럼 이제 위의 도표를 하나씩 차근차근 살펴보겠습니다. 일단 아래에서는 위의 도표의 가장 오른 쪽 열에 있는 순장모음 혹은 모음 장모음은 빼놓고 설명하겠습니다. 왜냐하면 이 계열의 모음은 그 옆의 장모음, 단모음, 반모음과는 기원이나 성격이 좀 차이가 나기 때문입니다.

그럼 "ㅏ"(a) 소리 계열부터 좀 살펴볼까요? 이 소리 계열의 기본 형태는 영어의 하이픈(-) 같이 생겼습니다. 이게 단모음 "ㅏ"입니다. 이 단모음에 아래로 작대기를 하나 더하면 마치 한글 모음의 "ㅜ"와 같이 생긴 모음이 됩니다. 이게 장모음 "ㅏ"입니다. 반모음은 단모음 "ㅏ"에 반모음 표시인 쉐와(:)를 더한 모양입니다(-:). 이것들을 자음과 붙여 써보면 아래와 같이 됩니다. 여러분이 보기 좋게 히브리어를 좀 크게 표기해 볼게요. 순서는 가장 긴 소리부터 짧은 소리의 순서로 표기합니다. (아래의 사각형은 임의의 히브리어 자음을 나타내는 표시임. 이 사각형은 무시하고 그 아래의 모음만 볼 것.)

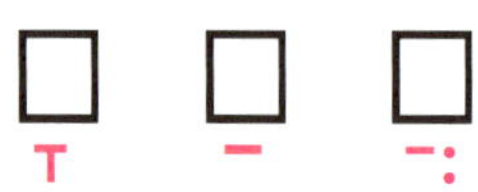

이렇게 히브리어 자음과 모음을 합치자 드디어 이 히브리어 글자가 읽을 수 있는 글자가 되었네요. 이렇게 소리 내어 읽을 수 있는 "**자음 + 모음**"의 조합을 "**음절**"(syllable)이라고 합니다.

위의 각각의 히브리어 모음은 한글로 읽자면 다 그냥 "ㅏ", "ㅏ", "ㅏ"하고 똑같이 읽는 수밖에 없습니다. 그러나 위의 각 음절이 모음이 틀리기 때문에 실제 소리의 길이는 서로 차이가 나지요. 맨 왼쪽이 가장 길고, 가운데는 그보다 짧고, 맨 오른쪽은 소리가 나는 듯 마는 듯하다고 생각하시면 됩니다.

그러나 이 각각의 음절을 학술적으로 정식 표기하자면 길이가 다른 것을 표시를 해주어야만 하겠지요? 히브리어 글자를 사용하는 대신 그 소릿값을 영어 알파벳을 바탕으로 한 전문적인 부호를 사용해서 표기하는 것을 전문용어로 "음역"(音譯, transliteration)이라고 합니다. 즉 어떤 언어의 글자가 가진 소릿값을 다른 문자 체계를 사용하여 "번역"하듯이 옮긴다는 것입니다. 이런 전문적인 "음역" 표기 방식에 따르면 위의 세 히브리어 음절은 다음과 같이 표기합니다. 역시 히브리어를 처음 배우는 여러분이 보기 좋게 조금 큰 글씨로 표시해볼게요.

ā a ª

맨 왼쪽의 장모음 "ㅏ"는 a 위에 하이픈(-)을 하나 얹고 있는 모습이지요. 이렇게 a 등의 모음 위에 얹어놓은 작대기 모양은 장모음이란 표시입니다. 단모음은 이 작대기 없이 그냥 a 그대로 쓰면 됩니다. 맨 오른쪽의 반모음 "ㅏ"는 다른 글자들의 위에 좀 작은 글씨(윗첨자라고 하지요)로 올려 씁니다. 소리가 나는 듯 마는 듯한 느낌이 들게 표기하는 거지요. 이어서 살펴보겠지만 다른 모음 계열들, 즉 "ㅔ"(e), "ㅣ"(i), "ㅗ"(o), "ㅜ"(u)의 경우에도 이 체계를 따라갑니다.

참고

음역 표기 방법은 사실 여러 가지 방식이 있습니다. 학술지마다 다른 음역 표기 방식을 요구하기도 하지요. 그래서 학자들은 학술지에 글을 낼 때마다 해당 학술지의 음역체계에 맞추어야 하는 경우들이 생깁니다.

그러나 여러분들은 걱정하실 필요가 없습니다. 여러분들이 학술지에 글을 올릴만한 때가 때면 이미 음역 체계의 차이쯤은 별로 신경 쓰지 않고 자유자재로 바꿔 쓸 수 있을 만큼 실력을 갖춘 상태가 되어 있을 것입니다.

아마 여러분들에게 더 직접적으로 다가오는 것은 주석 책 등을 읽을 때 히브리어 글자 대신 음역을 만나는 경우겠지요. 그런 경우 역시 걱정할 필요가 없습니다. 어느 한 음역 체계에 좀 익숙해지고 나면 대부분의 경우는 따로 공부할 필요도 없이 다른 음역 체계들도 다 이해할 수 있게 됩니다. 그러니 제가 설명하는 방식의 체계를 먼저 숙지하도록 하세요. 한 체계에 익숙해지고 나면 다른 체계를 익히는 것은 아주 쉬워집니다.

자 그럼 이 모음들을 실제 자음에 붙이면 어떻게 될까요? 멤(mem, מ)이란 자음에 한 번 붙여보죠.

מָ　　מַ　　מֲ

그러면 이처럼 자음 멤(mem, מ)과 "ㅏ"(a) 소리 모음들을 붙인 것을 음역해볼까요? (사실 반모음은 후음에만 붙기 때문에 아래의 자음들에 반모음이 오는 경우가 실제로는 없는 경우가 대부분이지만 그냥 모음을 익힌다는 차원에서 이해해주시길.)

mā　ma　m^a

자음 멤(mem, מ)은 m으로 표기하면 되죠. 거기에 장모음, 단모음, 반모음의 "ㅏ"(a) 소리를 표기해주면 됩니다. 한국어로는 그냥 다 "마"가 됩니다.

이번에는 사메크(sameq, ס)를 가지고 한 번 더 해볼까요?

סָ　　סַ　　סֲ

위의 사메크(sameq, ס)는 s로 표기하면 됩니다. 거기에 장모음, 단모음, 반모음의 "아"(a) 소리를 표기한 것을 음역을 해보면 다음과 같습니다.

sā　sa　s^a

역시 한국어로는 다 "사"라고 읽으면 되겠지요.

이번에는 마지막으로 알렢(ʾalep̄, א)를 가지고 한 번 더 해볼까요?

אָ　　אַ　　אֲ

위의 알렢(ʾalep̄, א)은 ʾ로 표기하면 됩니다. 거기에 장모음, 단모음, 반모음의 "아"(a) 소리를 표기한 것을 음역을 해보면 다음과 같습니다.

ʾā　ʾa　ʾ^{a}

알렙(ʾalep̄, א)은 한국어로는 "ㅇ"에 해당한다고 보면 되니까 위의 세 경우 모두 "아"라고 읽으면 됩니다.

한 번 다른 자음들 가지고도 연습해보세요. 연습은 다양하게 많이 하면 할수록 좋습니다.

그러면 이제 "ㅔ"(e) 소리 계열로 넘어가 볼까요? "ㅔ"(e) 소리도 기본은 단모음입니다. 단모음 "ㅔ"(e)는 점 세 개를 역삼각형 모양으로 찍어놓은 것입니다(□ֶ).

장모음 "ㅔ"(e)는 이 단모음 "ㅔ"(e)에서 아래쪽의 점을 뺀 것입니다(□ֵ). 점이 둘이 남게 되겠죠.

반모음 "ㅔ"(e)는 단모음에 반모음 표시인 쉐봐를 덧붙인 형태죠(□ֱ). 점이 다섯 개나 돼서 "이게 뭐야" 하는 생각이 드실 수도 있지만 단모음 "ㅔ"(e, □ֶ)와 쉐봐(□ְ)가 결합된 것이라고 생각하면 쉽게 이해가 되실 겁니다. 점이 3+2=5이기 때문에 다섯 개가 찍혀 있는 거지요. 또 이렇게 이해하고 나면 흉측하게만 보였던 "ㅔ"(e) 소리 계열의 점들이 눈에 친숙하게 들어오지요. 그러면 "ㅔ"(e) 소리 계열의 모음들을 한데 표기해볼까요?

□ֵ　□ֶ　□ֱ

이 "ㅔ"(e) 소리 계열의 모음들을 음역 표기해보면 다음과 같습니다.

ē　e　^{e}

맨 왼쪽이 장모음, 가운데가 단모음, 맨 오른쪽이 반모음을 표기한 것입니다. 이런 표기 방식은 "ㅏ" 소리 계열의 모음들을 표기했던 순서와 동일합니다.

그럼 "ㅏ" 소리처럼 이것도 멤(mem, מ)과 함께 표기해보죠.

מֵ מֶ מֱ

음역을 해보면 다음과 같습니다.

mē me m^{e}

한국어로는 그냥 다 “메”라고 읽으면 됩니다. 현대 한국어에서는 소리의 길이를 나타내주지는 못하니까요.

이것도 사메크(sameq, ס)를 가지고 한 번 더 연습을 해볼까요?

סֵ סֶ סֱ

이것들을 음역을 하면 다음과 같이 됩니다.

sē se s^{e}

한국어로는 그냥 다 “세”라고 읽으면 되겠지요.

마지막으로 알렢(ʾaleṗ, א)를 가지고 한 번 더 연습을 해볼까요?

אֵ אֶ אֱ

이것들을 음역을 하면 다음과 같이 됩니다.

ʾē ʾe ʾ^{e}

한국어로는 셋 다 “에”라고 읽으면 되겠지요.

이제 “ㅣ”(i) 모음을 배우기 전에 먼저 다음 “참고” 항목의 히브리어 모음 삼각도 개념을 잘 읽어주시고 개념을 잡아주시기를 바랍니다.

참고: 히브리어 모음 삼각도 ● ● ●

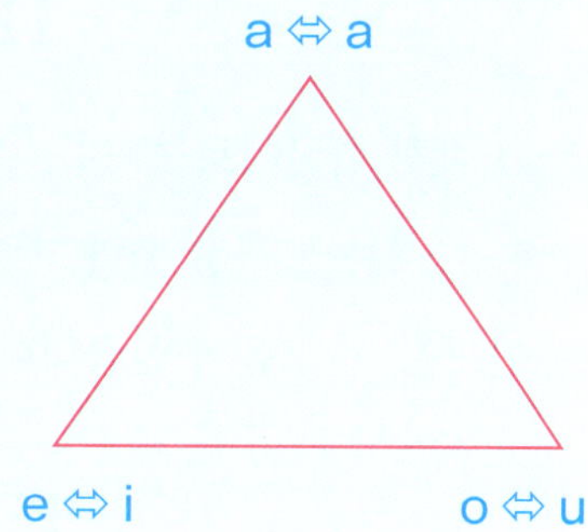

히브리어 모음을 마스터하기 위해서는 히브리어 모음이 "ㅏ"(a), "ㅔ"(e), "ㅣ"(i), "ㅗ"(o), "ㅜ"(u)의 다섯 가지 계열의 모음이 있지만 이것을 다시 압축하면 세 가지 계열, 즉 ㅏ"(a), "ㅔ/ㅣ"(e/i), "ㅗ/ㅜ"(o/u)의 세 가지 계열로 압축될 수 있다는 점을 알고 계시는 것이 중요합니다. 이것을 그림으로 표시해보면 옆과 같습니다.
우리의 도표와 관련해서 말하자면 "ㅔ/ㅣ" 계열의 경우 "ㅣ"(i) 모음은 "ㅔ"(e) 모음에 종속되고, "ㅔ"(e) 모음이 이 계열의 대표 소리 역할을 합니다. 따라서 "ㅔ" 모음은 장모음, 단모음, 반모음이 다 있지만 "ㅣ"(i)의 경우는 오직 단모음밖에 존재하지 않습니다. 또 "ㅗ/ㅜ"의 경우에도 "ㅗ"(o) 모음이 대표 역할을 해서 장모음, 단모음, 반모음이 다 있는 반면에 "ㅜ"는 이에 종속되어 오직 단모음밖에 존재하지 않습니다. 이 점을 잘 이해하고 있으면 히브리어를 마스터하는 데 큰 도움이 됩니다.

그럼 이제 "ㅣ"(i) 소리 계열에 대해서 살펴보죠. 앞의 히브리어 모음 삼각도에서 설명한 바와 같이 "ㅣ"(i) 소리는 "ㅔ"(e) 소리의 아류라고 생각하면 됩니다. 그래서 형태도 간단합니다. 장모음, 단모음, 반모음의 구분이 없이 그냥 단모음 하나밖에 없습니다. "ㅔ"(e) 소리 계열처럼 자음 밑에 찍는 점의 형태로 되어 있지만 딱 점 하나로 이루어져 있습니다(□̣). 간단하지요? 한 번 크게 표기해보지요.

□̣

음역을 하면 i로 표기하면 됩니다. 한국어로는 "ㅣ"가 되겠지요. 이것을 멤(mem, מִ), 사메크(sameq, סִ), 알렙(aleph, אִ)과 함께 써보면 다음과 같습니다.

אִ סִ מִ

위의 글자들을 음역해 보면 다음과 같습니다.

mi si ʾi

각각 한국어로는 "미", "시", "이"라고 발음하면 되겠지요.

이제는 "ㅗ"(o) 소리 계열의 모음을 살펴보도록 하죠. 여기에도 역시 장모음, 단모음, 반모음이 있습니다. 한 편 표기를 해보면 다음과 같습니다.

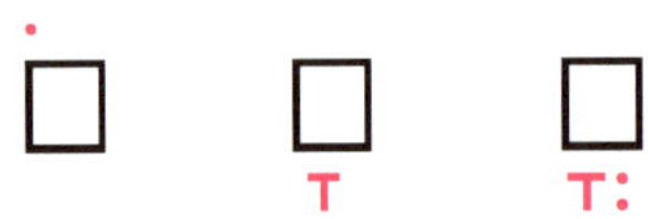

이것들을 음역하면 다음과 같습니다.

ō o ᵒ

아마 앞에서부터 내용을 잘 이해하고 있는 분들은 이미 눈치 채셨겠지만 여기에서 한 가지 아주 중요한 것이 있습니다. 그것은 단모음 "ㅗ"(o)가 장모음 "ㅏ"와 모음 기호와 완전히 동일하다는 점입니다. 황당스럽지요? 마소라 학자들이 이렇게 정했기 때문에 어쩔 수가 없지만요. 할 수 없이 우리가 성경을 읽을 때 이 부호가 장모음 "ㅏ"를 나타내는지, 단모음 "ㅗ"를 나타내는지를 구분해야 한답니다.

무척 어려울 것 같죠? 사실 크게 걱정하실 필요는 없습니다. 여러분이 이 책의 내용을 잘 따라가시기만 한다면 여러분은 거의 정확히 거의 모든 순간에 이 모음 기호가 "ㅏ"인지 "ㅗ"인지 알 수 있습니다. 그리고 또 한 가지 다행인 것은 이게 "ㅏ"인지 "ㅗ"인지 몰라도 궁극적으로는 히브리어 공부하는 데에는 거의 지장이 없다는 것입니다. 사실 제가 학자들과 히브리어 강독을 할 때도 빨리 빨리 지나가는 순간에는 이 모음 기호를 몇 개의 흔히 쓰이는 단어들의 경우를 제외하고는 제대로 읽는 분을 거의 본 적이 없습니다. 물론 그 분들이 이론을 모르시는 것은 아니고 별로 신경을 안 쓰시는 것뿐이지요. 그러니 여러분도 이 모음 기호 가지고 너무 스트레스 받지 마세요. 그냥 이 동일한 모음기호가 장모음

“ㅏ”를 나타내기도 하고, 단모음 “ㅗ”를 나타내기도 하는구나 하고 생각하면 됩니다. (제가 갖고 있는 성경 프로그램에는 세계적인 히브리어 학자가 구약 성경 히브리어 본문 전체를 다 음역해 놓은 자료가 있는데 놀랍게도 짧은 “ㅗ” 소리를 전부 긴 “ㅏ” 소리로 표기해 놓았습니다. 세계적인 학자가 왜 그랬는지 모르겠어요. 제가 성경 원어 프로그램 회사에 이 문제로 이메일을 보냈는데 답장이 없네요. 저도 그동안 바빠서 재확인도 못 해봤습니다. 하여튼 이런 일도 있으니 여러분도 이 문제로 스트레스 너무 안 받으셔도 돼요. 물론 정확히 아는 게 굉장히 중요한 일이기는 하지만요. 여러분이 이 책을 잘 따라오시기만 하면 이 책을 다 읽을 때쯤에는 이 문제는 아주 간단한 문제가 될 것입니다.)

그러면 “ㅗ”(o) 모음을 멤(mem, מ)과 함께 써보도록 하지요.

מֹ   מָ   מֳ

이것들을 음역해보면 다음과 같습니다.

mō   mo   m^{o}

한국어로 표기하면 다 “모”가 되겠지요.

이제 사메크(sameq, ס)와 함께 써보면 어떨까요?

סֹ   סָ   סֳ

음역은 다음과 같습니다.

sō   so   s^{o}

한국어로 표기하면 다 “소”가 되겠지요?

이제 마지막으로 알렙(ʾalep̄, א)를 가지고 한 번 더 연습을 해볼까요?

אֹ   אָ   אֳ

이것들을 음역을 하면 다음과 같이 됩니다.

ʾō   ʾo   ʾ^{o}

한국어로는 셋 다 "오"라고 읽으면 되겠지요.

마지막으로 "ㅜ"(u) 모음 계열로 가볼까요? 앞의 모음 삼각도에서 설명한 바와 같이 "ㅗ" 모음과 "ㅜ" 모음은 같은 계열이고, "ㅜ" 모음이 "ㅗ" 모음에 종속되어 "ㅜ" 모음은 단모음밖에 없습니다. 마치 "ㅔ/ㅣ" 계열에서 종속적인 "ㅣ" 모음이 단모음 밖에 없었듯이 말이에요. "ㅜ" 모음 계열도 역시 마찬가지예요. 완전한 구색은 "ㅗ" 모음 계열이 다 갖고 있는 대신 "ㅜ" 모음은 그냥 하나 밖에 없습니다. "ㅜ" 모음은 자음 밑에 세 개의 점으로 구성되어 있는데, 이 점들이 왼쪽 위에서부터 오른쪽 아래 방향으로 비스듬하게 배열됩니다. 그 모습은 다음과 같습니다.

□ֻ

이게 바로 "ㅜ" 모음이에요. 음역을 하자면 u로 표기합니다. 한국어로는 "ㅜ"라고 하면 되겠지요.

그럼 이것도 자음과 함께 쓰고 읽는 훈련을 해볼까요? 앞에서 해왔던 것처럼 멤(mem, מ), 사메크(sameq, ס), 알렙(ʾalep̄, א)과 함께 써보도록 하지요.

מֻ   סֻ   אֻ

위의 글자들을 음역해 보면 다음과 같습니다.

mu su ʾu

각각 한국어로는 "무", "수", "우"라고 발음하면 되겠지요. 간단하지요? 별거 아니에요.

3. 순장모음(자음 장모음)

그럼 이 장 맨 앞의 모음 도표로 되돌아가보도록 하지요. 이 도표와 관련해서 나머지는 다 설명했고, 이 도표의 맨 오른쪽 열이 남았네요. 이 오른쪽 열의 모음들은 순장모음 혹은 자음 장모음이라고 불리는 모음들입니다. 자음 장모음이라는 이름이 나타내주듯이 이 계열의 장모음들은 전부 다 자음을 끼고 있습니다.

따라서 저는 개인적으로는 후자의 명칭, 즉 자음 장모음이라는 명칭이 이 계열의 모음들의 성격을 더 잘 반영하고 있기 때문에 이 명칭을 더 좋아하지만 대부분의 문법책들은 전자의 명칭을 씁니다. 그래서 저도 할 수 없이 앞으로는 특별한 일이 없는 한 순장모음이라는 명칭을 쓸 것입니다.

이 순장모음에 대해서는 제대로 설명해 놓은 책들이 없는 것 같습니다. 또 이 순장모음은 그 기원상 여러 갈래의 흐름이 있는데도 불구하고 그 결과적인 형태는 똑같기 때문에 기원과 결과에 대한 총체적이고 논리적인 이해가 없으면 참 설명하기도 어렵고, 최소한 초보 차원에서는 이해하기도 어렵습니다.

제 책의 경우도 이 교정판을 내기 전 원판에서는 설명이 참 엉망이었던 것 같습니다. 제가 기본적으로 이 교정판에서는 원판의 내용을 될 수 있는 한, 안 바꾸고 오타 등만 고치려 했지만 이 순장모음 부분은 부득이 새로 쓸 수밖에 없었습니다. 이 새로 쓴 부분이 히브리어를 제대로 배우고자 하는 학생들에게 도움이 되셨으면 합니다.

순장모음은 그 기원이 크게 두 갈래가 있습니다. 첫째는 자음 본문만 존재했던 구약성경 시대부터 원래 존재했던 것들입니다. 둘째는 이스라엘의 멸망 후부터 모음 문자의 사용 전까지의 중간 시대에 파생된 것들입니다. 이처럼 전혀 기원과 성격이 다른 이 두 가지 부류의 **순장모음**이 구약성경 본문 내에 함께 뒤섞여 사용되고 있기 때문에 현상이 복잡할 수밖에 없습니다. 그러나 또 이런 기원에 대한 이해를 하고 나면 어느 정도 교통 정리가 되기도 합니다.

그럼 순장모음의 기원에 따른 두 부류 중 **첫 번째 부류**, 즉 원래부터 존재했던 부류의 순장모음에 대해서 알아보지요. 구약성경에 사용된 단어들 중 어떤 단어들은 아예 처음부터 단어 안에 순장모음이 들어 있었습니다. 앞에서 자음에 대해서 설명을 하는 중에 보았던 "쿰"(일어나라!)이라는 단어 기억나시지요? 이것을 자음 문자로만 써보면 다음과 같습니다.

קום (qûm, 쿰)

이 단어에서 두 번째 자음인 ו를 주목해서 보시기 바랍니다. 제가 앞에서 자음을 설명하면서 י(y)와 ו(w)란 두 자음은 때로는 자음으로 취급되기도 하고, 때로는 모음으로 취급되기도 하는 "**반자음**"이라고 말씀드린 적이 있습니다. 순장모음은 바로 이 두 자음이 모음의 역할을 하는 경우에 발생합니다. ו가 자음이 아닌 모음의 역할을 할 때는 그 소릿값은 아주 긴 "ㅗ" 소리 혹은 "ㅜ" 소리(ô와 û로 표기, 참고로 모음 위의 삿갓 표시 [^]는 순장모음을 나타내는 표시로 이해하면 됨)의 값을 갖는 것으로 이해되었습니다. 또 י의 경우에는 아주 긴 "ㅔ" 소리 혹은 "ㅣ" 소리(ê와 î로 표기)의 값을 갖는 것으로 이해되었습니다.

앞에서 예로 든 "쿰"이란 단어로 돌아가 보지요. 이 단어의 경우 두 번째 자음인 ו는 구약성경 시대에도 자음의 소릿값을 갖고 있는 것이 아니라 순장모음인 "ㅜ"의 소릿값(û)을 갖고 있는 것으로 읽혀졌습니다. 따라서 위의 단어의 각 알파벳 기호의 소릿값을 표시해 보면 다음과 같았었습니다.

ק (ㅋ, q) + ו (ㅜ, û) + ם (ㅁ, m) = 쿰(qûm)

이처럼 **첫 번째 부류의 순장모음**은 히브리어가 본토에서 모국어로 사용되어 있던 구약성경 시대의 히브리어 자체에 원래부터 존재하던 것들입니다.

이런 첫 번째 기원을 가진 순장모음, 즉 구약성경 시대의 히브리어 자체에 존재하던 순장모음의 다른 대표적인 예를 하나 더 살펴보겠습니다.

הָיָה (hāyâ, 하야, "~이다, 있다"[to be])

위의 단어는 영어의 be동사에 해당하는 히브리어 단어 הָיָה (hāyâ, 하야) 입니다. 이 단어는 첫 번째와 두 번째 자음 모두에 장모음 "ㅏ"(□ָ)가 와 있습니다. 그러나 원래 히브리어 동사는 첫 번째 자음 아래에 장모음 "ㅏ" (□ָ), 두 번째 자음 아래에 단모음 "ㅏ"(□ַ)가 오는 형태(□□ַ□ָ)를 갖습니다(**중요: 참고로 히브리어 동사들은 자음 세 개로 구성됨**). 그러나 단어 끝에 묵음인 ה가 오는 히브리어 동사들은 이 마지막 자음이 소릿값이 없는 묵음이 되기 때문에 대신 그 앞의 모음을 만들어 주는 현상이 생깁니다(**모음 보상**이라 불림). 아래와 같습니다. 빨간색 부분을 유념해서 보시기 바랍니다.

일반 경우: □□ַ□ָ

ה가 마지막 자음에 오는 경우: ה□ָ□ָ

위의 두 번째 형태에서 끝의 ה와 그 앞의 장모음 "ㅏ"가 합쳐서 순장모음을 구성하는 것이고, 음역 기호로 쓰자면 그 모양은 a위에 순장모음이란 뜻으로 삿갓 표시[^]를 한 â가 사용되는 것이지요. 위의 두 경우처럼 **순장모음**(혹은 자음을 낀 장모음이란 뜻의 **자음 장모음**)은 구약성경 시대의 히브리어 자체로부터 기원한 경우들이 있습니다. 이런 경우가 바로 **첫 번째 부류의 순장모음**인 것입니다.

자 그럼 이제 **두 번째 부류의 순장모음**을 설명해보도록 하겠습니다. 이 부류의 순장모음은 원래 히브리어 단어에 들어 있던 것이 아니라 고대 이스라엘이 멸망 당해 외국에 잡혀 가거나 흩어지면서 히브리어란 언어에 대한 능력이 저하되자 자음 본문만 가지고는 히브리어를 해독하는 데 어려움을 느끼게 되었기 때문에 생겨난 것입니다.

이 문제를 한 번 잘 설명해 볼 테니 잘 들어보세요. 예로 드는 단어는 קטל (qṭl)이란 단어입니다(편하게 첫 번째 자음과 두 번째 자음에 각각 "ㅏ" 모음을 붙여 "**카탈**"이라고 읽으면 됩니다). 이 단어는 "죽이다"(kill)라는 의미를 가진 동사인데, 여러분이 아주 잘 알아두셔야 합니다. 이 단어는 성경에 자주 나오지는 않습니다. 그러나 초급 문법을 설명할 때 가장 많이 사용되기 때문에 꼭 알아두셔야 합니다. (왜 뜻도 안 좋은 이 단어가 많이 사용되는지 궁금해하실 텐데 그건 나중에 설명해 드릴 것입니다.) 여러분이 이 단어와 빨리 친숙해지셔야 히브리어를 빨리 배울 수 있습니다.

고대의 모음 기호가 없던 시대에 קטל은 이 모양 이대로 문장 중에서 아주 다양한 의미를 나타낼 수가 있었습니다. 각 행마다 단어의 자음 표기는 다 동일합니다. 그러나 이 동일한 자음 표기에 붙어 있는 모음은 다 달랐습니다. 그리고 모음이 다르면 뜻도 달랐지요.

단어 자음 표기	소리	형태	의미
קטל	**카탈**	과거형	"그가 죽였다"(He killed)
קטל	**크톨**	명령형	"죽여라!"(Kill!)
קטל	**코텔**	분사	"죽이는" 혹은 "살인자" (killing 혹은 killer)
קטל	**킽텔**	강조형 능동	"그가 잔인하게 죽였다" (He killed bitterly)
קטל	**쿹탈**	강조형 수동	"그가 잔인하게 죽임을 당했다" (He was killed bitterly)
קטל	**캍텔**	강조형 명령	"잔인하게 죽여라" (Kill bitterly!)

위의 도표의 첫 번째 행에서 보듯이 קטל이란 형태의 이 단어는 우선 과거형 3인칭 남성 단수의 의미로 쓰일 수 있었습니다. 또 명령형으로 쓰일 수도 있었죠. 또 부정사(영어의 to + 동사원형 있죠?)나 분사(영어의 ~ing와 비슷)로도 쓰일 수가 있었죠. 그 외에도 아주 다양한 문법적 기능을 할 수가 있었고, 또 강조의 의미를 나타내는 형태나 사역의 의미를 나타내는 형태 등의 무수히 많은 다른 형태로 사용될 수도 있었습니다. 자음의 모양은 다 같은 קטל인데 말이죠.

물론 모음 표기를 하지는 않아도 구약성경 시대의 히브리인들은 이 자음들만을 보고도 각각의 경우에 어떤 모음과 함께 읽어야 하고, 또 뜻은 무엇인지 다 파악할 수가 있었습니다. 다시 말해 자음 문자만 보고도 그 의미나 문법적인 역할에 따라 다른 모음을 붙여 읽을 수가 있었다는 거지요. 단지 그 당시에는 모음 기호들이 아직 존재하지 않았기에 어쩔 수 없이 자음만 쓸 수밖에 없었지만 의사소통에 별 지장이 없었던 것입니다. 이런 설명에 대해 "설마"라고 생각하시는 분들이 꽤 있는데 요새 젊은 사람들이 문자나 카카오톡으로 대화할 때 자음만 쓰고도 서로 의사소통 잘하는 것 아시지요? 또 현대 히브리어에서도 자음 문자만으로 거의 완벽히 의사소통이 가능합니다. 고대 이스라엘 사회에서도 히브리어가 모국어로 쓰던 당시에는 이런 일이 충분히 가능했던 것입니다.

그러다 북왕국과 남왕국이 멸망하고 이스라엘 사람들이 본토에서 떠나 흩어지게 되는 일이 발생하게 되자 이스라엘 사람들 중에서 히브리어를 정말 모국어로 사용하는 경우가 점점 줄어들게 되었습니다. 그에 따라 히브리어를 자음만 보고 파악하는 능력도 점점 쇠퇴하게 됩니다. 상황이 이렇게 되다 보니 모음 표기의 필요성이 늘어나게 되었습니다. 그러나 이때까지만 해도 현재 우리가 마소라 본문에서 보는 것과 같은 모음 체계가 고안되지 못했기 때문에 할 수 없이 몇 개의 자음을 가지고 대략 모음의 역할을 하게 합니다. 이런 역할을 한 자음들을 "**모음자음**"이나 "**반자음**"이라고 불렀습니다. 각 "반자음"들에게 배분된 역할은 대략 다음과 같았습니다.

• 모음자음 / 반자음

א 혹은 **ה**	: "아"(a) 모음 계열(주로 단어 끝에 올 경우)
י	: "에"(e)나 "이"(i) 모음 계열
ו	: "오"(o)나 "우"(u) 모음 계열

그래서 **מה**나 **מא**라고 표기하면 모음 부호가 없어도 "마"(ma)라고 읽어야 한다는 것을 알았죠. 또 **מי**라고 표기하면 "메"(me) 혹은 "미"(mi)라고 읽어야 하고, **מו**라고 하면 "모"(mo) 혹은 "무"(mu)라고 읽어야 한다는 것을 알게 되었고

요. 이것들을 한 번 보기 좋게 크게 써보죠(여러분이 이해하기 좋게 쓴 거라 모음의 길이는 무시한 거니까 일단 여기에서는 신경 쓰지 마세요).

מה 혹은 מא : **마**(ma)

מי : **메**(me) 혹은 **미**(mi)

מו : **모**(mo) 혹은 **무**(mu)

여러분은 이 정도 가지고 어떻게 히브리어를 제대로 읽겠느냐고 하시겠지만 고대 히브리인들은 그래도 아직까지는 여전히 히브리어에 친숙했으니까 이 정도의 **모음 자음**들의 도움만으로도 충분히 기록된 문헌들을 잘 읽어낼 수 있었습니다.

이와 관련하여 흥미로운 점이 있습니다. 구약성경에서 열왕기서와 역대기가 서로 비슷한 시기의 역사를 다루고 있다는 점은 잘 아실 것입니다. 또 상당히 많은 본문들의 경우 포로기 이후 시대의 역대기는 포로기 이전 시대의 열왕기서의 내용을 그대로 베끼고 있지요.

하지만 이런 똑같아 보이는 두 책 사이에는 의외로 여러 가지 차이점들이 존재합니다. 이런 차이점들 중에서도 가장 중요한 것들 중의 하나는 두 책이 내용상으로는 완전히 동일한 경우에도 역대기 본문의 자음의 수가 열왕기서의 경우보다 훨씬 더 길다는 것입니다. 그 이유는 바로 포로기 이후 시대에 쓰여진 역대기가 열왕기서의 내용을 빌려 오면서 여기에 **모음 자음**들을 많이 추가했기 때문입니다.

이와 마찬가지로 신구약 중간기에 만들어진 **사해 사본들**(the Qumran texts)이 구약의 본문들을 보존하고 있는 경우 이 사해 사본들 속의 본문이 동일한 구약의 본문보다 훨씬 더 길이가 깁니다. 그 이유 역시 동일하게 사해 사본들이 **모**

음자음들을 많이 추가했기 때문입니다.

하여튼 이렇게 해서 추가된 모음자음들이 결국은 현재 학생 여러분들이 구약 히브리어 시간에 배우는 문법책들에서는 **두 번째 부류의 순장모음**(혹은 자음 장모음)을 구성하게 됩니다. 이 두 번째 부류의 순장모음들은 이처럼 원래의 히브리어 본문에 처음부터 고유하게 존재하던 것들이 아니라 본문의 역사적 발전 과정에서 인위적으로 첨가된 것들입니다.

상황을 좀 더 복잡하게 만든 것은 주후 70년의 예루살렘의 멸망입니다. 이때 예루살렘이 함락되고 이스라엘이라는 나라가 완전히 멸망하여 이방 나라들로 흩어지게 되어 히브리어를 모국어로 사용하는 것이 중단되게 되자 히브리어 자음 본문을 해독하는 능력이 더 쇠퇴하게 됩니다. 이제 앞에서 말한 모음자음들의 추가 정도로는 어림도 없는 상황이 전개됩니다. 이런 상황에서 **마소라 학자들**이 이전의 여러 가지 시도들을 종합하고, 집대성하고, 거기에 새로운 기여도 함으로써 결국 현재 우리가 표준적인 구약성경에서 보는 것과 같은 모음 체계가 확립됩니다.

그런데 이 마소라 학자들은 자신들이 구축한 이 모음 체계를 구약의 히브리어 본문에 덧씌울 때 한 가지 아주 중요한 원칙을 따릅니다. 그것은 원래의 순수한 자음 본문이든 거기에 **모음자음들**(이것들 역시 **원래는 자음 알파벳**!)이 추가된 본문이든 간에 상관 없이 이렇게 자음으로 이루어진 구약 히브리어 정경의 본문을 신성시하고 절대 건드리려 하지 않았다는 것입니다. 다시 말해 그들이 새로 구축한 모음 체계로 인해 더 이상 필요 없어진 옛날의 **모음자음들**을 대체하려고 하지 않았다는 것입니다. 대신 그들은 "자음 본문 + 모음자음들"로 구성된 본문에 자신들이 만든 모음들을 덧씌웠습니다.

그 결과 현재 우리가 표준적인 히브리어 구약성경에서 보는 마소라 본문에는 앞에서 설명한 두 갈래의 기원을 가진 순장모음들이 뒤엉켜 있습니다. 그리고 그 때문에 히브리어를 처음 배우는 분들에게는 이 순장모음은 난감할 때가 많습니다. 그리고 때로는 고급 히브리어 분석시에도 위의 설명에 대한 이해가 없다 보면 여러 가지 예상치 못한 난점들에 맞닥뜨릴 때가 많습니다.

지금까지는 부득이하게 히브리어의 역사에 기초해서 순장모음이란 것을 설명했습니다. 그러나 여러분에게 당장 필요한 것은 "자음 + 모음"의 형태를 띤 이 **자음 장모음** 혹은 **순장모음**의 소릿값을 제대로 파악하는 것입니다. 당장은 이게 급한 거지요.

그럼 "ㅏ" 모음 계열의 **순장모음**부터 한 번 살펴볼까요? 일단 "ㅏ" 소리는 당연히 ה나 א과 함께 쓰이는 경우가 많겠지요? 여기에 위에서 보인 장모음 "ㅏ"(ā) 부호만 붙이면 됩니다. 그럼 한 번 크게 표기해보죠.

מָה 마(mâ) / מָא 마(mâʾ)

순장모음은 특히 단어 끝에서 이렇게 끝나는 경우가 많습니다. 한국어로는 이 둘의 발음은 다 "마"라고 표기해야 하지만 영어 음역 표기로는 좀 다릅니다. ה로 끝난 경우는 그냥 영어의 a 에 삿갓 모양의 기호를 얹어서 표현합니다(â). א으로 끝나는 경우는 영어의 â 다음에 א이 나온다는 것을 표시해주기 위해 א 자음의 영어 음역 표기인 ʾ를 사용합니다(âʾ). 이러면 같은 a의 순장모음이라도 모음 다음에 무슨 자음이 왔는지가 구분되겠죠. (참고: 앞에서도 말한 바가 있지만 순장모음은 전부 모음의 음역 기호 위에 삿갓 기호[^]를 씌운 형태를 갖고 있습니다. 위의 예와 같이 a 위에 삿갓 기호를 표시하는 식[â]이지요. 여러분은 이 삿갓 기호를 보면 "아 순장모음 표시구나" 하고 생각하면 됩니다.)

그럼 이번에는 "ㅔ"와 "ㅣ"의 순장모음을 살펴볼까요? 이 두 계열의 모음은 서로 친척이고, 자음인 י가 옛날 자음 본문에서 "ㅔ"나 "ㅣ" 소리를 표시했다고 설명했죠? 자음 י와 함께 사용되는 "ㅔ"와 "ㅣ" 모음은 다양합니다. 그럼 한 번 이것들을 크게 표시해보도록 하죠. 각각의 경우 그 옆에 음역 표기도 같이 해볼게요. 이때 순장모음의 음역 표기는 모음 위에 삿갓을 씌운 형태가 되겠지요 (즉, ê).

מֶי : 메(mê)　　מֵי : 메(mê)　　מִי : 미(mî)

그럼 이번에는 "ㅗ"나 "ㅜ"의 경우를 가보도록 하지요. 이 계열의 모음들과 친한 자음은 ו라고 했지요? 이런 경우를 한 번 표기해보도록 하지요. 역시 음역도 같이 표기합니다. 음역은 o나 u에 역시 삿갓을 씌워놓은 형태겠지요.

מוֹ : 모(mô)　　מוּ : 무(mû)

뭐 어려울 것 없지요? 그럼 이제 아래에서 ס(사메크)와 א(알렙)을 가지고 이 순장모음들을 표기해보죠. 히브리어로 표기한 것에 대해 여러분이 한 번 음역을 표기해보세요. 위에서 מ(멤)을 가지고 표기한 것에서 מ(멤)의 음역 표기인 m을 ס의 음역 표기인 s로 바꾸면 되겠지요? 그럼 한 번 해볼까요?

סָה 사(sâ) / סָא 사(sâʾ)　　אָה 아(ʾâ) / אָא 아(ʾâʾ)

סֶי : 세(sê)　　אֶי : 에(ʾê)

סֵי : 세(sê)　　אֵי : 에(ʾê)

סִי : 시(sî)　　אִי : 이(ʾî)

סוֹ : 소(sô)　　אוֹ : 오(ʾô)

סוּ : 수(sû)　　אוּ : 우(ʾû)

4장 음절 개념

이 단원과 다음 단원에는 나오는 "음절" 개념과 액센트 법칙 이 두 가지는 히브리어를 쉽고 정확하게 배우는데 있어서 가장 중요한 두 가지 사항입니다. 이 두 가지를 제대로 익히시고 나면 히브리어의 거의 모든 변화는 다 손에 잡을 수가 있습니다. "음절" 개념과 "액센트 법칙" 이 두 가지를 반드시 통달하도록 노력하세요.

그럼 "음절" 개념부터 다루도록 하지요. 사실 음절 개념은 어려운 게 아닙니다. 특히 한국어의 경우는 너무나도 쉽지요. 세종 대왕께서 한글 한 글자 한 글자를 다 하나의 음절로 구성되게 만들어주신 덕에 한글에서는 그냥 한 글자가 한 음절입니다. 즉 "가", "나", "다"가 각기 한 음절씩이며, "간", "난", "단"이 다 각기 한 음절이지요.

너무 간단하지요? 아마 많은 분들이 "이런 뻔한 걸 왜 배워" 하고 생각하실 겁니다. 하지만 우리가 세종 대왕이란 조상님을 잘 만나서 그렇지 외국어에서는 이 음절이 사람을 좀 미치게 만듭니다. 영어의 경우를 한 번 생각해보죠. 다음 단어는 몇 음절일까요?

Strong ( )음절?

답이 뭘까요? 제가 이 질문을 던지면 상당히 많은 분들이 3음절이라고 대답합니다. 요즘에는 보통 사람들이 처음 배우는 외국어가 영어일 텐데 음절 개념 같은 것을 제대로 가르치지를 않죠. 그러나 제가 생각하기에는 일정 수준 이상으로 외국어를 배울 때에는 음성학과 문법에 대해 어느 정도의 기초 지식은 터득하는 것이 도움이 상당히 많이 됩니다.

그건 그렇다 치고 위의 질문의 답이나 빨리 말해달라고요? 답은 1음절입니다. 잘 알고 계시는 분들도 많지만 깜짝 놀라시는 분들도 많습니다. 3음절이 맞다고 우기시면서요. 그럼 왜 3음절이 맞다고 생각할까요? 그 이유는 이 strong이라는 단어를 한국어로 표기하면 "스트롱"이라고 보통 표기하기 때문입니다. 한글로 보면 분명히 3음절이 맞지요. (혹시 '설마'라고 생각하시는 분들이 계실지 모르지만 제가 수업 시간에 이 질문을 해 본 경험에 따르면 절반이 훨씬 넘는 학생들이 이렇게 대답합니다.)

그러나 영어는 당연히 영어식으로 음절 계산을 해야겠지요. 마찬가지로 히브리어는 히브리어식으로 음절 계산을 해야 합니다. 그러나 어떤 나라말이든 다른 나라말로 소릿값을 옮길 때에는 음절수가 달라질지 몰라도 사실 음절 개념 자체는 동일합니다.

음절의 정의는 "**음소가 모여서 이루어진 소리의 한 덩어리**"입니다. 뭔 소리냐고요? "음소"는 "자음"이나 "모음"을 가리킵니다. 우리가 이미 앞에서 히브리어의 자음과 모음은 다 배웠죠? "자음"이나 "모음"은 그 자체만으로는 소리가 되지 않습니다. 둘이 한데 모여야 제대로 된 소리가 되지요. 즉 "ㄱ", "ㄴ", "ㄷ"이나 "ㅏ", "ㅑ"는 그 자체로 소리를 제대로 낼 수가 없고, 이 둘을 합쳐야 드디어 정식으로 발음을 할 수 있게 되는 거지요.

혹시 어떤 분들은 모음은 소리가 나지 않느냐고 하면서 "ㅏ"는 "아"하고 소리를 낼 수 있다고 주장합니다. 그러나 "아"라고 표기할 때 우리 세종 대왕께서 너무나도 잘 만든 한글이 보여주듯이 이미 이것은 "ㅇ"이라는 자음과 "ㅏ"라는 모음의 조합이지요.

하여튼 음절은 "음소, 즉 자음과 모음"의 결합을 통해서 발음이 가능하게 만들어지는 "소리의 덩어리"입니다. 이 소리의 덩어리인 음절은 기본적으로는 다음과 같은 두 가지 종류가 있지요.

> ❶ **자음 + 모음** (예: "가", "나", "다" 등)
>
> ❷ **자음 + 모음 + 자음** (예: "간", "난", "단" 등)

뭐 이 외에도 한국어에서는 훨씬 더 다양한 조합이 있을 수 있고 이게 한국어의 위대한 점이기도 하지요. 그러나 한국어 이외의 언어는 대부분 위의 1, 2의 두 가지 종류로 음절이 분류될 수 있으며, 예외는 상당히 제한적입니다. 또 히브리어를 설명하는 데 있어서는 위의 두 가지면 충분하기 때문에 이 두 가지만을 가지고 이야기하도록 하지요.

위의 1번의 "**자음 + 모음**"의 조합은 "**개음절**"이라고 부릅니다. 한 번 "가"라는 음절을 발음해보세요. 모음으로 끝이 나니까 입이 열린 상태로 발음이 끝나지요? 이렇게 열린 상태로 발음이 끝나는 음절이라는 의미에서 "개음절"이라고 합니다. 영어로는 "open syllable"이지요.

위의 2번의 "**자음 + 모음 + 자음**"의 조합은 "**폐음절**"이라고 부릅니다. 한 번 "간"이나 "밤"이라는 음절을 발음해보세요. 어떤 식으로든지 소리가 목구멍에서부터 나오는 길이 막히지요? "간"의 경우는 혀가 길을 막고, "밤" 같은 경우는 아예 입 자체가 닫히지요? 이렇게 닫힌 상태로 발음이 끝나는 음절이라는 의미에서 "폐음절"이라고 합니다. 영어로는 "closed syllable"이지요.

이렇게 히브리어 단어는 더 세부적으로 음절 구분을 하자면 개음절이나 폐음절로 나눌 수가 있습니다. 그러면 한 번 몇 개의 보기를 들어서 실제 음절 구분 연습을 해볼까요? 아래의 경우를 먼저 한 번 해보죠. 이 단어는 "죽이다"란 뜻을 가진 단어입니다.

קָטַל

이것을 음절을 나누어보면 다음과 같이 두 개로 나눌 수가 있습니다.

קָ | טַל

② ①

먼저 ①번 음절부터 살펴보도록 하지요. 이 ①번 음절은 자음 ק(q, ㅋ)에 “ㅏ”(a)의 장모음(◌ָ)이 붙은 형태로 되어 있죠. 음역 표기를 하면 qā가 되고, 한국어로는 “카”라고 읽으면 되겠지요. 이건 개음절인가요, 폐음절인가요? 모음으로 음절이 끝이 났으니 개음절이지요.

이제 ②번 음절을 살펴보도록 하지요. 이 ②번 음절은 ט(ṭ, ㅌ)와 “ㅏ”(a)의 단모음(◌ַ)과 ל(l, ㄹ)로 구성되어 있습니다. 즉 “자음 + 모음 + 자음”의 구성이지요. 음역 표기를 하면 ṭal이 되고, 한국어로 표기하면 “탈”이 되겠지요. 이건 자음으로 음절이 끝이 났으니 폐음절이지요.

이제 이 두 음절을 합치면 “카탈”(qāṭal)이 됩니다. 2음절 단어이지요.

참고

이 경우처럼 “자음 3개 + 모음 2개”가 2음절 구성을 이루는 것이 히브리어 단어의 기본 형태입니다. 특히 자음 아래의 모음이 위의 “카탈”(qāṭal)처럼 제 1 음절에 장모음 “ㅏ”, 그리고 제 2 음절에 단모음 “ㅏ”로 구성된 경우는 거의 **동사**라고 보면 됩니다.

다른 것을 하나 해볼까요? 이 단어는 “주다”(give)란 의미를 가진 단어입니다.

נָתַן

자 이것도 일단 위의 קטל처럼 선으로 나누어 보지요. 나누는 방법은 단어의 처음부터 표기 순서대로 따라가면서 "자음 + 모음"이거나 "자음 + 모음 + 자음"이 되게 나누는 거에요.

תַן | נָ

② ①

①번 음절부터 살펴보도록 하지요. 이 ①번 음절은 자음 נ (n, ㄴ)에 "ㅏ"(a)의 장모음(◌ָ)이 붙은 형태로 되어 있죠. 음역 표기를 하면 nā가 되고, 한국어로는 "나"라고 읽으면 되겠지요. 모음으로 끝났으니 개음절이겠지요.

이제 ②번 음절을 살펴보도록 하지요. 이 ②번 음절은 ת (ṯ, ㅌ)와 "ㅏ"(a)의 단모음(◌ַ)과 נ(n, ㄴ)으로 구성되어 있습니다. 즉 "자음 + 모음 + 자음"의 구성이지요. 음역 표기를 하면 ṯan이 되고, 한국어로 표기하면 "탄"이 되겠지요. 이건 자음으로 음절이 끝이 났으니 폐음절이지요.

이 단어 역시 2음절 구성으로 되어 있고, 위의 참고의 내용처럼 첫 음절에 장모음 "ㅏ", 두 번째 음절에 단모음 "ㅏ"가 왔으니 동사가 맞지요.

그럼 이제 살짝 다른 형태의 단어를 한 번 살펴보지요. 이 단어는 최초의 인간인 "아담"의 이름이기도 하고 "사람" 혹은 "남자"(man or male)라는 뜻을 갖고 있기도 한 단어입니다. 흔한 단어니까 꼭 외워 두시는 게 좋겠지요? 히브리어로는 다음과 같습니다.

אָדָם

자 이것을 먼저 음절을 나누어보도록 하지요. 다음과 같습니다.

דָם | אָ

② ①

우선 ①번 음절부터 살펴보도록 하지요. 이 ①번 음절은 자음 א(ʾ, ㅇ)에 "ㅏ"(a)의 장모음(◌ָ)이 붙은 형태로 되어 있죠. 음역 표기를 하면 ʾā가 되고, 한국어로는 "아"라고 읽으면 되겠지요. 모음으로 끝났으니 개음절입니다.

이제 ②번 음절을 살펴보도록 하지요. 이 ②번 음절은 ד (ḏ, ㄷ)와 "ㅏ"(a)의 장모음(◌ָ)과 ם(m, ㅁ)으로 구성되어 있습니다. 즉 "자음 + 모음 + 자음"의 구성이지요. 음역 표기를 하면 ḏām이 되고, 한국어로 표기하면 "담"이 되겠지요. 이건 자음으로 음절이 끝이 났으니 폐음절이지요. 두 음절을 합치면 ʾāḏām으로 음역을 하고, 한국어로는 "아담"이라고 읽으면 되겠지요. 쉽지요?

참고

위의 단어처럼 "자음 3개 + 모음 2개"가 2음절 구성을 이루는 것이 히브리어 단어의 기본 형태라는 것은 이미 말했습니다. 특히 자음 아래의 모음이 위의 단어처럼 제 1 음절, 제 2 음절 모두 장모음 "ㅏ"로 구성된 경우 **명사**라고 보면 됩니다.

하나 더 해볼까요? "왕"(king)이라는 뜻을 가진 단어입니다. 정말 흔하게 쓰이는 단어이니까 꼭 외우시길 바랍니다.

מֶלֶךְ

먼저 음절을 나누어보도록 하지요. 다음과 같습니다.

לֶךְ | מֶ

② ①

①번 음절부터 살펴보도록 하지요. 이 ①번 음절은 자음 מ(m, ㅁ)에 "ㅔ"(e)의 단모음(ֵ)이 붙은 형태로 되어 있죠. 음역 표기를 하면 me가 되고, 한국어로는 "메"라고 읽으면 되겠지요. 모음으로 끝났으니 개음절이겠지요.

이제 ②번 음절을 살펴보도록 하지요. 이 ②번 음절은 ל(l, ㄹ)와 "에"(e)의 단모음(ֶ)과 ךְ(ḵ, ㅋ)로 구성되어 있습니다. 즉 "자음 + 모음 + 자음"의 구성이지요. 음역 표기를 하면 leḵ이 되고, 한국어로 표기하면 "렉"이 되겠지요. 이건 자음으로 음절이 끝이 났으니 폐음절이지요. 두 음절을 합치면 meleḵ이 됩니다.

한국어로 읽으면 어떻게 될까요? "메렉"이라고 읽으면 될까요? 이렇게 읽으면 어색합니다. 영어의 l은 한국어로 하면 "ㄹ"이 두 번 반복된다고 생각하면 편합니다. 즉 자기 앞에 오는 음절의 받침으로 "ㄹ"을 한 번 표기해주고, 자기 자리에서 다시 한 번 "ㄹ"를 표기해줍니다. 그렇게 되면 "멜렉"이 되겠죠.

한 가지만 더 이야기할게요. 위의 단어를 그럼 "멜렉"이라고 발음하면 될까요? 한국어로는 뭔가 어색하지요? 왜냐하면 한국어에서는 폐음절의 받침에 "ㅋ"가 오는 법이 거의 없잖아요. "부엌"이라는 단어 정도를 빼고는요. 이래서 한 가지 편법이 더 동원됩니다. 즉 "ㅋ"를 위해서 보조모음 "ㅡ"를 동원하는 거지요. 이때 "ㅡ"는 영어나 히브리어로는 모음이 존재하지 않는데 그냥 소리 표기를 원활하게 하기 위해서 집어넣는 보조 기능을 하는 정도로 이해하시면 됩니다. (제가 "ㅡ"는 히브리어의 쉐바와 거의 같은 성격으로 이해하면 된다고 했지요?) 그러면 "멜렉" 내신에 "멜레크"라고 적을 수 있게 되겠죠? 한국어로는 보통 이렇게 표기합니다. 그러나 절대 착각하시면 안 되는 것은 음절 개수를 셀 때에는 히브리어상으로 해야 한다는 것입니다. 히브리어로는 위 단어의 음절 개수는 두 개입니다. 2음절로 된 단어죠. 한국어로 표기할 때 "멜레크"라고 했다고 3음절로 생각하시면 안 됩니다. 아시겠죠? 이걸 헛갈려 하시는 분이 의외로 많습니다. 절대 헛갈리시면 안 됩니다.

참고 ●●●

이 מֶלֶךְ라는 단어처럼 모음이 "ㅔ" 단모음(ֶ) 두 개로 구성된 단어들을 **세골 (segol) 명사**라고 부릅니다. 세골은 "ㅔ" 단모음을 히브리어로 **세골**이라고 부르는데, 그 **세골**로만 모음이 이루어진 명사라는 뜻이지요. 히브리어는 **세골 명사**가 엄청나게 많기 때문에 이 "세골 명사"라는 용어는 꼭 알아두셔야 합니다. 또 세골 명사는 나중에 명사변화시에 다른 명사들과는 좀 변화가 차이가 있습니다. 그러니 더욱 더 기억해두셔야만 하겠지요.

이 장을 끝내기 전에 마지막으로 하나만 더 해보도록 하지요. 나중에 명사변화를 다룰 때 이 단어를 많이 쓰기 때문에 여기에서 한 번 보고 넘어가는 게 여러분의 공부에 도움이 될 것 같아서요. 지금 볼 이 단어는 "말"(word) 혹은 "~것"(thing)이라는 의미를 가진 단어입니다.

דָּבָר

먼저 음절을 나누어보도록 하지요. 다음과 같습니다.

בָר	דָּ
②	①

①번 음절부터 살펴보도록 하지요. 이 ①번 음절은 자음 דּ (d, ㄷ)에 "아"(a)의 장모음(ָ)이 붙은 형태로 되어 있죠. 음역 표기를 하면 dā가 되고, 한국어로는 "다"라고 읽으면 되겠지요. 모음으로 끝났으니 개음절이겠지요.

이제 ②번 음절을 살펴보도록 하지요. 이 ②번 음절은 ב(ḇ , ㅂ), 그리고 "아"(a)의 장모음(ָ), 그리고 ר(r , ㄹ)로 구성되어 있습니다. 이것도 "자음 + 모음 + 자음"의 구성이지요. 음역 표기를 하면 ḇār가 되고, 한국어로 억지로 표기하자면 "바ㄹ"가 되겠지요. 끝의 "ㄹ"를 위해 위에서 "멜레크" 설명할 때 한 것처럼 보조모음 "ㅡ"를 넣어주면 "르"라는 형식으로 표기하죠. 정리하자면 위 단어를 음역하면 dāḇār가 되고, 한국어로 표기하면 "다바르"가 됩니다. 마지막 "ㅡ"는 한국어로 표기하기 위한 편법으로 동원된 보조모음일 뿐 히브리어상으로는 존재하지 않는 모음이라는 것을 기억하실 필요가 있습니다.

5장 액센트 법칙

이제 "액센트 법칙"에 대해서 배우도록 하겠습니다. 히브리어 자음과 모음에 대해 제대로 공부하고 나신 후에는 아마 이게 여러분이 히브리어 공부에 성공하고 실패하는 가장 중요한 사항이 될 것입니다. 액센트 법칙을 철저히 익히시면 앞으로 이 책에서 설명드릴 히브리어의 거의 모든 사항들이 아주 쉽게 이해가 될 것입니다. 그러나 액센트 법칙을 제대로 익히지 못하시면 히브리어의 각종 변화들은 거의 해독 불가능한 것, 아주 이상한 것이 되어버릴 것입니다. 그리고 그에 따라 여러분의 히브리어 공부는 큰 좌절을 겪게 될 것입니다. 이 점은 여러분이 좀 더 상세한 히브리어 초급 문법책을 배울 때도 역시 마찬가지입니다. 그러니 액센트 법칙을 철저히 익히시기 바랍니다.

액센트가 오는 자리: 주로 끝음절

액센트 법칙에 정식으로 들어가기 전에 한 가지 알아야 할 상식이 하나 있습니다. 그것은 히브리어 단어에서 액센트는 주로 단어의 끝음절에 온다는 것입니다. 그리고 이런 경우가 일반적이기 때문에 히브리어 문법책들은 굳이 이런 경우에는 액센트 표시를 해주지 않습니다. 위에서 살펴본 단어를 가지고 한 번 보죠.

דָּבָר

이 단어의 음절은 다음과 같았지요?

דָ | בָר

② ①

이 단어의 경우는 두 번째 음절인 בָר가 끝음절이지요? 이 단어를 음역한 것을 표시해보면 다바르(dāḇār)가 되겠죠? 두 번째 음절이 액센트를 갖고 있다는 것을 나타내기 위해 붉은 글씨로 써 보았습니다. 다시 한 번 말씀 드리지만 이 단어처럼 단어 끝에 액센트가 오는 경우는 문법책들에서는 굳이 액센트 표시를 하지 않습니다.

그럼 액센트가 끝음절 이외의 자리에 오는 경우를 볼까요? "왕"(king)이란 뜻의 단어를 보지요.

מֶלֶךְ

이 단어의 음절을 한 번 나누어볼까요?

מֶ | לֶךְ

② ①

위와 같이 2음절로 구성되어 있습니다. 발음은 "멜렉" 혹은 "멜레크"(meleḵ)입니다. 이 단어처럼 모음이 "세골"(ֶ)로만 이루어진 명사들을 "세골 명사"라고 한다고 앞에서 말한 바가 있지요? 이 **"세골 명사"의 가장 큰 특징은 액센트가 제 1 음절에 오는 것**입니다. 이처럼 액센트가 끝음절이 아닌 다른 음절에 오게 되는 경우에는 액센트 표시를 해주게 됩니다. 액센트 표시는 액센트 있는 음절의 위에 옆으로 누운 삿갓 표시(〈)를 해주는 것입니다. 한 번 해보죠.

מֶ֫לֶךְ

② ①

자 제 1 음절에 액센트 표시가 되었죠? 이처럼 액센트가 끝음절이 아닌 다른 음절에 오게 되는 경우에는 이렇게 액센트 표시를 해주는 것입니다. 아시겠지요?

■ 액센트 법칙

그럼 이제 히브리어의 액센트 법칙을 설명해 볼게요. 히브리어 액센트 법칙으로 여러분이 기억하셔야 하는 사항은 다음의 딱 세 가지입니다.

> **❶ 액센트 법칙 1번: 액센트 바로 앞의 개음절의 모음은 장모음**

액센트 법칙 1번은 "**액센트 바로 앞의 개음절의 모음은 장모음**"이라는 것입니다. 한 번 볼까요? דָּבָר (dāḇār 다바르, "말", "말씀", "~것", "일" 등)란 단어를 가지고 해보죠. 이 단어는 앞에서 살펴본 바와 같이 2음절로 이루어져 있습니다.

דָּבָר

② ①

이걸 조금 더 알기 쉽게 한 번 음절을 나눠서 표기해볼게요.

בָר | דָּ

② ①

제가 앞에서 액센트는 통상적으로 끝음절에 온다고 했지요? 이 단어의 경우에도 역시 액센트는 끝음절인 제 2 음절에 옵니다.

자 그럼 이번에는 이 단어의 각 음절을 개음절인지 폐음절인지로 나눠 볼까요? 우선 1번 음절부터 해보죠? 이 음절은 개음절인가요, 폐음절인가요? 개음절이지요? 이 음절은 "**자음(דּ) + 모음(◌ָ)**"으로 구성되어 있습니다. "모음"으로 끝이 나는 음절을 개음절이라고 했으니 이것은 **개음절**이지요.

이제 2번 음절을 보지요. 이 음절은 뭘까요? 폐음절이지요? 이 음절은 "**자음(ב) + 모음(◌ָ) + 자음(ר)**"으로 구성되어 있습니다. 자음으로 끝이 나니 **폐음절**인 것이지요.

음절 설명이 끝났으니 이제 액센트 법칙을 적용해보죠. 액센트 법칙 1번은 "**액센트 앞의 개음절의 모음은 장모음**"이라고 했지요? 이 단어에서 액센트는 2번 음절에 있고, 그 바로 앞의 1번 음절은 개음절입니다. 1번 음절은 액센트 법칙 1번의 말로 "액센트 앞의 개음절"이므로 장모음이 와야겠지요. 위에서 보다시피 1번 음절에는 "장모음"인 ◌ָ가 찍혀 있습니다. 액센트 법칙이 잘 들어맞지요? 이것을 한 번 이해하기 좋게 도식화시켜 볼까요? 이 도식은 액센트 앞의 개음절의 모음이 장모음인 것을 나타냅니다. 자 한 번 외쳐보세요. "**액센트 앞의 개음절의 모음은 장모음**".

〈	개음절
	장모음

그럼 다음 법칙으로 넘어가지요.

❷ 액센트 법칙 2번: 액센트에서 멀어진 개음절의 모음은 쉐봐(◌ְ)

액센트 법칙 2번은 "**액센트에서 멀어진 개음절의 모음은 쉐봐(◌ְ)**"입니다.

이 법칙은 액센트 법칙들 중에서도 **가장 중요한 법칙**입니다. 신학생들이 히브리어를 싫어하는 가장 큰 이유들 중의 하나, 그리고 히브리어가 마구잡이로 변화하는 것 같다는 생각이 들게 만드는 가장 큰 이유들 중의 하나가 바로 이 2번 법칙입니다. 자기가 히브리어 단어장에서 외웠던 단어가 모음이 제 맘대로 막 뒤집혀서 뭐가 어떻게 돌아가는지도 모르겠다고 생각하게 만드는 게 바로 이 법칙입니다. 다른 말로 하면 여러분이 이 법칙을 잘만 이해하고, 실제 모음 변화에 잘 적용할 수만 있게 되면 히브리어가 아주 쉬워진다는 말이기도 합니다. 그러니 이 2번 법칙을 잘 연마하도록 하세요. 히브리어를 쉽게 공부하게 만드는 지름길이 바로 이 2번 법칙을 철저히 이해하는 것입니다.

이것을 설명하기 위해 앞에서 사용한 דָּבָר (dāḇār 다바르, "말", "말씀", "~것", "일" 등)란 단어를 한 번 더 사용해보지요.

דָּבָר

② ①

이 단어는 단수입니다. 이것을 복수로 만드는 방법은 소위 "복수 어미"란 것을 단어 끝에 추가하는 것입니다. 영어의 경우에도 단수 명사를 복수로 만드는데 s란 어미를 붙이죠(book ➔ books). 우리 말에서는 "들"을 붙이면 되고요(책 ➔ 책들). 히브리어에서는 다음의 어미를 붙이면 됩니다(발음은 îm, 즉 "임").

□ִים

이 복수 어미를 한 번 앞의 단어에 붙여보지요.

□ִים + דָּבָר ➔ דָּבָרִים

자 됐습니다. 이렇게 복수 명사로 만들고 나니 음절이 하나 늘었습니다. 한 번 따져보지요.

דְּבָרִים

제 1 음절: דָּ (dā, 다)

제 2 음절: בָ (ḇā, 바)

제 3 음절: רִים (rîm, 림)

여기에서 잠깐 세 번째 음절을 좀 더 살펴볼까요? 원래 복수 어미는 자음 없이 "모음 + 자음"의 형태인 îm(임)이죠? 이것이 דָּבָר에 붙을 때 어떻게 되겠습니까? 음절은 항상 "자음"으로 시작해야 하는 데 이 복수 어미는 "모음 + 자음"이죠? 따라서 이 어미 자체로는 음절이 될 수가 없습니다. 그렇기 때문에 앞의 דָּבָר의 두 번째 음절인 בָר에서 마지막 자음을 잘라 먹습니다. בָר는 "자음 + 모음 + 자음"으로 구성되어 있기 때문에 마지막 자음을 상실해도 "자음 + 모음"으로 여전히 하나의 음절이 될 수 있거든요. 단지 "자음 + 모음 + 자음"이 "자음 + 모음"으로 변하기 때문에 폐음절이 개음절로 변하는 것뿐이죠.

이렇게 복수 어미 ◌ִים은 단수 명사의 마지막 자음을 따와서 그 자음과 합하여 하나의 음절을 형성합니다. 그 결과는 음절이 하나 추가되어 원래의 2음절로 된 단수 명사가 이제는 3음절로 된 복수 명사가 되는 것이지요. 한 번 보지요.

דָּבָרִים

③ ② ①

조금 더 알아보기 쉽게 음절을 나눠 보지요.

דָ | בָ | רִים

③ ② ①

아시겠지요? 여기에서 액센트는 어디에 올까요? 히브리어는 일반적으로는 단어의 맨 마지막에 온다고 했지요? 이 복수 명사에서는 제 3 음절이 마지막 음절이니까 거기에 오겠지요? 즉 액센트는 רִים이란 음절 위에 옵니다.

그러면 무슨 현상이 생긴 건가요? 원래는 제 2 음절에 있던 모음이 제 3 음절로 하나 자리 옮김을 하는 현상이 생긴 거죠. 이렇게 액센트가 자리 이동을 하면 우리가 지금까지 배운 액센트 법칙 1번과 2번을 적용하여 모음의 상태를 한 번 점검할 필요가 있습니다. 한 번 해보죠.

일단 액센트는 제 3 음절에 있습니다. 즉 제 3 음절인 רִים(rîm, 림)에 있는 거죠. 그리고 제 2 음절인 בָ(ḇa, 바)는 "자음 + 모음"의 구성이니까 개음절이죠. 자 여기에 앞에서 배운 바대로 액센트 법칙 1번이 적용됩니다. "**액센트 앞의 개음절의 모음은 장모음**"이라는 법칙에 따라 보면 개음절 בָ(ḇā, 바)의 경우는 모음이 장모음(◌ָ)이니까 아무 문제가 없네요.

자 그럼 드디어 문제의 음절인 제 1 음절로 가보죠. 원래 제 1 음절 דָ(da, 다)는 단수 명사 דָבָר(dāḇār, 다바르)에서는 액센트 바로 앞에 있는 개음절이라 장모음이 오는 게 맞는 것이었습니다.

그런데 이제는 복수 명사 어미가 오면서 이 제 1 음절은 액센트로부터 거리가 멀어졌습니다. 액센트가 원래의 자리에서 더 멀리 도망간 것이죠. 자 이 경우 액센트 법칙 2번이 적용되게 되는 것입니다. 즉 "**액센트에서 멀어진 개음절의 모음은 쉐봐(◌ְ)**"가 된다는 법칙이 적용되는 것이지요. 이것을 히브리어로 크게 표기해보면 다음과 같습니다.

דָ → דְ

즉 제 1 음절의 모음이 장모음 ā(아)에서 쉐봐(◌ְ)로 바뀌게 된 것입니다. 이렇게 액센트 법칙 2번의 "**액센트에서 멀어진 개음절의 모음은 쉐봐**"란 법칙이 적용되게 되는 것입니다.

그럼 이제 이렇게 제 1 음절의 모음이 바뀐 것을 복수 명사 전체에 적용시켜 보겠습니다.

דָבָרִים → דְבָרִים

이 최종적인 변화를 음역하면 d^{e}ḇarîm이 됩니다. 그리고 한글로 표기하면 "드바림"이 됩니다. 간단하고 재미있지요. 황당해 보이는 히브리어의 모음 변화는 이 액센트 법칙 2번을 잘 터득하고 있으면 아주 쉬워집니다.

이와 같이 명사의 단수를 복수로 만드는 법을 배웠으니 이것을 다음과 같이 외워두세요. 이것은 명사 변화의 아주 표준적인 패턴이기 때문에 이번에 외워두시면 나중에 공부가 편합니다.

דָבָר / דְבָרִים

다바르 dāḇār, **드바림** d^{e}ḇarîm

이 둘을 음역해보면 dāḇār, d^{e}ḇarîm이 되고, 한국말로 하면 "다바르, 드바림"이 되지요. 이것을 아예 입에 밸 때까지 외우세요. 군대 다녀오신 분들 관등성명 대는 훈련 받을 때 누가 툭 건드리기만 해도 자동으로, 그리고 무의식적으로 "네 저는 이병 …"하고 나오잖아요. 그것처럼 이 변화는 여러분이 무의식 속에 박힐 정도로 외우셔야 해요. 제가 여러분에게 이렇게 요구하는 몇 개 안 되는 것들 중의 하나랍니다. 꼭 제 말대로 하세요.

그럼 한 개 더 해볼까요? 이번에는 가축 중에서 "소"(cattle)를 나타내는 단어인 בָּקָר(bāqār)를 가지고 한 번 해보죠. 이 단어에 복수 어미를 붙여 보면 일단 다음과 같이 되지요?

בָּקָר + ◌ִים → בָּקָרִים

여기에서 위의 דָּבָר와 마찬가지로 여기에도 제 1 음절에 액센트 법칙 2번을 적용시켜야지요. 그러면 다음과 같이 되겠지요?

בָּקָרִים → בְּקָרִים

그럼 이것도 דָּבָר(dāḇār, 다바르)와 마찬가지로 단수/복수 변화를 한 번 표기해보죠.

בָּקָר / בְּקָרִים

바카르 ḇāqār, 브카림 bᵉqārîm

이 둘을 음역해보면 bāqār, bᵉqārîm이 되고, 한국말로 하면 "바카르, 브카림"이 되겠지요.

사실 여러분이 잘만 관찰하시면 한 가지 아주 간단한 사실을 하나 발견하실 수 있을 것입니다. דָּבָר(dāḇār, 다바르)와 בָּקָר(bāqār, 바카르)는 자음만 다를 뿐 나머지는 다 똑같잖아요. 그러니 제가 아까 דָּבָר(dāḇār, 다바르)의 변화를 철저히 암기하시면 히브리어 명사의 단수/복수 변화는 그냥 거의 끝난 거나 마찬가지입니다. 다른 상당수의 명사도 여러분이 이미 외우신 것에 자음만 살짝 바꿔 끼는 것 정도니까요.

이제 정리를 해볼까요? 이렇게 액센트 법칙 2번은 "액센트에서 멀어진 개음절의 모음은 쉐바(ְ◌)"가 되는 것이랍니다. 별로 어렵지 않지요? 이걸 도식화해 보면 다음과 같습니다.

〈		개음절
		ְ◌

액센트 도망

그럼 이제 마지막 액센트 법칙으로 넘어가 볼까요?

❸ 액센트 법칙 3번: 액센트 없는 폐음절의 모음은 단모음

액센트 법칙 3번은 "**액센트 없는 폐음절의 모음은 단모음**"이란 것입니다. 액센트가 있는 폐음절의 경우는 단모음일 수도 있고, 아닐 수도 있습니다. 이 3번 법칙은 오직 "**액센트 없는 폐음절**"의 경우에만 해당됩니다.

그럼 한 번 살펴볼까요? "천사"(angel)란 의미를 가진 단어를 가지고 한 번 살펴보죠.

מַלְאָךְ

이 단어의 음역을 한 번 해보죠. malʾāḵ라고 표기하고, 한국어로는 "말아크"라고[1] 읽어야겠죠. 이것을 음절을 나누어보면 다음과 같습니다.

---

1. 원래 이렇게 읽는 것이 맞겠지만 흔히 이것을 발음할 때 그냥 "말라크"라고 많이 합니다. 아마 영어 표기에서 알렙(א)의 음역 표기인 ʾ에 충분히 주의를 기울이지 않기 때문이라고 생각됩니다.

제 1 음절: מַלְ (mal, 말) (자음 + 모음 + 자음=폐음절)

제 2 음절: אָךְ (ʾāḵ, 아크) (자음 + 모음 + 자음=폐음절)

두 음절 다 폐음절이네요. 이처럼 둘 다 폐음절인 경우는 처음이지요. 어찌 됐든 이 경우 역시 액센트는 끝음절인 제 2 음절에 있습니다. 그리고 제 1 음절은 액센트가 없습니다. 즉 제 1 음절은 액센트 없는 폐음절인 것입니다.

따라서 제 1 음절은 액센트 법칙 3번의 적용 대상입니다. 즉 "**액센트 없는 폐음절의 모음은 단모음**"인 것이지요. 이 법칙에 맞게 제 1 음절의 모음은 단모음인 ◌ַ가 왔지요? 그리고 액센트가 붙은 제 2 음절의 경우에는 비록 폐음절이라도 액센트 때문에 장모음이 오든 단모음이 오든 상관이 없습니다. 이 단어의 경우는 장모음이 왔죠?

한 개 정도 더 해볼까요? "식탁, 책상"이란 뜻을 가진 단어를 가지고 한 번 살펴보죠.

שֻׁלְחָן

이 단어를 한 번 음절별로 표기해보도록 하죠.

제 1 음절: שֻׁלְ (šul, 숱) (자음 + 모음 + 자음 = 폐음절)

제 2 음절: חָן (ḥān, 한) (자음 + 모음 + 자음 = 폐음절)

이 단어 역시 폐음절 두 개로 이루어져 있고, 액센트는 당연히 끝음절인 제 2 음절에 있습니다. 그리고 제 1 음절은 액센트 없는 폐음절입니다. 따라서 제 1 음절은 액센트 법칙 3번의 적용대상입니다. 이때문에 이 음절의 모음은 단모음인 □ֻ가 온 것입니다. 그리고 제 2 음절은 액센트가 있기 때문에 장모음이 오든 단모음이 오든 상관 없지만 이 단어의 경우는 장모음이 왔습니다.

이 3번 법칙도 다음과 같은 도식으로 마무리 짓도록 하지요.

〈	폐음절
	단모음

액센트 법칙이 생각보다 간단하지요. 이 세 개의 액센트 법칙, 그 중에서도 특히 제 2 번 법칙을 정확히 파악해두면 히브리어가 아주 쉬어집니다. 그러면 이 세 가지를 다시 한 번 나열하는 것으로 이 장을 마치도록 하지요.

■ 정리: 액센트 법칙 ■

❶ **액센트 법칙 1번: 액센트 바로 앞의 개음절의 모음은 장모음**

〈	개음절
	장모음

❷ **액센트 법칙 2번: 액센트에서 멀어진 개음절의 모음은 쉐봐(□ְ)**

〈		개음절
		□ְ

액센트 도망

❸ **액센트 법칙 3번: 액센트 없는 폐음절의 모음은 단모음**

〈	폐음절
	단모음

2부

히브리어의 뼈대: 기본적 사항들

1장 : 정관사와 접속사

2장 : 명사(형용사) 변화

3장 : 인칭대명사(주격, 소유격, 목적격)

4장 : 지시대명사(및 지시형용사)

5장 : 동사

2

1장 : 정관사와 접속사
2장 : 명사(형용사) 변화
3장 : 인칭대명사(주격, 소유격, 목적격)
4장 : 지시대명사(및 지시형용사)
5장 : 동사

2부는 히브리어의 뼈대가 되는 기본적 사항들을 다룹니다. 그 뼈대는 다음과 같습니다.

- 명사 및 형용사 변화
- 동사 및 그 변화
- 인칭대명사

뼈가 인간의 형태를 나타내줌으로써 그 인간의 모습에 대한 기본적인 정보를 다 전달해주듯이, 이 2부를 제대로 공부하는 것만으로도 독자들은 히브리어의 전반적인 모습을 파악할 수 있을 것입니다. 이 2부가 가르치고자 하는 내용을 완전히 깨닫는다면 여러분은 어디 가서든 히브리어를 제대로 안다고 자신 있게 말해도 됩니다.

정말 다행스럽게도 히브리어의 뼈대에 해당하는 이 2부의 내용들은 여러분이 1부에서 제가 하라고 한 것들을 철저히 습득하기만 했다면, 그리고 이제부터 제가 가르치고자 하는 것들을 잘 따라오기만 한다면 놀랍도록 빠른 시간 안에 그 전부를 아주 쉽게 습득하게 될 것입니다. 왜냐하면 히브리어의 기본 사항들은 정말 간단하고 단순하기 때문입니다.

이 2부의 기본적 사항들을 나는 다음과 같은 순서로 세분화해서 가르치고자 합니다.

히브리어 문법의 뼈대

다음의 다섯 가지 사항들은 히브리어를 공부하기 위해서 외워야 하는 히브리어 문법의 뼈대라고 할 수 있습니다. 이 사항들의 도표를 조금 더 압축해서 꼭 철저하게 암기해야 하는 사항들만 모아보면 다음과 같습니다. 여러분이 이것들만 잘 터득하고 암기한다면 히브리어가 쉬워집니다.

● 명사 변화 ●

	단수	복수
남성	□□□	□□□ִים
여성	□□□ָה	□□□וֹת

● 인칭대명사 주격 ●

	단수	복수
1인칭 공	אָנֹכִי / אֲנִי 나(I)	אֲנַחְנוּ 우리(we)
2인칭 남	אַתָּה 너(남자)(you)	אַתֶּם 너희(남자)(you)
여	אַתְּ 너(여자)(you)	אַתֶּן 너희(여자)(you)

3인칭 남	הוּא 그(he)	הֵם/הֵמָּה 그들(남자)(they)
여	הִיא 그녀(she)	הֵן/הֵנָּה 그들(여자)(they)

지시대명사

	단수	복수
이것(this) 남	זֶה 이것(남성)	אֵלֶּה 이것들(남녀 공용)
이것(this) 여	זֹאת 이것(여성)	
저것(that) 남	הוּא 저것(남성)	הֵם/הֵמָּה 저것들(남성)
저것(that) 여	הִיא 저것(여성)	הֵן/הֵנָּה 저것들(여성)

● 동사 변화 ●

	단순형		강조형			사역형	
	능동	수동/재귀	능동	수동	재귀	능동	수동
	파알 (פָּעַל) (=칼)	니팔 (닢알)* (נִפְעַל)	피엘 (פִּעֵל)	푸알 (פֻּעַל)	히트파엘 (힡파엘)* (הִתְפַּעֵל)	히필 (힢일)* (הִפְעִיל)	호팔 (홒알)* (הָפְעַל)
완료	קָטַל	נִקְטַל	קִטֵּל	קֻטַּל	הִתְקַטֵּל	הִקְטִיל	הָקְטַל
미완료	יִקְטֹל	יִקָּטֵל	יְקַטֵּל	יְקֻטַּל	יִתְקַטֵּל	יַקְטִיל	יָקְטַל
명령형	קְטֹל	הִקָּטֵל	קַטֵּל	קֻטַּל	הִתְקַטֵּל	הַקְטֵל	הָקְטַל
부정사 연계형	קְטֹל	הִקָּטֵל	קַטֵּל	קֻטַּל	הִתְקַטֵּל	הַקְטִיל	הָקְטַל
부정사 절대형	קָטֹל	הִקָּטֹל	קַטֹּל	קֻטֹּל	הִתְקַטֵּל	הַקְטֵל	הָקְטֵל
분사 능동	קֹטֵל	נִקְטָל	מְקַטֵּל	מְקֻטָּל	מִתְקַטֵּל	מַקְטִיל	מָקְטָל
분사 수동	קָטוּל						

*표시한 사항들은 괄호 속에 있는 것들, 즉 닢알, 힡파엘, 힢일, 홒알은 그 아래 있는 히브리어 단어들을 음절을 살려서 제대로 읽으면 그렇게 된다는 것이며, 그 위에 있는 니팔, 히트파엘, 히필, 호팔은 여러분이 통상적인 히브리어 문법책들에서 만나게 되는 발음들입니다. 이 일반적인 발음들은 사실 히브리어의 원래 발음을 엉터리로 음역한 것들입니다. 이미 이런 식의 발음이 히브리어 책들과 강의들에서 통상적으로 사용되고 있기 때문에 저도 어쩔 수 없이 이런 발음들로 이 책을 이끌어 나갈 수밖에 없지만 원래의 정확한 음절 구분 및 발음도 알아두시는 것이 필요하다고 생각되어 괄호 속에 넣었습니다.

● 칼 완료 (영아타트티-우템텐누) ●

	단수	복수
3인칭 남	קָטַל 그가 죽였다	קָֽטְלוּ 그들(남/여 공통)이 죽였다
여	קָֽטְלָה 그녀가 죽였다	
2인칭 남	קָטַלְתָּ 네(남자)가 죽였다	קְטַלְתֶּם 너희들(남자)이 죽였다
여	קָטַלְתְּ 네(여자)가 죽였다	קְטַלְתֶּן 너희들(여자)이 죽였다
1인칭 공	קָטַלְתִּי 내가 죽였다	קָטַלְנוּ 우리들이 죽였다

칼 미완료 (이티티티에-이티티티니//이 우나우나)

	단수	복수
3인칭 남	יִקְטֹל 그가 죽일 것이다	יִקְטְלוּ 그들(남자)이 죽일 것이다
여	תִקְטֹל 그녀가 죽일 것이다	תִקְטֹלְנָה 그들(여자)이 죽일 것이다
2인칭 남	תִקְטֹל 네(남자)가 죽일 것이다	תִקְטְלוּ 너희들(남자)이 죽일 것이다
여	תִקְטְלִי 네(여자)가 죽일 것이다	תִקְטֹלְנָה 너희들(여자)이 죽일 것이다
1인칭 공	אֶקְטֹל 내가 죽일 것이다	נִקְטֹל 우리들이 죽일 것이다

지금까지 제시된 이 2부 처음의 도표들이 여러분이 히브리어를 마스터하기 위해 철저히 외워야 하는 것들의 전부입니다. 이것들만 이 책의 설명들을 따라가면서 철저히 암기하기만 한다면 히브리어는 더 이상 막막하고 어려운 언어가 아니게 될 것입니다.

1장 정관사와 접속사

정관사와 접속사는 아주 간단하므로, 핵심만 적도록 하겠습니다.

A. 정관사

정관사에서 꼭 기억해야 할 사실은 딱 두 가지뿐입니다.

❶ 정관사의 기본형은 □הַ이다.

정관사의 기본형은 두 가지 요소로 이루어져 있습니다.

첫째, 정관사의 첫 번째 요소는 הַ라는 요소입니다. 어떤 명사든 그 앞에 이 הַ를 붙이면 정관사가 붙은 것이 됩니다. 영어에서 책은 book입니다. 여기에 정관사를 붙이고자 하면 정관사 the를 book 앞에 붙여서 the book하면 됩니다.

히브리어에서도 결국 영어의 정관사인 the라는 요소에 해당하는게 바로 이 הַ입니다. 영어와의 차이점은 두 가지가 있습니다.

첫째, 영어의 경우는 the를 뒤에 오는 명사와 한 칸 띄어서 쓰지만 히브리어에서는 명사에 바로 붙여서 쓴다는 점입니다. 영어를 가지고 예를 들자면 the book을 thebook이라고 쓰는 것과 같지요. 히브리의 경우를 가상의 명사(□□□)와 함께 써보면 다음과 같습니다.

□□□ + הַ → □□□הַ

둘째, 위의 הַ만 쓰는 게 아니라, 이 הַ 다음에 오는 명사의 첫 번째 자음에 **이중점**을 찍어야 합니다. 위에서 "정관사의 기본형은 ⊡הַ"이라고 말했을 때 이것은 הַ 다음에 오는 명사의 첫 번째 자음에 이중점을 찍은 것을 가리킵니다(⊡).

정리하자면 히브리어는 반드시 이 두 가지 사항, 즉 "הַ + **이중점**", 즉 ⊡הַ이라고 써야 정관사를 제대로 쓴 것입니다.

그러면 실제 단어에 적용시켜 보도록 하지요. "왕"이라는 뜻의 מֶלֶךְ (멜렉, meleḵ)이란 단어에 정관사를 적용해보면 다음과 같습니다.

הַמֶּלֶךְ 함멜렉(hammeleḵ)

한 개 더 연습을 해보지요. "책"이라는 뜻의 סֵפֶר (세페르, sēper)란 단어에 정관사를 적용해보면 다음과 같습니다.

הַסֵּפֶר 핫세페르(hassēp̄er)

이 두 예에서 보듯이 정관사 다음에 오는 명사의 첫 번째 자리에 어느 자음이 오든 그 자음에 이중점을 찍어 주고, 그 앞에 הַ를 붙여주면 그 명사의 정관사를 붙이는 작업이 완성됩니다.

이렇듯 הַ와 더불어 그 뒤에 오는 명사의 첫 번째 자음에 이중점까지 찍어야 세대로 히브리어 정관사를 사용한 것입니다.

❷ 정관사 다음에 오는 명사의 첫 번째 자음이 후음이면,
이중점 대신 그 앞의 모음을 길게 해준다.

후음은 א ע ה ח ר입니다. 이 사항은 여러분이 후음의 성격에 대해서 알고 있으면 충분히 이해할 수 있는 부분입니다. 바로 **후음은 이중점을 못 찍는다**는 것이지요. 이런 경우 찍지 못한 이중점에 대한 보상으로 그 앞의 모음을 길게 해줍니다.

예를 들어 보지요. "하나님"이란 뜻의 단어 "엘로힘"을 가지고 해보겠습니다. 먼저 이 글자를 크게 보지요.

אֱלֹהִים 엘로힘(ʾ^{e}lōhîm) (단어 처음은 합성 쉐봐!)

이 엘로힘의 첫 글자가 바로 후음 중의 하나인 א입니다. 그렇기 때문에 여기에 정관사를 붙일 때 א에는 이중점을 찍을 수가 없습니다. 즉 הַ는 붙이되, 그 다음에 오는 명사의 첫 자음인 א에는 이중점을 찍을 수가 없는 것이지요.

הַאֱלֹהִים (x)

이런 경우 찍지 못한 이중점 대신에 정관사의 모음을 장모음으로 바꿔줍니다(모음 보상). 즉 다음과 같이 단모음 "ㅏ"(◌ַ)에서 장모음 "ㅏ"(◌ָ)로 바꿔주는 것입니다.

הַ → הָ

이렇게 모음을 길게 만든 הָ를 엘로힘에 붙이면 후음이 첫 자음으로 오는 명사에 정관사 붙이는 일이 완성됩니다. 다음과 같습니다.

הָאֱלֹהִים

사실, 이 ❷번 사항은 여러분이 새로 배워야 하는 규칙과 같은 것이 아닙니다. 제가 이 책에서 누누히 강조해 온 바와 같이 여러분이 히브리어 자음과 모음의 성격, 그 중에서도 특히 후음의 성격에 대해서 정확히 알고 있다면, 위의 ❷

번 사항(즉 히브리어의 정관사는 ◻הַ, 즉 "הַ + 이중점")을 아는 사람은 당연히 ❷번을 유추해낼 수 있는 것이지요. 이런 식으로 간단한 원리 몇 개만 알면 히브리어를 여러분의 손 안에서 갖고 놀 수가 있는 것이지요. 히브리어는 절대 무수히 많은 독립된 섬과 같은 암기사항들로 구성된 언어가 아닙니다. 몇 개의 간단한 원리가 지배하는 언어입니다. 이 점을 여러분이 파악해야만 히브리어가 쉬운 언어가 됩니다.

다른 히브리어 교재들을 보면 위의 두 가지 사항 이외에도 정관사와 관련하여 몇 가지 자질구레한 것들을 더 다루고 있는 것을 볼 수 있습니다. 그리고 마치 그것들을 다 알아야만 히브리어를 제대로 할 것처럼 이야기합니다. 하지만 **전혀 그렇지 않습니다!** 사실 그런 것들은 위의 두 가지 규칙의 응용 정도에 지나지 않습니다. 그리고 그 응용 수준을 벗어난 것은 히브리어를 많이 읽다 보면 자동으로 암기됩니다. 그런 사소한 것들에 시간을 들이지 마세요. 대신 뼈대를 굳건히 잡으세요. 이게 제가 이 책을 통해서 하고 싶은 이야기입니다.

B. 접속사

히브리어 접속사는 자음 ו에 쉐바(◻ְ)가 온 것입니다(וְ). 기본적인 의미는 "그리고"(and)입니다. 그러나 이 접속사 וְ는 사실상 현대 영어나 한국어에 존재하는 모든 종류의 접속사의 역할을 다 할 수 있습니다. 즉 "그리고"의 정반대 의미인 "그러나"(but)도 될 수 있고, "혹은"(or)도 될 수 있으며, "그래서"(thus), "그러므로"(therefore) 등의 모든 접속사로 해석될 수도 있는 것입니다. 또한 "~할 때"(when) 등과 같은 접속사 등도 얼마든지 될 수 있습니다. 따라서 히브리어 실력이 고급으로 올라갈수록 이 접속사 וְ를 얼마나 잘 해석하느냐가 큰 숙제가 됩니다.

그러나 초급을 배우는 단계에서는 접속사 וְ의 이런 다양한 의미들보다는 형태가 더 중요합니다. 이 접속사의 자음 ו 아래에는 단순히 쉐바만 오는 것이 아닙니다. 쉐와뿐 아니라 아주 다양한 다른 모음들이 올 수 있습니다. 예를 들어 다음의 경우들이 가능합니다.

וּ וָ וֶ וִ וַ וְ

초급 문법책을 보면, 위의 형태들이 각각 언제 쓰이는지에 대해서 다루고 있습니다. 그러나 지금 단계에서 이런 복잡한 것을 다 아는 것은 몸통이 아닌 잔가지에 너무 시간을 빼앗기는 셈입니다. 그냥 현재 단계에서는 위와 같은 형태들이 접속사 ו구나 하는 것을 알면 됩니다. 사실, 이 ו가 접속사인지를 알아내는 것은 아주 간단합니다. 그냥 히브리어 성경 본문에서 어떤 단어가 시작되는 곳, 즉 빈 칸 다음에 단어가 새로 시작되는 곳에 이 ו가 있으면 그것은 거의 백 퍼센트 접속사 ו입니다. 요나서 1:1-3의 예를 보지요. 그냥 이 정도 찾을 수 있으면 일단 충분합니다. (참고로 아래의 본문 속에서 여러분이 지금까지 배운 자음과 모음 이외의 모든 기호들은 다 마소라 학자들이 붙인 액센트입니다. 이것들은 여러분이 몰라도 히브리어를 해석하는 데 큰 지장이 없습니다. 그냥 한 가지만 말씀드리자면 지금은 아래의 히브리어 본문의 첫 줄 마지막에 나오는 :라는 기호가 절의 끝을 표시해주는 기호라는 것 정도만 알면 됩니다.

1 וַֽיְהִי֙ דְּבַר־יְהוָ֔ה אֶל־יוֹנָ֥ה בֶן־אֲמִתַּ֖י לֵאמֹֽר׃

2 ק֠וּם לֵ֧ךְ אֶל־נִֽינְוֵ֛ה הָעִ֥יר הַגְּדוֹלָ֖ה וּקְרָ֣א עָלֶ֑יהָ כִּֽי־
עָלְתָ֥ה רָעָתָ֖ם לְפָנָֽי׃

3 וַיָּ֤קָם יוֹנָה֙ לִבְרֹ֣חַ תַּרְשִׁ֔ישָׁה מִלִּפְנֵ֖י יְהוָ֑ה וַיֵּ֨רֶד יָפ֜וֹ
וַיִּמְצָ֥א אָנִיָּ֣ה ׀ בָּאָ֣ה תַרְשִׁ֗ישׁ וַיִּתֵּ֨ן שְׂכָרָ֜הּ וַיֵּ֤רֶד בָּהּ֙
לָב֤וֹא עִמָּהֶם֙ תַּרְשִׁ֔ישָׁה מִלִּפְנֵ֖י יְהוָֽה׃

2장 명사(형용사) 변화

A. 명사(형용사) 소개

히브리어 명사와 형용사 변화에 대해서 설명을 하지요. 눈치가 좀 빠르신 분은 제가 계속 "명사와 형용사"라고 하지 않고, "명사(형용사)"라고 한 것을 눈치 채셨을 것입니다. 그 이유는 형용사 변화는 기본적으로 명사 변화와 거의 같으므로 따로 공부하지 않아도 되기 때문입니다. 그래서 아래에서는 그냥 명사 위주로 설명을 하겠습니다. 제가 특별하게 따로 언급을 하지 않는 한 명사에 대한 설명은 형용사에도 적용된다고 생각하면 큰 무리는 없습니다. 그럼 가볼까요?

1. 절대형과 연계형

히브리어 명사는 크게 **절대형**(absolute, "독립형"이라고도 함)과 **연계형**(construct)이라는 두 가지 형태로 나뉩니다. 절대형은 "독립형"이라는 다른 이름에서도 볼 수 있듯이 독자적으로 쓰일 수 있는 통상적인 형태를 나타냅니다. 여러분이 사전에서 찾을 때는 바로 이 절대형(혹은 독립형)을 찾게 됩니다.

연계형은 지금 너무 자세하게 설명하면 여러분이 헷갈릴 수가 있으니까 그냥 "이런 경우가 있구나" 하는 정도로만 언급하고 넘어가도록 하겠습니다. 기본 개념만 설명하자면 이 연계형은 말 그대로 독립적으로 쓰이지 못하고 다른 명사와 "연계된" 혹은 "연결된" 상태에서만 쓰이는 독특한 형태를 가리킵니다. 즉 "~의 …"라는 식의 표현에서 "…"에 해당하는 명사 형태를 가리킵니다.

한국어로 예를 들어 보지요. "말"(word)이란 단어를 가지고 설명해보겠습니다. 이 "말"이라는 단어가 그냥 독립되어 사용될 때는 "절대형"이라고 부릅니다. 그런데 "그 사람의 말"이라는 표현 속에서 사용될 때는 히브리어에서는 "그 사람의"란 문구의 지배를 받아서 이 "말"이란 단어에 절대형 대신 연계형이 사용됩니다.

지금 단계에서는 여러분이 신경쓰지 않으셔도 되지만 위의 "말"과 "그 사람의 말"을 히브리어로 한 번 표기해보겠습니다. 빨간색 부분이 각각 "말"에 해당하는 히브리어 단어의 절대형과 연계형입니다. 이 두 형태가 자음은 동일하지만 모음이 서로 다르다는 점에 주목하세요. (이 대목은 이해가 안 가시면 일단 건너 뛰어도 됩니다. 스트레스 받지 마세요.)

- 말(절대형): דָּבָר
  (다바르, dāḇār)
- 그 사람의 말(연계형): דְּבַר הָאִישׁ
  (드바르 하이쉬, dᵉḇar hāʾîš)

참고: אִישׁ 이쉬(ʾîš): 사람, 남자(man)

2. 명사의 성(性)과 수(數)

그럼 나중에 연계형이 나올 때까지는 절대형만 가지고 설명을 하도록 하겠습니다. 지금 설명하는 사항은 결국은 대부분 연계형에도 적용됩니다. 지금은 그냥 절대형을 배우는 데에만 집중하세요.

히브리어의 명사와 형용사의 변화는 신학생들을 괴롭히는 다른 성경 원어인 헬라어와는 달리 너무나도 간단합니다. 기본적으로 명사에 붙어서 남자, 여자, 단수, 복수를 나타내주는 어미를 정리한 "임–아–오트–아임"(îm-â-ôt-áyim), 이것만 외우면 명사 변화는 거의 끝납니다. 그러니 그냥 "임–아–오트–아임"(îm-â-ôt-áyim)만 입에 붙게 달달 외우세요. 그러면 히브리어 명사 변화는 거의 끝이 납니다.

이 어미들을 히브리어와 함께 다시 표기해보면 다음과 같습니다.

□ִים	□ָה	וֹת	□ַ֫יִם
임(îm)	아(â)	오트(ôt)	아임(áyim)

위의 네모 칸들이 어떤 히브리어 자음이나 히브리어 단어를 나타낸다는 것은 다 아시지요. 위의 경우에는 특히 이 네모 칸들은 단어, 그 중에서도 특히 명사를 나타냅니다. 그러니 이 경우에는 바로 앞에 오는 명사들에 방금 외운 어미들만 붙이면 명사 변화가 끝나는 것이지요. 그러면 위의 "임-아-오트-아임"(îm-â-ôt-áyim)에 히브리어까지 추가해보면 다음과 같이 되겠지요. "임-아-오트-아임"(îm-â-ôt-áyim, □ַיִם-וֹת-□ָה-□ִים)!

그러면 이 어미들이 어디에 쓰이는지가 궁금하시죠? 한국어에는 명사에 남성, 여성의 구분이 없어요. 그러나 히브리어에는 명사에 남성과 여성의 구분이 있습니다. 그리고 명사의 수(數)와 관련해서는 한국어와 히브리어에는 모두 단수와 복수가 있습니다. 이걸 도표로 만들어보면 다음과 같지요.

	단수	복수
남성	남성 단수	남성 복수
여성	여성 단수	여성 복수

여기에 히브리에는 다른 나라의 말에는 거의 없는 아주 독특한 것이 하나 추가됩니다. 그것은 "쌍수"(雙手)란 것입니다. 말 그대로 두 개 혹은 쌍으로 이루어진 것들을 나타낼 때 사용되는 것이지요. 예를 들어 사람의 신체를 보면 둘로 이루어진 것들이 많지요? 눈, 귀, 콧구멍, 광대뼈, 손, 발 등등은 인간의 신체가 기본적으로 대칭을 이루고 있기 때문에 쌍을 이루고 있지요. 이런 경우 쌍수가

사용됩니다.

물론 꼭 이렇게 자연 세계에서 원래부터 쌍을 이루고 있는 경우에만 사용되는 것은 아니고 "이틀" 등과 같이 어떤 것이 두 개로 구성된 것을 나타내는 경우에도 사용이 됩니다. "이틀"은 "2일"이란 말이잖아요.

"쌍수"란 것은 굳이 말하면 위의 단수와 복수의 중간쯤 된다고 할 수 있을까요? 어찌 됐든 이건 특수한 것이다 보니 위의 도표와는 따로 취급하는 경우가 많지요. 그러나 굳이 이 쌍수를 포함시켜 다시 도표를 만들어보면 다음과 같겠지요. 쌍수는 특이한 경우에만 쓰이니 진한 색으로 표시할게요.

	단수	복수	쌍수
남성	남성 단수	남성 복수	**남성 쌍수**
여성	여성 단수	여성 복수	**여성 쌍수**

자 그럼 이제 위의 도표에 명사 변화 어미들을 표기해보도록 할게요.

	단수	복수	쌍수
남성	남성 단수 X(어미 없음)	남성 복수 ◌ִים 임(îm)	**남성 쌍수** ◌ַ֫יִם 아임(áyim)
여성	여성 단수 ◌ָה 아(â)	여성 복수 וֹת 오트(ôt)	**여성 쌍수** ◌ַ֫יִם 아임(áyim)

위의 도표에서 나머지는 특별한 것이 없고 단지 쌍수의 경우에 남성 명사와 여성 명사 모두 동일하게 아임(áyim)이란 어미를 사용한다는 점만 기억하면 되겠네요.

이렇게 해서 명사 변화의 기본은 끝이 난 것이나 마찬가지입니다. 엄청나게 간단하지요. 그럼 마지막으로 다시 크게 외쳐볼까요? "임-아-오트-아임"(îm-â-ôt-áyim, □ִים-□ָה-וֹת-□ַיִם)! "임-아-오트-아임"(îm-â-ôt-áyim, □ִים-□ָה-וֹת-□ַיִם)! "임-아-오트-아임"(îm-â-ôt-áyim, □ִים-□ָה-וֹת-□ַיִם)!" ~~~!!!

B. 명사 기본형 변화의 실제

1. 절대형 명사 변화 기본

그럼 이제 명사의 변화를 실제의 단어들에 적용시켜 보도록 하지요. 쌍수는 특수한 경우니까 빼고 좀 더 일반적인 경우로 남성과 여성, 단수와 복수가 어떻게 변화하는지를 살펴보지요. 먼저 아래의 도표를 볼까요? 앞에서 배운 "임-아-오트-아임"(îm-â-ôt-áyim, □ִים-□ָה-וֹת-□ַיִם)에서 쌍수만 뺀 거에요(즉, "임-아-오트"). (네모 칸을 세 개 표시한 것은 히브리어 단어들이 보통 자음 세 개로 이루어지기 때문입니다. 그러나 명사에 자음이 몇 개가 오는 경우라도 상관이 없습니다.)

	단수	복수
남성	□□□	□□□ִים
여성	□□□ָה	□□□וֹת

그러면 이제 실제 단어에 이 어미들을 붙인 경우를 한 번 살펴보도록 하지

요. 아래의 도표는 סוּס (sûs, 수스, "말"[horse])란 단어가 어떻게 성과 수에 따라서 어미, 즉 단어의 끝이 달라지는지를 보여줍니다.

(참고로 구약성경에서 훨씬 더 많이 쓰이는 다른 단어들을 놔두고 기초 히브리어 문법책들은 굳이 이 סוּס란 단어를 사용합니다. 왜 그런지 한 번 추측해보세요. 아시겠어요? 그 이유는 이 단어의 모음은 순장모음, 즉 자음을 끼고 있는 모음이라 액센트의 변화에 영향을 받지 않기 때문이지요. 그래서 기초 문법을 가르칠 때 단지 명사의 성과 수에 따른 변화만을 학생들이 신경 쓰면 되기 때문에 교육적으로 편하지요. [별걸 다 가르쳐주는 이 책은 좋은 책^^] 이 도표로 기본 어미 변화의 설명을 한 다음에 뒤에서 액센트 법칙의 영향을 받는 다른 어휘들의 경우를 살펴볼 겁니다).

	단수	복수
남성	סוּס 수말 (sûs, 수스)	סוּסִים 수말들 (sûsîm, 수심)
여성	סוּסָה 암말 (sûsâ, 수사)	סוּסוֹת 암말들 (sûsôṯ, 수소트)

간단하지요? "말"이란 단어는 사전에는 가장 기본형이 나오겠지요? 여러분이 사전에서 "말"이란 단어를 찾는다면 위의 도표에서 "말"이란 단어의 가장 기본형인 남성 단수 형태인 סוּס (sûs, 수스)를 찾아야 합니다. 이것은 엄밀하게 따지면 수놈 말 한 마리를 나타내는 단어이지요.

그럼 이 수놈 말 여러 마리를 나타내기 위해 "말들"이라고 표현하면 어떻게 할까요? 위의 도표의 남성 복수형 칸에 빨간색으로 표시한 남성 복수 어미를 이 סוּס (sûs, 수스, "말")에 붙여주면 되지요. 자 이 남성 복수형의 어미는 ◌ִים

(îm, 임)이지요. 즉 히브리어에서는 남성 복수는 남성 단수 명사에 어미로 ִים (îm, 임)을 붙여주면 됩니다.

그런데 제가 히브리어를 가르쳐본 경험으로 볼 때 이 대목에서 헷갈려 하시는 분이 생각보다 꽤 많기 때문에 이 대목을 먼저 음역을 가지고 좀 설명해 보겠습니다. 자 수말을 나타내는 단어인 sûs (수스, סוּס)에 남성 복수 어미인 îm (임, ִים)을 붙이면 어떻게 되겠습니까?

sûs + îm (수스 + 임) = sûsîm (수심)

이렇게 되겠지요? 자 sûs는 "자음 + 모음 + 자음"이니까 폐음절이죠? 그리고 거기에 "모음 + 자음"의 구성을 가진 복수 어미 îm이 왔습니다. 그래서 결과로 sûsîm이 됐습니다. 그러면 이 sûsîm을 다시 음절 구분해보면 어떻게 될까요?

sû + sîm

이렇게 됩니다. 무슨 일이 일어난 것일까요? 복수 어미 îm이 "모음 + 자음"으로 구성되어 있는데, 이 구성은 하나의 음절이 되지 못합니다. 왜냐하면 모든 음절은 항상 자음으로만 시작되어야 하거든요. 폐음절은 "자음 + 모음 + 자음", 그리고 개음절은 "자음 + 모음"이라고 했지요? 이 두 가지 종류의 음절 모두 음절의 끝은 자음으로 끝나든 모음으로 끝나든 상관이 없지만 시작은 반드시 자음으로 시작해야만 합니다. 그런데 복수 어미 îm은 모음으로 시작되지요? 이것은 다시 말해 복수 어미 îm은 정식 음절이 아니라는 뜻입니다. 그래서 이 복수 어미가 단수 명사에 붙어서 하나의 정식 음절을 형성하기 위해서는 단수 명사의 마지막 자음을 훔쳐 와야만 하는 것이지요. 이것을 한 번 도식화해보면 다음과 같습니다.

sûs + îm ➔ sû s + îm ➔ sû + sîm ➔ sûsîm (sû | sîm)

복수 어미가 붙을 때 이처럼 어미가 앞에 오는 단어의 마지막 자음을 잘라 와서 새롭게 하나의 음절을 형성하게 되는 이런 현상은 "모음 + 자음" 형태로 된 어미가 어떤 단어의 뒤에 오게 되는 경우에 항상 일어나게 되는 현상입니다. 따라서 제가 설명드린 이 점을 꼭 기억하셔야만 합니다. 어떤 분들에게는 저의 이런 설명이 번거로우실지 모르지만 제 강의 경험상 이게 히브리어를 이해하는 데 큰 걸림돌이 되는 분들을 꽤 많이 만나 보았습니다. 그러므로 이 점을 잘 이해 못하셨던 분들은 위의 내용을 반드시 이해하고 나서 앞으로 나가시길 바랍니다. 이 사항을 이해하지 못하면 뒤의 공부를 아무리 해봐야 아무 소용이 없습니다. 그냥 히브리어가 해독 불가능한 언어가 되어버립니다.

방금 설명한 사항을 이제 히브리어로 한 번 표기해보도록 하지요.

סוּס + ◌ִים ➔ סוּ ס + ◌ִים

➔ סוּסִים

남성 단수 형태인 סוּס (sûs, 수스, "말")에 복수 어미인 ◌ִים이 오게 되면 어미인 ◌ִים이 סוּס의 마지막 자음인 ס를 잘라 와서 סִים이란 음절을 형성하게 됩니다. 그 결과 סוּס의 복수 형태인 סוּסִים의 음절을 구분해보면 다음과 같습니다.

סוּ | סִים

즉 첫 음절은 סוּ이고, 두 번째 음절은 סִים이 되지요. 여러분이 꼭 기억하셔야 할 사항은 원래 סוּס는 폐음절인데 뒤에 온 복수 어미에 마지막 자음을 뺏기고 나서는 개음절(자음 + 모음, סוּ)이 되어버렸다는 것입니다. 이것처럼 폐음절, 개음절은 고정된 것이 아니라 단어의 뒤에 어떤 어미가 와서 변화를 일으킬 때마다 바뀌게 됩니다. 폐음절, 개음절이 고정된 사항이 아니라는 것을 꼭 유념하세요.

제가 지금까지 말씀드린 사항들을 꼭 이해하시고, 기억하셔야만 합니다. 그래야 나중에 액센트 법칙에 따라 모음이 변하게 되는 다른 단어들을 공부하실 때 이해가 쉬워집니다.

자 그럼 이제 여성 단수형을 한 번 만들어보지요. 위의 도표에서 여성 단수 어미는 빨간색으로 표시된 부분을 보면 ◌ָה이지요. 남성 단수 형태인 סוּס (sûs, 수스, "말")에 이 여성 단수 어미 ◌ָה를 붙이면 "암말"이라는 의미의 단어가 됩니다.

이것도 한 번 앞에서 한 것처럼 음역한 것을 가지고 설명해볼게요.

sûs + â (수스 + 아) = sûsâ (수사)

이렇게 됩니다. 여성 어미 â는 "모음" 하나로만 구성되어 있지요? 따라서 이것은 정식 음절이 되지 못합니다. 그래서 이 여성 어미가 단수 명사에 붙어서 하나의 정식 음절을 형성하기 위해서는 단수 명사의 마지막 자음을 훔쳐 와야만 하는 것이지요. 이것을 한 번 도식화해보면 다음과 같습니다.

sûs + â ➔ sû s + â ➔ sû + sâ

이제 히브리어로 한 번 표기해보도록 하지요.

◌ָה + סוּס ➔ ◌ָה + ס סוּ
➔ סוּסָה

סוּס의 복수 형태인 סוּסָה의 음절을 구분해보면 다음과 같습니다.

סוּ | סָה

즉 첫 음절은 סוּ이고, 두 번째 음절은 סָה가 되지요. 다시 한 번 말씀 드리지만 첫 음절이 원래는 폐음절이었는데 뒤의 어미에 마지막 자음을 빼앗기면서 개음절로 변한 것을 유념하세요.

그럼 이제 여성 복수로 넘어가보도록 하지요. 여성 복수형 칸에 빨간색으로 표시한 여성 복수형 어미인 וֹת를 סוּס (sûs, 수스, "말")에 붙여주면 되겠지요. 여성 복수형 어미를 음역하면 ôṯ(오트)라고 합니다. 이렇게 단수 명사에 여성 복수 어미를 붙인 것을 다시 한 번 음역한 것으로 설명해보자면 다음과 같습니다.

sûs + ôṯ (수스 + 오트) = sûsôṯ (수소트)

여성 복수형 어미는 "모음 + 자음"의 구성이지요? 정식 음절이 아니지요? 그러면 어떻게 해야 합니까? 앞의 sûs에서 마지막 자음을 빌려 와서 하나의 음절을 형성해야 하겠지요? 이것을 도식화해보면 다음과 같습니다.

sûs + ôṯ ➔ sû s + ôṯ ➔ sû + sôṯ

이제 히브리어로 표기해보지요.

סוּס + וֹת ➔ סוּ ס + וֹת
➔ סוּסוֹת

이것의 음절을 구분해보면 다음과 같습니다.

סוֹת | סוּ

즉 첫 음절은 סוּ이고, 두 번째 음절은 סוֹת가 되지요. 첫 음절이 원래는 폐음절이었는데 마지막 자음을 어미에 빼앗기고 나서 개음절로 변하게 된 점을 꼭 기억하셔야 합니다.

이처럼 기본 명사(보통 남성 단수)에 남성 복수는 îm(임), 여성 단수는 â(아), 여성 복수는 ôt̲(오트)를 붙이면 되는 것입니다. 그냥 외우실 때 "임-아-오트"(îm-â-ôt̲, ◌ִים-◌ָה-וֹת)라고 외우면 됩니다. 너무 간단하지요? "임-아-오트"(îm-â-ôt̲, ◌ִים-◌ָה-וֹת)!

그럼 이제 쌍수란 것을 좀 손대볼까요? 쌍수는 둘로 이루어진 것을 가리킬 때 사용하는 것이라고 했지요? 눈, 귀, 콧구멍, 손, 발 등의 경우와 같이 말입니다. 쌍수 어미는 남성 복수 어미인 ◌ִים과 상당히 비슷하게 생겼습니다. 그러면 한 번 크게 표기해볼게요.

◌ַ֫יִם

상당히 비슷하지요? 이것을 음역하자면 ayim(아임)이라고 표기합니다. 음역해놓고 보면 남성 복수 어미인 îm(임)과 좀 차이가 나지요?

더 중요한 차이가 하나 있습니다. 다른 경우들과 달리 쌍수의 경우에는 액센트가 마지막 음절이 아니라 그 앞의 음절에 있습니다. 위의 큰 글씨에서 보면 "아"(a, ◌ַ) 모음 위에 옆으로 누운 삿갓 표시(<)가 있지요? 액센트가 바로 이 자리에 떨어집니다. 액센트 표시와 너불어 음역을 해주면 áyim(아임)이 됩니다. a 위에 액센트 표시(´)가 있지요? (사실 음역을 할 때는 액센트 표시를 안 해주는 경우도 많습니다만 여기에서는 학습에 도움을 주기 위해 표시합니다.) 쌍수를 나타내고자 하면 이 어미를 단수 명사에 붙여주면 됩니다.

그러면 סוּס에 쌍수 어미를 한 번 붙여보도록 하지요. סוּס에 쌍수 어미가 붙으면 "수말 두 마리"란 뜻이 되겠지요.

סוּס + ◌ַ֫יִם → סוּ ס + ◌ַ֫יִם

→ סוּסַ֫יִם

음역으로 이것을 한 번 표기해보도록 하지요.

sûs + áyim (수스 + 아임) ➔ sû s + áyim ➔ sûsáyim (수사임)

그럼 음절 구분을 한 번 해볼까요? 음절 구분은 항상 모음을 기준으로 하면 됩니다. 먼저 음역한 것을 가지고 음절 구분을 해보죠.

sû | sá | yim (수 | 사 | 임)

보시다시피 3음절이지요? 앞에서 보았던 것들은 다 2음절이었는데, 이렇게 쌍수가 붙으니까 3음절이 되는군요. 그 이유는 쌍수 어미 áyim이 모음을 두 개를 갖고 있어서 이미 2음절로 구성되어 있기 때문입니다.

자 그럼 이제 히브리어를 가지고 이 단어의 음절을 구분해보지요.

סוּ | סַ֫ | יִם

이렇게 보시다시피 3음절입니다. 재미있지요? 위에서 본 명사 변화 외우는 요령인 "임-아-오트"(îm-â-ôt̠, ◌ִים-◌ָה-וֹת)에 이 쌍수 변화를 추가하면 "임-아-오트-아임"(îm-â-ôt̠-áyim, ◌ִים-◌ָה-וֹת-◌ַ֫יִם)이 되겠지요. "임-아-오트-아임"(îm-â-ôt̠-áyim, ◌ִים-◌ָה-וֹת-◌ַ֫יִם)! 이것을 외우면 명사 변화는 거의 손아귀에 들어옵니다.

참고 ● ● ●

구약 성경에 나오는 지명들이나 부족명, 사람의 이름 등은 끝이 "아임"(ayim)으로 끝나는 경우들이 많습니다. 예를 들어 "구산 리사다임"("두 배로 사악한 구산"이라는 뜻) 리사다임의 단수는 "악"[guilt]이란 뜻)이나 "에브라임"("두 배로 열매를 맺음"이란 뜻[논란 많음] 등이 그렇지요. 이런 이름들은 쌍수의 형태를 띠고 있는 이름들입니다.

2. 절대형 명사 변화: 액센트에 따른 모음 변화

이제 סוּס와 같이 순장모음만 있는 단어가 아닌 일반적인 명사의 성과 수에 따른 명사 변화를 좀 살펴보겠습니다. 이것은 סוּס의 경우와 달리 명사에 "임-아-오트-아임"(îm-â-ôṯ-áyim, ◌ִים-◌ָה-וֹת-◌ַיִם)이란 어미만 붙인다고 되는 것이 아닙니다. 여기에 액센트의 이동에 따라 명사의 모음이 변화되는 것도 고려해야 하기 때문에 좀 더 복잡합니다. 그러나 복잡하다고 해도 새로운 것이 등장하는 것은 아닙니다. 이미 여러분이 아는 사항이 결합되는 것뿐입니다. 여러분은 명사의 어미 변화에 대해서는 바로 앞에서 배웠습니다. 그리고 액센트 법칙도 1부에서 배웠습니다. 이제 이 두 가지 사항이 결합되면 어떻게 되는지만 파악하면 됩니다. 이처럼 여러분은 일반적인 명사의 성과 수에 따른 변화를 공부할 때 새로 공부하실 사항은 따로 없습니다. 단지 이미 알고 있는 두 가지 사항이 결합되면 무슨 일이 벌어지는지에 대해 논리적인 이해만 하면 됩니다. 이 점을 한 번 보기 좋게 정리하면 다음과 같습니다.

명사 어미 변화 + 액센트 법칙에 따른 변화 = 일반적 명사 변화

명사 어미 변화는 방금 배웠으니까 다 기억하시겠지만 혹시 액센트 법칙이 가물가물하신 분은 액센트 법칙을 다시 한 번 살펴보시고 나서 이제부터 나오는 내용들을 공부하시기 바랍니다. 제가 이 대목에서 액센트 법칙을 다시 설명할 수는 없잖아요?

자 액센트 법칙을 확인하고 오셨나요? 그럼 이제 한 번 가볼까요? 앞에서 배웠던 דָּבָר (dāḇār 다바르, "말", "말씀", "~것", "일" 등)란 단어를 가지고 명사 변화 공부를 해보도록 하지요. 일단 액센트 법칙을 적용하지 않고 이 단어에 명사 변화를 시켜보도록 하겠습니다. דָּבָר의 모음은 무시하고 명사 변화에 따른 어미만 붙여보도록 하겠습니다.

	단수	복수
남성	דָּבָר 말씀, 것	דָּבָרִים 말씀들, 것들
여성	דָּבָרָה (가상적 형태)	דָּבָרוֹת (가상적 형태)

명사 변화가 일반적인 경우에도 이렇게 끝난다면 얼마나 좋을까요? 아마 히브리어 잘하는 학생의 수가 지금보다 몇 배는 많았을 것입니다. 하지만 안타깝게도 이렇게 간단하지가 않습니다. 왜냐하면 마치 중력의 법칙이 온 우주의 만물에 작용하는 것처럼 히브리어에서는 액센트 법칙이 작동하거든요.

그러면 하나하나 차근히 살펴볼게요. 우선 남성 단수 형태인 דָּבָר부터 한 번 살펴볼까요? 액센트 법칙을 따져보려면 음절부터 나눠봐야죠? 음절을 나누면 다음과 같이 됩니다.

בָר | דָּ

② ①

보시다시피 2음절로 구성되어 있지요? 제 1음절은 "자음 + 모음"의 구성이라 모음으로 끝이 났으니 개음절이고, 제 2음절은 "자음 + 모음 + 자음"의 구성이라 자음으로 끝이 났으니 폐음절이지요.

그럼 액센트의 경우를 관찰해볼까요? 한 단어 내에서 액센트는 특별한 경우가 아니면 단어의 맨 마지막에 온다고 했지요? 위의 단어에서는 제 2음절이 마지막 음절이니 그 위에 액센트가 옵니다. 이 음절이 폐음절이니 액센트 있는 폐음절이네요. 이렇게 폐음절에 액센트가 있는 경우는 액센트 법칙이 존재하지 않죠? 그러니까 신경 안 쓰셔도 돼요.

자 그럼 제 1음절은 어떤가요? 이 음절은 개음절이고, 액센트 바로 앞의 음절이지요? 그러니 액센트 법칙 1번이 적용되네요. 즉 "액센트 바로 앞의 개음절의 모음은 장모음"이라는 법칙이지요. 이 제 1음절의 모음이 ◌ָ(ā, "카메츠"라고 부름)이니까 장모음이 맞네요.[2]

자 액센트 법칙을 적용해 볼 때 남성 단수 형태는 그 자체로 아무 문제가 없는 것이 확인되었습니다. 뭐 이게 사전에 나오는 형태이니 틀릴 리가 없겠죠. 그럼 이제 דָּבָר의 남성 복수 형태로 넘어가 볼까요? 남성 복수는 דָּבָר에 남성 복수 어미인 ◌ִים(îm, 임)을 붙여주면 되겠지요. (참고로 한 번 명사변화 어미 전체를 요약한 îm-â-ôṯ-áyim[임-아-오트-아임]을 크게 한 번 외쳐주세요! 이 중에서 첫 번째인 îm[임]이 바로 남성 복수 변화죠.) 자 그럼 남성 복수 변화를 크게 한 번 써보죠.

דָּבָר + ◌ִים → דָּבָרִים

---

2. 히브리어 모음은 다 히브리어식 이름이 있습니다. 이 "ㅏ"(a) 소리의 장모음은 "카메츠"(קָמֶץ)라고 부릅니다. 앞으로는 자주 이런 히브리어식 이름을 사용할 테니 기억해두세요. 히브리어를 처음 배우는 학생들에게는 이렇게 히브리어 모음들의 이름을 외우는 것도 꽤 큰 스트레스가 되니 제가 강의할 때는 잘 안 쓰려고 하기는 하지만 또 아예 안 쓰면 그것도 곤란한 것 같습니다. 또 여러분도 이 이름들을 모르면 다른 분들 수업을 듣는데도 문제가 생기고요. 그러니 앞으로 한 개 한 개 나올 때마다 제가 이름을 가르쳐 드리면 꼭 알아두세요.

이렇게 변화된 דָּבָרִים에 액센트 법칙을 적용시켜야 하는 데 그러기 위해서는 먼저 음절을 잘 구분하는 것이 우선이죠. 음절을 나눠볼까요?

רִים | בָ | דָּ

③ ② ①

각 음절의 개음절, 폐음절 여부는 어떤가요? 마지막 음절인 제 3음절은 “자음 + 모음 + 자음”이니 폐음절이지요? 그리고 제 2음절과 제 1음절은 다 “자음 + 모음”이니 개음절이네요. 이제 여기에 액센트 법칙을 적용하고, 필요한 경우 액센트 법칙에 따라 모음을 수정해주면 어미 첨가에 따른 모든 변화가 끝이 납니다.

히브리어 단어는 보통 액센트가 단어의 끝에 오고, 그 액센트에 따라 그 앞의 모음들에 영향이 미치니 항상 액센트에 따른 모음 수정 작업을 뒤에서부터 앞으로 해야 합니다.

그럼 뒤에서부터 하나씩 살펴보도록 하지요. 위의 דָּבָרִים에서 액센트는 마지막 음절인 רִים에 있겠지요. 그 앞의 음절인 2번 음절은 개음절인데, 액센트 바로 앞의 개음절이죠? 자 이 경우 액센트 법칙 제 1번이 적용되겠지요? “액센트 바로 앞의 개음절의 모음은 장모음”이라는 법칙이지요. 모음이 장모음이니 법칙에 잘 들어맞네요.

이제 이 단어의 첫 음절인 1번 음절을 살펴보도록 하지요. 이 음절은 액센트가 있는 마지막 음절인 רִים으로부터 먼 위치, 즉 액센트 바로 앞 음절이 아니라 액센트로부터 두 번째 음절에 있지요? 이처럼 액센트로부터 떨어진 위치에 있는 개음절의 모음은 액센트 법칙 2번, 즉 “액센트로부터 멀어진 개음절의 모음은 쉐봐(ְ)”라는 법칙의 지배를 받습니다. 그런데 현재 위의 있는 큰 글씨로 된 히브리어 표기에서는 어떻습니까? 원래 단수 명사에 있던 장모음 카메츠(ָ)가 찍혀 있지요. 이걸 쉐봐(ְ)로 수정해줘야 합니다. 다음과 같이 하면 되겠지요.

דָ → דְ

이렇게 첫 번째 음절의 모음이 바뀐 걸 나머지 음절들 및 음절 구분 표시와 함께 표기해보도록 하지요.

דָ | בָ | רִים → דְ | בָ | רִים

이제 음절 구분 표시를 제거해보도록 하지요.

דָבָרִים → דְבָרִים

네, 이렇게 해서 דָּבָר란 남성 명사 단수형은 남성 명사 복수형이 되면 결국 דְּבָרִים (드바림, d^{e}ḇārîm)이 됩니다. 첫 음절의 모음이 장모음 "ㅏ"(ָ, ā, 카메츠)에서 쉐와(ְ)로 변해야 하는 이유는 바로 액센트 법칙 제 2번 때문이라는 사실을 기억하면 이 변화는 간단하게 이해가 됩니다.

자 그럼 이제 남성 명사를 여성 명사로 변화시키는 것으로 넘어가 보도록 하지요. 그런데 문제가 하나 있네요. דָּבָר란 단어는 남성 명사로만 쓰이고, 여성 명사로는 쓰이지가 않습니다. 하지만 여기에서 갑자기 다른 단어를 가져와서 설명하면 여러분이 혼란스러울 테니 일단 이 단어로 밀고 나가볼게요. 그리고 나서 진짜 여성 명사를 들어서 따로 설명을 하도록 하겠습니다. 자 그럼 아래의 דָּבָר의 여성 명사 변화는 실제로는 존재하지 않는 가상적인 것이란 점을 유념하세요. 어차피 제가 이 단어를 가지고 설명하고자 하는 명사의 여성형 변화 자체는 유효한 거니까요.

자 그럼 남성명사 דָּבָר를 여성 단수 명사로 만들려면 어떻게 해야 될까요? "임-아-오트"(îm-â-ôṯ, ִים-ָה-וֹת)에서 "아"(â, ָה)가 바로 여성 명사 단수 어미지요? 그럼 그것을 דָּבָר에 붙이면 되겠네요.

여담 ● ● ●

제가 이 내용을 쓰면서도 좀 웃기는데요. 여성 명사에 그냥 강제로 남성 명사 복수형을 붙이다니! 그러나 실제로 이런 경우가 히브리어에 아주 없지는 않습니다. "찬송"이란 뜻의 히브리어 단어는 트힐라(תְּהִלָּה)입니다. 이 단어는 "아"(â, ◌ָה)로 끝이 난 것으로 볼 때 여성 명사입니다. 그래서 복수는 "아"(â, ◌ָה) 대신에 여성 복수 어미 "오트"(ôṯ, וֹת)를 붙이면 됩니다. 즉 트힐로트(תְּהִלּוֹת)가 됩니다. 뜻은 "찬송들"이 되겠지요. 그런데 재미있게도 이 여성 명사에 남성 복수 어미인 "임"(îm, ◌ִים)을 붙이기도 한답니다. 그러면 형태는 트힐림(תְּהִלִּים)이 되겠지요. 뜻은 역시 "찬송들"일까요? 아닙니다. 이 후자의 형태, 즉 트힐림은 구약성경의 "시편"을 가리키는 전문용어입니다.
이렇게 여성 명사에 부자연스럽게 강제로 남성 명사 복수형을 붙인 이유는 이 부자연스러운 결과물을 일종의 전문용어로 쓰기 위한 것입니다. 부자연스럽기 때문에 당연히 눈에 띄지 않겠습니까? 전문용어는 이런 게 딱이죠. 옛날 유대교의 선생들은 이처럼 여성형 명사에 남성 복수 어미를 붙이거나 그 반대의 경우를 가지고 전문용어로 활용했습니다. 재미있지요?

דָּבָר에 여성형 어미를 붙여 보면 일단 다음과 같이 되겠지요?

ה◌ָ + דָּבָר → דָּבָרָה

자 그럼 이 결과물을 가지고 음절 구분과 액센트 법칙 적용을 해봐야겠지요? 우선 음절부터 나누어 보겠습니다.

רָה | בָ | דָּ

③ ② ①

자 이렇게 3음절이 됩니다. 액센트는 거의 항상 그렇듯이 마지막 음절에 있습니다. 제 2 음절은 "자음 + 모음"의 구성이니까 개음절이지요. 액센트 법칙

1번대로 "액센트 바로 앞의 개음절은 장모음"이니까 문제가 없습니다.

문제는 바로 제 1음절입니다. 이 음절은 "자음 + 모음"이니까 개음절이지요? 액센트 법칙 제 2번이 적용됩니다. 즉 "액센트에서 멀어진(혹은 먼) 개음절의 모음은 쉐바(ְ)"란 법칙입니다. 이 법칙에 따라 모음을 쉐바로 바꿔줘야죠.

דָּ → דְּ

이렇게 바뀐 것을 단어 전체와 함께 써보면 다음과 같습니다.

דָּבָרָה → דְּבָרָה

이렇게 하면 여성 명사 단수 변화가 다 끝이 납니다.

이 정도면 이미 여러분들이 이 변화가 어떻게 작동하는지는 다 아셨을 것이라고 생각합니다. 이해가 안 가신 분들은 위의 설명들을 차근차근 살펴보시기 바랍니다. 히브리어의 모든 이해 불가능해 보이는 변화들은 결국은 다 이런 식으로 진행됩니다. 그러니 여러분이 이 대목을 잘 이해하시면 나머지 공부는 정말 간단해집니다.

그럼 이제 여성 복수 변화로 다시 한 번 더 설명해볼게요. 여러분이 위의 내용들을 다 이해했다는 전제하에서 아래의 내용들은 여러분이 앞에서 이해한 사항들을 다시 한 번 확인해보는 작업이라고 생각하시면 좋겠습니다.

여성 복수 어미는 "오트"(ôṯ, וֹת)입니다. 이것을 דָּבָר에 붙이면 다음과 같겠지요?

וֹת + דָּבָר → דָּבָרוֹת

자 그럼 이 결과물을 가지고 음절 구분과 액센트 법칙 적용을 해봐야겠지요? 우선 음절부터 나누어 보겠습니다.

דָּ | בָ | רוֹת

③ ② ①

이렇게 3음절이 됩니다. 액센트는 마지막 음절에 있겠지요? 제 2음절은 "자음 + 모음"의 구성이니까 개음절입니다. 액센트 법칙 1번인 "액센트 바로 앞의 개음절은 장모음"이라는 법칙과 상응하게 장모음 "ㅏ" (ָ◌, ā, 카메츠)로 되어 있으니 문제가 없습니다.

이제 문제의 제 1음절을 보도록 하지요. 이 음절은 "자음 + 모음"이니까 개음절입니다. 액센트 법칙 제 2번, 즉 "액센트에서 멀어진(혹은 먼) 개음절의 모음은 쉐봐(ְ◌)"란 법칙을 적용시켜야 합니다. 이 법칙에 따라 모음을 쉐봐로 다음과 같이 바꿉니다.

דָּ → דְּ

이렇게 바뀐 것을 단어 전체와 함께 써보면 다음과 같습니다.

דָּבָרוֹת → דְּבָרוֹת

이렇게 해서 여성 명사 복수 변화가 다 끝이 났습니다.

그럼 지금까지 다뤄본 דָּבָר의 명사 변화를 도표로 정리해보도록 하지요.

	단수	복수
남성	דָּבָר 말씀, 것	דְּבָרִים 말씀들, 것들
여성	דְּבָרָה (가상적 형태)	דְּבָרוֹת (가상적 형태)

위의 도표에서 남성 복수, 여성 단수, 여성 복수의 경우 모두 첫 번째 음절이 쉐바(◌ְ)로 되었다는 점을 주목하시기를 바랍니다. 표준적인 형태, 혹은 일반적인 형태의 단어들은 이처럼 명사 변화를 하게 되면 액센트 법칙들의 적용으로 인해 첫 음절이 쉐바로 마무리되는 것이 거의 전부라고 봐도 무방합니다.

지금까지 דָּבָר를 가지고 여성 명사 변화를 설명한 것은 약간은 가상적인 경우를 가지고 작업을 한 것이니까 한 번 진짜 여성 명사를 가지고 변화를 시켜 보도록 하지요. 누룩을 넣지 않고 만든 떡인 무교병을 의미하는 단어인 מַצָּה를 가지고 한 번 해보겠습니다. 우선 이 단어를 한 번 크게 써보도록 하지요.

מַצָּה 맞짜(maṣṣâ): 무교병(unleavened bread)

이 단어는 두 번째 자음에 이중점이 찍혀 있군요. 이중점은 해당 자음을 원래는 두 개를 써야 하는 데 한 개만 써놓은 대신 그곳에 원래는 자음이 두 개가 있다는 것을 나타내는 표시라고 했지요? 그러니 원래대로 자음을 표시하면 다음과 같이 되겠지요.

מַצְצָה → מַצְ | צָה

여기에서 한 가지 특이한 점을 눈치채신 분 있나요? 네 바로 동일한 자음이 중첩된 것을 나눠서 표기할 때 중첩된 자음 중 첫 번째 것의 아래에는 쉐봐(ְ)를 찍어놨지요. 이 점을 꼭 기억하세요. 쉐봐는 모음이 없는 표시나 마찬가지라고 했지요? 그러니 이 중첩된 자음을 하나만 표시하고 대신 이중점을 찍어주게 될 때 모음은 두 번째 자음 아래 있는 모음이 쉐봐를 밀어내고 들어가게 되는 것입니다. 이 점을 한 번 따로 표시해보면 다음과 같습니다.

צְצָ → צָּ

하여튼 위로 돌아가서 이중점을 두 개의 자음으로 따로 분해해서 표기해놓은 것으로 돌아가보죠.

צָה | מַצְ

② ①

자 이 단어가 2음절로 구성되어 있는 것이 맞지요? 그럼 먼저 액센트 법칙이 제대로 작동하고 있나 볼까요? 액센트는 당연히 끝음절인 제 2음절에 있겠지요. 그리고 제 1음절은 폐음절입니다. "자음 + 모음 + 자음"으로 구성되어 있으니까요. 자 이렇게 되면 어떤가요? 액센트 법칙 제 3번, 즉 "액센트 없는 폐음절의 모음은 단모음"이라는 법칙의 대상이 되지요? 이 원칙대로 이 단어의 첫 음절에는 단모음 "아"(a, ַ)가 와 있습니다. 문제가 없습니다.

참고

위의 사항에서 알 수 있는 바는 **이중점이 오는 경우 그 앞의 음절은 무조건 폐음절**이 된다는 것입니다. 왜냐하면 이중점 속에 숨어 있는 자음이 앞의 음절의 마지막 자음의 역할을 하게 되기 때문이지요. 따라서 이중점 앞의 음절은 액센트 법칙 제 3 번의 대상이 될 가능성이 거의 100%입니다.

자 그러면 이 여성형 명사인 מַצָּה를 복수로 만들어보면 어떻게 될까요? 일단 여성 명사 복수 어미인 "오트"(ôṯ, וֹת)를 붙여줘야 하겠지요?

מַצָּה + וֹת

자 여기에서 지금까지 겪어보지 못한 문제, 그러나 많이 만나게 되는 문제가 발생하는군요. מַצָּה는 여성형 명사라 끝이 모음인 ◌ָה로 끝이 났는데, 그 뒤에 붙여야 할 여성 복수 어미 역시 "모음 + 자음"의 구성을 갖고 있군요. 이렇게 되면 מַצָּה의 끝의 모음과 복수 어미의 모음이 충돌을 일으키는군요. 다시 말해 빨간 부분이 충돌을 일으키네요.

히브리어에서는 두 개의 모음이 사이에 자음을 끼지 않고 그냥 만나는 것은 불가능합니다. 히브리어 음절은 "자음 + 모음"이거나 "자음 + 모음 + 자음"이어야 하니까요. 다시 말해 모음이 두 개가 연속으로 오는 일은 있을 수가 없는 거지요. 그러니 이렇게 모음이 충돌을 일으키는 경우 무조건 한 모음은 사라져야 합니다. (이 사항은 아주 중요합니다. 꼭 기억하세요.)

그럼 충돌을 일으킨 두 모음은 어느 모음이 사라질까요? 모음 충돌에서는 무조건 뒤에 붙는 어미의 모음이 이깁니다. 다시 말해 이 단어의 경우 복수 어미의 모음이 원래 단어 끝에 있는 모음을 밀고 들어간다는 거지요. 이것을 도식화해보면 다음과 같이 되겠지요.

מַצָּה + וֹת → מַצּ + וֹת → מַצּוֹת

자 그럼 이렇게 된 변화를 가지고 액센트 법칙에 들어맞는지를 확인해야겠지요? 액센트 법칙 확인을 위해 먼저 음절 구분을 해야 하니까 이중점이 찍힌 자음을 알기 쉽게 분리시켜 보겠습니다.

מַצְ | צוֹת

이 여성 복수형 역시 2음절로 구성되어 있군요. 액센트는 끝음절인 제 2음절에 있겠지요. 그리고 제 1음절은 자음으로 끝이 나니 폐음절이고요. 그러면 단수 때와 마찬가지로 액센트 법칙 제 3번, 즉 "액센트 없는 폐음절의 모음은 단모음"이라는 법칙이 적용되겠군요. 따라서 당연히 이 첫 음절의 모음은 단모음이어야 하고요. 위의 단어를 보면 모음이 맞게 찍혀있네요. 결과적으로 보면 원래 단어가 액센트 없는 폐음절이었기 때문에 결국 뒤의 어미에 변화가 생기는 것과는 상관없이 폐음절 자체에 액센트가 찍히는 일이 발생하지 않는 한 별다른 변화가 안 생기는군요.

그러면 앞의 דָּבָר와 이 מַצָּה를 가지고 명사 변화 도표를 만들어보면 다음과 같이 됩니다.

	단수	복수
남성	דָּבָר 말씀, 것	דְּבָרִים 말씀들, 것들
여성	מַצָּה 무교병	מַצּוֹת 무교병들

이 정도면 이미 여러분들이 이 변화가 어떻게 작동하는지는 다 아셨을 것이라고 생각합니다. 이해가 안 가신 분들은 위의 설명들을 차근차근 살펴보시기 바랍니다. 히브리어의 모든 이해 불가능해 보이는 변화들은 결국은 다 이런 식으로 진행됩니다. 그러니 여러분이 이 단원에서 배운 내용들을 잘 이해하고 나시면 나머지 공부는 정말 쉬워집니다.

C. 연계형

이제 명사의 연계형 및 그 변화에 대해서 설명해보도록 하지요. 앞에서 설명할 때 어떤 명사가 그냥 독립적으로 쓰이는 경우 절대형이 쓰이고, "~의 …"과 같이 쓰이는 경우 "~의"에 의해서 수식을 받는 "…"의 경우에는 연계형이 쓰인다고 했지요?

위의 경우와 같이 연계형이 쓰일 때 명사는 모양이 절대형에서 살짝 바뀝니다. 그러나 너무 걱정하지 마세요. 뭐가 엄청나게 바뀌는 것은 아닙니다. 단지 위의 절대형에서 다음의 두 가지 사항과 관련하여 간단한 조정이 있을 뿐입니다.

(1) 액센트 조정

(2) 일부의 경우 어미의 간단한 변화

그러면 먼저 (1) 번 사항인 액센트 조정에 대해서 설명해보도록 하지요. 연계형의 가장 중요한 특징 중의 하나는 앞에서도 언급한 바와 같이 독립적으로 사용되지 못하고 절대형의 영향을 받는다는 것입니다. 그 결과 연계형은 그 뒤에 나오는 절대형에게 액센트를 빼앗기고 자신은 액센트를 갖지 못합니다. 다시 말해 명사가 "연계형 + 절대형"의 결합으로 이뤄진 경우 액센트는 이 명사 결합에서 연계형에는 존재하지 않고 오직 절대형에만 온다는 것입니다. 좀 더 간단히 말하면 "연계형에는 액센트가 오지 않는다"고 할 수 있습니다. 저는 이것을 연계형이 "액센트를 뺏기다"는 표현으로 많이 설명합니다. 이 책에서는 이 말을 계속 쓰겠습니다. 이렇게 연계형이 액센트를 절대형에 빼앗기게 되면 1부의 "히브리어의 유전자" 단원에서 배웠던 액센트 법칙들에 의한 조정을 받게 되며, 따라서 연계형 속의 모음이 조정되게 됩니다. 이 점만 파악하면 연계형 변화는 어렵지가 않습니다.

예를 들어서 설명해보지요. "말"(word)이란 의미를 가진 단어인 דָּבָר (dāḇār, 다바르)를 가지고 한 번 해보겠습니다. 이 단어의 절대형을 크게 써보면 다음과 같습니다. 이렇게 절대형으로 쓰이면 이 단어가 의미하는 바는 "한 말"

혹은 "한 말씀"(a word) 정도가 되겠지요.

דָבָר

연계형에서 어떻게 액센트에 따라 모음이 달라지게 되는지를 살펴보기 전에 먼저 이 절대형에 대한 액센트 법칙의 적용 여부를 먼저 살펴보도록 하지요. 앞에서 이미 여러 번 살펴본 적이 있지만 다시 한 번 되새김질을 해보도록 하겠습니다. 액센트 법칙을 살펴보기 위해서는 먼저 음절부터 나눠봐야겠지요? 음절을 나누어 보면 다음과 같이 됩니다.

דָ | בָר

② ①

이렇게 2음절로 구성되어 있습니다. 제 1음절은 "자음 + 모음"의 구성이라 모음으로 끝이 났으니 개음절이고, 제 2음절은 "자음 + 모음 + 자음"의 구성이라 자음으로 끝이 났으니 폐음절입니다.

이제 액센트를 보도록 하지요. 액센트는 일반적인 단어들의 경우 끝음절에 온다는 것을 말씀드린 바가 있습니다. 이 경우에는 제 2 음절이 끝음절이므로, 거기에 액센트가 옵니다. 이 제 2음절이 폐음절인데, 앞에서 본 액센트 법칙 중에 액센트 있는 폐음절의 경우는 법칙이 존재하지 않습니다. 그러므로 이 음절에 장모음이든 단모음이든 어떤 것이 오더라도 상관 없습니다. 이 단어의 경우에는 명사의 일반적인 형태를 따라 장모음이 왔군요.

이제 제 1음절을 보도록 하지요. 이 음절은 개음절이고, 액센트 바로 앞의 음절입니다. 그러니 액센트 법칙 1번이 적용됩니다. 즉 "액센트 바로 앞의 개음절의 모음은 장모음"이라는 법칙입니다. 이 제 1음절의 모음이 ◌ָ (ā, 카메츠)이니까 장모음이 맞습니다. 이래서 액센트 법칙상으로 아무 문제가 없네요. דָבָר (dāḇār, 다바르)의 절대형은 이렇게 생겼습니다.

자 그럼 이제 이 דָּבָר (dāḇār, 다바르)의 연계형을 보도록 하겠습니다. 연계형을 만드는 방법은 남성 단수에서는 아주 단순합니다. 이 남성 단수에는 어미가 오지 않기 때문에 그냥 위의 절대형에서 액센트만 조정해주면 됩니다. 제가 위에서 연계형은 액센트를 뒤에 오는 절대형에 빼앗기게 된다고 말했지요? 그 결과 연계형의 음절들은 액센트 조정을 받게 되는 것입니다. 그러면 דָּבָר (dāḇār, 다바르)의 절대형으로부터 하나씩 차근차근 따져 나가면서 변화를 시켜 보도록 하겠습니다. 먼저 절대형을 다시 한 번 음절 표기와 함께 써보겠습니다.

액센트 조정을 할 때는 항상 마지막 음절에서부터 시작해서 차근차근 앞 음절들로 나아가는 형태로 진행합니다. 그러니 위의 단어도 끝음절인 제 2 음절로부터 시작해야겠지요.

이 제 2 음절은 자음으로 끝이 났으니 폐음절이지요? 그리고 액센트는 연계형에는 없고, 그 뒤에 오는 절대형에 있지요? 이 점들을 염두에 두고 끝음절부터 차근차근 액센트 법칙을 적용시키면 연계형이 만들어집니다. 그럼 한 번 보도록 하지요.

(1) 끝음절인 제 2 음절이 연계형에서는 액센트가 없는 폐음절이므로 액센트 법칙 3번, 즉 "액센트 없는 폐음절의 모음은 단모음"이라는 법칙을 따라 단모음이 되어야 함(아래의 빨간색 부분)

(2) 연계형의 제 1 음절은 액센트에서 멀리 있으므로 액센트 법칙 2번의 적용 대상이 됩니다. 즉 "액센트에서 멀어진 개음절의 모음은 쉐바(ְ)"라는 법칙입니다. 위의 (1)번의 변화된 형태에서 다시 제 1 음절의 변화를 추가해보면 다음과 같습니다(빨간색 부분).

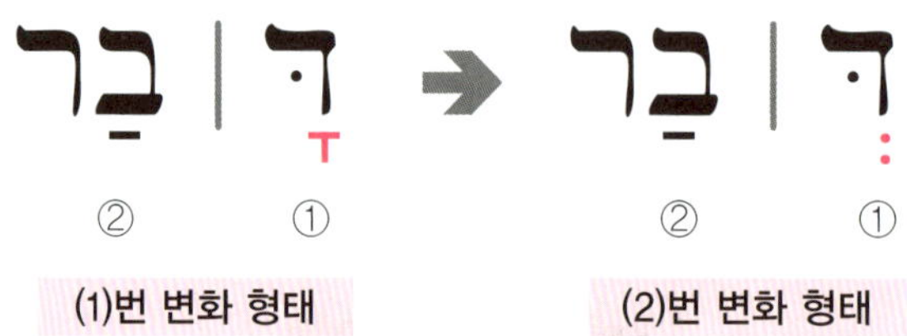

위의 (1)번과 (2)번의 변화를 거쳐서 나온 형태가 바로 연계형입니다. 즉 절대형 דָבָר (dāḇār, 다바르)가 연계형이 되면 דְבַר (d^{e}bar, 드바르)가 되는 것이지요. 이처럼 절대형 남성 단수에서 연계형 남성 단수로의 변화는 뭔가 특별한 것이 있는 것이 아닙니다. 그냥 연계형은 절대형의 지배를 받으므로 그 자체로 액센트를 갖지 못하고 절대형에 액센트를 빼앗긴다는 점, 다시 말해 연계형의 음절들은 액센트가 없거나 액센트로부터 멀어지게 된다는 점만 기억하면 절대형에서 연계형으로의 변화는 끝나는 셈이지요. 그리고 이 액센트와 관련된 사항은 남성 단수 이외의 경우들에도 역시 마찬가지입니다. 그러므로 액센트에 따른 모음의 변화에 주목하면 절대형에서 연계형을 만들어내는 것은 어렵지가 않습니다.

그러면 나머지 형태들도 살펴보도록 하지요. 그런데 기본형인 남성 단수와 달리 나머지 경우들은 어미에도 약간의 변화가 있습니다. 이것을 도표로 해보면 다음과 같습니다.

	절대형 어미	연계형 어미	비고
남성 단수	—	—	액센트 법칙에 따른 모음 수정
남성 복수	□ִים (îm, 임)	□ֵי (ê, 에)	어미 변화 + 액센트 법칙에 따른 모음 수정
여성 단수	□ָה (â, 아)	□ַת (aṯ, 아트)	어미 변화 + 액센트 법칙에 따른 모음 수정
여성 복수	□וֹת (ôṯ, 오트)	□וֹת (ôṯ, 오트)	액센트 법칙에 따른 모음 수정
남성 쌍수	□ַ֫יִם (áyim, 아임)	□ֵי (ê, 에)	어미 변화 + 액센트 법칙에 따른 모음 수정 (주의: 연계형은 남성 복수 어미와 동일)
여성 쌍수	□ָתַ֫יִם (āṯáyim, 아타임)	□ְתֵי (ṯê, 테)	**여성 단수의 연계형** + 어미 변화 + 액센트 법칙에 따른 모음 수정 (주의: 끝 부분은 여성 단수 연계형에 쌍수 어미가 붙은 형태)

언뜻 보기에는 위의 변화가 복잡한 것 같지만 사실 내용은 아주 간단합니다. 우선 어미는 앞에서 절대형 어미 변화와 관련하여 외운 사항, "임-아-오트-아임"(îm-â-ôṯ-áyim, □ִים-□ָה-וֹת-□ַיִם)에 조금 내용을 추가하면 되지요. 특수한 형태인 쌍수까지 하면 내용이 좀 복잡해지니 우선 남성 단/복수, 여성 단/복수만

다루기로 합시다. 쌍수 어미를 뺀 절대형 어미 "임-아-오트"(îm-â-ôṯ, ◌ִים-◌ָה-וֹת)를 연계형 어미와 각각 대조해보면 다음과 같습니다.

남성단수	해당사항 없음
남성복수	◌ִים (îm, 임) ➔ ◌ֵי (ê, 에)
여성단수	◌ָה (â, 아) ➔ ◌ַת (aṯ, 아트)
여성복수	וֹת (ôṯ, 오트) ➔ וֹת (ôṯ, 오트) (절대형/연계형 어미 동일; 액센트 법칙에 따라 앞의 모음들만 좀 차이가 날 수 있음)

이것을 외울 때 각각의 절대형과 연계형을 묶어서 외우면 편합니다. 즉 "**임-에**"(◌ִים îm - ◌ֵי ê), "**아-아트**"(◌ָה â - ◌ַת aṯ), "**오트-오트**"(וֹת ôṯ - וֹת ôṯ)로 외우면 편합니다. 머리 속에 히브리어 글자가 충분히 형상화되어 있다면, 이제는 그냥 "임-에, 아-아트, 오트-오트"라고 외워도 좋습니다. 한글만 봐도 충분히 히브리어가 머릿속에 그려지고, 또 그것을 실제로 히브리어로 종이 위에 표기할 수 있을 정도가 되면 말이지요. "**임-에, 아-아트, 오트-오트**"를 기억할 수만 있으면 히브리어 명사 변화는 끝입니다.

기본형인 남성 단수 이외의 연계형은 이렇게 어미 변화를 먼저 시켜준 후에 액센트 법칙을 적용하면 해결됩니다. 그러면 남성 복수부터 살펴보도록 하지요.

남성 복수의 변화를 음절 표시와 함께 크게 표기하면서 설명하자면 다음과 같습니다(빨간색이 각 단계마다 해당되는 변화).

(1) 절대형(음절 표시): דְּבָרִים (רִים|בָ|דְּ)

③ ② ①

(2) 연계형 어미로 전환: דְּבָרֵי (רֵי|בָ|דְּ)

③ ② ①

(3) 3번 음절은 그 자체로 이상 없고, 2번 음절을 액센트에 맞추어서 조정할 필요가 생김. 액센트에서 멀어진 개음절이므로 액센트 법칙 2번 적용 대상이 됨. 즉 "액센트에서 멀어진 개음절의 모음은 쉐바(ְ)"라는 법칙의 적용 대상:

דְּבָרֵי (רֵי|בָ|דְּ)

➔ דְּבְרֵי (רֵי|בְ|דְּ)

(4) 앞의 (3)번 변화의 결과로 단어 처음에 쉐바가 두 개가 연달아 오게 됨. 쉐바 법칙에 따르면 히브리어는 단어 처음에 쉐바가 두 개가 오는 것은 허용되지 않습니다. 이 경우 두 개의 단순 쉐바가 이어서 오게 되므로, 앞의 것이 "ㅣ" 모음(ִ, 이 모음은 히렉이라는 이름으로 부름)으로 바뀌게 됩니다:

דְּבְרֵי (רֵי|בְ|דְּ)

➔ דִּבְרֵי (רֵי|בְ|דִּ)

심화학습 ● ● ●

쉐봐 2개가 연속으로 올 경우 왜 굳이 이런 조치를 취하게 되는가 하는 것은 충분히 논리적으로 설명할 수 있습니다.

우선 쉐봐가 단어의 맨 앞 자리에 왔다는 것 자체가 히브리어에서는 부자연스러운 현상입니다. 왜냐하면 지금까지 강조해 온 바와 같이 히브리어는 음절이 "자음 + 모음" 혹은 "자음 + 모음 + 자음"의 두 가지 형태뿐이니까요. 그런데 가끔 액센트 법칙 적용의 결과 등으로 인해서 이런 음절들 앞에 자음이 한 개 더 오게 되는 경우들이 생깁니다. 이런 경우 이 자음까지 고려해 보면 "자음 + 자음 + 모음"의 부자연스러운 상태가 되는 것입니다. 이것은 히브리어 상으로는 발음하기가 아주 불편해지는 상황이 되는 것이지요.

이런 상황에서 액센트 법칙 등에 의해 위와 같이 단어 앞 쪽에 쉐봐가 두 개나 연속으로 오는 경우가 생기면 이제 히브리어에서는 발음 불가능 상태에 빠집니다. 정상적인 음절인 "자음 + 모음"이나 "자음 + 모음 + 자음" 앞에 잉여 자음이 하나 와서 "자음 + 자음 + 모음 (혹은 + 자음)" 형태가 되는 것만 해도 힘이 드는데 잉여 자음이 아예 두 개나 와서 "자음 + 자음 + 자음 + 모음 (혹은 + 자음)"의 형태가 되버리니까요.

이때 사용되는 해법이 바로 앞에 연속으로 두 개나 온 잉여 자음 두 개를 가지고 아예 하나의 음절을 만들어 버리는 것입니다(דְּבְ→דִּבְ).

이 점에 음절의 논리를 가지고 설명할 수 있는 현상을 간단하게 정리하자면 **단어 처음에 쉐봐가 두 번 연속으로 오는 경우 앞의 쉐봐를 " ｌ "모음(i, "히렉"이라고 부름)으로 바꾸어 준다**고 이해하면 됩니다.

<u>(5) 결과적으로 남성 복수 연계형이 완성됨.</u> 절대형과 함께 써 보도록 하지요(차이 나는 부분을 전부 빨간색으로 표시. 기본형의 자음은 달라지지 않고, 어미와 모음들만 달라진 것에 유념하세요!):

דְּבָרִים → דִּבְרֵי

드바림(dᵉḇārîm) → 디브레(diḇrê)

이 (5)번의 변화를 보고 "드바림/디브레"라고 아예 이 표준형 하나를 입에 배게 만드세요. 그러면 히브리어의 남성 복수 연계형 변화의 일반적 형태는 거의 다 정복할 수 있습니다. 특별한 사항이 개입되지 않는 한 거의 모든 히브리어 단어는 이 변화를 따라갑니다. 이 일반적 형태를 임의의 자음을 가진 단어의 경우로 표시해 보면 다음과 같겠지요. 아래에서 임의의 자음을 나타내는 사각형에 여러분이 변화시키고자 하는 표준형 형태의 단어를 대입시켜 보면 자동으로 남성 복수 명사의 "절대형 ➔ 연계형"의 변화가 만들어지게 됩니다.

그럼 이제 여성 단수 연계형을 보도록 하지요. 어미 외에는 앞의 남성 복수 변화와 거의 동일하게 연계형이 만들어집니다. 그러면 앞에서와 마찬가지로 דָּבָר (dāḇār, 다바르) 명사를 사용하여 그 여성 단수 형태인 דְּבָרָה (dᵉḇārâ, 드바라)를 가지고 연계형 변화를 살펴보도록 하지요. (דָּבָר의 여성 단수형은 구약성경에 나오지 않는다는 점은 앞에서도 이야기 했습니다. 이 여성 단수형은 단지 교육적인 차원에서 가상적인 형태를 가지고 다룬다는 점을 유념하세요.)

(1) 절대형(음절표시): דְּבָרָה (רָה | בָ | דְּ)

③ ② ①

(2) 연계형 어미로 전환: דְּבָרַת (רַת | בָ | דְּ)

③ ② ①

(3) 3번 음절은 액센트 없는 폐음절이므로 그 자체로 이상이 없음. 나머지는 남성 복수 변화와 동일합니다. 즉 2번 음절을 액센트에 맞추어서 조정할 필요가 생기는 것이지요. 액센트에서 멀어진 개음절이므로, 액센트 법칙 2번, 즉 "액센

트에서 멀어진 개음절의 모음은 쉐바(ְ)"라는 법칙이 적용됩니다:

דְבָרַת(דְ|בָ|רַת)

→ דְבְרַת(דְ|בְ|רַת)

(4) 남성 복수의 경우와 마찬가지로 앞의 (3)번 변화의 결과로 단어 처음에 쉐바가 두 개가 연달아 오게 됩니다. 위의 심화 학습에서 설명한 쉐바 법칙에 따르면 히브리어에서는 단어 처음에 쉐바가 두 개가 오는 것은 허용되지 않습니다. 이 경우 두 개의 단순 쉐바가 이어서 오게 되므로 앞의 것을 "ㅣ" 모음(ִ, 히렉)으로 변경:

דְבְרַת(דְ|בְ|רַת)

→ דִבְרַת(דִ|בְ|רַת)

(5) 결과적으로 여성 단수 연계형이 완성됨. 절대형과 함께 써보도록 하지요(차이 나는 부분을 전부 빨간색으로 표시. 기본형의 자음은 달라지지 않고, 어미와 모음들만 달라진 것에 유념하세요!):

דְבָרָה → דִבְרַת

드바라(dᵉḇārâ) → 디브라트(diḇraṯ)

이 (5)번의 변화를 보고 "드바라/디브라트"라고 아예 입에 배게 만드세요. 그러면 히브리어의 여성 단수 연계형 변화는 다 정복할 수 있습니다. 특별한 사항이 개입되지 않는 한 거의 모든 히브리어 단어는 이 변화를 따라갑니다.

한 가지 유의할 점은 이런 표준형 명사의 변화에서 처음 두 자음 아래의 모음은 남성 복수 연계형의 경우와 동일한 형태를 띠게 된다는 점입니다(דְּבְ → דִּבְ). 동일한 개수의 음절을 가진 단어에 동일한 액센트 법칙이 적용되게 되니 그 결과도 동일할 수밖에 없겠지요.

이제 여성 복수 연계형을 보도록 하지요. 여성 복수 연계형은 당연히 여성 복수 절대형으로부터 만들어집니다. 앞의 절대형 공부에서 보았듯이 여성 복수 절대형은 דְּבָרוֹת입니다. 이 절대형에서 액센트가 생략된 형태가 바로 연계형인 것이지요. 그러면 어떻게 될까요? 그러면 절대형부터 시작해서 살펴보도록 하지요.

(1) 절대형(음절표시): דְּבָרוֹת (רוֹת | בָ | דְּ)

③ ② ①

(2) 절대형과 다르게 연계형은 액센트 자체가 없음. 절대형과 달리 연계형에서는 음절들이 액센트로부터 멀어져 있다는 점을 유념해야 합니다. 그러면 ③번 음절부터 살펴보지요. 이 음절은 순장모음을 쓰고 있습니다. 그러므로 액센트 변화에 따른 영향을 받지 않습니다. 그대로 두면 됩니다(즉 ③번 음절은 달라진 게 없는 셈입니다).

דְּבָרוֹת (רוֹת | בָ | דְּ)

→ דְּבָרוֹת (רוֹת | בָ | דְּ)

(3) ②번 음절로 넘어가 보겠습니다. 이 음절은 "자음 + 모음"의 구성이므로 개음절입니다. 액센트에서 멀어진 개음절의 모음은 쉐바가 된다는 액센트 법칙 2번이 작용됩니다. 따라서 모음이 쉐바로 바뀝니다.

דְבָרוֹת (דְ|בָ|רוֹת)

→ דְבְרוֹת (דְ|בְ|רוֹת)

(4) ①번 음절로 넘어 가보겠습니다. (3)번의 변화로 인해 단어 처음에 쉐바가 두 개가 연달아 나오는 결과가 나타났습니다. 이 경우, 쉐바 법칙이 작동합니다. 단어 처음에 쉐바가 두 번 연달아 나오는 경우는 앞의 쉐바를 “ㅣ”(◌ִ, 히렉)로 바꿔줍니다.

דְבְרוֹת (דְ|בְ|רוֹת)

→ דִבְרוֹת (דִ|בְ|רוֹת)

(5) 결과적으로 여성 복수 연계형이 완성됨. 절대형과 함께 써 보도록 하지요(차이 나는 부분을 전부 빨간색으로 표시. 절대형의 자음과 어미는 달라지지 않고, 모음들만 달라졌다는 점에 유념하세요!):

דְבָרוֹת → דִבְרוֹת

드바로트(d^{e}ḇārôṯ) → 디브로트(diḇrôṯ)

이 (5)번의 변화를 보고 “드바로트/디브로트”라고 아예 입에 배게 만드세요. 그러면 히브리어의 여성 복수 연계형 변화는 다 정복할 수 있습니다. 특별한 사항이 개입되지 않는 한 거의 모든 히브리어 단어는 이 변화를 따라갑니다.

또 앞에서 이미 지적한 바와 같이 이런 표준형 명사의 변화에서 처음 두 자음 아래의 모음은 앞의 남성 복수 연계형이나 여성 단수 연계형과 동일한 형태를 띠게 됩니다(דְּבְ → דִּבְ). 동일한 개수의 음절을 가진 단어에 동일한 액센트 법칙이 적용되게 되니 그 결과도 동일할 수밖에 없습니다.

지금까지 배운 절대형-연계형을 하나의 도표 안에 넣어보도록 하지요. 이 도표를 꼭 잘 숙지해야 합니다. 그러면 히브리어의 명사 변화는 끝난 것이나 다름없습니다. (또한 특히 남성 단수를 제외하면 단어 앞의 두 자음의 모음이 동일하다는 점도 꼭 유념하세요[דְּבְ → דִּבְ]!!!)

	단수	복수
남성	דָּבָר 말씀, 것(절대형) → דְּבַר ~의 말씀, 것(연계형)	דְּבָרִים 말씀들, 것들(절대형) → דִּבְרֵי ~의 말씀들, 것들(연계형)
여성	דְּבָרָה (가상적 형태)(절대형) → דִּבְרַת ~의 말씀, 것(연계형)	דְּבָרוֹת (가상적 형태)(절대형) → דִּבְרוֹת ~의 말씀들, 것들(연계형)

3장 인칭대명사(주격, 소유격, 목적격)

어느 언어나 인칭대명사는 기본이죠. 이것은 꼭 외우셔야 합니다. 예전 영어 공부하실 때 "I, my, me, mine" 식으로 인칭대명사를 암기하셨던 것을 기억하실 것입니다. 그때 암기하셨던 것과 비슷하게 히브리어에는 인칭대명사가 세 가지가 존재합니다. 즉 인칭대명사 주격, 소유격, 목적격이 있지요.

A. 인칭대명사 주격

먼저 주격을 보도록 하겠습니다.

	단수	복수
1인칭 공	אֲנִי / אָנֹכִי 나(I)	אֲנַחְנוּ 우리(we)
2인칭 남	אַתָּה 너(남자)(you)	אַתֶּם 너희(남자)(you)
여	אַתְּ 너(여자)(you)	אַתֵּן 너희(여자)(you)
3인칭 남	הוּא 그(he)	הֵם / הֵמָּה 그들(남자)(they)
여	הִיא 그녀(she)	הֵן / הֵנָּה 그들(여자)(they)

먼저 1인칭 단수부터 설명할게요. 1인칭은 두 가지가 사용됩니다. 먼저 크게 한 번 써보도록 하지요. 이 두 가지 형태 사이에 어떤 의미상의 차이 같은 것은 존재하지 않습니다. 그냥 시대에 따라 선호된 형태가 있었거나 그냥 음률에 맞추어 사용했던 것으로 생각됩니다.

אֲנִי : 아니(ʾᵃnî) (음절: אֲ | נִי)

אָנֹכִי : 아노키(ʾānôkî) (음절: אָ | נֹ | כִי)

심화 학습

당장은 모르셔도 되는 사항이고, 굉장히 고급 수준의 문법책들에서도 거의 언급이 없는 사항이기는 하지만 혹시라도 궁금해하실 분들이 있을까 봐 설명을 합니다.

위의 **아노키**에서 액센트는 끝음절인 제 3 음절에 있습니다. 이 경우 액센트 법칙에서 어긋나지요. 왜냐하면 제 1 음절은 액센트에서 멀리 있는 장모음이므로 그 모음이 □ָ가 아니라 □ְ여야 하거든요. 이처럼 액센트 법칙상 원래의 모음이 아니라 □ְ가 될 수밖에 없는 경우에 원래의 모음을 유지해 주고자 하는 경우 소위 **메텍(□ֽ)**이라고 하는 보조 액센트를 모음 옆에 찍어줍니다. 이 메텍이란 보조 액센트는 원래의 모음을 유지시키라는 표시 같은 것으로 이해하면 됩니다. 위의 **아노키**를 액센트 표시들과 함께 정식으로 표기해보면 다음과 같습니다.

אָֽנֹכִ֫י

1인칭 단수에서 꼭 기억하셔야 할 사항은 끝의 נִי 혹은 □ִי입니다. 이것이 이 1인칭 단수의 특징입니다. 이 특징은 인칭대명사 목적격이나 소유격을 이해할 때 중요합니다.

이제 1인칭 복수를 보도록 하지요.

אֲנַחְנוּ: 아나흐누(ʔ^{a}naḥnu) (음절: **אֲ | נַחְ | נוּ**)

1인칭 복수에서 특징은 끝의 נוּ입니다. 각 인칭대명사의 특징은 꼭 잘 기억하고 있어야 나중에 편합니다.

그럼 이제 2인칭을 볼까요? 2-3인칭은 단/복수 외에도 남성과 여성이 있다는 점이 특징입니다. 먼저 2인칭 남성 단수를 설명하겠습니다. 그럼 형태부터 볼까요?

אַתָּה: 앝타(ʔattâ)

이 단어에서 먼저 잘 이해해야 할 사항은 가운데 있는 자음(תּ)에 이중점이 있다는 것입니다. 이중점은 이 동일한 자음이 원래는 두 번 있는 것인데 히브리어에서는 한 번만 표기하고 대신 이중점으로 그 자음이 원래는 두 개가 있다는 것을 표시한다는 의미라고 했지요? 그러니 이것을 원래의 두 개의 자음을 살려서 다시 써보면 다음과 같습니다.

אַתְתָה

이것을 음절을 나누어 보면 다음과 같습니다.

אַתְ | תָה

여기에서 액센트는 히브리어 단어가 일반적으로 그렇듯이 끝음절인 두 번째 음절에 옵니다. 그리고 그 앞 음절은 액센트 없는 폐음절이니까 단모음이 오겠지요. 위의 단어를 보면 단모음(◌ַ)이 왔네요. 맞지요?

2인칭에서 특징은 가운데의 이 이중점이 찍힌 자음인 תּ입니다. 이것을 잘 기억해두시기를 바랍니다. 이 자음이 바로 2인칭을 나타내는 표지이니까요.

심화학습

תּ에 이중점이 오는 이유는 이 2인칭 남성 단수(그리고 사실은 2인칭 전부)의 원래 형태 때문입니다. 이 2인칭 남성 단수는 원래는 다음과 같았습니다.

אַנְתָּה

즉 고대에는 사람을 지칭하는 데 쓰이는 אַנְ에 2인칭 남성을 나타내는 תָּה가 온 것이지요. 그런데 여러분이 이제는 다 알다시피 נ은 그 아래 쉐바가 오면(즉 모음이 없으면) 그 다음 자음에 동화되지요? 그래서 נ이 그 다음 자음인 תּ에 동화되고, 이어서 이중점으로 תּ와 합체된 것입니다. 이 과정을 표기해보면 다음과 같습니다.

(1) 2인칭 남성 단수의 원래 모습 : אַנְתָּה

(2) n이 뒷자음에 동화 : אַתְתָּה

(3) 동화된 자음을 이중점으로 처리해서 완료: אַתָּה

자 그러면 이제 2인칭 여성 단수를 볼까요? 역시 2인칭 표지인 תּ가 사용된 점에 유의하세요.

אַתְּ : 앝트(ʾatt)

이제 2인칭 남성 복수와 여성 복수를 보겠습니다.

אַתֶּם : 알템(ʾattem)

אַתֶּן : 알텐(ʾatten)

이것들은 다음에서 보듯이 2음절로 구성되어 있습니다.

אַתְ | תֶּם

אַתְ | תֶּן

액센트는 당연히 끝음절에 있습니다. 그리고 그 앞 음절은 "자음 + 모음 + 자음"의 구성을 가진 폐음절이자, 액센트가 없는 폐음절입니다. 따라서 단모음이 옵니다(אַתְ).

2인칭 복수의 특징은 תֶּם/תֶּן입니다. 여기에는 앞에서 언급한 2인칭의 특징인 ת이 들어 있습니다. 그리고 복수형 남성을 나타내는 ם, 여성을 나타내는 ן이 들어있다는 점을 기억할 필요가 있습니다. 이 두 가지 사항이 합쳐져 남성과 여성 복수가 תֶּם/תֶּן이 되는 것이지요.

이제 3인칭을 보도록 하지요. 3인칭은 1인칭이나 2인칭과는 완전히 다르게 ה가 두드러지게 나타납니다. 그리고 이어지는 요소들이 3인칭의 나머지 사항들을 결정짓습니다.

그러면 한 가지씩 살펴보도록 하지요. 남성 단수와 여성 단수는 다음과 같습니다.

הוּא : 후(hûʾ)

הִיא : 히(hîʾ)

3인칭 남성 단수의 특징은 ה 다음에 오는 ו입니다. 이것은 소유격과 목적격 인칭대명사를 잘 외우기 위해 꼭 필요한 부분입니다. הִיא에는 여성을 나타내는 특징이 י이기 때문에 아래 설명에 대한 추가적인 설명이 필요할 것 같습니다.

이제 3인칭 복수는 2인칭 복수와 마찬가지로 남성 복수를 나타내는 ם과 여성 복수를 나타내는 ן이 3인칭을 나타내는 ה 다음에 나타납니다. 이것들을 합쳐 보면 다음과 같은 형태가 드러나지요.

הֵמָּה / הֵם : 헴마 혹은 헴(hēmmâ 혹은 hēm)

הֵנָּה / הֵן : 헨나 혹은 헨(hēnnâ 혹은 hēn)

B. 인칭대명사 소유격

인칭대명사 소유격은 소유를 나타냅니다. 한국어로 말하면 "~의"란 의미를 띠는 거지요. "~의"란 말을 생각하면 떠오르는 것이 있지요? 앞에서 배운 바가 있는 명사 연계형이지요. "나의 말", "너의 말", "그의 말" 등등을 쓸 때 "~의"에 해당하는 것이 소유격 인칭대명사입니다. 그리고 이처럼 "~의"란 뜻을 갖는 소유격 인칭대명사 앞에 오는 명사는 앞에서 말한 바와 같이 연계형 형태를 갖습니다.

인칭대명사의 소유격은 단수 명사에 붙는 것과 복수 명사에 붙는 것의 두 종류가 있습니다. 이러면 뭔가 무척 복잡할 것 같이 생각되지요? 하지만 전혀 그렇지 않으니까 걱정하지 마세요. 사실은 단수 명사에 붙는 소유격 인칭대명사와 복수 명사에 붙는 소유격 인칭대명사는 여러분이 인칭대명사 주격을 제대로 외우시고, 또 제가 주의사항으로 언급한 것들만 잘 기억하고 계신다면 따로 외울 필요도 없는 것들입니다.

그럼 먼저 단수 명사에 붙는 인칭대명사 소유격을 배워보도록 하겠습니다. 아래의 도표에서 네모 칸 세 개는 히브리어 명사를 나타냅니다. 그리고 빨간색 부분은 인칭대명사 주격 중에서 소유격과 상응하는 부분을 표시한 것입니다. 2인칭에서 ת가 소유격에서는 כ(혹은 כ의 꼬리형인 ך)로 바뀐 것(즉 ת → כ/ך)을 제외하고는 주격 인칭대명사의 중요한 특징들이 거의 그대로 소유격을 전환되는 것을 보시게 될 것입니다. 제가 앞에서 말씀 드린 대로 주격 인칭대명사만 제대로 외우고 나면 소유격 인칭대명사는 따로 외울 필요가 없습니다. (이 점은 다음에 보게 될 목적격 인칭대명사의 경우에도 역시 마찬가지입니다. 참 다행스러운 일이죠?)

	단수		복수	
	소유격	주격	소유격	주격
1인칭 공	□□□ִי (간혹 נִי)	אֲנִי	□□□ֵנוּ	אֲנַחְנוּ
2인칭 남	□□□ְךָ	אַתָּה	□□□ְכֶם	אַתֶּם
여	□□□ֵךְ	אַתְּ	□□□ְכֶן	אַתֶּן
3인칭 남	□□□וֹ	הוּא	□□□ָם	הֵם
여	□□□ָהּ	הִיא	□□□ָן	הֵן

자 그럼 도표를 조금 더 자세히 살펴보도록 하겠습니다. 우선 1인칭 단수와 복수는 각각 그 특징들인 □ִי와 נוּ (도표상의 빨간 부분)를 명사 연계형에 그냥 붙여주면 됩니다. 그러면 크게 표기하고 음역과 뜻을 좀 살펴보겠습니다.

□ִי : 이(î) (의미: "나의…", my) (혹은 נִי 가 쓰일 때도 있음)

□ֵנוּ : 에누(ēnû) (의미: "우리의…", our)*

*1인칭 복수에서는 נוּ앞에 모음이 □ֵ가 옵니다. 이것을 같이 외워야 합니다. 이어지는 나머지 경우들도 어미 앞에 모음이 표기된 경우 같이 외워야 합니다. 엄밀하게 말하면 이 모음은 어미의 일부이기 때문입니다.

2인칭은 약간의 조정이 필요합니다. 우선 2인칭에 공통적으로 나타나는 ת를 앞에서 말씀드린 대로 כ (혹은 כ의 꼬리형인 ך)로 바꿔줍니다. 그리고 주격에 오는 אַ는 제거합니다. 그러면 תָּ/תְּ/תֶּם/תֶּן이 ךָ/ךְ/כֶם/כֶן으로 되겠지요? 이게 바로 소유격 인칭대명사 2인칭의 모습입니다. 크게 쓰고 음역과 뜻을 좀 살펴보겠습니다.

ךָ : 카(ḵā) (의미: "너의…", your [단수 남성])

□ֵךְ : 에크(ēḵ) (의미: "너의…", your [단수 여성])*

* 소유격 앞의 모음 주의

כֶם : 켐(ḵem) (의미: "너희의…", your [복수 남성])

כֶן : 켄(ḵen) (의미: "너희의…", your [복수 여성])

3인칭은 남성 단수인 הוּא의 경우 그 가운데 핵심 부분인 ו에 모음 □ֹ를 추가해서 순장모음이 된 상태 즉 וֹ가 됩니다. 그리고 여성형은 그 특징인 ה를 가지고 만든 형태가 됩니다. 또 3인칭 남성과 여성 복수는 주격 인칭대명사인 הֵם/הֵן에서 ה를 떼어내고 남은 것으로 구성되어 있습니다. 물론 모음은 좀 다르지만요. 그러면 이것들도 크게 표기하고, 음역과 뜻을 살펴보겠습니다.

וֹ : 오(ô) (의미: "그의…", his)

□ָהּ : 아흐(āh)(의미: "그녀의…", her)*

*단어 끝에 오는 ה는 원래 묵음이라는 점은 앞에서 말했습니다. **그러나 가운데 점이 찍혀 있으면 소리를 냅니다.**

□ָם : 암(ām) (의미: "그들의…", their [복수 남성])

□ָן : 안(ān) (의미: "그들의…", their [복수 여성])

그러면 이제 이것을 명사 연계형에 한 번 붙여보도록 하지요. 일단 절대형과 연계형이 동일한 단어인 סוּס(수스, 수말)를 가지고 소유격 인칭대명사를 붙여보도록 하겠습니다.

	소유격 단수	소유격 복수
1인칭 공	סוּסִי 나의 말	סוּסֵנוּ 우리들의 말
2인칭 남	סוּסְךָ 당신의 말	סוּסְכֶם 당신들의 말
여	סוּסֵךְ 당신의 말	סוּסְכֶן 당신들의 말
3인칭 남	סוּסוֹ 그의 말	סוּסָם 그들의 말
여	סוּסָהּ 그녀의 말	סוּסָן 그녀들의 말

이제 복수 명사에 붙는 인칭대명사 소유격을 배워보도록 하겠습니다.

	단수		복수	
	소유격	주격	소유격	주격
1인칭 공	□□□ַי	אֲנִי	□□□ֵ֫ינוּ	אֲנַחְנוּ
2인칭 남	□□□ֶ֫יךָ	אַתָּה	□□□ֵיכֶם	אַתֶּם
여	□□□ַ֫יִךְ	אַתְּ	□□□ֵיכֶן	אַתֵּן
3인칭 남	□□□ָיו	הוּא	□□□ֵיהֶם	הֵם
여	□□□ֶ֫יהָ	הִיא	□□□ֵיהֶן	הֵן

위의 도표에서 여러분이 정말 신경 써야 하는 부분은 뒤쪽의 빨간색입니다. 이 빨간색은 단수 명사에 붙는 소유격 인칭대명사와 거의 동일하고, 또 각 칸의 오른쪽에 표시된 주격 인칭대명사에서 충분히 유추할 수 있는 형태를 갖고 있지요? 그러니 절대로 여러분이 따로 외우실 필요가 없습니다. 최소한의 요구사항을 말한다면 여러분은 히브리어를 읽을 때 앞에 오는 단어가 단수인지, 복수인지 정도만 파악하면 되며, 또 뒤에 오는 인칭대명사의 인칭, 성, 수가 무엇인지만 파악하면 됩니다. 이 정도는 원문 강독을 조금만 해나가다 보면 충분히 익숙해집니다.

그러면 위의 도표에서 빨간색 앞쪽의 י 등의 요소는 뭘까요? 바로 명사 복수형에서 나온 것입니다. 앞의 סוּס의 예를 가지고 살펴보죠. סוּס의 남성 복수형은 סוּסִים이고 그 연계형은 סוּסֵי죠? 바로 여기에 위의 도표의 빨간색 부분이 붙는 것입니다. 물론 빨간색 앞에 오는 모음은 같이 외워야 합니다. 그러나 이 모음을 모른다고 해서 원문을 이해하지 못하게 되는 것은 아니니까 너무 걱정은 하지 마세요. 이 모음은 히브리어가 익숙해지다 보면 자연스럽게 해결됩니다.

먼저 복수 명사에 붙는 1인칭 소유격 인칭대명사들을 살펴보도록 하지요.

□ַי: 아이(ay) (나의 [⋯들]) (1인칭 단수 특징 י 살아있음)*

*단수 명사에 붙는 소유격 인칭대명사와는 י 앞의 모음이 틀림(□ִי/□ַי)

복수 명사 연계형 □ֵי + 소유격 인칭대명사 □ִי → □ַי가 된 것임(□ֵי + □ִי → □ַי)

히브리어는 동일하거나 비슷한 요소를 두 번 쓰기 싫어하기 때문.

□ֵינוּ: 에누(ênu)(우리들의 [⋯들])(□ֵי는 복수 명사 연계형 어미)

이번에는 복수 명사에 붙는 2인칭 소유격 인칭대명사들을 살펴보겠습니다.

□ֶיךָ: 에카(êḵā)(너[남자]의 [⋯들]) (□ֶי는 복수 명사 연계형 어미)

□ַיִךְ: 아이크(ayiḵ)(너[여자]의 [⋯들]) (□ַי는 복수 명사 연계형 어미)

□ֵיכֶם: 에켐(êḵem)(너희[남자]의 [⋯들]) (□ֵי는 복수 명사 연계형 어미)

□ֵיכֶן: 에켄(êḵen)(너희[여자]의 [⋯들]) (□ֵי는 복수 명사 연계형 어미)

이번에는 복수 명사에 붙는 3인칭 소유격 인칭대명사들을 살펴보겠습니다. 몇 가지 중요한 사항들이 있으니 유념해서 보세요.

◌ָיו: 아브(āyw) (그의 […들]) (◌ָי는 복수 명사 연계형 어미)*

*이 3인칭 남성 단수 소유격 인칭대명사 어미에서 원래는 י를 발음해주는 게 맞겠지만 하지 않습니다. 즉 복수 명사에 붙는 3인칭 남성 단수 소유격 인칭대명사는 "아이브"라고 읽는 것이 아니라 "아브"라고 읽는 것입니다. 왜 그래야만 하는지는 확인되지 않습니다. 아마 히브리어 전체를 통틀어서 쓰인 글자와 읽는 방식 사이에 차이가 나는 유일한 경우가 아닌가 생각됩니다.

◌ֶיהָ: 에하(êhā) (그녀의 […들]) (◌ֶי는 복수 명사 연계형 어미)

◌ֵיהֶם: 에헴(êhem) (그들의 […들]) (◌ֵי는 복수 명사 연계형 어미)

◌ֵיהֶן: 에헨(êhen) (그녀들의 […들]) (◌ֵי는 복수 명사 연계형 어미)

그러면 이 복수 명사에 붙는 소유격 인칭대명사도 한 번 סוּסֵי에 붙여서 살펴보도록 하겠습니다.

	소유격 단수	소유격 복수
1인칭 공	סוּסַי 나의 말들	סוּסֵינוּ 우리들의 말들
2인칭 남	סוּסֶיךָ 당신의 말들	סוּסֵיכֶם 당신들의 말들
여	סוּסַיִךְ 당신의 말들	סוּסֵיכֶן 당신들의 말들
3인칭 남	סוּסָיו 그의 말들	סוּסֵיהֶם 그들의 말들
여	סוּסֶיהָ 그녀의 말들	סוּסֵיהֶן 그녀들의 말들

위 도표에서 여러분이 סוּס란 단어와 이 단어가 복수형인 것을 인식할 수 있고, 뒤에 붙은 인칭대명사의 인칭, 성, 수를 파악할 수 있다면 구약성경의 히브리어 본문을 해독하는 데에는 큰 지장이 없습니다.

그럼 סוּס의 여성형의 경우에는 어떻게 될까요? 일단 여성 단수 절대형은 סוּסָה이고, 그 연계형은 סוּסַת입니다. 여기에 위의 인칭대명사 소유격 중 단수 명사에 붙는 것을 사용하면 됩니다. סוּסַת 중 끝음절인 סַת에 오는 모음은 액센트 여부에 따라서 길어지고 짧아지겠지요. 그 점만 이해하신다면 어려울 것은 없습니다.

	소유격 단수	소유격 복수
1인칭 공	סוּסָתִי 나의 암말	סוּסָתֵנוּ 우리들의 암말
2인칭 남	סוּסָתְךָ 당신의 암말	סוּסַתְכֶם 당신들의 암말
여	סוּסָתֵךְ 당신의 암말	סוּסַתְכֶן 당신들의 암말
3인칭 남	סוּסָתוֹ 그의 암말	סוּסָתָם 그들의 암말
여	סוּסָתָהּ 그녀의 암말	סוּסָתָן 그녀들의 암말

그럼 여성 복수형의 경우는 어떻게 될까요? 우선 סוּס의 여성 복수 절대형은 סוּסוֹת가 되고, 연계형은 이 절대형과 같이 סוּסוֹת입니다. 이 연계형 סוּסוֹת에 복수 명사에 붙이는 인칭대명사 소유격 어미를 붙이면 되는 것입니다.

그런데 한 가지 아주 주의해야 할 사항이 있습니다. 남성 명사 복수 연계형은 סוּסֵי(←סוּסִים)의 형태, 즉 끝이 ◌ֵי로 끝난 것이 정상이지요. 반면에 여성 명사 복수형은 끝이 וֹת로 끝이 났지요. 그럼에도 불구하고 흥미로운 점은 소유격 인칭대명사 어미가 붙을 때 이 וֹת에 붙는 것이 아니라 이 וֹת에 다시 남성명사 복수 어미의 ◌ֵי가 첨가된 것과 같은 형태에 붙는다는 것입니다. 즉 וֹתֵי의 형태에다가 앞에서 배운 복수 명사에 대한 소유격 인칭대명사가 붙는다는 것입니다. 말만 들으면 무척 어려워 보이지요? 그러나 여러분이 제가 지금까지 설명한 사항들을 잘 숙지하고 있다면 하나도 어려울 것이 없습니다. "아하 그렇구나" 하는 정도로 이해하고 넘어가면 될 정도지요. 그럼 한 번 볼까요?

	소유격 단수	소유격 복수
1인칭 공	סוּסוֹתַי 나의 암말들	סוּסוֹתֵינוּ 우리들의 암말들
2인칭 남	סוּסוֹתֶיךָ 당신의 암말들	סוּסוֹתֵיכֶם 당신들의 암말들
여	סוּסוֹתַיִךְ 당신의 암말들	סוּסוֹתֵיכֶן 당신들의 암말들
3인칭 남	סוּסוֹתָיו 그의 암말들	סוּסוֹתֵיהֶם 그들의 암말들
여	סוּסוֹתֶיהָ 그녀의 암말들	סוּסוֹתֵיהֶן 그녀들의 암말들

그러면 이제 액센트 변화와 상관이 없는 סוּס가 아니라 액센트 영향을 받는 דָּבָר (다바르, "말씀, 말[word]")를 가지고 한 번 살펴보겠습니다. דָּבָר의 단수 연계형은 דְּבַר이지요? 여기에 단수 명사에 붙는 소유격 인칭대명사를 붙이면 됩니다. 또 דָּבָר의 복수 연계형은 דִּבְרֵי이지요? 여기에 복수 명사에 붙는 소유격 인칭대명사를 붙이면 됩니다. 그러면 한 번 도표를 먼저 보도록 하지요.

	소유격 단수	소유격 복수
1인칭 공	דְּבָרִי 나의 말	דְּבָרֵ֫נוּ 우리들의 말
2인칭 남	דְּבָ֫רְךָ 너의 말	דְּבַרְכֶ֫ם 너희들의 말
여	דְּבָרֵךְ 너의 말	דְּבַרְכֶ֫ן 너희들의 말
3인칭 남	דְּבָרוֹ 그의 말	דְּבָרָם 그들의 말
여	דְּבָרָהּ 그녀의 말	דְּבָרָן 그녀들의 말

앞에서 설명한 액센트 법칙과 보조 액센트(메텍 ◌ֽ)를 고려하면 위의 도표는 이미 배운 대로 작동합니다.

그러면 이제 복수 명사에 붙는 경우를 살펴보지요.

	소유격 단수	소유격 복수
1인칭 공	דְּבָרַי 나의 말들	דְּבָרֵ֫ינוּ 우리들의 말들
2인칭 남	דְּבָרֶ֫יךָ 너의 말들	דִּבְרֵיכֶם 너희들의 말들
여	דְּבָרַ֫יִךְ 너의 말들	דִּבְרֵיכֶן 너희들의 말들
3인칭 남	דְּבָרָ֫יו 그의 말들	דִּבְרֵיהֶם 그들의 말들
여	דְּבָרֶ֫יהָ 그녀의 말들	דִּבְרֵיהֶן 그녀들의 말들

위의 도표에서 나머지 사항들은 이미 다 익숙한 것들입니다. 오직 2인칭과 3인칭의 남성 및 여성 복수만 나머지의 경우들과 달리 דָּבָר의 복수 연계형인 דִּבְרֵי를 유지한다는 점을 알고 있으면 되겠습니다. 이 점은 액센트 법칙상 소유격 인칭대명사 어미 앞의 복수 연계형 דִּבְרֵי가 수정되어야 할 이유가 발생하지 않기 때문입니다.

C. 인칭대명사 목적격

이것은 위의 단수 명사에 붙는 소유격 인칭대명사들을 אֵת ("~을"이라는 의미를 가지며, 어떤 명사가 직접 목적어임을 나타내주는, 영어에는 없는 독특한 전치사[목적격 전치사라고 부름])에 붙여주면 끝납니다. 주격, 소유격과 분리되어 있어서 새롭게 따로 공부해야 할 어떤 인칭대명사 범주가 따로 존재하는 게 아닌 셈이지요. 아래의 도표를 살펴보세요. (빨간색으로 표시된 부분의 모음 변화에 주의하세요.)

	단수	복수
1인칭 공	אֹתִי 나를(me)	אֹתָנוּ 우리를(us)
2인칭 남	אֹתְךָ 너를(남자)(you)	אֶתְכֶם 너희를(남자)(you)
여	אֹתָךְ 너를(여자)(you)	אֶתְכֶן 너희를(여자)(you)
3인칭 남	אֹתוֹ 그를(him)	אֹתָם 그들을(남자)(them)
여	אֹתָהּ 그녀를(her)	אֹתָן 그들을(여자)(them)

4장 지시대명사(및 지시형용사)

이 장에서 다룰 내용은 지시대명사입니다. 지시대명사란 "이것"(this), "저것"(that), "이것들"(these), "저것들"(those) 등의 지시에 사용되는 단어들을 가리킵니다. 지시대명사는 지시형용사를 겸하기 때문에 지시대명사만 암기하면 됩니다. 지시대명사와 지시형용사는 단지 구문론적인 역할이 다를 뿐입니다.

그러면 지시형용사 도표를 보도록 하지요.

	단수	복수
이것(this) 남	זֶה 이것(남성)	אֵלֶּה 이것들(남녀 공용)
이것(this) 여	זֹאת 이것(여성)	
저것(that) 남	הוּא 저것(남성)	הֵם / הֵמָּה 저것들(남성)
저것(that) 여	הִיא 저것(여성)	הֵן / הֵנָּה 저것들(여성)

참고적으로 **"저것" 혹은 "저것들"에 해당하는 지시대명사는 아주 고맙게도 주격 인칭대명사 3인칭의 형태와 완벽하게 동일**합니다. 그러므로 "이것" 혹은 "이것들"에 해당하는 사항만 새로 외우면 됩니다. 이 지시대명사 "저것" 혹은 "저것들"과 주격 인칭대명사 3인칭 사이의 구분은 결국 문맥이 하게 됩니다.

5장 동사

A. 서론

히브리어의 동사와 관련된 모든 내용을 집대성하면 다음과 같습니다. 물론 히브리어의 규칙 동사에 대한 전체 도표는 이것보다 훨씬 더 방대합니다만, 이 요약 도표 안에는 히브리어와 관련하여 핵심 내용은 다 담겨 있습니다.

	단순형		강조형			사역형	
	능동	수동/재귀	능동	수동	재귀	능동	수동
	파알 (פָּעַל) (=칼)	니팔 (닢알) (נִפְעַל)	피엘 (פִּעֵל)	푸알 (פֻּעַל)	히트파엘 (힡파엘) (הִתְפַּעֵל)	히필 (힢일) (הִפְעִיל)	호팔 (홒알) (הָפְעַל)
완료	קָטַל	נִקְטַל	קִטֵּל	קֻטַּל	הִתְקַטֵּל	הִקְטִיל	הָקְטַל
미완료	יִקְטֹל	יִקָּטֵל	יְקַטֵּל	יְקֻטַּל	יִתְקַטֵּל	יַקְטִיל	יָקְטַל
명령형	קְטֹל	הִקָּטֵל	קַטֵּל	קֻטַּל	הִתְקַטֵּל	הַקְטֵל	הָקְטַל
부정사 연계형	קְטֹל	הִקָּטֵל	קַטֵּל	קֻטַּל	הִתְקַטֵּל	הַקְטִיל	הָקְטַל
부정사 절대형	קָטֹל	הִקָּטֹל	קַטֹּל	קֻטֹּל	הִתְקַטֵּל	הַקְטֵל	הָקְטֵל
분사 능동	קֹטֵל	נִקְטָל	מְקַטֵּל	מְקֻטָּל	מִתְקַטֵּל	מַקְטִיל	מָקְטָל
분사 수동	קָטוּל						

이 도표, 혹은 여러분이 일반적인 히브리어 문법책의 맨 뒤에 나오는 규칙 동사 전체 도표를 보니 끔찍한가요? 히브리어를 포기해야겠다는 생각이 드나요? 걱정하지 말기 바랍니다. 이 책이 쓰인 이유는 여러분에게 그렇게 많은 내용을 모두 외우게 만드는 식의 공부를 가르치려는 게 아닙니다.

위의 도표에서 정말 여러분이 외워야 하는 내용은 붉은 색의 굵은 선으로 표시된 안쪽의 내용뿐입니다. 그 안에 들어 있는 사항은 총 19개입니다. 여러분이 이 19개의 사항만 제가 외우라는 방식으로 달달 외우기만 하면 히브리어 동사 공부는 거의 끝이 납니다. 그것만 다 외우고 나면 위의 도표의 나머지 사항은 거의 자동으로 채워 넣을 수가 있습니다. 그렇게 되고 나면 제가 히브리어 강의에서 자주 말하는 바와 같이 이제 앞으로 여러분은 살아 있는 동안 히브리어를 잊어먹고 싶어도 잊어먹을 수 없게 됩니다. 혹시 여러분이 한 10년 동안 히브리어를 하지 않는다고 해도 위의 빨간색 부분만 정확하게 기억하고 있다면 히브리어 동사의 나머지 부분은 자동으로 여러분의 머리 속에 채워지게 됩니다. 히브리어 동사 변화는 이렇게 간단합니다.

다시 한 번 말하지만, 위의 약속이 적용되는 사람들은 빨간색의 부분을 마치 군대의 관등성명 외우듯이 달달 외우고, 무의식까지 새겨지게 만든 사람들입니다. 여러분은 이 부분만 해주면 됩니다. 나머지는 약간의 설명만으로도 쉽게 내용을 이해하고, 암기할 수 있게 됩니다. 혹 암기를 못해도 얼마든지 여러분이 논리적으로 생각해낼 수 있게 됩니다.

그러면 위의 도표를 따라가면서 히브리어 동사의 빼대를 배워보도록 하지요. 2부 5장의 내용은 이 책 전체에서, 그리고 그 어느 히브리어 책을 가지고 공부하더라도 그 책에서 가장 중요한 부분이라 할 수 있습니다. 따라서 이 장은 특별히 주의를 집중해서 공부해야 됩니다. 이 장의 내용만 정확히 알면, 다른 부분은 생각나지 않더라도, 언제라도 히브리어 공부를 아주 쉽게 다시 해낼 수 있습니다. 그러나 이 장의 내용을 제대로 이해하지 못하면, 여러분에게 히브리어는 신학 공부 중에서 언제나 가장 어려운 부분으로 남아 있을 수밖에 없습니다.

B. 위의 도표를 이해하기 위한 기본 중의 기본 사항들

히브리어 문법을 공부하기 위해서는 먼저 성경에 잘 나오지도 않는 두 개의 동사를 반드시 알고 있어야 합니다. 그 두 단어는 다음과 같습니다.

קָטַל (qāṭal, 카탈): 그가 죽였다(he killed)

פָּעַל (pāʿal, 파알): 그가 행하였다/그가 만들었다(he did/he made)

첫 번째 단어인 카탈(קָטַל)은 구약성경에서 총 3회 사용되었습니다. 그리고 두 번째 단어인 파알(פָּעַל)은 구약성경에서 57회 사용되었습니다. 그러므로 구약성경 내에서 이 두 단어는 그다지 중요한 단어는 아니라고 할 수 있습니다.

먼저 후자의 단어부터 보지요. 여러분이 파알(פָּעַל)이라는 단어를 꼭 알고 있어야 하는 이유는, 이것이 능동형, 수동형, 사역형, 강조형, 재귀형 등등의 히브리어 동사의 형태를 지칭할 때 사용되는 이름의 바탕이기 때문입니다. 다시 말해 "기본 능동형"이라는 문법 용어를 히브리어에서는 이 동사의 기본형인 "파알"이라는 이름으로 부르는 것입니다. "파알"은 동사의 기본형의 발음이기도 하지만 문법 용어로 사용될 때는 "기본 능동형"을 가리키는 이름이기도 한 것입니다.

위의 도표에서 두 번째 행을 보세요. 바로 앞에서 말한 바와 같이 능동, 수동, 사역, 강조, 재귀 등등의 히브리어 동사 형태들을 지칭하는 이름들이 상당히 이상한 이름들로 적혀져 있지요. 도대체 "파알"(=칼), "니팔", "피엘", "푸알", 히트파엘", "히필", "호팔" 등등의 이름은 뭔가요? 그냥 능동, 수동, 사역, 강조, 재귀 등등의 알아먹기 쉬운 용어들을 쓰면 더 낫지 않을까요? 이런 후자의 용어들은 신학교에 올 정도 나이의 사람들, 즉 영어 등의 외국어 정도 하나씩은 잘하든 못하든 배워 본 사람들은 한 번씩은 다 들어본 소리이니, 이런 용어들을 쓰면 훨씬 쉽지 않을까요? 제가 히브리어를 가르치면서 얻은 경험에 비추어 볼 때, 학생들이 히브리어를 싫어하고, 또 잘 못하는 데에는 이런 수상쩍은 이름들도 상당히 큰 몫을 합니다.

사정이 이러한데도 히브리어 문법책들은 굳이 "칼", "니팔", "피엘" 등의 이상한 용어를 고집합니다. 그러나 여기에는 놀라운 비밀이 숨겨져 있습니다. 바로 여러분이 일단 이 이름들이 어떻게 만들어진 것인지를 안다면, 여러분은 이미 능동, 수동, 사역, 강조, 재귀 등등의 동사 형태들을 다 외운 것이나 마찬가지라는 사실입니다.

이게 뭔 소리냐고요? 그럼 차근차근 설명해보도록 하지요. 제대로 이해하기만 한다면, 지금부터 제가 하는 말은 히브리어 동사를 정복하는 데 있어 마법의 열쇠와도 같은 것입니다.

그럼 위의 희한한 이름들이 어디서 나온 것인지부터 설명하도록 하지요. 눈치 빠른 학생들은 이미 파악했겠지만, 위의 이름들은 바로 파알(פָּעַל)이란 동사에서 파생된 것입니다. 위의 도표에서 첫 번째 행을 보면 알 수 있듯이, 히브리어 동사는 크게 세 가지 범주로 이루어져 있습니다. 그 각각은 단순형, 강조형, 사역형입니다. 그리고 이 각각의 형 안에 두 개 혹은 세 개의 하부 범주가 있습니다. 이것을 도표화하자면 다음과 같습니다.

	단순형	강조형	사역형
능동	파알(=칼)	피엘	히필
수동	니팔	푸알	호팔
재귀	니팔과 동일	히트파엘	없음

단순형에서 재귀 동사는 수동 동사(니팔)와 동일하기 때문에 수동 동사만 공부하면 됩니다. 또 사역형에서는 재귀 동사란 것이 존재하지 않습니다. 따라서 결과적으로 히브리어 동사는 일곱 가지 유형을 가지게 됩니다.

앞서 말했듯이, 이 일곱 가지 유형에 붙은 파알, 니팔, 피엘 등의 희한해 보이는 이름들은 다 파알(פָּעַל)이란 동사에서 나온 것입니다.

그러면 하나씩 차근차근 살펴보도록 하지요. 우선 단순형 능동 동사의 이름은 위의 도표에서 보듯이 파알입니다. 이것을 좀 더 크게 써보면 다음과 같습니다.

פָּעַל (pāʿal, 파알)

어느 언어에서나 그렇겠지만 단순형 능동 동사는 모든 동사의 가장 기본적인 형태입니다. 동사 기본형이 파알인 셈이지요. 그러면 우리가 굳이 이 동사형을 단순형 능동 동사라는 용어를 사용하지 않고, 굳이 파알이라고 불러야 할 무슨 이유가 있을까요? 이 이름에 무슨 활용가치가 있을까요? 바로 다음과 같습니다.

파알(פָּעַל)이라는 이름에서 얻을 수 있는 것이 있는데, 그것은 바로 어떤 히브리어 동사든지 그 동사의 단순형 능동 동사를 이 파알(פָּעַל)이라는 이름만 알면 만들어 낼 수가 있는 것입니다. 최소한 규칙 동사에서는 말이지요. (불규칙 변화는 걱정하지 마세요. 쉽게 가는 길이 다 있으니까 말입니다.)

이게 무슨 소리인지를 제대로 알기 위해서, 먼저 파알(פָּעַל)이란 동사부터 살펴보도록 하지요. 파알(פָּעַל)은 다음과 같은 두 개의 요소가 결합된 결과입니다.

❶번 요소: 히브리어 동사는 자음 세 개로 이루어져 있다.

파알(פָּעַל)이란 동사 역시 왼쪽부터 시작해서 פּ, ע, ל이란 세 개의 자음으로 구성되어 있습니다. 이것들을 히브리어 쓰기 순서를 따라 오른쪽에서 왼쪽으로 표기해보면 다음과 같습니다.

פעל

❷번 요소: 히브리어의 단순형 능동 동사는 히브리어 동사를 이루는 세 개의 자음 중 첫 번째 자음 아래에 장모음 “ㅏ”(ā, □ָ)를 붙이고 두 번째 자음 아래에 단모음 “ㅏ”(a, □ַ)를 붙여서 만들어진다.

이 모음들을 크게 빨간색으로 표기해보자면 다음과 같습니다.

$$□ָ□ַ□$$

자 이제 위의 ❶번 요소의 자음들과 ❷번 요소의 모음들을 한데 결합해보면 다음과 같이 됩니다.

פּעל + □ָ□ַ□ = פָּעַל

위의 두 가지 사항을 한 자음과 모음마다 끊어서 살펴보면 다음과 같습니다.

פּ + □ָ = פָּ

ע + □ַ = עַ

ל + □ = ל

(세 번째 자음은 모음이 없으니 자음 그대로)

위의 방정식에서 오른쪽의 사항들을 히브리어 표기 방식을 따라 오른쪽부터 순서대로 더해보면 결과는 다음과 같습니다.

פָּעַל = פָּ + עַ + ל

참고로, 이렇게 해서 완성된 동사 파알(פָּעַל)은 몇 음절로 구성되어 있을까요? 앞에서 명사를 공부할 때 배웠듯이, 히브리어에서 자음 세 개로 구성된 단어는 첫 번째 자음과 두 번째 자음에 각각 하나씩의 모음이 옴으로써 2음절로 구성됩니다. 과연 그런지 다음을 한 번 보지요.

פָּ | עַל

① ②

자 여기에서 첫 번째 음절인 ①은 "자음 + 모음"으로 이루어진 개음절입니다. 두 번째 음절인 ①②는 "자음 + 모음 + 자음"로 이루어진 폐음절입니다. 따라서 파알 동사는 흔히 세 음절로 구성된 거의 모든 히브리어 단어들이 그렇듯이 "**개음절 + 폐음절**"의 **2음절**로 구성되어 있음을 알 수 있습니다.

그러면 액센트는 어디에 올까요? 거의 항상 그렇듯이 **두 번째 음절**에 옵니다. 액센트 표시를 해보면 다음과 같습니다.

פָּ | עַ֫ל

① ②

이제 액센트 법칙으로 따져 보도록 하지요. 액센트 법칙을 따질 때는 항상 뒤로부터 거슬러 올라가는 방식을 따릅니다. 그러므로, 먼저 ②번 음절부터 봐야 합니다. 이 음절은 액센트 있는 폐음절입니다. 따라서 이 음절은 앞에서 다룬 액센트 법칙과는 상관이 없습니다. 아무래도 좋습니다.

이제 ①번 음절을 보지요. 이 음절은 액센트 바로 앞의 개음절입니다. **액센트 법칙 1번**, 즉 "**액센트 바로 앞의 개음절의 모음은 장모음**"이라는 법칙의 적용대상이지요. 위에서 보면 파알 동사는 ①번 음절에 장모음을 갖고 있습니다. 문제가 없으니 됐습니다.

이렇게 해서 만들어진 단순형 능동 동사의 히브리어식 이름인 파알(פָּעַל)은, 그 어떤 동사라도 단순형 능동 동사는 이런 식으로 해당 동사의 자음 세 개에 모음 두 개를 위와 같이 결합하면 된다는 것을 가르쳐 주고 있는 것입니다. 따라서 여러분이 단순형 능동 동사는 파알(פָּעַל)이라는 문법적인 용어로 불린다는 점만 알고 있다면, 즉 "단순형 능동 동사=파알(פָּעַל)"이라는 점만 여러분의 머리 속에 넣고 있다면 여러분은 그 어떤 히브리어 동사든지 그 단순형 능동 동사 형태를 만들어 낼 수 있는 것입니다.

그러면 연습 삼아 한 개를 더 해보지요. 위에서 본 קטל이란 동사를 가지고 한 번 위와 같은 작업을 해볼까요? 이 동사의 단순형 능동 형태는 다음과 같습니다.

קטל + □ָ□ַ□ = קָטַל

알겠나요? קטל이라는 단어의 단순형 능동 형태는 파알이라는 이름만 기억하고 있으면 다 만들 수가 있습니다. 자 그럼 이제 구약성경에서 사용 빈도수 1위에서 10위 사이에 드는 동사들 중, 다음의 단어들을 가지고 한 번 단순형 능동 형태를 만드는 작업을 해 보지요.

(1) אמר (ʾmr, 아마르): 말하다(to say)

(2) נתן (nṯn, 나탄): 주다(to give)

(3) הלךְ (hlḵ, 할라크): 걷다, 행하다(to walk)

(4) שׁמע (šmᶜ, 샤마): 듣다, 순종하다(to hear, listen to)

(5) דּבר (dḇr, 다바르): 말하다(to say)

(6) ישׁב (yšḇ, 야샤브): 앉다, 거주하다(to sit)

어때요, 잘 되나요? 한 번 제대로 했는지 살펴보세요. 답은 다음과 같습니다.

(1) אמר → אָמַר (ʾāmar, 아마르, 말하다)

(2) נתן → נָתַן (nāṯan, 나탄, 주다)

(3) הלך → הָלַךְ (hālaḵ, 할라크, 걷다, 행하다)

(4) שׁמע → שָׁמַע (šāmaᶜ, 샤마, 듣다, 순종하다)

(5) דּבר → דָּבַר *(dāḇar, 다바르, 말하다)

(* 가상적 형태, 나중에 다시 다룸)

(6) ישׁב → יָשַׁב (yāšaḇ, 야샤브, 앉다, 거주하다)

이제 단순형 능동 형태를 가리키는 파알(פָּעַל)이라는 이름이 어떤 효용 가치가 있는지를 충분히 알았겠지요? 파알이라는 이름과 그 이름이 단순형 능동 동사의 형태에 대해서 뭘 말해주고 있는지만 기억하고 있으면 여러분은 최소한 규칙 동사의 경우에는 그 어떤 동사의 단순형 능동 동사 형태든지 다 만들어 낼 수 있습니다. 그리고 물론 불규칙 동사를 만들 때에도 이 원리는 기본적으로는 동일하게 작용합니다. 그러니 제가 방금 앞에서 설명한 사항들은 꼭 이해하고 마음에 담아 두셔야만 합니다.

기억하기 ●●●

한 가지 꼭 기억하고 넘어가야 할 다른 중요한 점이 있습니다. 현대 히브리어 문법에서는 지금까지 설명한 바와 같이 단순형 능동 동사 형태를 "파알"형이라고 부릅니다. 그런데 성경 히브리어 문법에서는 이것이 모든 동사의 기본형이라는 의미에서 칼(qal, קַל)형이라고 부릅니다. "칼(qal, קַל)"이라는 단어는 "가벼운, 쉬운" 등의 의미를 갖고 있고, 여기에서 "기본적인, 기초적인"(basic) 등의 의미가 파생된 것으로 보입니다. 파알형이 모든 히브리어 동사의 기본 혹은 기초가 되므로 칼형이라고 부르는 것이지요. 아마 상당히 많은 경우, 성경 히브리어 문법책들에서 여러분은 파알형이라는 이름은 아예 보지도 못할 것입니다. 그러나 동사 변화를 쉽게 이해하기 위해서는 파알형이라는 이름이 매우 중요하기에 저는 여기에서 이 이름을 기초로 해서 이 단순형 능동 동사 형태를 설명하였습니다. 그러나 여러분은 꼭 칼 혹은 칼형이라는 이름을 기억해야 합니다. "**파알형 = 칼형**", 이 도식을 꼭 기억하도록 하세요.

그럼 이제 단순형 수동 형태를 가리키는 이름인 **니팔**(nip̄ʿal, נִפְעַל)에 대해서 좀 살펴보도록 하지요. 이것 역시 기본은 פעל이라는 세 개의 자음입니다. 그리고 여기에 단순형 수동 형태와 관련된 요소들이 붙습니다. 조금 더 세분화해서 이것을 살펴보지요. 이것은 크게 세 가지 요소로 구성되어 있습니다.

❶번 요소: 히브리어 동사는 자음 세 개로 이루어져 있다.

이 점은 마찬가지입니다. 히브리어 동사에서 불변의 법칙과 같은 것이지요.

פעל

❷번 요소: 니팔형에는 단순형 수동 형태의 동사임을 알리는 접두어(다른 단어의 앞에 붙여서 그 단어의 문법적 변화를 나타내주는 요소)가 붙는다.

이 접두어의 모양은 니팔이란 이름에서 볼 수 있듯이 니(ni, נִ)입니다. 이것을 동사 원형의 세 자음을 나타내는 표시(□□□)와 함께 표기해보면 다음과 같습니다. 니팔형은 기본적으로 이 접두어 니(ni, נִ)가 특징임을 항상 기억하세요.

נִ□□□

❸번 요소: 니팔형의 경우에도 당연히 특정한 모음들이 앞의 ❷번 요소와 하나의 세트를 이루어 이 니팔형이란 것의 문법적 형태를 나타내주므로 이 특정한 모음들을 앞의 ❷번 요소와 함께 표기해보면 다음과 같다.

□ְ□ַ□ + נִ → נִ□ְ□ַ□

즉 니팔형은 접두어인 니(ni, נִ) 다음에 오는 동사 어간의 첫 번째 자음 아래에 쉐봐가 오고, 동사 어간의 두 번째 자음 아래에 짧은 "ㅏ" 소리(a, □ַ)가 오는 형태인 것입니다.

위의 ❸번에 크게 표기한 사항은 ❷번 요소와 ❸번 요소를 합쳐 놓은 것입니다. 여기에 ❶번 요소까지 합쳐 보면 다음과 같은 형태를 띠게 됩니다.

פעל + נִ□ְ□ַ□ = נִפְעַל

위의 사항을 한 자음씩 끊어서 살펴보자면 다음과 같습니다.

נִ

פ + ◌ְ = פְ

ע + ◌ַ = עַ

ל + □ = ל

참고

파알에서는 פ가 단어 처음에 와서 경음점을 표시해주었으나, 니팔에서는 פ가 음절 끝에 오는 종성이 되었으므로 표시 안 함)

(어간의 세 번째 자음은 모음이 없으니 자음 그대로)

위의 방정식에서 오른쪽의 사항들을 히브리어 표기 방식을 따라 오른쪽부터 순서대로 더해보면, 결과는 다음과 같습니다.

ל + עַ + פְ + נִ = נִפְעַל

이제 음절을 나눠보지요. 다음과 같이 2음절로 구성되어 있으며 액센트는 끝음절에 있습니다. 이것을 큰 글씨로 표기해보면 다음과 같습니다.

עַ֫ל | נִפְ

② ①

위에서 두 음절 모두 "자음 + 모음 + 자음"의 구성을 갖고 있으므로 모두 폐음절이지요. ②번 음절은 액센트 있는 폐음절이므로 액센트 법칙과 아무 상관이 없습니다. 그리고 ①번 음절은 액센트 없는 폐음절이므로 액센트 법칙 제 3번, 즉 "액센트 없는 폐음절의 모음은 단모음"이라는 법칙의 적용을 받습니다. 위에서 보듯이 이 음절은 단모음을 갖고 있으므로 역시 문제가 없습니다.

여기에서 한 가지 짚고 넘어갈 것이 있습니다. 이 단순형 수동 동사 형태의 이름을 한국어로는 보통 **니팔**이라고 표기하고, 저 역시 이 책에서 일반적으로는 그렇게 하고 있습니다. 그러나 엄밀하게 따져서 한 음절씩 음역을 하자면 다음과 같습니다.

נִפְ nip̄, 닢(혹은 편하게 쓰면 "니프")

עַל ʿal, 알

이렇듯 이 동사형의 정확한 이름은 닢알(혹은 니프알)이 되어야 하지만 우리 나라에 처음 히브리어 책들이 도입될 당시의 닢알의 영어 표기였던 niphal을 그냥 "니팔"이라고 옮겨 적었던 관행 때문에 지금도 한국어로 된 히브리어 문법 책들은 이렇게 니팔이라고 씁니다. 그러나 이 니팔이란 이름은 언어학적으로 정확한 표기가 절대 아니란 점을 유념하셔야 합니다. 하지만 여러분들이 이 책만 볼 것이 아니라 다른 문법책들이나 기타 히브리어 강독 책 등도 보셔야 하기 때문에 저도 이 책에서 특별한 경우가 아니면 그냥 "니팔"이라는 이름을 쓰도록 하겠습니다. 여러분은 "니팔=닢알"이라는 점을 절대 잊지 마시길 바랍니다.

이제 이 단순형 수동 동사 형태의 이름이 니팔이라는 것을 알았으니, 다른 단어를 가지고 한 번 만들어보겠습니다. 우선 קטל을 가지고 그 니팔 형태를 만들어 보지요.

קטל + □ַ□ְ□נִ = נִקְטַל (niqṭal, 닉탈)

이렇듯 קטל의 니팔형은 닉탈이 됩니다.

그러면 다음 두 개의 동사를 가지고 니팔형을 만드는 연습을 좀 더 해보도록 하지요.

(1) שָׁמַע (šāmaᶜ, 샤마, 듣다, 순종하다)

(2) דָּבַר (dāḇar, 다바르, 말하다)

답은 다음과 같습니다. (빨간색은 니팔형을 만들기 위해 들어간 부분입니다.)

(1) נִשְׁמַע (nišmaᶜ, 니쉬마)

(뜻은 "듣다"의 수동형이므로 "들리다")

(2) נִדְבַּר (nidbar, 니드바르)

(뜻은 "말하다"의 재귀형이므로 "서로 대화하다"[to talk each other])

(ד에 경음점이 빠지고 대신 ב에 경음점이 들어간 점을 주목하라! 이처럼 경음점은 음절 내에서의 위치에 따라 들어가기도 하고 빠지기도 함. 히브리어 문법의 기본을 이해하는 데 있어서는 크게 신경 안 써도 됨!)

니팔(닢알)이라는 이름이 단순형 수동 및 재귀 동사의 형태와 관련하여 무엇을 말해주고 있는지를 기억한다면, 여러분은 니팔(닢알)이라는 이름을 기억하고 있는 것만으로도 이미 이 니팔 동사의 형태에 대해서는 거의 다 아는 셈입니다.

이제 강조형으로 넘어가보지요. 앞의 도표를 보면, 강조형에는 능동, 수동, 재귀의 세 가지 형태가 있습니다. 그 중에서 능동 동사의 이름은 피엘 (p̄iᶜēl)입니다. 피엘은 다음과 같은 세 개의 요소가 결합된 결과입니다.

❶번 요소: 히브리어 동사는 자음 세 개로 구성되어 있다.

이 점은 공통이지요.

פעל

❷번 요소: 강조형의 제일 중요한 특징은 어간의 세 개의 자음 중 두 번째 자음에 이중점이 온다는 것이다. (아마 강조형은 원래 강조를 위해 소리를 세게 발음하는 점이 반영된 것이 아닐까 추측됨.)

두 번째 자음에 이중점이 온다는 것을 꼭 기억하세요.

참고: 강조형(즉 피엘, 푸알, 히트파엘)과 이중점(극히 중요)

	강조형
능동	피엘 ()
수동	푸알 ()
재귀	히트파엘 () *히트파엘의 접두어(파란색 부분)는 나중에 설명할 것임

❸번 요소: 강조형 능동 동사 형태인 피엘의 모음은 어간의 첫 자음 아래 짧은 "ㅣ" (i, ◌ִ), 두 번째 자음 아래 긴 "ㅔ"(ē, ◌ֵ)가 오는 형태로 되어 있다.

이것을 표기해 보면 다음과 같습니다.

이제 이 세 가지 요소를 합치면 다음과 같이 됩니다.

פעל + □□ּ□ + □□ֵ□ִ = פִּעֵּל

위의 사항을 한 자음씩 끊어서 살펴보자면 다음과 같습니다.

פ + □ִ = פִּ

ע + □ּ + □ֵ = עֵּ

ל + □ + = ל

(첫 번째 글자는 ❶번 요소와 ❸번 요소의 결합)

(두 번째 글자는 세 가지 요소의 결합)

위의 방정식에서 오른쪽의 사항들을 히브리어 표기 방식을 따라 오른쪽부터 순서대로 더해보면 그 결과는 다음과 같습니다.

ל + עֵּ + פִּ = פִּעֵּל

(사실 여기에는 중대한 문제가 있습니다. 앞에서 자음을 배울 때 설명한 대로 פעל 동사의 두 번째 자음인 ע은 후음입니다. 따라서 이중점을 찍지 못합니다. 그러니 위의 두 번째 자음에 이중점을 찍은 것은 문제가 있지요. 사실은 바로 이 점 때문에 이런 류의 문제가 전혀 발생하지 않는 קטל이라는 동사를 가지고 히브리어 규칙 동사를 배우는 것입니다. 그러나 이 문제는 일단 뒤로 미뤄 놓고 바로 아래에서는 마치 ע이 일반 자음인 것처럼 설명을 하고자 합니다.)

위에서 만들어진 동사 피엘(פִּעֵּל)은 몇 음절로 구성되어 있지요? 두 번째 자음인 ע에 이중점이 있으므로 두 개의 자음으로 쳐야 합니다. 이중점을 두 개의 자음으로 표기해보면 다음과 같습니다. 2음절로 구성되어 있으며, 액센트는 당연히 끝음절인 2번 음절에 있습니다.

פִּעְ | עֵ֫ל

② ①

그럼 이제 액센트 법칙을 적용시켜 보지요. 이 피엘은 이중점으로 인해 액센트 법칙과 관련해서는 니팔과 똑같은 경우가 되었습니다. 즉 ②번 음절은 액센트 있는 폐음절이라 앞에서 다룬 액센트 법칙과는 상관이 없습니다. 이런 음절에는 장모음이 오든 단모음이 오든 문제가 되지 않습니다.

그리고 ①번 음절은 액센트 없는 폐음절이므로 액센트 법칙 제 3 번, 즉 "액센트 없는 폐음절의 모음은 단모음"이라는 법칙의 적용을 받습니다. 위에서 보듯이 이 음절은 단모음인 "ㅣ"(i)를 갖고 있으므로 역시 문제가 없습니다. (다시 한 번 말하지만 피엘의 두 번째 자음인 ע은 후음이므로 이중점을 찍을 수가 없습니다. 따라서 위의 설명 중 두 번째 자음과 관련된 부분은 약간은 임시적이고 가상적인 것임을 기억하시길 바랍니다).

위의 사항들은 다 이해했으리라고 생각하고 이어서 할 말을 하도록 하지요. 피엘(p̄iʿēl)이라는 이름은 원래는 있어야만 하는 이중점을 뺀 나머지의 것을 가지고 피엘의 강조형 능동 동사 형태를 음역한 것입니다. 그 형태는 다음과 같습니다.

פִּעֵל (piʿēl)

이 형태에서 알 수 있는 것은 피엘 동사는 동사 어간의 첫 번째 자음 아래에는 짧은 "ㅣ"(i, ◌ִ), 그리고 두 번째 자음 아래에는 긴 "ㅔ"(ē, ◌ֵ)를 모음으로 찍어주면 된다는 것입니다. 그리고 여기에다 두 번째 자음에 이중점을 찍어주면 규칙 동사의 어떤 동사든지 그 피엘형 동사, 즉 강조형 능동 동사의 형태가 완성됩니다.

그러면 이제 פעל이외의 동사들을 가지고 피엘형을 만들어 보도록 하지요. קטל의 경우, 첫 번째 자음과 두 번째 자음에 모음 "ㅣ"와 "ㅔ", 그리고 두 번째 자음에 이중점을 찍어주면 다음과 같이 됩니다.

קטל의 피엘형 → קִטֵּל (qiṭṭēl, 킽텔)

그 의미는 이 단어의 단순 능동형인 파알형(=칼형)이 "죽이다"란 의미였기 때문에 "심하게 죽이다(혹은 잔혹하게 죽이다)"(to kill severely) 정도의 강조적 의미가 추가된다고 보면 됩니다.

자 그러면 앞에서 사용한 구약성경에서의 사용 빈도수 1-10위의 동사들 중 דבר (dḇr, 다바르, 말하다[to say])란 단어를 가지고 한 번 피엘형을 만들어보지요

דבר의 피엘형 → דִּבֵּר (dibḇēr, 딥베르)

(나중에 가서 다시 말하겠지만, 중요한 사실 한 가지를 짚고 넘어가겠습니다. דבר란 동사의 경우 파알형[칼형]은 구약성경에서는 흔적만 있을 뿐입니다. 대신 피엘형이 주로 "말하다"라는 의미로 사용되었습니다. 따라서 이 단어를 외울 때에는 "דבר의 피엘형 דִּבֵּר는 '말하다'[to speak]"라고 외우는 것이 좋습니다. 이차피 여러분이 구약성경에서 만나게 되는 이 단어의 형태는 파알형[칼형]이 아니라 피엘형이기 때문이지요. 이처럼 파알형[칼형]은 사용되지 않고 대신 피엘형 등의 기타 형태가 기본형으로 사용되는 경우들이 히브리어에는 꽤 있습니다. 이런 점들은 형태론에 대한 공부를 가르치는 이 책의 내용을 넘어서는 것이기 때문에 이 점은 이쯤에서 끝내도록 하겠습니다.)

그러면 이제 푸알형으로 넘어가보지요. 이제 여러분은 푸알이라는 이름만 들어도 무슨 일이 일어날지를 대강 감을 잡을 것입니다. 혹시 전혀 그런 감이 안

오거든 동사에 대한 앞의 내용들을 반드시 복습하고 완전히 그 의미와 원리를 이해하도록 하세요. 그렇지 않고 무작정 외우려 들면 히브리어 공부는 아주 어려워집니다. 쉬운 길이 있는데 어려운 길을 가는 어리석음을 범하지 않기를 바랍니다. 그게 제가 지금 이 책을 쓰고 있는 이유이니 말이지요.

푸알형에서 자음은 당연히 지금까지 보아온 פעל입니다. 그리고 모음은 “ㅜ”(u, ◌ֻ) 소리와 “ㅏ”(a, ◌ַ, 이 경우 장모음일 수도 단모음일 수도 있기는 한데 여기에서는 단모음을 사용한다) 소리일 것입니다. 그리고 강조형이므로 두 번째 자음에 이중점이 와야 합니다. 이제는 “푸알”이라는 소리를 들을 때 최소한 이 정도는 추측이 되어야 제대로 공부를 하고 있는 것입니다. 하여튼 이런 것들을 종합해서 표기해보면 다음과 같습니다.

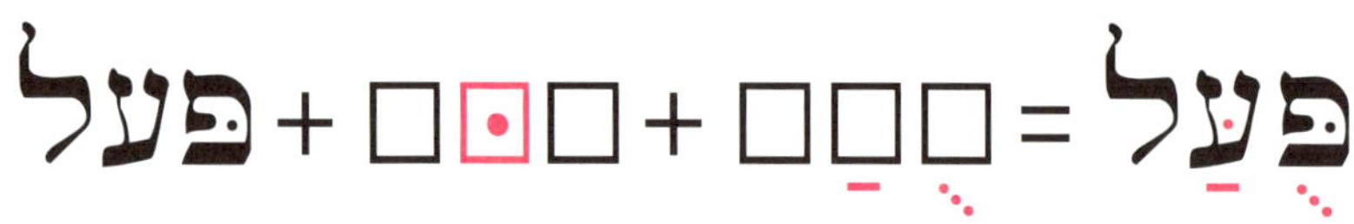

여기에서 사실 ע은 후음이라 이중점을 못 찍으므로 이 장 서두에 나오는 도표를 보면 이중점 없이 표기하고 있다는 점도 기억하세요. 물론 강조형에는 원래는 이중점이 무조건 와야 한다는 점도 반드시 유념해야 하고 말이지요. (그러면 원래는 ע자리에 찍어야 하는 이중점은 그냥 안 찍고 마느냐, 아니면 다른 어떤 처리를 해야 하는가 하는 문제는 3부에서 다루도록 합니다.)

자 그러면 이제 קטל을 가지고 그 강조형 수동 동사 형태인 푸알형을 만들어보도록 하지요.

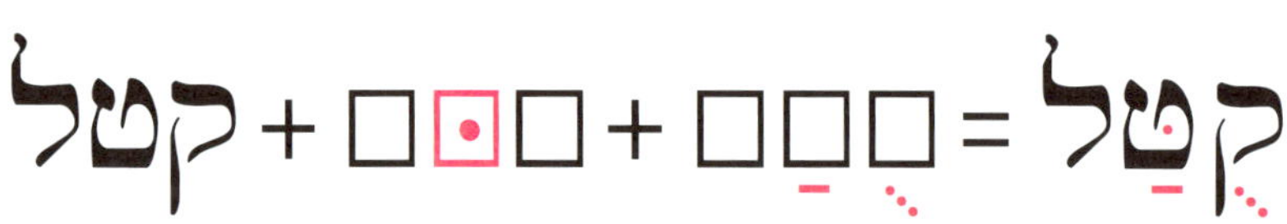

(quṭṭal, 쿹탈)

쿹탈(קֻטַּל)의 의미는 어떻게 될까요? 강조형 수동 동사이니 “심하게 죽임을 당하다”(to be severely killed) 정도가 될 것입니다.

그러면 하나 더 해보도록 하지요. דבר의 푸알형은 어떻게 될까요?

דבר + □□ּ□ + □ֻ□ַ□ = דֻּבַּר

(dubbar, 둡바르)

그 의미는 이 דבר의 피엘형이 "말하다"(to speak)라는 의미를 갖고 있었기 때문에 푸알형은 "말해지다"(to be spoken)가 될 것입니다.

이제 강조형 재귀 동사 형태인 **히트파엘**(혹은 음절 구분을 정확히 해서 표기하자면 힡파엘)로 넘어가보지요. 이 히트파엘은 지금까지 배운 것에 비해 상당히 독특하지만, 일단 잘 익히고 나면 아마 모든 히브리어 동사 형태 중에서 가장 쉬운 형태가 될 것입니다. 왜냐하면 이 단어는 특징이 너무나 두드러져서 잘못 파악하는 것 자체가 거의 불가능하기 때문입니다. 그럼 일단 한 번 배워보지요. 히트파엘형은 크게 네 가지 요소로 구성됩니다.

❶번 요소: 히브리어 동사는 자음 세 개로 구성되어 있다.

פּעל

❷번 요소: 히트파엘형에는 강조 재귀 동사 형태의 동사임을 알리는 접두어가 붙는다. 이 접두어의 모양은 히트파엘이란 이름에서 볼 수 있듯이 히트(hit, הִתְ, 원래는 힡[1음절])이다.

이것을 동사 원형의 세 자음을 나타내는 표시(□□□)와 함께 표기해보면 다음과 같습니다. 히트파엘형은 기본적으로 이 접두어 히트(hit, הִתְ)가 특징임을 기억하세요.

הִתְ□□□

❸ 번 요소: 히트파엘형의 히트(hit, הִתְ) 다음에는 동사 어간의 첫 자음 아래 짧은 "ㅏ"(a, ◻ַ), 두 번째 자음 아래 긴 "ㅔ"(ē, ◻ֵ)가 오는 형태로 되어 있다.

접두어 히트와 함께 표기해보면 다음과 같습니다.

הִתְ◻ַ◻ֵ◻

❹ 번 요소: 히트파엘형은 강조형 동사이므로 어간의 두 번째 자음에 이중점이 온다.

❹번에 ❷❸번 요소들을 결합하여 표시해보면 다음과 같습니다.

הִתְ◻ַ◻ֵּ◻

이제 ❷❸번과 결합된 ❹번에 ❶번의 어간을 합쳐 보면 다음과 같습니다.

פּעל + הִתְ◻ַ◻ֵּ◻ = הִתְפַּעֵל

이제 음절을 나눠보지요. 다음과 같이 3음절로 구분되며, 액센트는 끝음절에 있습니다. 특히 어간의 두 번째 부분에 이중점이 있는 것을 자음 두 개로 표시해서 음절을 표기해보면 다음과 같습니다.

הִתְ | פַּע | עֵ֫ל

① ② ③

액센트 법칙상 ③번 음절은 액센트 있는 폐음절이므로 액센트 법칙과는 관련이 없습니다. 그러니 문제될 것이 없지요. ①번과 ②번 음절은 액센트 없는 폐음절이므로 액센트 법칙 제 3 번, 즉 "액센트 없는 폐음절의 모음은 단모음"이라는 법칙의 적용을 받습니다. 위에서 보듯이 둘 다 단모음을 갖고 있으므로 역시 문제가 없습니다.

자 그러면 이제 קטל을 가지고 강조형 재귀 동사 형태인 히트파엘형을 만들어보도록 할까요?

קטל + הִתְ□ַ□ֵּ□ = הִתְקַטֵּל

(hiṯqaṭṭēl, 힡칼텔)

힡칼텔(הִתְקַטֵּל)의 의미는 어떻게 될까요? 강조형 재귀 동사 형태이니 "심하게 자기를 죽이다"(to kill oneself severely) 정도가 될 것입니다.

그러면 하나 더 해보도록 하지요. דבר의 히트파엘형은 어떻게 될까요?

דבר + הִתְ□ַ□ֵּ□ = הִתְדַּבֵּר

(hiṯdabbēr, 힡답베르)

그 의미는 이 דבר의 피엘형이 "말하다"(to speak)라는 의미를 갖고 있었기 때문에 이 히트파엘형은 "자신에게 말하다"(to speak to oneself) 혹은 "서로 말하다, (다른 누구와) 대화하다"(to speak to each other, to converse with) 정도가 될 것입니다. 구약성경에서는 이 마지막 의미로 사용되고 있습니다.

이제 마지막으로 **사역형**을 살펴보도록 하지요. 사역형에는 능동과 수동 두 가지 형태가 있습니다. 먼저 **사역형 능동 동사** 형태인 **히필**(힢일[혹은 좀 더 편하게 그냥 히프일], hip̄ʿîl)형을 보도록 합시다. (이제 정확한 음역을 보면 실제 히브리어가 어떻게 되겠다 하는 느낌이 오나요?) 히필형은 크게 세 가지 요소로 구성됩니다.

❶번 요소: 히브리어 동사는 자음 세 개로 구성되어 있다.

פעל

❷번 요소: 히필형은 사역형의 일부인데, 사역형에는 사역형이라는 것을 알려 주는 접두어가 붙는다. 이 접두어는 자음만 이야기하면 ה이다. 사역형 표시인 이 ה에 붙는 모음은 능동과 수동이 각기 다르다. 각자의 이름을 보면 그 모음이 무엇이 될지는 감이 온다. 사역형 능동인 히필의 경우에는 그 이름에서 볼 수 있듯이 단모음 "ㅣ"(i, □ִ)이다.

이것을 표기해보면 다음과 같습니다.

הִ□□□

❸번 요소: ❷ 번의 접두어 הִ 다음에 동사 어간이 온다.

그런데, 이 동사 어간에 붙는 모음이 재미있습니다. 먼저 표기부터 해보면 다음과 같습니다.

הִ□ְ□ִי□

상당히 독특하지 않나요? 우선 첫 번째 자음 아래에는 쉐바가 왔지요. 그리고 두 번째 자음에 모음이 오는데, 이 모음은 "ㅣ" 모음 계열의 가장 긴 소리인 순장모음 "ㅣ"(î, □ִי)입니다. 나중에 여러분이 구약 성경의 히브리어 본문을 보면서 어떤 동사의 형태를 분석할 때 이 순장모음 "ㅣ"(î, □ִי)는 그 동사가 히필형임을 보여주는 가장 큰 특징입니다. 꼭 기억을 하도록 하세요.

이제 ❷번과 결합된 형태인 ❸번에 ❶번의 어간을 합쳐 보면 다음과 같습니다.

פעל + הִ□ְ□ִי□ = הִפְעִיל (hip̄ʿîl, 힢일)

이제 음절을 나눠보지요. 다음과 같이 2음절로 구분되며, 액센트는 끝음절에 있습니다.

עִ֫יל | הִפְ

② ①

②번 음절은 순장모음이므로 액센트 법칙으로부터 자유롭습니다. ①번 음절은 액센트 없는 폐음절이므로 액센트 법칙 제 3 번, 즉 "액센트 없는 폐음절의 모음은 단모음"이라는 법칙의 적용을 받습니다. 위에서 보듯이 단모음을 갖고 있으므로 역시 문제가 없지요.

이제 다른 동사로 연습을 좀 해보지요. 먼저 앞에서 하던 대로 קטל로 해보도록 합니다.

קטל + הִ□ְ□ִי□ = הִקְטִיל (hiqṭîl, 힉틸)

자 그러면 הִקְטִיל (hiqṭîl, 힉틸)의 의미는 무엇일까요? 단순형 능동 동사인 קָטַל (파알형[=칼형], 카탈, qāṭal)이 "죽이다"(to kill)란 의미였습니다. הִקְטִיל (hiqṭîl, 힉틸)은 그것의 사역형이므로 "죽이게 시키다" 혹은 "죽이게 만들다"(to make somebody kill) 정도가 되겠지요.

하나만 더 해보도록 하지요. 여러분은 명사 공부를 할 때 왕(מֶלֶךְ, melek̲, 멜레크)이란 단어에 대해서 배웠습니다. 이것의 동사형은 מָלַךְ (mālak̲, 말라크, 파알형[=칼형])이며, 그 의미는 "왕이 되다, 다스리다"(to be[become] a king, to rule)입니다. 이 מָלַךְ의 히필형을 한 번 만들어보지요.

מלךְ + הִ□ְ□ִי□ = הִמְלִיךְ

(himlîk̲, 힘릭)

("힘릭"을 그냥 편하게 "히믈리크"라고 발음하기도 함)

자 그러면 הִמְלִיךְ (himlîḵ, 힘릭)의 의미는 무엇일까요? 파알형(=칼형)인 מָלַךְ (mālaḵ, 말라크)가 “왕이 되다, 다스리다”이므로, 그 사역형은 “[어떤 사람을] 왕이 되게 만들다, 다스리게 만들다”(to make somebody become a king), 즉 “왕으로 세우다” 정도가 되겠지요.

이제 드디어 마지막의 동사 형태이자 **사역형 수동 동사** 형태인 **호팔**(hop̄ʿal, 홒알[혹은 호프알]) 형태를 배울 차례입니다. 호팔형은 크게 세 가지 요소로 구성됩니다.

❶번 요소: 히브리어 동사는 자음 세 개로 구성되어 있다.

פעל

❷번 요소: 호팔형 역시 히필형과 마찬가지로 사역형이다. 따라서 사역형임을 알려주는 접두어가 붙는다. 그 접두어는 자음만 이야기하면 ה이다. 이 ה에 단모음 “ㅗ”(o, ָ)가 붙어서 호팔형 접두어가 된다.

□□□הָ

❸번 요소: ❷번의 접두어와 더불어 동사 어간에 호팔형의 특정한 모음들이 붙는다.

표기부터 해보면 다음과 같습니다.

□ַ□ְ□הָ

이제 ❷번과 결합된 형태인 ❸번에 ❶번의 어간을 합쳐 보면 다음과 같습니다.

פעל + □□□הָ = הָפְעַל

(hop̄ʿal, 홒알)

이제 음절을 나눠보지요. 다음과 같이 2음절로 구분되며, 액센트는 끝음절에 있습니다.

עַ֫ל | הָפְ

② ①

②번 음절은 액센트 있는 폐음절이므로 액센트 법칙으로부터 자유롭습니다. ①번 음절은 액센트 없는 폐음절이므로, 액센트 법칙 3번, 즉 "액센트 없는 폐음절의 모음은 단모음"이라는 법칙의 적용을 받습니다. 위에서 보듯이 단모음을 갖고 있으므로 역시 문제가 없지요.

이제 다른 동사로 연습을 좀 해 볼까요? 먼저 앞에서 하던 대로 קטל로 해보도록 하지요.

קטל + □□□הָ = הָקְטַל

(hoqṭal, 혹탈)

자 그러면 הָקְטַל (hoqṭal, 혹탈)의 의미는 무엇일까요? 단순형 능동 동사인 קָטַל (파알형[=칼형], 카탈, qāṭal)이 "죽이다"(to kill)란 의미였지요. 그리고 그것의 사역형 능동 동사인 הִקְטִיל (hiqṭîl, 힉틸)은 "죽이게 시키다" 혹은 "죽이게 만들다" 정도의 의미였습니다. 그렇다면, 사역형 수동 동사인 הָקְטַל (hoqṭal, 혹탈)의 의미는 한국어로 옮기면 무척 어색하기는 하지만 "죽이라고 시킴을 당하다"(to be made to kill) 정도가 되겠습니다.

말이 무척 어색하지 않나요? 사실 호팔형은 구약성경에서 별로 사용되지 않습니다. 지금까지 살펴본 파알(=칼)부터 호팔까지의 일곱 가지 유형 중에서 호팔형은 구약 성경 전체에서 0.5%만 사용됩니다. 이 정도면 "무시하고 가도 되겠네"라는 생각이 절로 들지요? 그러나 그렇다고 해서 공부 안 할 수도 없지 않나요? 일단 우리가 히브리어 동사의 전체 패러다임은 파악하고 있어야 하니 말입니다. 그리고 사실 제 책을 잘 따라가다 보면 이 호팔 정도를 추가로 외우는 것은 일도 아닙니다. 그러니 그냥 공부하도록 하세요.

그럼 이제 다른 동사를 가지고 호팔형 연습을 좀 더 해보도록 하지요. 앞에서 히필형을 배우면서 이미 다루었던 동사, 즉 왕(מֶלֶךְ, melek̲, 멜레크)이란 단어에서 파생된 동사형 מָלַךְ (mālak̲, 말라크, 파알형[=칼형])의 호팔형을 한 번 만들어보지요.

מלך + הָ□ְ□ַ□ = הָמְלַךְ

(homlak̲, 홈락)

("홈락"을 그냥 편하게 "호믈라크"라고 발음하기도 함)

이 호팔형, 즉 수동 동사인 הָמְלַךְ (homlak̲, 홈락)의 능동 동사인 히필형 הִמְלִיךְ (himlîk̲, 힘릭)이 "[어떤 사람을] 왕이 되게 만들다, 다스리게 만들다", 즉 "왕으로 세우다" 정도의 의미였지요. 따라서 그 수동형인 호팔형 הָמְלַךְ (homlak̲, 홈락)은 "왕이 되라고 시킴을 당하다" (to be made to be [become] a king) 즉 "왕으로 세움을 받다"정도의 의미가 되겠습니다.

◇◆◇◆◇◆◇◆◇

지금까지 아주 긴 설명을 해왔는데 이제 제가 무슨 말을 하고자 하는지를 충분히(어쩌면 과도할 정도로 충분히) 이해했으리라고 생각합니다. 지난 20년 어간의 경험을 통해서 볼 때 학생들은 파알, 니팔, 피엘, 푸알, 히트파엘, 히필, 호팔 등의 이름으로 히브리어 동사를 가르치는 것을 끔찍하게 싫어합니다. 차라리 단순형, 강조형, 사역형, 그리고 능동, 수동, 재귀, 이런 식으로 가르치면 얼마나 단순 명료하고 깔끔하고 좋은가요!

그러나 여러분이 "파알, 니팔, 피엘" 등의 이름에 이미 그 해당 동사 변화의 모든 내용이 들어 있다는 것을 알면 생각이 좀 달라질 것입니다. 히브리어 문법의 선구자들이 사용한 "파알" 등의 이름에 익숙해지도록 하세요. 그러면 여러분의 히브리어 정복의 날은 심히 가까이 와 있는 것이나 마찬가지입니다. 제가 이 책 속에서 내내 강조한 것처럼, 여러분은 이 이름들을 알고 있는 것만으로도 히브리어 동사 변화를 결코 잊어버릴 수 없는 상태가 될 수 있습니다. 헬라어는 몇 년 안 하면 다 까먹고 다시 시작하기도 힘들지만, 히브리어는 여러분이 정말 제가 가르친 대로 열심히 공부한다면 지금까지 설명한 문법 시스템으로 인해 까먹고 싶어도 못 까먹습니다. 정말 멋지지 않나요? 이래서 히브리어 좀 한다는 사람들은 히브리어가 헬라어보다 훨씬 쉽다고 하는 것이지요. 그들이 괜히 아무런 근거도 없이 잘난 척하거나 어줍잖게 거들먹거리고 싶어서 그런 말을 하는 게 결코 아니라는 사실! 히브리어는 정말 쉬운 것입니다!

자 이제 한 가지 이야기를 더 하고 이 단원을 마치도록 하겠습니다. 이 단원의 서두에서 저는 히브리어 문법을 배우기 위해서 꼭 기억해야 할 동사가 두 개가 있다고 했습니다. 하나는 **파알**(פָּעַל, pāʿal)이고, 다른 하나는 **카탈**(קָטַל, qāṭal)입니다.

이 중에서 파알(פָּעַל, pāʿal)은 히브리어의 일곱 가지 동사 유형을 가리키는 이름으로 쓰인다는 점을 앞에서 자세히 다루었습니다. 그러니 당연히 중요하지요. 그런데도 히브리어 문법책들은 굳이 카탈(qaṭal)이란 동사를 가지고 규칙 동사를 설명합니다. 왜 굳이 그럴까요? 표면적으로 볼 때 이 단어를 가지고 규칙 동사를 설명할 만한 이유는 별로 없어 보입니다. 이 단어는 구약 성경 전체에서 단 세 번밖에 나오지 않습니다. 세 번 나온다는 것은 구약 히브리어 성경이 약 1500페이지 정도 되므로 500페이지 당 한 번 나오는 셈입니다. 왜 이처럼 드물게 쓰이는 단어를 굳이 알아야 할까요? 게다가 뜻도 "죽이다"라는 의미이니 더욱 더 그렇지요. 이왕 파알(פָּעַל, pāʿal)의 변화형들을 동사 유형들을 가리키는 용어들로 쓰고 있으니 그냥 차라리 규칙 동사 변화를 공부하는 데도 이 단어를 쓰면 되지 않을까요?

제가 아는 한 그 어떤 히브리어 책에서도 언급하고 있지 않은 내용이기는 하지만, 그 이유는 아주 간단한데 있습니다. 규칙 동사를 정말 다른 아무 방해거리가 없이 배우는데 있어서 거의 유일한 단어가 바로 이 카탈(קָטַל, qāṭal)이라는 단어이기 때문입니다.

우선 파알(פָּעַל, pāʿal)이란 동사를 생각해보지요. 이 단어의 첫 자음인 פּ는 소위 베게드케페트 문자들(ב ג ד כ פ ת) 중의 하나입니다. 1부에서 배운 바와 같이 이 베게드케페트 문자는 단어의 처음이나 폐음절 다음에서 다시 음절의 초성으로 쓰일 때에는 소위 경음점이라는 것을 찍어줘야 합니다. 반면에 이 문자들이 음절의 끝에 오거나 기타 다른 몇 가지 경우에는 경음점을 찍지 않습니다. 사정이 이렇다 보니 여러분이 이미 위에서 몇 번 본 적이 있듯이 이 베게트페케트 자음들의 경우에는 계속 경음점을 찍었다 말았다 하는 경우들이 생기게 마련이지요. 사실 제가 생각하기에는 경음점은 발음상의 문제일 뿐 문법적으로는 별로 하는 기능이 없다 보니 찍으나 마나 별 상관이 없지만 히브리어를 처음 배우는 사람들에게는 이런 것이 상당히 거슬리는 문제가 되는 수가 많습니다. 저는 아예 강의를 할 때 경음점은 일단 이론만 알고 나서는 신경 끊어도 된다고 말하지만, 이 경음점이 이중점과 모양이 똑같다 보니 학생들은 자꾸 질문을 합니다. 사정이 이렇다 보니 파알(פָּעַל, pāʿal)은 동사의 기본을 가르칠 때 별로 좋은 단어가 아닙니다.

파알(פָּעַל, pāʿal)이 더 심각한 문제를 일으키는 것은 두 번째 자음인 ע 때문입니다. 이 자음은 여러분이 잘 알듯이 후음들(א ע/ה ח//ר) 중의 하나입니다. 후음들은 아주 강하고 독특한 특성이 있기 때문에 자꾸 규칙 동사의 틀에서 벗어나는 일이 생깁니다. 앞에서 설명할 때 이미 보았듯이 동사들이 강조형으로 쓰일 때에는 두 번째 자음에 이중점을 찍어 줘야 하는 데 이 파알(פָּעַל, pāʿal)이란 단어의 경우에는 두 번째 자음이 ע이란 후음이기 때문에 이중점을 찍지 못합니다. 그래서 제가 부득이하게 약간은 가상적인 변화를 만들어서 설명하곤 했던 것입니다. 바로 이런 이유들 때문에 히브리어 문법책들은 파알(פָּעַל, pāʿal)을 가지고 규칙 동사를 설명하지 않습니다.

또한 파알(פָּעַל, pāʿal) 이외에 규칙 동사를 설명하기에 적절한 동사를 찾는 것도 거의 불가능에 가깝습니다. 한 번 생각해보세요. 규칙 동사를 설명하기 위해서는 고유한 특성을 갖고 독특한 변화를 일으키는 자음은 다 제외시켜야 합니다. 앞에서 말한 베게드케페트 문자와 후음 문자는 무조건 제외시켜야 합니다. 또한 눈(נ)도 곤란하지요. 이 글자는 자꾸 뒤에 오는 자음에 동화되어 이중점으로 전환되는 경우들이 발생하기 때문입니다. 바브(ו), 요드(י) 등의 반자음도 안 됩니다. 이 자음들은 자꾸 모음이랑 동화됨으로써 규칙 동사의 형태를 망가뜨리기 때문입니다. 이외에 꼬리형 글자(כ מ נ פ צ)도 될 수 있으면 안 쓰는 게 좋습니다. 동사 어간에서는 분명히 단어 끝에 오지만 동사변화를 일으키는 와중에는 어미 등이 추가 됨으로 인해서 원래 동사의 마지막 자음이 단어 중간 자리에 위치하게 되는 경우들이 상당히 많은데 그런 경우 이 꼬리형 글자들은 모양이 달라지기 때문입니다.

또 위의 자음들과는 상관이 없는 경우에도 동사 어간에 들어갈 세 개의 자음 중 어느 두 개가 연속해서 같은 자음이면 안 됩니다. 히브리어는 두 개의 동일한 자음이 연속되는 것을 끔찍하게 싫어해서 이것 때문에 또 황당해 보이기까지 한 변화들이 발생하게 되기 때문입니다.

제가 위에서 지적한 자음들 중 중복되는 것들도 있으니 그것들까지 감안해서 보면 이 문제 자음들의 수는 총 10개 정도입니다. 이것은 히브리어 알파벳 자음의 총수인 23개의 1/3을 훨씬 상회하는 숫자입니다.

바로 위의 사실이 규칙 동사를 배우는 데 있어서 의미하는 바는 무엇일까요? 히브리어 동사의 어간이 세 개의 자음으로 이루어진다는 점을 여러분은 알고 있습니다. 표시해보면 다음과 같습니다.

□□□

동사 어간에서 자음이 들어갈 이 세 자리 중의 어느 한 곳에 위의 문제 자음들 중의 한 개가 끼어서도 안 되고, 혹시 문제 자음은 아니라 할지라도 위의 세 자리 중 어느 두 개가 연속해서 같은 자음이면 안 된다는 제약을 다 만족시키는 동사가 과연 몇 개나 될까요? 아주 간단히만 생각해봐도 23개의 자음들을 가지고 동사를 만들어야 하는 데 그 중에 1/3이 훨씬 넘는 10개가 문제 자음이라고 할 경우, 그리고 여기에 동일 자음이 두 번 반복되면 안 된다는 제약까지 덧붙일 때 이 제약들을 다 비켜가는 동사를 찾는 것은 거의 불가능에 가깝다고 보면 됩니다 정말 존재하지도 않는 어떤 단어들을 억지로 만들어내지 않는다면 말이지요.

그런데 이미 존재하는 단어들 중에 신기할 정도로 위의 제약들을 다 벗어나 있는 거의 유일한 단어가 있었던 것입니다. 그 단어가 바로 카탈(קָטַל, qāṭal)입니다. 이때문에 학자들은 이 단어를 애지중지하면서 규칙 동사의 변화를 가르치는 도구로 썼던 것입니다. 물론 이스라엘 사람들에게는 이 단어를 가지고 동사변화를 배우는 것이 참 곤란할 일일 것으로 생각됩니다. 왜냐하면 우리 외국인들은 그냥 이 단어의 소리만 생각하지만, 그들에게는 소리와 더불어 의미까지 자동으로 머리에 떠오를 테니까 말이지요. 즉 그들은 카탈의 파알, 니팔, 피엘, 푸알 등을 외울 때 머리 속에 "죽이다", "죽임을 당하다", "심하게 죽이다", "심하게 죽임을 당하다" 등의 의미가 자동으로 떠오를 테니까요. 정말 웃기지 않나요? 이것은 마치 영국 사람이 영어 동사의 변화를 공부하는 데 있어서 kill이라는 동사를 가지고 모든 문법 사항들을 다 공부하는 것과 마찬가지의 상황인 것입니다.

아마 이렇게 규칙 동사를 배우기에 좋은 단어인 카탈(קָטַל, qāṭal)이 있었음에도 불구하고 굳이 히브리어 문법학자들이 이 단어 대신에 파알(פָּעַל, pāʿal)

을 동사 유형을 지칭하는 도구로 쓴 것도 이해가 갑니다. 이 단어가 "하다, 만들다"란 의미를 갖고 있으니 뭐 규칙 동사 변화를 "만들다"는 식으로 의미가 잘 통하기도 했겠지만, 이와 더불어 차마 문법 용어로 "죽이다"란 단어를 쓸 수는 없었던 것이지요. 더구나 그들에게는 외국인들의 경우와 달리 소리와 의미가 하나로 묶여 있으니 말이지요.

이런 이유들로 해서 결국 여러분들은 파알(פָּעַל, pāʿal)이란 동사와 카탈(קָטַל, qāṭal)이란 동사 두 개를 아주 잘 알아야만 합니다. 우선, 파알(פָּעַל, pāʿal)은 히브리어 동사와 관련된 문법 용어들의 바탕이 되고, 그 파알의 변화만으로도 동사 변화를 다 파악할 수 있게 해주니 반드시 알아야 하겠지요. 그리고 카탈(קָטַל, qāṭal)은 규칙에서 벗어날 문제의 소지가 아예 없는 단어로서 규칙 동사를 가르치기에 최적의 단어이며, 많은 교재들과 문법책들이 이 단어를 가지고 동사를 가르치니 무조건 알아야 합니다. 비록 이 단어가 구약 성경에서는 단지 세 번 밖에 안 나온다고 할지라도요.

최근에 나오는 히브리어 초급 교재들 중에는 뜻이 별로 안 좋은 카탈(קָטַל, qāṭal) 대신에 샤마르(שָׁמַר, šāmar) 등의 단어를 가지고 규칙 동사를 가르치려고 하기도 합니다. 그러나 이런 시도들은 제가 생각하기에는 부질 없고, 또 생각이 짧은 것입니다. 첫째, 이런 대안적인 단어들 중 아직까지는 카탈(קָטַל, qāṭal)만큼 규칙 동사를 설명하는 데 있어서 단점들로부터 자유롭고, 장점들이 가득한 단어는 없어 보입니다. 둘째, 이미 수백 년이 넘는 세월 동안 거의 모든 히브리어 문법책들은 초급부터 고급까지 다 이 카탈(קָטַל, qāṭal)을 가지고 문법 설명을 해왔습니다. 이런 상황 속에서 여러분이 샤마르(שָׁמַר, šāmar) 등과 같은 대안적인 단어로 규칙 동사를 설명한 책으로 초급 히브리어를 공부했다고 쳐 봅시다. 이후 여러분이 새로운 다른 책들을 더 보고 싶어 할 때 여러분은 거의 대부분의 경우 카탈(קָטַל, qāṭal)로 규칙 동사를 설명하고 있는 책을 만나게 됩니다. 이러면 샤마르(שָׁמַר, šāmar)에 완전히 익숙해진 여러분의 머리 속에 새로 카탈(קָטַל, qāṭal) 동사의 변화들을 쑤셔 넣어야 합니다. 셋째, 초급 문법을 넘어서면 히브리어 문법을 어떻게 설명하느냐와 관련하여 학자들의 여러 가지 이론들이 존재합니다. 서로 이론 체계가 다른 사람들끼리 대화가 가능하도록 하게 하기 위하여 지난 몇십 년 동안 학자들은 앞에서 말한 파알에서 파생된 문법 용어들 이외에는 카탈(קָטַל, qāṭal)에서 파생된 형태들을 표준적인 문법 용어로 쓰는 경우가 많습니다. 이런 상황에서 여러분이 기본 동사를 카탈(קָטַל, qāṭal) 이외의 다른 단어로 배우면 여러분은 또 다시 적응 과정을 겪어야 하고, 공부를 새로 해야 합니다. 이런 여러 가지 이유들로 볼 때, 규칙 동사를 배울 때는 카탈(קָטַל, qāṭal)로 배우는 것이 최고로 지혜로운 일입니다. 그래서 당연히 저는 항상 카탈(קָטַל, qāṭal)로 규칙 동사를 가르칩니다. 전통은 괜히 전통이 아닙니다!!!

자 그럼 이 단원의 마무리로 이 단원의 서두에 있는 도표를 다시 한 번 쓰는데, 히브리어를 포함시켜 좀 더 엄밀한 방식으로 써 봅시다. 빨간색 부분은 원래 표시되어야 하는 데 파알이란 단어의 특성 때문에 빠진 것을 새겨 넣은 것입니다(강조형 동사 어간 두 번째 자음의 이중점). 파란색 부분은 해당 단어의 접두어나 히필형의 어간 중간에 끼는 순장모음 부분(î, יִ) 등 특이하고 중요한 사항들입니다. 각 칸의 맨 마지막에 나오는 한국어 음역은 흔히 문법책 등에서 보는 히브리어 발음이 아니라 최대한 원문의 발음을 음절에 맞추어 정확하게 반영하려고 한 것입니다. 여러분이 이 도표가 뭘 말하고자 하는지 정도만 제대로 알아도 히브리어를 편안하게 공부할 수 있는 시간은 금방 온다고 할 수 있겠지요.

	단순형	강조형	사역형
능동	파알(=칼) פָּעַל pāʿal, 파알	피엘 פִּעֵל piʿēl, 피엘	히필 הִפְעִיל hip̄ʿîl, 힢일

수동	니팔 נִפְעַל nip̄ʿal, 닢알	푸알 פֻּעַל puʿal, 푸알	호팔 הָפְעַל hop̄ʿal, 홒알
재귀	니팔과 동일	히트파엘 הִתְפַּעֵל hitpaʿēl, 힡파엘	없음

C. 파알 동사(=칼 동사) 전반

잠깐만

여러분은 이제 파알 동사(=칼 동사)의 변화와 관련하여 아주 여러 가지 것을 배울 것입니다. 이걸 배우면서 좀 똑똑하다 싶은 학생들은 지래 겁먹을 수가 있습니다. 파알 동사(=칼 동사)와 관련해서도 굉장히 많은 내용을 외우고 배워야 하는 데, 니팔, 피엘, 푸알, 히트파엘, 히필, 호팔도 다 이런 식이면 도대체 어떻게 히브리어 동사 변화를 다 외우느냐 하는 걱정 때문이지요.

그러나 걱정하지 마세요. 파알형의 변화에서 배우는 내용은 거의 완전히 그대로 니팔, 피엘 등의 나머지에도 적용됩니다. 그러니 여러분은 파알형만 제대로 익히면 끝납니다. 지래 겁먹을 필요 없습니다.

또 어떤 학생들은 파알형 변화만해도 감당하지 못할 만큼 많다고 생각할 지도 모릅니다. 이것 역시 걱정하지 마세요. 여러분이 꼭 외워야 할 것은 10개 정도의 어간밖에 안 됩니다. 그것마저도 최대한 요령 있게 외우면 별로 힘들지 않습니다. 위에서 말한 두 가지 사항, 즉 파알형만 외우면 니팔, 피엘 등은 거의 따로 공부할 것도 없다는 말과 파알형에서도 외울 것은 몇 개 안 된다는 말, 이 두 가지 사항은 진짜입니다. 괜히 어러분을 안심시키려고 하는 말이 아닙니다.

이 장의 서두에 들어 있는 동사표로 돌아가 봅시다. 그 도표를 보면 파알 동사(혹은 칼 동사)가 왼쪽에서 두 번째 열에 나옵니다. 여러분이 히브리어와 관련하여 배우는 거의 모든 내용들은 여기에 다 들어 있다고 보면 됩니다. 비유적으로 말해 이 2부 5장의 동사를 다루는 장이 히브리어 문법책의 왕관이라고 한다면, 이 단원은 그 왕관의 보석이라고 할 수 있겠지요. 그러므로 여러분은 이 단원의 내용을 완전히 숙지하시기 바랍니다.

1. 파알 동사(=칼 동사)의 뼈대 외우기

5장 처음의 도표에서 파알 동사가 있는 열에는 총 일곱 개의 변화가 적혀 있습니다. 이 일곱 개의 변화 속에는 다시 무수히 많은 변화가 숨어 있습니다. 이것은 마치 아래의 그림에서 보듯이 인간의 머리로부터 온 몸으로 이어지는 신경 다발의 중심이 되는 인간의 척추 신경과 같습니다. 여러분이 척추 신경 부분만 완전히 장악하면 나머지는 크게 신경 쓰지 않아도 됩니다. 여러분이 이 일곱 개의 배후에 숨어 있는 그 수많은 변화를 다 한도 끝도 없이 외울 필요가 전혀 없는 것이지요.

여러분이 꼭 알아야 하는 것은 이 일곱 개의 변화입니다. 저는 학생들에게 이 일곱 개의 변화를 1초 내에 읊조릴 수 있도록 철저히 암기하고, 소리 내어 외우라고 요구합니다. 이 책을 읽는 여러분들 역시 이 일곱 개는 무조건 다 깡그리 1초 내에 소리 내어 외칠 수 있을 정도로 암기해야 합니다. 한 마디로 말해 여러분의 뼈에 새겨야 한다는 것입니다. 그러고 나면 여러분에게 히브리어는 망각하기 불가능한 언어가 될 것입니다. 꼭 이렇게 해야 합니다. 여러분이 이 일곱 개를 그렇게 하지 못한다면 뒤로 아무리 진도가 많이 나가도 소용이 없습니다. 그러니 꼭 이 일곱 개는 1초 내에 다 암송하거나 소리 내어 외칠 수 있도록 하세요! 제가 이 책에서 여러분에게 꼭 외우라고 요구하는 몇 가지 안 되는 요구사항들 중의 하나입니다. 이것도 안 하면서 히브리어를 잘하실 생각은 하지 마시길.

신학생들 중에는 어떤 것을 쉽게 공부할 수 있다고 말하면 꼭 날로 먹으려고 드는 사람들이 꽤 있습니다. 제가 여러분이 이 책을 통해 히브리어를 쉽게 공부할 수 있다고 말하는 것의 진짜 의미는 제가 이 책을 통해 효율적으로 공부하는 법을 가르쳐줄 수 있다는 것이지 여러분이 정말 아무것도 안 하고 가만히 있기만 해도 무엇인가가 여러분의 머리 속으로 자동으로 들어오게 된다는 것을 의미하는 것은 결코 아닙니다. 마치 USB 메모리만 있으면 한쪽 컴퓨터의 데이터가 다른 컴퓨터로 전이될 수 있는 것처럼 여러분이 히브리어를 공부할 수 있게 된다는 말이 아닙니다. 서양 속담들 중에 말을 물로 데려갈 수는 있어도 억지로 그 말이 물을 마시게 만들 수는 없다는 말이 있지요. 이것도 마찬가지입니다. 제가 아무리 여러분을 히브리어라는 풍부한 물가로 인도한다고 해도 그 물을 마시는 것은 여러분입니다. 위의 일곱 개 변화를 외우는 것은 그 물을 여러분이 직접 마시는 것과 마찬가지의 작업입니다.

(참고로 앞으로는 파알형을 될 수 있는 한 칼형이라고 부르겠습니다. 그 이유는 이제는 제가 파알형이라고 말하든지 칼형이라고 말하든지 여러분이 다 알아들을 수 있으리라고 생각하기 때문입니다. 또 다른 문법책들은 파알형을 다 칼형이라고 부르기 때문에 거기에 익숙해지는 게 여러분의 미래의 히브리어 공부를 위해서도 더 이롭기 때문입니다. 파알형이라는 말을 쓸 때의 저의 취지만 기억한다면 아무 문제도 없을 것입니다.)

자 그러면 이제 아래의 칼형의 변화 일곱 가지에 대한 도표를 보고 위에서 말한 바와 같이 완벽하게 외우도록 하세요. 물론 그 전에 도표 아래의 저의 설명들을 참고하시기 바랍니다. 저의 설명들을 잘 보면 외우는 것이 훨씬 더 쉬워질 것입니다.

어형	칼
완료	קָטַל
미완료	יִקְטֹל
명령형	קְטֹל
부정사 연계형	קְטֹל
부정사 절대형	קָטוֹל/קָטֹל
분사 능동	קוֹטֵל/קֹטֵל
분사 수동	קָטֻל/קָטוּל

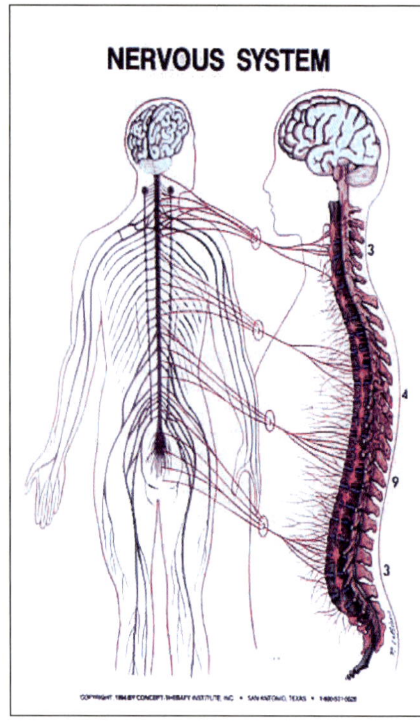

위의 도표의 두 번째 행과 세 번째 행, 즉 변화형 중에서는 첫 번째의 것과 두 번째의 것은 바로 완료형과 미완료형입니다. 히브리어는 통상적으로 시제를 나타내는 형태가 두 가지가 있습니다. 바로 완료형과 미완료형이지요. 완료형은 주로 과거를 나타낼 때 쓰이고, 미완료형은 주로 미래를 나타낼 때 쓰입니다.

(앞 문단의 진술은 사실 고급 문법에 가면 정말 문제가 되는 사항입니다. 실제로는 완료형/미완료형과 시제의 관계는 훨씬 더 복잡하기 때문이며, 심지어는 이 두 가지 형이 아예 시제랑 관련이 없다고 보는 견해도 나름대로 강력하기 때문입니다. 그러나 이 책의 서두에서 밝혔 듯이 이 책의 저술 태도 중의 하나는 "꿩 잡는 게 매"라는 태도이며, 또 실제로 구약 히브리어 본문의 거의 절대 다수의 경우에는 위에서 말한 "완료=과거"/"미완료=미래"라는 등식이 잘 통합니다. 그러니 일단은 너무 예민하게 이 문제를 생각하지 마세요. 이 문제 외에도 초급 히브리어 배우는데 시급히 배워야 할 사항들이 많기 때문입니다.)

먼저 완료형은 이미 여러분이 앞 단원(B)에서 배운 사항입니다. 앞 단원에서 배웠던 사항이 사실은 바로 이 칼(파알, פָּעַל)형의 완료 형태였던 것이지요. 거기에서 배웠던 내용이 뭐지요? 칼형의 원래 이름인 파알(פָּעַל)이란 이름에서 알 수 있는 것은 바로 어느 동사든지 그 어간은 세 개의 자음으로 이루어져 있으며, 그 어간에는 긴 "ㅏ"(□ָ)와 짧은 "ㅏ"(□ַ)의 조합이 온다는 점입니다. 이것을 다시 크게 써보면 다음과 같습니다.

פעל + □□ַ□ָ = פָּעַל (pāʿal, 파알)

위의 공식에서 파알(פָּעַל) 대신 규칙 동사 학습용 최고 단어인 קטל을 쓰면 다음과 같습니다.

קטל + □□ַ□ָ = קָטַל (qāṭal, 카탈)

이렇게 해서 만들어진 קָטַל (qāṭal, 카탈)은 바로 칼형의 완료형이자 모든 히브리어 동사 변화 도표의 첫 자리를 차지하는 것이며, 또 여러분이 קטל 동사를 사전에서 찾고자 할 때 찾아야 하는 기본형인 것입니다. 또 여러분이 만약 이 단어를 외우고자 하면 "카탈"이라고 발음할 수밖에 없는 것입니다. 그러므로 이 칼형 완료 형태는 여러분이 어떤 동사를 공부하든지 그 밑바탕이 되는 셈입니다.

아마 영어를 좀 한다 싶은 사람들에게는 이 점이 좀 많이 껄끄러울 것입니다. 영어의 경우는 동사 원형이라는 것이 있습니다. 이것은 동사 변화를 일으키기 전의 그 동사의 순수한 사전적 형태를 가리킵니다. 또 이 형태는 영어의 소위 "to 부정사"란 것에서 to를 뺀 형태와도 같은 것이지요. 그 때문에 많은 사람들은 히브리어도 부정사가 그 동사의 원형인 게 좀 더 낫지 않을까라는 생각을 하곤 합니다만 그런 건 영어의 경우일 뿐입니다.

히브리어에서는 어떤 **동사의 사전적 형태**는 바로 **칼형 완료** 형태입니다. 우리가 잠정적으로 따르기로 한 "완료=과거"라는 공식에 따르면 과거형인 것이지요. 게다가 더 충격적인 것은 이 특정한 형태의 완료 동사는 남성 3인칭 단수 형태라는 것입니다. 즉 여러분이 קטל 동사를 사전에서 찾고자 할 때 사전에 나오는 형태는 "그"(he)라는 주어와 같이 쓰일 때의 모양이라는 점입니다. 따라서 히브리어의 동사 변화의 가장 기초적인 형태는 קטל의 완료 3인칭 남성 단수의 형태인 קָטַל (qāṭal, 카탈, "그가 죽였다")이라는 것입니다. 물론 이 형태는 사전에서 이 단어를 찾을 때 나오는 형태이기 때문에, 사전에서는 이것의 뜻을 제시할 때 시제 등의 모든 변화 사항들을 반영하지 않고 그냥 "죽이다"(to kill)라는 의미로 제시하고 있기는 합니다. 그러나 문장 속으로 들어오게 되면 이 단어는 분명히 완료 3인칭 남성 단수의 뜻을 반영하여 "그가 죽였다"(he killed)라고 번역해야 합니다.

뭐 하여튼 칼형 변화의 척추 신경, 더 나아가서는 모든 히브리어 동사 변화의 척추 신경의 출발점이라고 할 수 있는 칼 완료 3인칭 남성 단수의 형태는 קָטַל (qāṭal, 카탈)입니다. 여러분은 "칼 완료형"하면 머리 속에 자동으로 "קָטַל(qāṭal, 카탈)"을 떠올릴 수 있을 정도로만 공부하면 됩니다. "칼 완료형=카탈(קָטַל)", "칼 완료형=카탈(קָטַל)", 이게 군대의 이등병이 관등성명 외우듯이 튀어나오게 만드세요.

이제 미완료로 넘어가 봅시다. 완료가 주로 과거 시제와 동일시될 수 있다면, 미완료는 주로 미래 시제와 동일시될 수 있습니다. 즉 "~할 것이다"로 해석할 수 있다는 말이지요. 위의 도표에 나오는 미완료형은 완료형의 경우와 마찬가지로 3인칭 남성 단수입니다. 그러나 이 문제는 나중에 정식으로 인칭, 성, 수를 다루게 될 때 생각하기로 하고, 여기에서는 그냥 이 미완료형의 생김새에 집중하도록 하지요. 이 미완료형은 크게 세 가지 요소로 구성되어 있습니다.

❶번 요소: 히브리어 동사는 자음 세 개로 구성되어 있다

이 점은 마찬가지입니다. 이 점은 불변의 법칙 같은 것입니다. 우리는 현재 קטל을 가지고 규칙 동사 변화를 배우고 있으니 이 단어를 한 번 크게 써보도록 하지요.

קטל

❷번 요소: 미완료형에는 어간 앞에 접두어가 붙는다.

어떤 문법책들은 미완료형을 접두형이라는 칭호로 부르기도 합니다. 여기에서 미완료형의 가장 큰 특징은 바로 동사 어간에 접두어가 온다는 점임을 알 수 있습니다. 미완료에 오는 이 접두어는 인칭, 성, 수에 따라 달라집니다. 그러나 이 문제는 나중에 이것을 다루어야 할 때 다루도록 하고, 위의 칼형 변화 도표에 나오는 대로 3인칭 남성 단수의 경우만 다루도록 하겠습니다. (인칭, 성, 수에 따라 접두어가 달라진다니까 가슴이 졸아드는 분들이 계시겠지만 너무 걱정하지 않으셔도 됩니다. 이 변화는 별로 어렵지 않습니다. 그리고 제가 이 책을 쓰는 이유가 그런 걸 쉽게 배우게 하려는 것이 아닌가요? Don't Worry, Be happy!) 자, 그러면 이 접두어는 무엇일까요? "이"(yi, יִ)입니다. 이것을 크게 써보면 다음과 같습니다.

יִ□□□

❸번 요소: 접두어 외에도 당연히 모음이 존재한다.

앞의 ❷ 번 사항과 이 모음은 하나의 세트를 이루므로 함께 표기해보면 다음과 같습니다.

יִ□ְ□ֹ□

즉 미완료형은 접두어인 이(yi, יִ) 다음에 오는 동사 어간의 첫 번째 자음 아래에 쉐봐가 오고 동사 어간의 두 번째 자음 아래에 장모음 "ㅗ" 소리(ō, ◌ֹ)가 오는 형태인 것이지요.

위의 ❸ 번에 크게 표기한 사항은 ❷ 번 요소와 ❸ 번 요소를 합쳐 놓은 것이므로, 여기에 ❶ 번 요소를 합쳐 보면 다음과 같습니다.

קטל + יִ◌ְ◌ֹ◌ = יִקְטֹל (yiqṭōl, 익톨)

("익톨"을 그냥 편하게 "이크톨"이라고 발음하기도 함)

음절은 2음절입니다. 액센트 법칙을 한 번 적용해 보세요. (지금 정도면 당연히 분석할 수 있으리라고 생각합니다. 혹시 못하겠으면 이 제 5 장의 앞부분 단원들을 복습!)

יִקְ | טֹל

자 이렇게 하여 칼형 변화 일곱 개 중 완료와 미완료, 이 두 가지 사항을 배웠습니다. 이것을 함께 적어 보면 "카탈-익톨"(קָטַל-יִקְטֹל, qāṭal-yiqṭōl)이 됩니다. 이것을 **"카탈-익톨"**(קָטַל-יִקְטֹל, qāṭal-yiqṭōl), **"카탈-익톨"**(קָטַל-יִקְטֹל, qāṭal-yiqṭōl) 하는 식으로 해서 아예 입에 배게 만드세요. 관등성명 외우듯이. 이것은 여러분의 히브리어 실력의 뼈대 중의 뼈대와도 같은 것입니다. 이것을 어설프게 공부하면 그 다음의 미래는 없다는 점을 명심하세요.

이제 명령형을 보도록 하지요. 이 명령형은 정확히는 2인칭 남성 단수입니다. 그러나 이 문제도 나중에 다루기로 하고, 일단 이 도표에 있는 것만 보지요.

여러분이 히브리어 동사를 쉽게 마스터하기 위해 꼭 기억해야 할 아주 중요한 점이 있는데, 이 명령형은 따로 외워야 하는 것이 아니라 이해해야 하는 것이라는 점입니다. 그럼 뭘 이해해야 할까요? 그것은 이 명령형이 밑도 끝도 없이 아무 데서나 툭 튀어나온 게 아니라, 바로 방금 앞에서 배운 미완료에서 나왔다는 점입니다. 좀 더 정확히 이야기하면 미완료에서 접두어만 싹뚝 떼어내면 바로 그게 명령형이라는 것입니다.

자 그럼 미완료형에서 접두어만 싹뚝 잘라 볼까요?

יִ | קְטֹל

자 오른쪽의 빨간색으로 된 접두어를 잘라내고 나니 왼쪽의 קְטֹל만 남습니다. 바로 이것이 **명령형 2인칭 남성 단수**인 것입니다. 이것은 나머지 명령형의 경우들도 마찬가지입니다. 미완료에서 접두어만 싹뚝 잘라내라는 원칙은 동일하게 적용됩니다. 그러나 이런 문제는 나중에 다루기로 하고, 여기에서는 2인칭 남성 단수만 보도록 하지요.

다시 한 번 말하지만, 명령형은 외우는 게 아닙니다. 미완료형에서 접두어만 잘라내면 그게 바로 명령형인 것이지요. 이걸 다시 한 번 써보지요.

קְטֹל

문제는 이걸 어떻게 발음할까 하는 것입니다. 이것을 정확히 음역해보면 q^{e}ṭōl이 됩니다. 쉐봐가 단어 처음에 오게 될 경우는 소리가 있는 쉐봐, 즉 유성 쉐봐가 됩니다. 그래서 음역할 때 그냥 묵음으로 처리하지 않고, 소리를 내라는 표시인 e로 표기합니다. 그래서 어떤 학자들은 이것을 "ㅔ" 소리로 읽기도 합니다. 즉 앞의 자음과 합치면 "케"로 읽는 것이지요. 그러나 또 어떤 학자들은 비록 유성 쉐봐라 하더라고 그것이 결코 정상적인 "ㅔ" 모음은 아니므로 그것을 "ㅔ"로 발음하면 정말 "ㅔ"에 해당하는 e소리 계열의 모음들과 혼동을 일으킨다고 보기도 합니다. 그래서 그냥 소리 없는 쉐봐, 즉 무성 쉐봐처럼 읽습니다. 이 경우 "크"로 발음하는 것이지요. 저는 이 후자의 독음 방식이 더 타당성이 높다고 봅니다. 그래서 명령형인 קְטֹל의 음역인 q^{e}ṭōl을 "**크톨**"로 읽습니다. 그러나 "케톨"로 읽고 가르치는 학자들도 많으니까 여러분이 편한 대로 발음하세요. 저는 물론 "크톨"을 추천하지만 말입니다.

자 קְטֹל을 읽는 것은 그렇다치고 이것의 음절은 어떻게 될까요? 서두의 קְ는 결코 정식 음절이 될 수 없습니다. 마치 영어의 strong에서 서두의 st가 결코 정식 음절이 될 수 없듯이 말이지요. 그래서 이 명령형은 1음절입니다. 히브리어 상에서 קְ를 비록 정식 음절은 아니지만 유성 쉐봐를 쓰므로 "반절"의 음절, 즉 반음절로 보자고 주장하는 학자들도 있긴 하지만 뭐 우리에게 중요한 것은 아닙니다.

이제 도표의 다음 항목, 즉 부정사로 넘어가 봅시다. 부정사는 연계형과 절대형이 있습니다. 연계형은 그 앞이나 뒤에 다른 것이 주렁주렁 달려오는 경우에 사용되는 부정사를 가리킵니다. 그리고 절대형은 그 자체만 독립적으로 존재할 때 사용되는 부정사를 가리킵니다. 부정사 연계형과 절대형의 이런 성격은 명사의 경우와 마찬가지지요. 명사의 경우도 어떤 단어가 독립적으로 쓰일 때는 절대형이라고 부르고, 다른 명사와 "~의"로 번역될 수 있는 관계에 얽혀들면 연계형이 된다는 점을 앞에서 살펴본 적이 있지요.

위의 도표에서 먼저 나오는 것은 부정사 연계형입니다. 그 이유는 이것이 앞의 명령형과 연결되어 있기 때문입니다. 어떻게 연결되어 있냐고요? 간단히 말해 이 둘은 그냥 완전히 동일하게 생겼습니다. 그러니 여러분이 따로 외울 필요가 없지요. 이제 히브리어가 배우기 쉽다고 한 말이 슬슬 이해가 가나요? 제발 그랬으면 좋겠습니다.

그럼 다음 단계로 넘어가기 전에 지금까지 배운 처음 네 개의 항목을 정리해 봅시다.

완료	קָטַל
미완료	יִקְטֹל
명령형	קְטֹל
부정사 연계형	קְטֹל

앞에서 이미 언급한 바와 같이 "완료-미완료"는 무의식 속에서 떠오를 정도로 "카탈-익톨"(קָטַל-יִקְטֹל, qāṭal-yiqṭōl), 카탈-익톨"(קָטַל-יִקְטֹל, qāṭal-yiqṭōl)"하고 외워야 합니다. 여기에는 다른 방법이 없어요. 도무지 망각이 불가능할 정도로 무조건 외우세요. 설마 이 두 개를 못 외운다고 하지는 마시길 바랍니다.

자 이렇게 두 개를 외우고 나면 나머지 두 개는 패키지 상품입니다. "바이 원 겟 원 프리"지요. 우선 명령형은 미완료인 יִקְטֹל (익톨, yiqṭōl)에서 접두어만 떼어내면 됩니다. 그리고 부정사 연계형은 명령형과 같습니다. 이렇게 되면 완료부터 부정사까지의 네 개의 변화가 자동으로 정리가 됩니다. 한 번 적어보면 **"카탈-익톨-크톨-크톨"**(קָטַל-יִקְטֹל-קְטֹל-קְטֹל, qāṭal-yiqṭōl-q^{e}ṭōl-q^{e}ṭōl)입니다. 완료와 미완료를 외운 상태에서 논리적 흐름을 따라가기만 하면 이 네 개가 한 세트로 외워지는 것입니다.

조금 더 세밀히 조언을 하자면 리듬을 조금 실려 읽는 것이 좋습니다. 우선 "카탈-익톨"은 한 단위로 붙여 읽으세요. 그리고 잠시 끊은 후에 명령형인 "크톨"을 읽으세요. 다시 한 번 끊은 후에 "크톨"을 읽으세요. 즉 **"카탈-익톨/크톨/크톨"** 이렇게 외우는 것이죠.

이제 다음으로 넘어가지요. 부정사 연계형부터 시작해서 도표 마지막의 분사 수동형까지는 형태적인 측면에서의 논리적 흐름 같은 것은 없습니다. 그러니 그냥 닥치는 대로 외워야 합니다. 이미 부정사 연계형은 알고 있으니 세 개만 더 외우면 되는 것 아닌가요? 부정사 연계형과 이 세 개를 붙여서 그냥 관등성명처럼 외우세요.

그럼 무작정 외우기 전에 여러분이 이 세 개에 대해서 좀 더 정밀한 이해가 필요하니 설명을 하도록 하지요. 이 셋 중 첫 번째인 부정사 절대형은 다음과 같이 생겼습니다.

קָטֹל (qāṭōl, 카톨) / קָטוֹל (qāṭôl, 카톨)

이 두 가지는 한글 음역에서 보듯이 서로 거의 동일합니다. 유일한 차이는 두 번째 음절의 모음인 "ㅗ"를 장모음 ō(ֹ)로 쓰느냐 순장모음 ô(וֹ)로 쓰느냐 정도의 차이일 뿐입니다. 실제로 구약성경의 히브리어 본문상으로는 이렇게 장모음과 순장모음 사이에 별 구분 없이 표기하는 경우가 많습니다. 여러분은 한국어에서 인체의 일부인 "눈"(eye)과 하늘에서 내리는 흰 "눈"(snow) 중 어느 것을 길게 발음하고 어느 것을 짧게 발음해야 하는지 혹시 알고 있나요? 아주 꼼꼼하게 초등학교 때 이런 것을 공부한 사람이나 전문 아나운서 등을 빼놓고는 이런 것을 아는 한국인은 거의 없습니다. 어쩌면 고대 히브리인들이나 구약성경의 본문 보존자들에게는 이 순장모음과 장모음이 아주 엄밀하게 구분해야 하는 문제였을지도 모릅니다. 하여튼 현재 우리가 가지고 있는 표준적인 히브리어 성경 본문에서는 이 둘 사이는 왔다 갔다 합니다. 그러니 이 문제는 그냥 그렇구나 하고 넘어가면 될 일이지요. 한글로는 어차피 "카톨"이니 그렇게 알면 될 뿐입니다.

이제 분사형을 들어가 봅시다. 여러분은 영어에서 현재 분사는 "동사 + ing"라는 것을 이미 들은 바가 있을 것입니다. 또 이 "동사 + ing"는 소위 동명사라는 것의 형태이기도 하다는 것을 기억할 것입니다. 히브리어의 분사형은 영어의 현재 분사와 동명사의 기능을 다 갖고 있는 것 정도로 이해하면 일단 큰 무리는 없습니다. 여기에 분사형이 "~하는 사람" 혹은 "~하는 것" 정도의 의미를 가질 수도 있다는 것만 추가적으로 알면 되겠습니다.

그러면 분사의 형태에 대해서 좀 더 살펴봅시다. 분사는 능동형과 수동형이 있습니다. 능동형은 다음과 같습니다.

קֹטֵל (qōṭēl, 코텔) / קוֹטֵל (qôṭēl, 코텔)

이 분사 능동형 역시 앞의 부정사 절대형처럼 첫 음절이 그냥 장모음 ō(ֹ)이냐 순장모음 ô(וֹ)이냐 정도만 차이가 납니다. 구약 히브리어 본문상에는 이 두 가지 다 나타나니 알아둘 필요가 있습니다. 또 한글 음역으로는 둘 다 "코텔"이니 외우는 데 큰 지장은 없을 것입니다. "코텔"의 히브리어를 위의 두 가지로 다 적을 수만 있으면 되겠지요.

분사 수동형은 다음과 같습니다.

קָטוּל (qāṭûl, 카툴) / קָטֻל (qāṭul, 카툴)

이 역시 앞의 부정사 절대형이나 분사 능동형과 비슷하게 두 번째 음절의 "ㅜ" 소리가 짧으냐 기냐의 정도 차이만 있습니다. 한글 음역 표기로는 그냥 같습니다. 그러니 여러분이 외우는 데 큰 지장은 없을 것입니다. 물론 여러분은 한글만 알아서는 안 되고, 히브리어는 이 두 가지 방식으로 표기될 수 있다는 것을 알아야 하지만 말이지요.

이제 여러분이 해야 할 것은 부정사 연계형부터 분사 수동까지의 네 가지를 한 세트로 외우는 것입니다. **"크톨-카톨-코텔-카툴"**(קְטֹל - קָטֹל - קֹטֵל - קָטוּל, qᵉṭōl - qāṭōl - qōṭēl - qāṭûl). 이 네 가지를 역시 이등병 관등성명 외우듯이 뼛속에 새길 정도로 외우세요.

그리고 앞에서 배운 사항들, 즉 도표상의 처음 세 개, 곧 완료-미완료-명령형과 연결시킵니다. 완료-미완료인 "카탈-익톨"은 무조건 외우라고 했습니다(קָטַל - יִקְטֹל). 이어서 명령형은 그냥 외우는 것이 아니라 미완료에서 접두어인 יִ를 떼면 만들어지는 것이라고 했습니다(קְטֹל). 또 이것이 이어지는 나머지 네 개와 징검다리 역할을 하는 부정사 연계형과 완전히 동일한 형태라고 했습니다(קְטֹל). 그리고 이 부정사 연계형을 포함하여 분사 수동까지는 무조건 다시 암기하라고도 했습니다(קְטֹל-קָטֹל-קֹטֵל-קָטוּל). 이렇게 하면 여러분은 히브리어를 배우면서 암기해야 할 가장 중요한 사항을 다 암기한 것이 됩니다. 이렇게 해서 합쳐진 총 일곱 개의 변화형을 정말 완벽히 암기하세요. 그리고 그 속에 내재된 논리적 흐름도 이해하도록 하세요. 그러면 됩니다.

이 일곱 개를 전부 다 적어봅시다. **"카탈–익톨–크톨–크톨–카톨–코텔–카툴"**(קָטַל-יִקְטֹל-קְטֹל-קְטֹל-קָטֹל-קֹטֵל-קָטוּל). 마지막으로 끊어 읽기가 중요하다는 점만 다시 강조하고자 합니다. 논리상 한 번 쉬어가야 하는 대목에서 끊는 것이지요. 이 끊어 읽는 대목을 //로 표현하면 다음과 같습니다. **"카탈–익톨//크톨//크톨–카톨–코텔–카툴"**(קָטַל-יִקְטֹל//קְטֹל//קְטֹל-קָטֹל-קֹטֵל-קָטוּל).

2. 칼(=파알) 동사의 완료형

이제 바로 앞에서 배운 칼형의 변화 일곱 가지의 세부 항목을 차근차근 따라가보도록 하지요. 첫 번째 사항은 완료형인 קָטַל (qāṭal, 카탈)입니다. 앞에서 저는 이것이 3인칭 남성 단수에 해당한다고 했습니다. 그러나 이미 인칭대명사에서 배웠듯이 히브리어에는 인칭, 남성/여성, 단수/복수 등이 있습니다. 완료형도 이에 맞추어 각각의 형태들이 존재합니다. 각 형태에 따라 인칭과 성과 수를 나타내는 어미가 붙는 것이지요. 가상적인 동사를 나타내는 □□□ 표시에 어미를 빨간색으로 나타낸 것을 표로 만들어보면 다음과 같습니다.

● 칼 완료 변화 (영아타트티우템텐누) ●

	단수	복수
3인칭 남	□□□	□□□וּ
여	□□□ָה	
2인칭 남	□□□תָּ	□□□תֶּם
여	□□□תְּ	□□□תֶּן
1인칭 공	□□□תִּי	□□□נוּ

자 이 도표가 복잡한가요? 걱정할 것 없습니다. 이 도표의 위에 보면 제목으로 "칼 완료 변화"라고 적혀 있고, 그 옆에 보면 괄호 속에 빨간 글씨로 "**영아타트티우템텐누**"라는 것이 적혀 있지요? 이 문구만 외우면 완료형 변화에서 정말 외워야 할 사항은 끝입니다.

먼저 "**영**"이라는 것은 도표의 가운데 열의 위에서 두 번째 행이 바로 3인칭 남성 단수에 해당하는 것인데, 이미로 아무것도 오지 않는다는 것을 나타냅니다. 앞에서 여러 번 말했듯이 칼 완료 3인칭 남성 단수("3남단"이라고 줄여 쓰기도 함)가 동사의 기본형이기 때문에 낭연히 아무것도 오지 않는 것이지요. 사전에서 이 동사를 찾을 때 찾아야 하는 형태가 바로 이 형태이기 때문입니다. **따라서 어미는 "영", 즉 "아무것도 추가 되지 않습니다".**

다음으로 3인칭 여성 단수를 봅시다(3여단). **어미는 "ㅏ"(□ָה, â)가 옵니다.** 동사가 어떤 것이든, 즉 קטל이든 פעל이든, 아니면 다른 그 어떤 동사이든 그 동사에 이 "ㅏ"(□ָה, â)란 어미만 붙여주면 되는 것이지요.

□□□ָה

קטלָה : 그녀가 죽였다(she killed)

פעלָה : 그녀가 했다(she did)

אמרָה : 그녀가 말했다(she said)

물론 위에서 예로 든 קטל פעל אמר 자체가 다른 모음들이 더 있기 때문에 그 모음들까지 다 써야 완전한 3인칭 여성 단수(3여단) 완료 동사가 되기는 합니다. 그러나 일단은 어미를 공부하는 것이 우선이기 때문에 각 동사의 다른 모음들은 무시하였습니다. 위의 예들처럼 3여단 완료 동사는 앞의 동사에 이 3여단 완료 어미인 ָה (â, ㅏ)를 붙여주면 됩니다.

이제 2인칭 남성과 여성의 단수형(각각 2남단, 2여단)을 봅시다. **이것들의 어미는 각각 타(תָּ, tā)와 트(תְּ, t)입니다.** 앞에서처럼 그 어떤 동사든지 거기에 이 어미들을 붙이면 2인칭 남성/여성 단수 완료 동사가 되는 것이지요. 다시 한 번 위의 예들을 가지고 표기를 해 봅시다.

칼 완료 2인칭 남성 단수	칼 완료 2인칭 여성 단수
□□□תָּ	□□□תְּ
קטלתָּ 네(남성)가 죽였다(you killed)	קטלתְּ 네(여성)가 죽였다(you killed)
פעלתָּ 네(남성)가 했다(you did)	פעלתְּ 네(여성)가 했다(you did)
אמרתָּ 네(남성)가 말했다(you said)	אמרתְּ 네(여성)가 말했다(you said)

1인칭의 경우는 남성과 여성이 구분이 없이, 성이 공통입니다. **1인칭 단수의 어미는 티(תִּי, tî)입니다.** 이것 역시 동사 어간에 붙여보면 다음과 같습니다.

□□□תִּי

קטלתִּי : 내가 죽였다(I killed)

פעלתִּי : 내가 했다(I did)

אמרתִּי : 내가 말했다(I said)

이제 복수로 넘어가 봅시다. 앞의 도표에서 보듯이 완료형은 3인칭 복수의 경우에는 1인칭과 마찬가지로 남성/여성을 구분하지 않고 공통적인 어미를 씁니다. **즉 3인칭 완료 복수의 어미는 남성/여성의 구분 없이 다 "ㅜ"(וּ, û)입니다.**

이 점만 유념하면 되겠습니다. 나머지 부분들은 지금까지 다룬 부분과 똑같기 때문에 더 이상 쓰지 않겠습니다. 위에서 말한 "영아타트티우템텐누"라는 완료어미가 어떤 식으로 작동하는지, 그리고 어떤 식으로 그 어미에 따라 인칭과 성과 수가 표시되는지는 잘 이해했을 것입니다. 혹시 헬라어를 배웠다면 이미 잘 알고 있는 사항이겠지만, 히브리어는 굳이 인칭대명사나 다른 주어와 함께 쓰이지 않아도 이처럼 어미에 따라 주어가 충분히 표시되기 때문에 이렇게 동사만으로도 "주어 + 동사"의 역할을 할 수가 있다는 것을 알아두세요.

그러면 "**영아타트티우템텐누**"와 그에 상응하는 실제 히브리어 어미를 합쳐서 도표를 만들어 봅시다. 다음과 같습니다.

영	아	타	트	티	우	템	텐	누
어미 없음	□ָה	תָּ	תְּ	תִּי	וּ	תֶּם	תֶּן	נוּ

한 가지 더 여러분의 기억에 도움이 될 사항을 말하자면, 이 어미들은 여러분이 앞에서 배운 인칭대명사 주격과 비슷한 점들이 꽤 많습니다. 여러분의 기억을 되살리기 위해 한 번 도표로 만들어보면 다음과 같습니다. 한 번 자세히 관찰하고 유사점들을 찾아보세요.

	단수		복수	
1인칭 공	אָנֹכִי/אֲנִי	תִּי	אֲנַחְנוּ	נוּ
2인칭 남	אַתָּה	תָּ	אַתֶּם	תֶּם
2인칭 여	אַתְּ	תְּ	אַתֶּן	תֶּן

3인칭 남	הוּא	X	הֵם/הֵמָּה	וּ
3인칭 여	הִיא	◌ָה	הֵן/הֵנָּה	

이 유사점들이 눈에 보인다면, 여러분들은 나중에라도 해당 어미를 가진 동사가 "아 1인칭이겠구나" 혹은 "2인칭 남성 단수겠구나" 정도의 판단을 할 수 있을 것입니다. 이런 식으로 여러 가지 사항들이 서로 상응하기 때문에 히브리어는 못하는 게 더 어려운 언어란 점을 기억해주길 바랍니다.

자 그러면 이제 우리의 대표 동사인 קטל에 칼 완료 어미를 전부 다 붙인 것을 도표로 보도록 합시다.

● קטל의 칼 완료 변화 (영아타트티우템텐누) ●

	단수	복수
3인칭 남	קטל	קטלוּ
여	קטלָה	
2인칭 남	קטלתָּ	קטלתֶּם
여	קטלתְּ	קטלתֶּן
1인칭 공	קטלתִּי	קטלנוּ

자 קטל의 칼 완료형 변화가 눈에 환히 보이나요? 보인다면 찬사를 보내지요. 안 보인다면 앞으로 돌아가서 동사에 대한 지금까지의 내용을 다시 다 공부하도록 하세요. 지금까지의 내용을 완전히 이해하고 그 작동원리를 머릿 속에 그릴 수 있다면 하산할 때가 멀지 않았습니다. 그러나 아니라면 아직 멀었지요.

칼 완료를 떠나기 전에 좀 더 공부할 것이 남았습니다. 그것은 קטל의 칼 완료 3인칭 남성 단수가 모음을 붙이면 קָטַל이었다는 점입니다. 이처럼 명백히 קטל에 모음이 붙어 있어야 하는 데 지금까지는 어미의 변화에 집중하기 위해 모음을 빼고 설명을 해왔습니다.

제가 설명을 지금까지 이렇게 한 이유는 언어 공부를 아주 잘 하는 학생들을 빼고는 어미와 모음을 섞어서 가르치면 아예 무슨 말을 하는지 파악 못하는 사람들이 너무나도 많았기 때문입니다. 이런 분들에게 저의 책이 도움이 되었으면 합니다.

자 그러면 이제 모음을 넣어서 공부를 좀 해보지요. 모음 붙인게 קָטַל인데 뭐 복잡할 게 있겠느냐고 혹시 묻는다면, 역시 지금까지의 히브리어 공부를 제대로 안 한 사람입니다. 그렇게 간단하다면 왜 우리나라뿐만 아니라 전세계적으로도 신학생들 중에 히브리어를 잘하는 사람이 그렇게 드물겠습니까.

모음에 어미까지 섞으면 제가 앞에서부터 가르친 내용들을 제대로 이해 못한 사람들에게는 그것은 거의 해독 불가능한 암호처럼 되어버립니다. 그래서 차근차근 가르칠 테니 잘 따라와주시기 바랍니다. 일단 한 가지 점만을 제외하고는 3인칭 남성 단수에 붙은 모음을 모든 인칭과 성, 수에 다 그대로 써 보도록 하지요.

다 아시겠지만 여기에서 예외가 되는 것은 3인칭 남성 단수 형태인 קָטַל입니다. 이 경우에는 그 자체가 하나의 완결된 단어이기 때문에 ל의 아래에 쉐봐가 오지 않습니다. 왜냐하면 단어 끝에는 폐음절을 나타내주는 역할을 하는 쉐봐를 찍지 않는 것이 관행이기 때문입니다.

그러나 여기에 어미가 오면 이야기가 달라집니다. 특히 뒤에 오는 어미가 자음으로 시작되는 음절로 구성되어 있 때에는 반드시 쉐바를 찍어줘야 합니다 (아래 도표의 파란색 부분). 이 점만 유의하면서, 나머지는 3인칭 남성 단수의 모음과 똑같게 모음을 찍도록 해보지요. 그리고 액센트가 어디 오는지도 나타내주는 표시를 좀 하겠습니다. (아래 도표에서 3인칭 여성 단수와 3인칭 공통 복수, 그리고 2인칭 남성/여성 복수의 경우는 아직 몇 가지 배워야 하는 사항들을 배우기 전이기 때문에 아직 완전히 정확한 표기를 반영하고 있지 않다는 점을 유념할 것[흰색 외의 색들로 표시된 칸들]. 3인칭 어미들의 경우 모음 어미가 오는데 이때에는 그 앞의 모음이 독특한 변화를 하며, 2인칭 남성/여성 복수 어미들의 경우 액센트 법칙에 따라 제 1 음절의 모음이 쉐바가 되어야 함. 나중에 이 점들을 다 설명한 후에 이 단원의 끝에 가서 정확한 도표를 제시할 것임.) 현재는 이 액센트의 위치와 더불어 파란색으로 표시된 쉐바에만 집중해주세요.

	단수	복수
3인칭 남	קָטַל	קָטַלוּ
여	קָטַלָה	
2인칭 남	קָטַלְתָּ	קָטַלְתֶּם
여	קָטַלְתְּ	קָטַלְתֶּן
1인칭 공	קָטַלְתִּי	קָטַלְנוּ

자 결국은 제가 1부에서 강조한 바와 같이 히브리어의 모든 변화의 비밀을 푸는 열쇠는 **음절**과 **액센트**입니다. 여기에서도 이 두 개의 조화에 따라 여러 가지 많은 변화가 생깁니다. 그럼 하나씩 차근차근 설명해보도록 하지요. 조급하게 마음먹지 말고 잘 따라와 주시기 바랍니다.

그럼 먼저 다른 히브리어 문법 사항들에게 적용되는 꼭 알아두어야 할 중요한 사항부터 하나 말하겠습니다. 그것은 위의 도표가 마구 혼란스럽고, 액센트도 막 제 마음대로 여기 붙었다 저기 붙었다 하는 것 같아 보이겠지만 사실 알고 보면 상당히 질서 정연하다는 점입니다. (이 대목에서 학생들이 많이 어려워합니다. 그러나 이해하고 나면 정말 아무것도 아니니 집중하시기 바랍니다.)

질서의 원천은 위에 붙은 어미들이 다음과 같은 세 개의 부류로 나뉜다는 점입니다. 그리고 각 부류의 성격은 동일합니다. 액센트의 위치 등은 이 어미의 부류에 따라 결정되는 것이지요. 그러면 어떻게 분류되는지 한 번 보지요. (각 부류의 어미의 순서는 위의 도표에 나오는 순서대로 입니다.) (현재 설명하고자 하는 이 어미와 관련된 사항은 이후의 모든 동사 변화들에서 거의 완전히 보편적으로 작용되는 사항입니다. 꼭 제대로 이해하고 익히셔야 히브리어 공부가 쉬워집니다.)

모음 어미	וּ ◌ָה
단자음 어미 (=경접미: 자음이 한 개)	נוּ תִּי תְּ תָּ
중자음 어미 (=중접미: 자음이 두 개)	תֶּן תֶּם *둘 다 2인칭 복수

알겠나요? 당연히 "아니오"라고 대답할 줄 알고 있었습니다. 이것을 설명하면 항상 학생들 눈에 당혹해 하는 빛이 비칩니다. 아마 여러분의 질문은 왜 모음 어미 안에 자음이 있는 어미들이 있고, 또 단자음 어미 안에 자음이 두 개가

있는 어미들이 있느냐 하는 것 등이겠지요.

뭐 사실 이미 배운 사항이기는 하지만 이런 대목에서 새롭게 만나면 다시 헷갈릴 수 있는 문제이니 다시 한 번 설명을 하도록 하지요.

우선 모음 어미 הָ와 וּ 속의 자음들은 자음 취급을 못 받는 자음들입니다. 이미 모음을 배울 때 설명했듯이 הָ 속에 든 ה는 묵음입니다. 그리고 וּ 속의 ו 역시 자음 취급을 못 받습니다. 그냥 이 ו와 그 중간에 고목나무의 매미처럼 붙은 점이 합쳐서 "ㅜ"의 순장모음, 즉 아주 긴 "ㅜ" 소리를 나타내는 순장모음 표시일 뿐입니다. 따라서 이 두 어미는 모두 모음 어미에 들어갑니다.

단자음 어미에서 사람을 헷갈리게 만드는 것들도 역시 마찬가지입니다. תִי에서 모음인 ִי의 י 역시 마찬가지지요. 이것은 자음으로서의 효력이 없고, 순장모음 "ㅣ"(î)를 나타내는 표시일 뿐입니다. נוּ의 וּ 역시 앞의 모음 어미에서 설명한 바와 같이 순장모음 표시입니다. 그러니 자음으로 간주되지 않습니다. 자 그러면 이제 위의 도표에 나오는 세 가지 어미의 분류가 이해가 되었겠지요.

그럼 이런 식으로 어미를 분류하는 것이 왜 중요한가 하는 것을 알 필요가 있습니다. 중요한 이유는 바로 이 어미의 종류가 액센트의 위치를 결정하기 때문입니다. **모음 어미와 중자음 어미는 그 자체 위에 액센트가 있고, 단자음 어미만 액센트가 원래 있던 자리를 지키고 있는 것**이 보이지요? 즉 단자음 어미가 오는 경우들에는 קָטַל의 טַל 위에서 액센트가 이동하지 않고 그대로 있지요? 한 번 도표를 확인해 보세요. 딱 그렇지 않은가요? 지금까지 액센트와 어미의 관계에 대해서 설명한 점을 잘 이해하시기 바랍니다.

이제 이 어미와 액센트의 관계에 따라 무슨 일이 벌어지는지를 하나씩 설명하도록 하겠습니다. (지금부터 설명하는 내용은 나중에 미완료, 명령, 부정사, 분사 등등에도 결국 다 적용되는 사항이니 잘 따라오면서 이해하기를 바랍니다. 공부는 한 번 열심히 해서 여러 군데 적용을 잘 하는 게 최고이니까 말이지요.)

먼저 제일 쉬운 단자음 어미의 경우들부터 살펴보겠습니다. 다음 도표에서 밝은 부분들이 바로 이런 경우들입니다.

	단수	복수
3인칭 남	קָטַל	קָטַלוּ
여	קָטַלָה	
2인칭 남	קָטַלְתָּ	קָטַלְתֶּם
여	קָטַלְתְּ	קָטַלְתֶּן
1인칭 공	קָטַלְתִּי	קָטַלְנוּ

위의 도표에서 2인칭 남성 단수를 가지고 음절 및 액센트(파란색)를 따져 봅시다.

תָּ | טַלְ | קָ

③ ② ①

위의 단어의 음절은 세 개이며, 액센트는 ②번 음절에 있습니다.

그러면 먼저 ③번 음절부터 봅시다. 이 음절은 액센트 뒤에 있기 때문에 우리가 배운 액센트 법칙에 영향을 받지 않습니다. 액센트 법칙은 액센트가 있는 음절의 앞에 있는 음절들과 관계가 있으니까요. 그러니 그냥 두면 됩니다. ②번 음절은 액센트가 있는 폐음절이니 역시 액센트 법칙에서 벗어납니다. 그냥 놔두면 됩니다. ①번 음절은 액센트 바로 앞의 개음절입니다. 액센트 법칙 1번, 즉 "액센트 바로 앞의 개음절의 모음은 장모음"이라는 법칙의 영향을 받습니다. 장모음 ָ가 왔으니 법칙에 들어맞지요? 손댈 것이 없습니다. 나머지의 것들도 마찬가지이니 한 번 액센트 법칙과의 상응 여부를 확인해보세요.

이렇게 해서 단자음 어미가 오는 완료형들은 קָטַל에 아무런 손을 댈 필요가 없습니다. 그냥 קָטַל의 ל 아래에 숨어 있던 쉐바만 꺼내어 표시해 주면 모든 변화가 끝이 납니다.

이제 중자음 어미의 경우로 가봅시다. 다음 도표에서 밝은 부분에 해당되는 것들입니다. 즉 2인칭 복수 남성과 여성의 경우지요.

	단수	복수
3인칭 남	קָטַל	קָטַלוּ
여	קָטַלָה	
2인칭 남	קָטַלְתָ	קָטַלְתֶם
여	קָטַלְתְ	קָטַלְתֶן
1인칭 공	קָטַלְתִי	קָטַלְנוּ

중자음 어미, 즉 어미가 두 개의 자음으로 구성된 어미의 가장 큰 특징은 액센트를 원래 있던 자리에서 자기에게로 빼어 온다는 것입니다. 이렇게 해서 액센트가 이동되기 때문에 그에 따라 그 앞의 모음들이 액센트 법칙에 따라 변화될 가능성이 발생하는 것입니다. 그 가능성들을 살펴보고, 실제 모음에 변화를 주어야 할 경우에 어떻게 변화시킬 것인지를 파악하는 것이 이 중자음 어미의 경우에는 항상 여러분이 신경 써야 할 사항입니다.

자 그럼 2인칭 남성 복수의 경우를 한 번 살펴볼까요? 먼저 음절을 나눠

보면 다음과 같습니다. 어미가 중자음 어미이므로 액센트는 원래 있던 곳에서 이 중자음 어미 쪽으로 이동합니다. 아래의 히브리어 표기에서 ❷ 번 음절에 있던 액센트가 ❸ 번 음절로 이동하는 것이지요.

תֶּם | טַלְ | קָ

③ ② ①

③번 음절은 액센트 있는 폐음절이므로 액센트 법칙이랑은 상관없습니다. ②번 음절은 액센트 없는 폐음절이므로 액센트 법칙 3번, 즉 "액센트 없는 폐음절의 모음은 단모음"이란 법칙의 적용을 받습니다. 보시다시피 이미 단모음이 와 있기 때문에 문제가 없습니다.

문제는 바로 ①번 음절입니다. 이 음절은 액센트에서 먼 곳에 있는 음절이고, 개음절입니다. 액센트 법칙 제 2 번, 즉 "액센트에서 멀어진 개음절의 모음은 쉐봐(ְ◌)"라는 법칙의 적용대상이지요. 그런데 위의 형태를 보면 장모음으로 되어 있습니다. 이것을 쉐봐로 바꿔줘야 합니다. 다음과 같이 말이지요.

קָ → קְ

이렇게 ①번 음절의 모음을 바꿔준 것을 다 적어보면 다음과 같습니다.

קְטַלְתֶּם

바로 이 위의 형태가 칼 완료 2인칭 남성 복수 동사의 정확한 형태입니다. 지금까지 설명한 바를 잘 숙지하기 바랍니다. 2인칭 여성 복수는 어미만을 제외하고는 남성 복수와 완전히 동일하므로 설명을 생략하지요. 결과만 적자면 다음과 같습니다. 복습 차원에서, 왜 그렇게 되는지 위의 설명들을 따라 자신이 한 번 과정을 추적해 보세요.

קְטַלְתֶּן

그러면 이제 가장 난해할 수도 있는 3인칭 여성 단수와 3인칭 공통 복수로 넘어가 봅시다. 아래 도표에서 밝은 부분들입니다.

	단수	복수
3인칭 남	קָטַל	קָטְלוּ
여	קָטְלָה	
2인칭 남	קָטַלְתָּ	קְטַלְתֶּם
여	קָטַלְתְּ	קְטַלְתֶּן
1인칭 공	קָטַלְתִּי	קָטַלְנוּ

이 둘의 작동원리는 결국 서로 같지만, 여기에서는 각각 다 설명하기로 합니다. 이 둘은 앞의 경우들과는 상당히 다른 요소들이 개입되어 있고, 또 난해한 측면이 많으므로 집중에 집중을 필요로 합니다. (그러나 또 교육적인 차원에서 보자면 이 부분이 정말 잘 이해가 안 가면 일단 마지막 결과에 대해서만 잘 숙지하고 넘어가세요. 제가 이 교정판 내기 전의 제 1 판을 가지고 몇 차례 세미나를 해본 경험으로 볼 때 학생들이 이 부분을 너무 어려워하고, 효과는 상대적으로 미미합니다. 그래서 나중에 했던 세미나들에서는 일단 결과물만 숙지시키는 쪽으로 강의를 진행했는데 그게 결과가 더 낫더군요. 이론적인 설명을 좋아하시는 분들은 한 번 정확한 이해에 도

전해보시고, 아니신 분들은 일단은 여기에 너무 큰 에너지를 쓰지는 마세요. 아직 우리가 가야 할 길이 많으니까요.) 그러면 3인칭 여성 단수부터 먼저 보기로 하지요. 도표에 있는 내용을 먼저 아래에 옮겨 보겠습니다.

קָטַלָ֫ה

이것은 원형인 3인칭 남성 단수 형태에 3인칭 여성 단수 어미인 "ㅏ"(◌ָה)를 붙이고 액센트를 이 모음 어미 쪽으로 옮겨서 만들어진 것입니다. 다음과 같습니다.

◌ָה + קָטַל → קָטַלָ֫ה

이제 이것의 음절을 좀 구분해보지요.

לָ֫ה | טַ | קָ

③ ② ①

명사를 설명할 때 이미 가르친 사항이기는 하지만, 모음 어미는 앞의 단어의 마지막 자음을 떼어내서 하나의 독립된 음절을 만듭니다. 즉 קָטַל에서 마지막 자음인 ל를 가져와서 독자적인 음절인 לָה를 만드는 것이지요. 이 결과가 바로 위에서 보는 ③번 음절의 형태입니다.

문제는 바로 그 앞 음절인 ②번 음절입니다. 통상적인 액센트 법칙에 따르면 이 ②번 음절은 액센트 바로 앞에 위치한 개음절이므로 장모음이 되어야 합니다. 다음과 같이 말이지요.

טַ → טָ

그러나 충격적이게도 동사에서는 이처럼 모음 어미가 오는 경우에는 이런 식으로 액센트 법칙을 적용하여 단모음을 장모음으로 만들지 않고, 대신 이렇게 이 액센트 앞의 개음절의 모음을 쉐바로 만들어버립니다. 즉 다음과 같습니다.

액센트 법칙에서 벗어나는 극히 예외적인 이런 일이 동사에 모음 어미가 오는 경우에는 항상 발생합니다. 그러니 꼭 기억해 두세요. 여러분의 사고의 진행을 시각화하기 위해 이 ③번과 ②번이 합쳐진 결과물을 적어보면 다음과 같습니다. 음절 구분 표시가 있는 것과 없는 것을 모두 적어보지요.

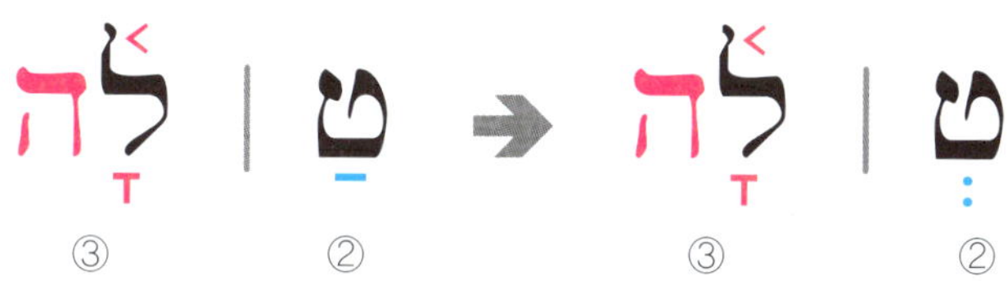

자 그러면 이어지는 ①번 음절은 원래는 무슨 일이 일어날까요? ("원래는"이라는 말에서 이미 감이 오듯이 결국은 이렇게 안 됩니다.) 아마 세 가지 정도의 가능성이 있어 보입니다. 첫 번째 가능성은 ①번 음절이 액센트에서 멀어진 개음절이 되므로 액센트 법칙 2번, 즉 "액센트에서 멀어진 개음절의 모음은 쉐바(ְ)"라는 법칙에 따라 그 모음이 쉐바가 되는 것입니다. 이것을 써보면 다음과 같습니다.

이것을 ②, ③번 음절과 합치면 일단 다음과 같이 됩니다.

קְטְלָה

이렇게 되면 무슨 일이 일어나지요? 히브리어에서는 단어의 처음에 쉐바가 두 번 오는 것을 허용하지 않습니다. 이런 경우 쉐바 법칙에 따라 앞의 쉐바를 "ㅣ" 모음으로 바꿔 줘야 합니다. 그러면 다음과 같이 됩니다. 빨간색 부분을 보세요.

קְטְלָה → קִטְלָה

그러나 이렇게 되면 완료형의 특징이 너무 사라진 생뚱 맞은 변화가 되어서 그런지 몰라도 성경 시대 히브리어는 이런 변화의 길을 택하지 않았습니다.

그러면 이제 두 번째 가능성을 생각해보지요. 이 두 번째 가능성은 앞에서 본 것처럼 ②번 음절이 쉐바가 된 것을 그대로 받아들이고, 그 쉐바 위의 자음과 ①번 음절을 합쳐서 하나의 폐음절로 간주하는 것입니다. 이것을 써보면 다음과 같습니다. 음절 표기와 함께 봅시다.

לָה | טְ | קָ → לָה | קָטְ

③ ② ① → ③ ②+①

그래서 그 결과로 음절을 재편하는 것이지요. 이렇게 되면 3음절 단어가 2음절 단어가 됩니다.

לָה | קָטְ → לָה | קָטְ

③ ②+① → ② ①

이렇게 된 위의 오른쪽의 최종적인 결과물에 액센트 법칙을 적용해 봅시다. 이것의 ①번 음절은 액센트 법칙 중 액센트가 없는 폐음절이므로 액센트 법칙 3번, 즉 "액센트 없는 폐음절의 모음은 단모음"이라는 법칙의 적용을 받게 됩니다. 그래서 모음을 장모음에서 단모음으로 바꿔 줘야 합니다. 이것을 표기해보면 다음과 같습니다.

קָטְלָ֫ה → קַטְלָ֫ה

이것 역시 완료형의 다른 경우들과 차이가 나며, 완료형의 특징이 잘 나타나지 않습니다. 따라서 성경 시대 이스라엘 사람들은 이것도 역시 택하지 않았습니다.

세 번째 가능성은 위의 두 번째 가능성에서 ①번 음절과 ②번 음절이 하나로 합쳐서 폐음절이 된 상황을 있는 그대로 받아들이는 것입니다. 위에서 한 번 히브리어 쓴 것을 다시 한 번 가져와 보지요. 아래와 같습니다.

קָ | טְ | לָ֫ה (① ② ③) → קָטְ | לָ֫ה (②+① ③)

여기에서 ②+①을 그냥 폐음절로 받아들이고 이것을 이대로 폐음절로 읽는 것이지요. 그러면 어떻게 되나요? 이 ②+①의 형태는 액센트 없는 폐음절이니까 액센트 법칙 ③번을 따라 단모음이 되어야하겠지요? 이 경우 ק 아래의 모음은 장모음 "ㅏ"가 아니라 단모음 "ㅗ"로 읽어야 합니다.

이 결과물 역시 완료형 동사 변화의 나머지 것들과 너무 다르고 생뚱맞습니다. 그래서 이것 역시 성경 시대 이스라엘 사람들은 택하지 않았습니다.

그럼 성경 시대 이스라엘 사람들이 모음 어미와 왔을 때의 변화로 택한 것은 무엇일까요? 그것은 완료형의 특징을 살리기 위해 일종의 편법을 쓴 것입니다. 그 편법은 정관사와 인칭대명사의 경우에도 보았듯이 보조 액센트(ֽ□, 모음

옆에 찍는 짧은 수직선, "메텍"이라고 부름)를 어간의 첫 번째 자음인 ק 아래에 도입하는 것입니다. 그 방식을 통해서 완료형의 커다란 특징인 첫 번째 자음 아래의 장모음을 쉐바가 되거나 다른 어떤 것이 되지 않고 살아남도록 만든 것이지요. 그러면 보조 액센트를 표기한 것을 한 번 써봅시다.

קָֽטְלָה

이렇게 되면 한 가지 더 유의사항이 있습니다. 그것은 קָֽ 다음에 오는 טְ의 쉐바가 완전한 폐음절을 나타내주는 무성 쉐바가 아니라 유성 쉐바라는 것입니다. 왜냐하면 장모음 다음에 오는 쉐바는 유성 쉐바이기 때문이지요. 따라서 위의 동사를 음역해보면 다음과 같습니다. 빨간색 부분에 유의하세요.

qātlâ (×) qāt^{e}lâ (○)

비록 영어로 된 정식적인 음역 표기상으로는 이렇게 차이가 나지만, 저는 유성 쉐바도 무성 쉐바처럼 발음하므로 그냥 "카틀라"라고 발음합니다. 물론 유성 쉐바를 꼭 살려주기를 원하는 학자들은 "카텔라"라고 발음하기도 합니다. 그러나 이 경우 "텔"의 모음이 유성 쉐바를 살린 것인지, 아니면 정말 "ㅔ"(e) 계열 모음을 나타낸 것인지가 헷갈리는 단점이 있습니다. 이런 게 히브리어 초보자들에게는 상당히 혼란스럽죠. 이런 혼란을 피하기 위해 저는 "카틀라"라는 발음을 선호합니다. 그러나 이론적으로 유성 쉐바와 무성 쉐바를 구분하는 것이때로는 중요할 수도 있으니, 꼭 영어 음역을 잘 이해하도록 하세요.

이런 복잡다단한 이유들이 이 3인칭 여성 단수에 깔려 있습니다. 하여튼 결과적으로 어떤가요? 이게 완료형 중의 하나구나 하는 느낌이 팍 오지 않나요? 하나님께서 우리로 하여금 공부하기 쉬우라고 이렇게 해주신 은혜가 느껴지지 않나요?

(지금까지 설명한 게 뭐가 뭔지 모르겠다고요? 더 복잡하다고요? 만약 그렇게 느껴지시는 분은 다시 앞으로 돌아가서 동사 앞 부분 혹은 책의 첫 부분부터 꼼꼼히 복습을 하든지, 아니면 아예 싸그리 이론 무시하고 외우세요. 외우다 보면 이해가 되기도 합니다. 그러나 나 같으면 차라리 덜 외우고 이론을 이해하는 쪽을 택하겠습니다. 당장 이해하는 데 시간이 걸려도, 일단 이해만 되고 나면 이게 훨씬 더 낫기 때문이지요. 또 통으로 이해 없이 외운 것은 머리에 잘 남지도 않습니다. 또 혹시 중간에 기억이 잘못 되도 왜 틀렸는지도 모르는 경우가 비일비재합니다. 당장은 더 어렵고 귀찮아 보여도 이론을 터득하는 쪽이 훨씬 낫습니다.)

이제 3인칭 공통 복수도 간단하게 살펴봅시다. 앞에서 말한 구구절절한 이유들로 인해서 3인칭 공통 복수의 제대로 된 최종적인 형태는 다음과 같습니다.

קָֽטְלוּ (qāt^{e}lû, 카틀루)

이제 지금까지 다룬 것의 결과로 최종적으로 제대로 된 קטל의 칼 완료형 변화 도표를 보도록 합시다. 여러분이 외워야 하는 것은 바로 이 최종 도표입니다. 어미와 그 앞의 조심할 부분들은 빨간색으로 표시하였습니다. 액센트 위치도 꼭 숙지하도록 하세요. (이 도표를 완전히 외우세요. 미세한 점 하나까지도 빠짐없이, 정확히, 그리고 그 존재이유를 설명할 수 있을 정도로 공부하세요. 그래야 그 다음 공부가 쉬워집니다.)

● 최종 칼 완료 변화 (영아타트티우템텐누) ●

	단수	복수
3인칭 남	קָטַל 그가 죽였다	קָטְלוּ 그들(남/여 공통)이 죽였다
여	קָטְלָה 그녀가 죽였다	
2인칭 남	קָטַלְתָּ 네(남자)가 죽였다	קְטַלְתֶּם 너희들(남자)이 죽였다
여	קָטַלְתְּ 네(여자)가 죽였다	קְטַלְתֶּן 너희들(여자)이 죽였다
1인칭 공	קָטַלְתִּי 내가 죽였다	קָטַלְנוּ 우리들이 죽였다

끝나기 전에 연습 하나 하고 가지요. 위에서 칼 완료형 변화는 동사 어간을 קטל을 사용하여 배우지만, 사실은 그 어느 동사에도 다 적용된다는 것은 이미 알고 있을 것입니다. 구약에 사용된 히브리어 동사에서 빈도수 30위 내에 들면서 다른 문법책들에서 קטל 대신 사용하는 שָׁמַר (šāmar, 지키다[to keep])란 동사로 한 번 칼 완료 변화 도표를 작성해 보도록 하지요. 한 번 해보고 나서, 답을 확인해 보세요. (다시 한 번 말하지만 점 하나까지 완벽하고 정확하게 쓰고, 각 사항들이 왜 그런지에 대한 완전한 설명을 스스로가 할 수 있을 때에 다음으로 진도를 나아가야 합니다. 그렇게 하지 않으면 의미가 없습니다. 앞으로 추가적으로 동사 변화와 관련하여 배워야 할 것들이 늘어나는데 그 중 중요한 많은 사항들이 이 완료형 변화

도표를 통해 소개되었기 때문에 이 완료형 변화를 잘 익히는 것이 앞으로의 공부에 가속을 붙이는 좋은 방법입니다.)

	단수	복수
3인칭 남	שָׁמַר 그가 지켰다	שָׁמְרוּ 그들(남/여 공통)이 지켰다
여	שָׁמְרָה 그녀가 지켰다	
2인칭 남	שָׁמַרְתָּ 네(남자)가 지켰다	שְׁמַרְתֶּם 너희들(남자)이 지켰다
여	שָׁמַרְתְּ 네(여자)가 지켰다	שְׁמַרְתֶּן 너희들(여자)이 지켰다
1인칭 공	שָׁמַרְתִּי 내가 지켰다	שָׁמַרְנוּ 우리들이 지켰다

3. 칼(=파알) 동사의 미완료형

이제 미완료형을 공부하도록 합시다. 5장 서두의 도표와 5장 C.1.의 단원에서 이미 칼 미완료 3인칭 남성 단수에 대해서는 살펴보았습니다. 완료와 마찬가지로 이 미완료 역시 인칭과 성과 수에 따라 모양이 조금씩 달라집니다. 그러면 도표부터 일단 보도록 하지요.

● 칼 미완료 변화 (이티티티에이티티티니//이 우나우나) ●

	단수	복수
3인칭 남	יִקְטֹל	יִקְטְלוּ
여	תִקְטֹל	תִקְטֹלְנָה
2인칭 남	תִקְטֹל	תִקְטְלוּ
여	תִקְטְלִי	תִקְטֹלְנָה
1인칭 공	אֶקְטֹל	נִקְטֹל

도표를 보니 어떤가요? 공부를 하고 싶은 마음이 싹 사라지나요? 아니면 할 만한가요? 너무 부담 가질 필요는 없습니다. 제가 이 책을 쓰는 이유가 바로 이런 것을 학생들이 쉽게 익히게 하고자 하는 것이라는 점을 누차 말하지 않던가요? 바로 이 목적을 위해서 목에 힘 안 주고 완전히 시골 장터 약장수가 약 파는 듯한 말투로 이 책을 쓰고 있지 않나요? 복잡해 보이는 미완료도 다 지혜로운 선배님들로부터 내려오는 꽁수가 있습니다. 저는 그 꽁수에 좀 더 체계적인 이론을 덧붙여서 여러분이 꽁수와 이론을 겸비하도록 해주고 싶습니다.

뭐든지 통으로 보면 감당하기 힘들어 보입니다. 그러나 최대한 잘게 쪼개서 상대하다 보면 태산이라도 올라갈 수 있고, 옮길 수가 있는 법입니다. 미완료도 그렇습니다. 그러니 우리도 최대한 잘게 쪼개서 보도록 합시다.

미완료를 쉽게 공부하기 위해 첫 번째 알아야 할 사항은 학자들이 이 미완료를 접두형이라고 부르기도 한다는 것입니다. 여러분이 앞에서 배운 완료형을 한 번 보세요. 완료형에는 앞에 뭐가 전혀 안 붙지 않았습니까? 반면 위의 미완료 도표를 보면 앞에 뭐가 잔뜩 붙어 있습니다. 이게 바로 완료와 미완료의 차이입니다. 완료에는 뒤에 뭐가 잔뜩 붙고, 미완료에는 뒤에도 뭐가 붙는 경우도 있긴 하지만 앞에 뭐가 붙는 게 더 중요한 현상입니다. 그러니 앞에 붙는 것부터 우선 해결하고, 뒤에 붙는 것도 약간의 꽁수로 간단히 해결하면 됩니다. 여러분이 익숙해지고 나면 위의 도표를 머리 속으로 완벽하게 그리는데 1초도 안 걸립니다. 또 글씨로 직접 종이 위에 써도 몇 초면 됩니다. 그리고 이 정도로 미완료를 터득하고 나면 앞에서 누차 이야기하듯이 10년 동안 히브리어를 안 봐도 망각하는 것이 불가능해집니다.

접두어 정리

	단수	복수
3남	יִ	יִ
여	תִּ	תִּ
2남	תִּ	תִּ
여	תִּ	תִּ
1공	אֶ	נִ

자 그럼 접두어로부터 시작해서 미완료를 마스터해보도록 합시다. 우선 왼쪽에 있는 도표와 같이 접두어들만 쭉 모아보지요. 어떻게 되지요? 단수부터 아래로 쭉 훑어 내려가고, 그 다음에 복수를 쭉 아래로 훑어 내려가는 식으로 정리를 해보면 "이티티티에, 이티티티니"(יִ תִּ תִּ תִּ אֶ//יִ תִּ תִּ תִּ נִ), 이렇게 됩니다. 즉 단수형의 접두어 다섯 개가 "이티티티에"(יִ תִּ תִּ תִּ אֶ)가 되고, 복수형의 다섯 개가 "이티티니"(יִ תִּ תִּ תִּ נִ)가 되는 것이지요. 또 단수형과 복수형 공히 시작은 "이"이며, 중간에 "티"가 세 번 나오고, 끝은 약간씩 다르게 단수는 "에"(אֶ) 복수는 "니"(נִ)가 됩니다. 이 정도 되면 어려운 게 아니라 재미있지 않나요? 자 미완료형의 접두어는 "이티티티에, 이티티티니" 하면 끝납니다.

• 접미어 정리 •

	단수	복수
3남		וּ
여		נָה
2남		וּ
여	□ִי	נָה
1공		

이제 접미어로 가봅시다 미완료형은 동사 어간의 앞, 즉 접두어가 특징이기 때문에 접미어는 있는 것도 있고, 없는 것도 있습니다. 위쪽의 도표를 보면 단수의 경우에는 2인칭 여성에만 어미가 있습니다. 그리고 복수의 경우에도 3인칭과 2인칭의 남성과 여성에만 있습니다. 그것도 남성과 여성이 각각 3인칭과 2인칭이 일치합니다. 이 다섯 개의 접미어를 하나로 묶어서 암기를 위한 꽁수를 동원해보면 다음과 같이 표현할 수 있습니다. "이, 우나우나". 여기에서 단수의 "이"가 2인칭 여성 단수의 어미라는 점만 좀 유념해서 기억하시면 완벽합니다.

접두어만을 모아 놓은 "이티티티에, 이티티티니"와 접미어를 모아 놓은 "이(2여단), 우나우나"를 접목시키면 미완료는 끝입니다. 여기에 액센트와 음절의 관계에 맞추어서 모음에 약간의 조정만 해주면 됩니다. 앞에서 말씀드린 대로 정말 쉽지 않은가요?

여러분은 이렇게 해서 외운 접두어와 접미어만 알고 있으면 어떤 히브리어 단어라도 그 칼 미완료 도표를 만들 수 있습니다. 가상의 동사 어간을 나타내는 표시인 □□□에 이 접두어와 접미어를 붙인 도표를 한 번 아래에 제시해 봅니다. 여러분이 각자 연습장에 한 번 이 도표를 그려보고 나서 확인해 보세요. 혹은 자신이 없는 사람은 일단 아래의 도표를 살펴보고 나서 연습장에 그대로 표기해도 됩니다. 완료형 변화를 가르칠 때 말한 것처럼 작은 점 하나라도 완벽하고 정확하게 쓸 수 있어야 하고, 또 그 각각의 사항에 대해서 자신의 말로 설명할 수 있어야 제대로 공부가 된 것입니다.

● 칼 미완료 변화 (이티티티에이티티티니//이 우나우나) ●

	단수	복수
3인칭 남	יִ□□□	יִ□□□וּ
여	תִּ□□□	תִּ□□□נָה
2인칭 남	תִּ□□□	תִּ□□□וּ
여	תִּ□□□ִי	תִּ□□□נָה
1인칭 공	אֶ□□□	נִ□□□

자 그러면 위의 도표의 □□□ 대신에 실제 동사인 קטל를 써서 다시 한 번 도표를 그려보지요. 아직 이 קטל 위에 무슨 모음이 들어가야 하는지는 남겨 두도록 합시다. 제 경험상 그렇게 가르치면 생각보다 많은 학생들이 어려워하므로, 그냥 지면이 낭비되더라도 한 번에 하나씩만 진도를 나가겠습니다. 위의 도표에 קטל을 도입시킨 도표는 다음과 같습니다. 이것도 한 번 먼저 연습장에 그려보고, 확인하도록 하세요.

	단수	복수
3인칭 남	יִקטל	יִקטלוּ
여	תִקטל	תִקטלְנָה
2인칭 남	תִקטל	תִקטלוּ
여	תִקטלִי	תִקטלְנָה
1인칭 공	אֶקטל	נִקטל

קטל이 아니라 그 어떤 동사 어간이라도 위의 도표의 קטל자리에 대입시키면 그 단어의 칼 미완료 변화가 됩니다. 물론 모음이 좀 더 첨가되어야 하겠지만 말이죠.

그러면 이제 קטל 부분에 들어갈 모음은 어떤 것들인지를 살펴보도록 합시다. 여러분이 지금까지 제가 설명한 것들을 잘 이해하면서 따라오고 있다면 여러분은 이미 이 모음을 다 알고 있는 것이나 마찬가지입니다. 앞에서 칼형의 기본 일곱 가지 사항(**카탈–익톨–크톨–크톨–카톨–코텔–카툴**, קָטַל-יִקְטֹל//קְטֹל//קְטֹל-קָטֹל-קֹטֵל-קָטוּל)을 외우면서 이미 칼 미완료 3인칭 남성 단수에 대해서는 공부를 했기 때문이죠. 이 일곱 가지 사항 중 두 번째인 “익톨”이 바로 그것입니다. 이것을 좀 더 크게 써봅시다.

יִקְטֹל

여기에서 빨간색으로 표시된 접두어 יִ는 동사 어간의 일부가 아니므로 떼어냅시다. 그러면 다음과 같이 됩니다.

יִ קְטֹל

우리에게 필요한 것은 이 왼쪽의 부분입니다. 이것을 미완료 변화에 쓰는 것이지요. 이 부분을 위의 קטל의 변화 도표에 그대로 대입시켜 봅시다. 자음이 낀 어미가 올 경우 어간의 마지막 자음인 ל에 쉐봐 찍는 것은 잊어먹지 마세요. 기본 사항이니까요. (이 도표로 끝이 난 것은 물론 아닙니다. 액센트와 음절에 따른 모음 조정 단계가 남아 있습니다.)

	단수	복수
3인칭 남	יִקְטֹל	יִקְטְלוּ
여	תִּקְטֹל	תִּקְטֹלְנָה
2인칭 남	תִּקְטֹל	תִּקְטְלוּ
여	תִּקְטְלִי	תִּקְטֹלְנָה
1인칭 공	אֶקְטֹל	נִקְטֹל

위의 도표에서 우선 어미가 안 오기 때문에 결과적으로 액센트 변화나 모음상의 변화가 발생할 일도 없는 경우들을 먼저 살펴보도록 합시다. 이에 해당하는 것은 3인칭 남성 및 여성 단수, 2인칭 남성 단수, 1인칭 공통 단수 및 복수의 다섯 가지입니다. 이 다섯 가지 형태는 서로 동사 어간 부분을 모음 형태까지 동일하게 공유한 채 접두어만 달리 씀으로써 인칭, 성, 수를 나타내주고 있습니다. 다음과 같이 말입니다.

קְטֹל	+	יִ	=	יִקְטֹל	(3인칭 남성 단수)
	+	תִּ	=	תִּקְטֹל	(3인칭 여성 단수= 2인칭 남성 단수 [완전 동일])
	+	אֶ	=	אֶקְטֹל	(1인칭 공통 단수)
	+	נִ	=	נִקְטֹל	(1인칭 공통 복수)

너무나 간단하지 않나요? 미완료는 이런 식입니다. 같은 것도 많고, 접두어만 살짝만 바꾸면 변화가 끝나는 것들이 이렇게 줄줄이 있습니다. 미완료에는 인칭, 성, 수에 따라 총 10개 형태가 있는데, 그 중의 다섯 개는 이처럼 미완료 기본형인 3인칭 남성 단수 형태에 접두어만 갈아치우면 간단하게 다 해결되지요.

그러면 이제는 접미어, 즉 어미가 오는 형태를 보도록 합시다. 앞에서 미완료의 어미는 "이(2여단), 우나우나"로 외우면 된다고 했습니다. 즉 단수 중에서는 2인칭 여성 단수에 순장모음 "ㅣ"(ִי□), 그리고 복수로 가서 맨 아래의 1인칭 복수를 제외하고 위에서부터 차례로 "우나우나"(וּ נָה וּ נָה)하면 되는 것이지요.

이 어미들이 추가됨에 따라서 앞부분에 모음 등이 달라지는지의 문제를 살펴보기 위해서, 앞의 완료형 설명을 할 때 이미 했던 바와 같이 모음을 종류별로 나누어 보도록 하겠습니다.

모음 어미	□ִי וּ (액센트는 모음 어미에)
단자음 어미 (=경접미: 자음이 한 개)	נָה (액센트는 원래 자리에)

단자음 어미가 오는 경우가 가장 변화가 적으므로 이것부터 보도록 합시다. "나"(נָה)라는 어미가 오는 3인칭 여성 복수와 2인칭 여성 복수가 이에 해당됩니다. 이 두 가지는 접두어가 동일하고, 어미도 동일하므로 결국 형태가 똑같습니다. 이 둘의 형태는 접두어 "티"(תִ)에 동사 어간 부분인 קְטֹל이 오고, 그 다음에 단자음 어미인 "나"(נָה)가 붙어서 최종 형태가 만들어진 것이지요. 완료형을 설명할 때 이미 말했듯이, 단자음 어미의 경우는 그 어미가 추가되어도 액센트의 위치가 원래 있던 자리에 유지됩니다. 단지 동사 어간 부분이 뒤에 어미 때문에 단어 중간에 오게 되기 때문에 어간의 마지막 자음 아래에 폐음절을 나타내주는 쉐봐만 하나 넣어주면 되지요. 그러므로 어미 앞 부분이 달라질 것은 없습니다. 그러면 형태를 한 번 시각화 해 봅시다.

נָה + קְטֹל + תִ → תִקְטֹלְנָה

이제 모음 어미가 붙는 경우들을 살펴봅시다. 먼저 2인칭 여성 단수는 קְטֹל에 접두어 "티"(תִ)와 어미 "ㅣ"(◌ִי)가 결합된 형태입니다.

◌ִי + קְטֹל + תִ

이렇게 해서 합치면 일단 다음과 같이 됩니다.

תִקְטֹלִי

2인칭 여성 단수에 붙는 모음 어미 "ㅣ"(◌ִי)는 그 자체로는 자음이 없기 때문에 동사 어간의 마지막 자음 ל를 가져와서 하나의 음절을 형성합니다. 앞의 완료에서 설명했듯이, 동사의 경우 이렇게 모음 어미가 자음을 가져가버리면 그 앞의 자음은 원래 있던 모음 대신에 쉐봐를 취하는 현상이 나타납니다. 즉 가운데 부분이 다음과 같이 되는 것이지요.

이렇게 해서 2인칭 여성 단수는 다음과 같은 모양을 띠게 됩니다.

이제 이것을 모음 변화와 액센트 법칙의 적용을 위해 음절 구분을 해보면, 다음과 같습니다. 액센트는 항상 모음 어미 위에 옵니다.

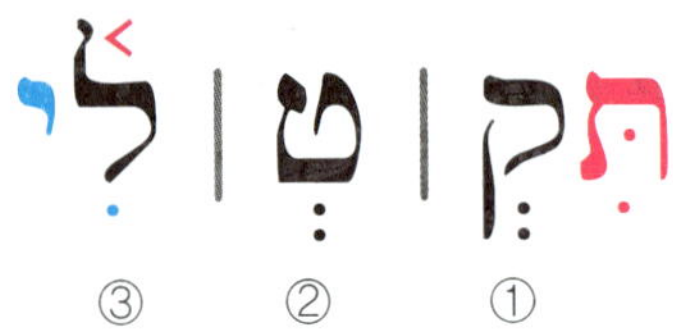

일단 한 가지 물어보도록 하지요. 일단 음절 번호를 붙여놓기는 했습니다만, 위의 단어의 음절 개수는 몇 개일까요? ①번과 ③번이 하나의 독립된 음절인 것은 확실합니다. 다만 ②번을 어떻게 볼 것인가에 대해서는 논란이 있습니다. 비록 현재는 쉐봐를 취하고 있지만, 나중에 액센트나 기타 어형 변화의 과정을 겪으면 언제든지 정상적인 음절이 될 수 있기 때문이지요. 또 이처럼 쉐봐가 연달아 나오는 단어에서 첫 번째 쉐봐는 폐음절을 나타내는 역할을 하는 무성 쉐봐이며, 두 번째 쉐봐는 유성 쉐봐인데, 이 유성 쉐봐를 어떻게 봐야 할지도 미묘합니다. 그러나 다행히도 액센트 법칙을 적용할 때 이것은 큰 문제가 안 되므로 그냥 넘어가도 됩니다. (참고로 단어 처음에 쉐봐가 두 번 연속으로 올 경우에는 앞의 쉐봐를 “ㅣ”[□̣]로 바꾸어주는 것에 대한 이야기를 했습니다. 단어 중간에 오는 경우에는 이런 작업을 해주지 않아도 됩니다. 왜냐하면 연속되는 두 개의 쉐봐 중 첫 번째의 것은 앞의 폐음절을 닫아주는 쉐봐이기 때문에 쉐봐가 연속으로 와서 발음 불능 상태에 빠지는 일은 단어 중간에서는 생기지 않기 때문입니다.)

위의 형태에서 우선 액센트는 항상 모음 어미에 있습니다. 그리고 ①번 음절은 액센트 없는 폐음절인 데다 이미 단모음을 갖고 있지요. 액센트 법칙 3번인 "액센트 없는 폐음절의 모음은 단모음"이라는 법칙을 적용할 새도 없이 이미 그 상태가 되어 있는 것입니다. 따라서 위의 모양에서 더 이상 손볼 것이 없습니다. 변화가 마무리 된 것입니다.

이제 마지막으로 "우나우나"의 "우"해당하는 모음 어미 쪽으로 넘어가 봅시다. 3인칭 남성 복수와 2인칭 남성 복수가 이에 해당됩니다. 이 두 복수는 접두어만 차이가 나고 나머지는 똑같습니다. 또한 논리 전개 과정은 앞에서 살펴본 2인칭 여성 단수와 동일합니다. 그러니 한 번씩 스스로 해보시기 바랍니다. 다시 한 번 말하거니와 액센트는 모음 어미가 있는 음절에 있습니다. 더불어 동사에서는 모음 어미가 와서 어간의 마지막 자음을 가져가버리면 그 앞의 자음 아래에는 쉐바가 원래의 모음을 대체한다는 점만 기억하면 됩니다. 유념해야 할 부분은 전부 빨간색으로 표시하였으니 참고하세요.

3인칭 남성 복수: וּ + קְטֹל + יִ → יִקְטְלוּ

2인칭 남성 복수: וּ + קְטֹל + תִּ → תִּקְטְלוּ

자 이렇게 해서 미완료 변화의 설명을 모두 마쳤습니다. 미완료 변화의 완성된 도표는 이 미완료 단원의 처음에 나옵니다. 먼저 본인이 도표를 한 번 만들어 본 후, 가서 확인해 보세요. 점 하나까지도 정확하게 쓸 수 있어야 하고, 도표 안의 모든 사항들에 대해서 본인이 정확히 쓸 수 있어야 이 미완료 공부가 끝난 것이라는 점을 유념하세요.

그러면 마지막으로 완료형의 경우처럼 שָׁמַר (šāmar, 지키다[to keep])란 동사를 가지고 한 번 미완료형을 만들어 보세요.

	단수	복수
3인칭 남	יִשְׁמֹר	יִשְׁמְרוּ
여	תִשְׁמֹר	תִשְׁמֹרְנָה
2인칭 남	תִשְׁמֹר	תִשְׁמְרוּ
여	תִשְׁמְרִי	תִשְׁמֹרְנָה
1인칭 공	אֶשְׁמֹר	נִשְׁמֹר

해보니 어떤가요? 잘 되나요? 위의 도표를 완전히 제대로 그릴 수 있었으면 그것으로 된 것입니다. 여러분은 규칙 동사의 변화에서 가장 큰 고비는 거의 다 넘은 것이나 마찬가지입니다. 앞으로 대부분의 사항들은 그냥 이해만 하거나, 아 이런 것도 있구나 하는 정도의 선에서 기억하면 족합니다(암기가 아닙니다. 정말 몇 가지 포인트만 기억하면 됩니다).

4. 칼(=파알) 동사의 명령형

바로 앞에서 말한 것처럼 이제부터 나오는 대부분의 내용은 여러분이 이미 다 배운 것을 응용하거나 약간의 수정만 가하면 됩니다.

그러면 먼저 칼 동사의 명령형부터 배우도록 합시다. 이 명령형은 아주 간단합니다. 여러분이 방금 전에 배운 미완료 변화 중 2인칭 부분에서 접두어만 떼어내면 명령형이 됩니다. 물론 약간의 미세 조정은 필요하겠지만 말이지요. 그럼 한 번 살펴봅시다. 일단 미완료 도표를 가져오겠습니다.

	단수	복수
3인칭 남	יִקְטֹל	יִקְטְלוּ
여	תִּקְטֹל	תִּקְטֹלְנָה
2인칭 남	תִּקְטֹל	תִּקְטְלוּ
여	תִּקְטְלִי	תִּקְטֹלְנָה
1인칭 공	אֶקְטֹל	נִקְטֹל

위의 미완료 도표에서 밝은 부분이 2인칭 부분입니다. 이 미완료 2인칭에서 접두어만 떼어내면 그게 명령형이 됩니다. 접두어를 떼어내 봅시다. (강의할 때 저는 잡티를 떼어내라고 말합니다. 아래 빨간색으로 된 접두어들을 보세요. 온통 "티"가 아닌가요? 그러니 잡"티"가 맞지요. 미완료 2인칭에서 잡"티"를 떼어내면 명령형이 됩니다.)

2인칭 남성 단수: תִּ קְטֹל

2인칭 여성 단수: תִּ קְטְלִי

2인칭 남성 복수: תִּ קְטְלוּ

2인칭 여성 복수: תִּ קְטֹלְנָה

접두어를 떼어낸 결과는 다음과 같습니다.

2인칭 남성 단수: קְטֹל

2인칭 여성 단수: קְטְלִי

2인칭 남성 복수: קְטְלוּ

2인칭 여성 복수: קְטֹלְנָה

자 어떤가요? 아마 지금까지 이 책의 내용을 잘 따라온 사람은 아직 한 가지 작업이 더 필요하다는 것을 알겠지요. 그것은 두 번째와 세 번째에 나오는 2인칭 여성 단수와 2인칭 남성 복수에 추가 작업이 좀 더 필요하다는 점입니다.

그 추가 작업은 바로 이 두 개의 경우 단어 처음에 쉐바가 연속으로 이어나온다는 점입니다. 쉐바의 법칙에 따르면, 이렇게 쉐바가 연속으로 이어나오는 경우 히브리어에서는 앞의 쉐바를 "ㅣ"(ִ)로 바꾸어줍니다. 따라서 이 둘을 다음과 같이 바꾸어 주면 됩니다.

2인칭 여성 단수: קְטְלִי → קִטְלִי (qiṭlî, 키틀리)

2인칭 남성 복수: קְטְלוּ → קִטְלוּ (qiṭlû, 키틀루)

이렇게 쉐바 작업까지 마치면 모든 것이 끝납니다. 그 결과로 남는 형태를 정리하면 다음과 같습니다.

● 칼 명령형 변화 ●

	단수	복수
남	קְטֹל	קִטְלוּ
여	קִטְלִי	קְטֹלְנָה

한 가지 유념할 사항은 이 명령형을 지칭할 때 "2인칭"이라는 말을 안 쓴다는 것입니다. 그 이유는 명령형은 상대방, 즉 2인칭을 대상으로 하고, 그 때문에 2인칭밖에 해당되지 않기 때문이지요. 그래서 그냥 "칼 명령형 남성 단수", "칼 명령형 여성 복수" 식으로 부릅니다. "2인칭"이라는 말은 빼고요.

★그러면 명령형을 정리해 봅시다.

❶ 칼 명령형은 칼 미완료 2인칭에서 파생된다.

❷ 칼 미완료 2인칭에서 접두어를 떼어내면 된다. (접두어 "티"를 떼라.)

❸ 접두어를 떼어내고 나면 단어 초두에 쉐바 두 개가 연속으로 오는 경우가 있다. 이 경우 쉐바의 법칙에 따라 두 개의 쉐바 중 앞의 쉐바를 " । "로 바꿔주면 된다.

자 이제 칼 명령형을 다 이해하고 또 만들 수 있을 줄 압니다. 앞에서 제가 말한 대로 정말 쉽지 않나요? 이제 여러분의 히브리어 인생은 정말 "고생 끝, 행복 시작"이라 할 수 있지요.

5. 칼(=파알) 동사의 부정사 연계형과 절대형

구문론적으로 들어가면 여러 가지 다른 것들이 많이 있지만, 초급 히브리어에서 동사 변화의 형태를 배운다는 측면에서만 보면 제일 쉬운 게 부정사입니다. 이 부정사는 이미 여러분이 앞에서 파알 동사의 뼈대인 일곱 가지 변화를 외울 때 다 외워버린 사항입니다.

우선 부정사 연계형은 방금 전에 배운 명령형 중 남성 단수 형태, 즉 칼 미완료 2인칭 남성 단수에서 접두어를 뗀 것과 같다고 했습니다. 또 부정사 절대형은 그냥 "부정사 연계형-절대형-분사 능동-수동"의 세트로 같이 외우라고 했지요? 이 두 가지를 모아 보면 다음과 같습니다.

부정사 연계형: קְטֹל

부정사 절대형: קָטֹל 혹은 קָטוֹל

6. 칼(=파알) 동사의 분사 능동과 수동

이제 칼 동사의 마지막 단계에 이르렀습니다. 분사 역시 여러분이 새로 공부할 내용은 없습니다. 이미 알고 있는 내용을 조합하기만 하면 됩니다.

a. 칼(=파알) 동사의 분사 능동

앞에서 히브리어 분사는 영어의 "현재 분사" 혹은 "동명사" 정도로 이해하면 어느 정도까지는 통한다는 것을 이야기한 바 있습니다. 이 점은 분사가 동사 변화하는 것을 이해하는 데 있어서 아주 중요합니다. 왜냐하면 영어의 동명사가 동사와 명사의 성격을 공유하는 것과 비슷하게 히브리어의 분사는 그 변화 방식이 히브리어 명사의 변화 방식과 거의 동일하기 때문입니다. 그러면 명사 변화를 먼저 봅시다. 아래의 도표에서 보듯이 명사 변화는 **"임–아–오트–아임"**(îm-â-ôṯ-áyim, ◌ִים-◌ָה-וֹת-◌ַיִם)만 기억하면 된다고 했습니다. 이 중에서 분사와 관련해서는 쌍수를 뺀 나머지 부분, 즉 "임-아-오트"(îm-â-ôṯ, ◌ִים-◌ָה-וֹת)만 기억하면 됩니다.

	단수	복수
남성	סוּס 수말 (sûs, 수스)	סוּסִים 수말들 (sûsîm, 수심)
여성	סוּסָה 암말 (sûsâ, 수사)	סוּסוֹת 암말들 (sûsôṯ, 수소트)

그리고 분사 능동과 수동의 기본형에 대해서는 이미 칼 동사의 뼈대가 되는 일곱 가지 변화를 통해서 암기했습니다. 그때 분사 능동과 수동은 각각 코텔(קוֹטֵל 혹은 קֹטֵל), 카툴(קָטוּל 혹은 קָטֻל)이라는 것을 배웠지요. (둘 다 순장모음과 호환이 된다는 점을 기억하시죠?)

그러면 우선 분사 능동에 명사 변화 어미를 붙여 봅시다. (나중에 액센트 법칙에 따른 모음 조정을 해야 한다는 점은 항상 동일합니다.) 원래 칼 분사 형태는 קֹטֵל이나 קוֹטֵל 둘 다 많이 쓰입니다. 즉 첫 번째 음절이 קֹ로도 쓰이고, קוֹ로도 쓰인다는 것이지요. 그러나 일단 아래의 설명에서는 여러분이 이해하기 좋게 קוֹ로 된 경우를 가지고 설명하겠습니다.

	단수	복수
남성	קוֹטֵל	קוֹטֵלִים
여성	קוֹטֵלָה	קוֹטֵלוֹת

자 남성 단수는 기본형이니 손댈 것이 없습니다. 단지 이 남성 단수 형태가 다음과 같이 2음절로 구성되어 있다는 점만 유념하세요.

טֵל ➔ קוֹ

② ①

우선 분사 능동 여성 단수형의 잠정적인 형태인 קוֹטֵלָה부터 찬찬히 살펴봅시다. 이 형태는 남성 단수 형태인 기본형 קוֹטֵל에 여성 단수를 나타내주는 어미 ◌ָה가 붙은 것입니다. 앞에서 명사 변화를 설명하면서 설명한 바와 같이 ◌ָה는 그 자체로는 자음이 없기 때문에 독자적인 음절을 구성할 수가 없습니다. 따라서 앞에 오는 קוֹטֵל의 마지막 자음인 ל를 가져가서 독자적인 음절을 만듭니다. 이 부분을 한 번 크게 써보면 다음과 같습니다.

◌ָה + טֵל ➔ לָה + טֵ

동사의 경우, 이렇게 추가되는 어미가 마지막 자음을 뺏어가서 독자적인 음절을 만들면 그 앞의 자음은 원래 있던 모음을 대신에 쉐바를 취합니다. (이 사항은 아주 중요합니다. 명사 변화에서는 쉐바 대신 장모음을 취합니다. 명사와 달리 이런 경우 쉐바를 취하는 것이 바로 동사의 특징이라는 점을 앞에서 완료형 설명하면서 자세히 살펴본 적이 있지요? 혹시 기억이 가물가물하시면 다시 완료형 변화를 철저히 복습하세요. 어쩌면 동사 변화 공부에서 이 점이 가장 중요하다고 할 수 있는 사항입니다.)

טֵ → טְ

그 결과 모양은 다음과 같이 됩니다.

קוֹטְלָה

여기에서 קוֹטְ는 더 이상 변화가 진행이 안 됩니다. 명사 변화를 설명할 때 סוּס의 예에서 봤듯이 순장모음은 신성불가침이기 때문이지요. 따라서 קוֹטְלָה가 되고 변화는 여기에서 마무리됩니다. 또 이 순장모음을 그냥 장모음으로 적은 קֹטְלָה의 경우에도 순장모음의 형태와 동일한 상태를 유지해야 하므로 액센트 변화 등과 상관 없이 קֹ의 모음 "ㅗ"(ō)가 그대로 유지됩니다. 그리고 קוֹ 혹은 קֹ가 장모음이므로 그 뒤에 오는 טְ의 쉐바는 유성 쉐바(ְ, 묵음이 아니라 ^{e}로 표시)입니다다. 물론 저는 유성 쉐바를 발음할 때 무성 쉐바와 똑같이 한다는 점을 여러 번 이야기했습니다. 그러나 학술적으로 정확한 음역은 유성 쉐바와 무성 쉐바를 다르게 한다는 점을 꼭 기억하세요. 하여튼 위의 변화를 음역하면 다음과 같습니다.

קוֹטְלָה qôṭ^{e}lâ, 코틀라

קֹטְלָה qōṭ^{e}lâ, 코틀라

한 가지 흥미로운 점은 가장 권위 있는 성경 원어 프로그램인 바이블웍스(Bible Works)에서도 제가 확인해본 몇 가지 경우들은 유성 쉐바를 전부 무성 쉐바로 표기하고 있는 잘못을 범하고 있다는 것입니다(예, 삼상 27:8; 사 10:13 등). 아마 장모음과 그에 뒤따라 나오는 쉐바의 종류에 대해서 충분한 인식을 하지 못해서 그랬던 것 같습니다. 이 프로그램에 포함된 할러데이(Holladay)란 사전에서 위의 참고구절들을 어떻게 음역하고 있는지를 보면 이 점을 확인할 수 있습니다. 이런 사실을 볼 때, 여러분이 음절, 액센트, 모음 변화 등의 관계에 대한 제대로 된 이론적 지식을 갖는 것이 어떤 자료를 갖고 있느냐 하는 문제보다 더 중요하다는 점을 알 수 있습니다. 제가 이 책에서 누누이 반복해서 말하고 있는 사항들을 정확히 기억하고 이해하세요. 그러면 여러분은 자료의 노예가 되는 것이 아니라 자료의 판단자가 될 수 있을 것입니다. (참고로 위의 바이블 웍스[Bible Works]의 오류는 또 하나의 중요한 성경 원어 프로그램인 로고스[Logos]에는 아주 정확하게 되어 있으니 참고하기를 바랍니다. 물론 이 로고스 역시 다른 사항들을 음역할 때는 아주 큰 오류들을 범하고 있는 경우들이 있으니, 이 점에서는 어느 프로그램이 더 낫다고 볼 수는 없을 것 같습니다. 그냥 각 프로그램마다 맞는 부분들도 있고, 틀린 부분들도 있는 거지요.)

이제 남성 복수와 여성 복수로 넘어가 봅시다. 이 둘은 칼 분사 능동의 기본형인 남성 단수 קוֹטֵל에 어미 ◌ִים과 וֹת가 오는 것입니다. 이 두 어미 역시 음절의 시작 부분에 독자적인 자음이 없으므로 앞의 קוֹטֵל의 마지막 자음을 떼어 와야 합니다. 그 이후의 내용은 여성 단수 변화와 동일합니다. 아래를 보세요.

남성 복수: ◌ִים + קוֹטֵל → קוֹטְלִים

qôṭ^{e}lîm, 코틀림

여성 복수: ◌וֹת + קוֹטֵל → קוֹטְלוֹת

qôṭ^{e}lôṯ, 코틀로트

ט 아래에 쉐바(◌ְ)가 오는 점, 그리고 이 쉐바가 유성이라는 점을 꼭 기억하세요. 또 קוֹ는 קֹ로 적을 수도 있다는 점도 기억하세요.

이렇게 해서 완성된 도표를 정리해보면 다음과 같습니다.

최종 칼 분사 능동

	단수	복수
남성	קוֹטֵל קֹטֵל qôṭēl/qōṭēl, 코텔 "죽이는 사람(남자)", 혹은 "죽이는 중"	קוֹטְלִים קֹטְלִים qôṭᵉlîm/qōṭᵉlîm, 코틀림 "죽이는 사람들(남자)", 혹은 "죽이는 중"
여성	קוֹטְלָה קֹטְלָה qôṭᵉlâ/qōṭᵉlâ, 코틀라 "죽이는 사람(여자)", 혹은 "죽이는 중"	קוֹטְלוֹת קֹטְלוֹת qôṭᵉlôṯ/qōṭᵉlôṯ, 코틀로트 "죽이는 사람들(여자)", 혹은 "죽이는 중"

위의 도표에 중요한 사항 한 가지만 더 추가하겠습니다. 그것은 여성 단수 분사에 대한 것입니다. 위의 분사 도표에서 보듯이, 분사는 마치 명사 변화하듯이 하면 된다고 했습니다.

그러나 그 명사 변화에서 벗어나는 한 가지 예외 사항이 있습니다. 바로 여성 단수 분사의 경우 위에서 본 형태 외에 한 가지가 더 사용된다는 것인데 그 모양이 마치 세골 명사와 같은 형태(□ֶ□ֶ□)를 띠고 있습니다.

קֹטְלָה → קֹטֶלֶת

이 복잡해 보이는 후자의 여성 단수 분사 형태는 다음과 같이 만들어지는 것입니다. 가상의 동사 어간을 나타내는 □□□에 이 어미들을 첨가해보면 무슨 일이 일어나는지를 좀 더 선명하게 알 수 있을 것입니다.

◌◌◌ָה → ◌◌ֶ◌ֶת

즉 끝의 여성 단수 어미 ◌ָה를 ◌ֶת로 바꾸고, 그 앞 자음의 모음마저 맞춰서 세골(◌ֶ)로 바꿔주면 되는 것이지요. **여성 단수 분사 능동형**에는 이 두 가지 형태가 있다는 점을 꼭 기억하세요.

b. 칼(=파알) 동사의 분사 수동

이제 분사 수동을 봅시다. 어차피 분사 수동은 이미 외운 기본형, 즉 칼 분사 수동의 남성 단수형인 קָטוּל을 가지고 형태 변화를 시킨다는 점을 제외하고는 나머지 모든 사항은 다 칼 분사 능동형과 마찬가지입니다. 그러면 קָטוּל에 **"임-아-오트"**(îm-â-ôṯ, ◌ִים-◌ָה-וֹת)란 어미들을 붙인 잠정적인 도표로부터 시작해보지요.

	단수	복수
남성	קטוּל	קָטוּלִים
여성	קָטוּלָה	קָטוּלוֹת

남성형은 이미 배웠으니 여성 단수를 보도록 합시다. 여성 단수는 일단 다음과 같은 조합으로 만들어집니다.

קָטוּל + ◌ָה

모음 어미의 성격대로 앞의 동사의 마지막 자음을 가져와서 독자적인 음절을 만들고, 액센트도 이 마지막 음절에 찍어줍니다. 그러므로 다음과 같은 모양이 되겠지요. 음절 구분 표시 및 액센트와 함께 보도록 합시다.

קָ | טוּ | לָ֫ה

③ ② ①

이제 액센트 법칙을 적용시켜 봅시다. ②번 음절은 그 자체로 손댈 것이 없겠지요. 그 이유는 다음과 같습니다.

(1) 모음이 순장모음 וּ(û, ㅜ)입니다. 여러 번 이야기한 바와 같이 순장모음은 신성불가침이므로, 그냥 내버려두면 됩니다.

(2) 2번 음절은 개음절이고, 액센트 바로 앞입니다. 액센트 법칙 1번, 즉 "액센트 바로 앞의 개음절의 모음은 장모음"이라는 법칙에 따라서 볼 때, 이 ②번 음절의 모음은 장모음입니다. 역시 법칙에 맞으니 손댈 것이 없겠지요.

자 그러면 ①번 음절을 봅시다. 이 음절 역시 개음절입니다. 그런데 액센트에서 멀지요. 액센트 법칙 2번, 즉 "액센트에서 멀어진 개음절의 모음은 쉐봐(ְ)"라는 법칙의 적용대상입니다. 그러므로 ①번 음절의 모음을 다음과 같이 수정해야 합니다.

קָ → קְ

위의 사힝들을 종합해 보면 다음과 같습니다.

ָה + קָטוּל → קְטוּלָ֫ה

(qᵉṭûlâ, 크툴라)

남성 복수와 여성 복수 역시 어미가 마지막 자음을 가져감으로써 시작되는 액센트 법칙과 모음 변화의 흐름은 동일합니다. 요약해보자면 다음과 같습니다.

남성 복수: ים□ִ + קָטוּל → קְטוּלִים

q^{e}ṭûlîm, 크툴림

여성 복수: וֹת + קָטוּל → קְטוּלוֹת

q^{e}ṭûlôṯ, 크툴로트

자 이렇게 해서 칼 동사와 관련된 모든 변화가 다 끝났습니다. 그러면 칼 분사 수동형의 최종적인 도표를 적어보도록 합시다.

• 최종 칼 분사 수동 •

	단수	복수
남성	קָטוּל	קְטוּלִים
여성	קְטוּלָה	קְטוּלוֹת

7. 칼(=파알) 동사의 간접 명령(jussive)과 청유형(cohortative)

이로써 칼(=파알) 동사의 뼈대가 되는 일곱 가지 형태에서 직접적으로 파생되는 것들은 다 배운 셈입니다. 두 가지만 더 공부하면 이제 칼 동사와는 이별해도 됩니다. "뭐? 두 가지나 더 남았다고? 도대체 칼 동사 공부는 언제 끝나는 거야!"라는 불평에 찬 질문을 떠올리는 분들이 많을지도 모르겠습니다. 그러나 걱정할 필요 없습니다. 이 두 가지는 여러분이 새로운 것을 또 외워야 하는 것이 아니라 앞에서 배운 미완료를 거의 있는 그대로 활용하는 것이고, 여러분은 단지 개념 파악만 하면 되는 것이니까요. 그 두 가지는 다음과 같습니다.

(1) 간접 명령: 미완료 2, 3인칭 그대로 활용

(2) 청유형: 미완료 1인칭 거의 그대로 활용

a. 칼(=파알) 동사의 간접 명령(jussive)

한국어로 된 히브리어 문법책들이 "간접 명령"이라고 주로 번역하는 전문 용어 jussive는 한국어로 번역하기가 참 난감한 단어입니다. 제 생각으로는 현재까지 제시된 그 어떤 번역도 이 용어에 대한 적절한 번역이 아니라고 봅니다. 저도 아직 제대로 된 용어는 생각해내지 못했습니다. 하여튼 주로 "간접 명령"이라고 번역하고 있으니 저도 일단은 이렇게 씁니다.

간접 명령의 역할은 2인칭과 3인칭의 대상을 향한 명령을 나타내는 것입니다. 2인칭의 경우는 일단 이 책에서 다루는 수준에서는 우리가 영어 등을 배우면서 알고 있는 명령형과 거의 동일한 역할을 한다고 보면 됩니다. 이런 면에서 이 2인칭 간접 명령은 사실 위에서 배운 명령형과 거의 비슷한 역할을 한다고 생각하면 되지요. 그럼 왜 명령형이 이미 존재하는 데 굳이 또 하나의 명령형의 형태인 간접 명령이라는 형태가 필요한 것일까요? 그 이유는 이 두 개가 쓰임새가 좀 차이가 나기 때문입니다. 이 점에 대해서는 뒤에서 다시 다루겠습니다.

2인칭의 경우와 달리 3인칭의 경우는 앞에서 배운 명령형과는 확연하게 차이가 납니다. 왜냐하면 기본적으로 명령이라는 것은 바로 앞의 대상, 즉 명령하는 "내"(I) 앞에서 있는 "너" 혹은 "너희", 즉 2인칭이라는 대상에게 하는 것입니다. 그렇기 때문에 앞에서 배운 명령형은 아예 2인칭 미완료에서 접두어만 뗀 채 가져오지 않았던가요?

처음 이 간접 명령을 배울 때 가장 당혹스러운 사항들 중의 하나는 바로 이처럼 히브리어에서는 2인칭 이외의 대상, 즉 3인칭에게 하는 명령을 나타내는 명령형도 있다는 점입니다. 이게 처음에는 감이 잘 안 옵니다. 그러나 이런 류의 명령형, 즉 간접 명령형이 구약성경의 제일 처음 장인 창세기 1장에 많이 나온다는 점과 더불어 이 장에서의 용례들을 좀 보고 나면 개념 잡기가 좀 쉬워집니다. 창조의 첫 날 하나님이 "빛이 있으라"고 명령하신 것을 다 알 것입니다. 이때 하나님은 "너 빛이여, 존재해라"라고 2인칭 형태로 명령하지 않으셨습니다. 대신 빛을 3인칭으로 지칭해서 "빛이 있으라"고 하셨습니다. 이것을 영어 성경들은 "Let there be light"라고 번역하고 있습니다. 즉 영어에서 "let … do …"의 형태로 표현되는 것이 바로 3인칭을 향한 명령, 곧 **간접 명령**인 것이지요. 이런 형태의 명령형을 나타내는 jussive를 "간접 명령"이라고 칭한 것은 바로 이처럼 2인칭에게 직접 명령하는 형태가 아니라 마치 3인칭에게 에둘러 말하듯이 하는 뉘앙스를 띠고 있기 때문이라고 생각됩니다.

하여튼 동사 변화의 일부로서의 간접 명령은 아주 간단합니다. 최소한 규칙 동사에서는 간접 명령이 이미 배운 미완료의 2인칭 및 3인칭과 완전히 동일합니다. 이것을 도표로 표시해보면 다음과 같습니다.

	단수	복수
3인칭 남	יִקְטֹל	יִקְטְלוּ
여	תִּקְטֹל	תִּקְטֹלְנָה
2인칭 남	תִּקְטֹל	תִּקְטְלוּ
여	תִּקְטְלִי	תִּקְטֹלְנָה

이처럼 미완료와 동일한 형태가 간접 명령의 경우에도 쓰이는 것이지요. 따라서 위의 도표와 같은 형태가 미완료인지 간접 명령인지는 결국 문맥이 결정하는 경우가 상당히 많으며, 또 상당히 좋은 성경 프로그램들이나 동사 파싱 자

료도 이 점에 있어서 분석이 서로 다른 경우가 꽤 있습니다. 그러나 초급 문법에서는 이런 점들을 신경 쓸 것 없이 미완료와 간접 명령은 최소한 규칙 동사에서는 형태가 같다는 점만 기억하면 됩니다. 그러니 여러분은 최소한 이 문제에 있어서만은 새로운 도표를 외울 필요는 전혀 없습니다.

자 그러면 3인칭은 그렇다치고 2인칭의 경우 명령형이 있는데도 굳이 간접 명령이라는 다른 형태의 명령형이 존재하는 이유는 무엇일까요? 그 이유는 다음과 같습니다.

(1) 명령형은 오직 긍정의 명령에만 사용됩니다. 예를 들어 "죽여라!"(Kill!)라고 명령할 때는 명령형이 쓰입니다. 그러나 "죽이지 마!"(Don't kill!)라고 부정의 명령을 할 때는 명령형을 쓰지 않습니다. 대신 부정을 나타내는 불변화사(particle, 인칭이나 성이나 수 등의 사항에 따라 변화를 겪지 않고 항상 동일한 형태를 유지하는 단어)인 אַל (ʾal, 알, "아니"[not])과 함께 이 간접 명령형(즉, 미완료와 같은 형태의 명령형)을 쓰는 것이지요. 이것을 히브리어로 써보면 다음과 같습니다.

<table>
<tr><td>(긍정 명령)
죽여라!</td><td>קְטֹל　　　　명령형 사용</td></tr>
<tr><td>(부정 명령)
죽이지
말라!</td><td>אַל קְטֹל　(X)　אַל + 명령형을 절대 쓰지 않음!!

אַל תִּקְטֹל　(O)　אַל + 간접 명령을 대신 사용

(여기에서는 2인칭 남성 단수[미완료 2인칭 남성 단수와 동일한 모양!]를 썼다. 그러나 명령의 대상인 2인칭이 여성 단수, 남성 복수, 여성 복수 등이라면 그에 맞는 형태를 써주면 된다.)</td></tr>
</table>

(2) 부정을 나타내는 불변화사의[3] 대표적인 것은 אַל과 לֹא입니다. 이 중에서 לֹא는 일반적인 평서문 등에서 부정의 개념을 나타낼 때 사용되며, אַל은 앞에서 본 바와 같이 간접 명령 등과 같이 사용되어 부정의 개념을 나타냅니다. 그러나 간접 명령이때때로 לֹא와 같이 사용되기도 하지요. 이 경우 굉장히 강력한 금지, 즉 절대적인 금지의 명령 등을 나타냅니다. 예를 들어 십계명이 바로 "לֹא + 간접 명령"의 형식을 가진 절대적 금지 명령 형태의 문장을 많이 씁니다. אַל을 쓸 때와 לֹא를 쓸 때의 차이를 비교해보면 다음과 같습니다.

일반적 부정 명령	אַל תִּקְטֹל	([그냥] 죽이지 말라!)
절대적 금지 명령	לֹא תִּקְטֹל	([절대로] 죽이지 말라!)

이 책이 구문론적인 사항까지 가르치는 것을 의도하고 있지 않으므로 위의 사항은 그냥 참고만 하면 됩니다. 여러분이 기억할 것은 간접 명령이란 것이 형태적으로는 규칙 동사의 경우에서는 미완료 2인칭 및 3인칭과 완전히 동일하다는 점입니다.

b. 칼(=파알) 동사의 청유형(cohortative)

Cohortative를 "**청유형**"이라고 많이 번역하지만, 위의 jussive의 경우와 마찬가지로 이것 역시 썩 좋은 번역은 아닌 것 같습니다. 앞으로 문법적으로 타당

3. "불변화사"(particle)란 용어는 동사나 명사 등과 달리 어떤 상황에서도 그 형태가 변하지 않는 단어를 지칭하는 용어이다. 영어의 "not"이나 "already" 등의 각종 부사 등이 여기에 해당된다. 이 단어들은 성, 수, 인칭 등의 영향을 전혀 받지 않으며, 따라서 문장 중에서 그 형태가 변화되는 일도 절대 없다.

한, 더 좋은 번역이 나와야만 할 것 같습니다. 일단은 이 “청유형”이라는 용어를 계속 쓰기는 하겠습니다.

이 청유형은 아주 간단히 말해서 1인칭이 스스로에게 명령하는 것입니다. 우리가 좀 어려운 어떤 일을 해야 할 때 스스로를 격려하고 스스로에게 분발을 촉구하는 차원에서 “자 박철현, 한 번 해보자. 해보는 거야”라는 식으로 혼잣말을 하고는 합니다. 이럴 때 우리는 자기 스스로에게 명령을 하는 셈이지요. 이처럼 1인칭은 화자 자신이 자기 자신에게 명령을 하는 것이라고 이해하면 쉽습니다. 이런 청유형의 뉘앙스를 영어로는 “let me…” 혹은 “let us…” 정도로 표현하지요.

청유형은 또한 “내가…하리라” 등, 1인칭의 의지를 나타내는 표현으로 사용되기도 합니다. 이런 경우를 우리는 시편 등에서 자주 봅니다. 일례로 시편 89편의 시작은 “내가…노래하며, 내 입으로…알게 하리이다”(I will sing…and I will proclaim…)이라고 되어 있습니다. 여기에서 “노래하며”와 “알게 하리이다”라는 동사가 히브리어로는 청유형을 쓰고 있는 것이지요.

이 청유형은 크게 새로 배울 것은 거의 없습니다. 앞의 간접 명령의 경우와 마찬가지로 미완료 1인칭 단수와 복수를 일단 있는 그대로 가져옵니다. 그리고 거기에 모음 어미 ◌ָה를 붙이는 것으로 완성됩니다. 모음 어미가 올 경우 그 앞의 단어의 마지막 자음, 즉 קטל의 경우 ל를 빼앗기게 되고, 그 앞의 자음인 ט는 모음이 쉐바로 바뀐다는 점은 알고 계시지요? 그 작업만 해주면 됩니다. 그러면 이 형태를 한 번 만들어 보도록 합시다.

אֶקְטֹל + ◌ָה → אֶקְטְלָה

(ʾeqṭᵉlâ, 에크틀라)

נִקְטֹל + ◌ָה → נִקְטְלָה

(niqṭᵉlâ, 니크틀라)

이게 끝입니다. 아주 간단하지 않나요? 이것으로 해서 칼 동사의 모든 변화는 이제 더 이상 남은 것이 없습니다.

8. 칼(=파알) 동사 변화의 정리

어형	칼
완료	קָטַל
미완료	יִקְטֹל
명령형	קְטֹל
부정사 연계형	קְטֹל
부정사 절대형	קָטוֹל / קָטֹל
분사 능동	קוֹטֵל / קֹטֵל
분사 수동	קָטֻל / קָטוּל

이제 칼 동사 변화를 정리해보도록 합시다. 먼저 위에 있는 칼 동사의 뼈대가 되는 도표를 보시기 바랍니다. 칼 동사 변화의 뼈대와도 같은 핵심 사항들을 집대성해 놓은 것입니다. 지금까지 살펴본 바와 같이 완료형과 미완료형은 3인칭 남성 단수만을 써놓았습니다. 또 명령형과 분사 능동 및 수동은 남성 단수형만을 써놓았습니다. 그렇지만 이 일곱 가지 변화 도표만 제대로 외우고 있으면 이 도표에 빠져 있는 나머지 사항을 암기하여 채워넣는 것은 별로 어렵지 않습니다.

(1) **완료형**은 "**영아타트티우템텐누**"라는 것만 외우고 있으면 얼마든지 완성된 도표를 만들 수 있습니다.

(2) **미완료형**은 "**이티티티에, 이티티티니**", "**이, 우나우나**"만 외우고 있으면 역시 만들 수 있습니다.

(3) **명령형**은 새로 외워야 하는 것이 아니라 미완료형에서 접두어를 떼기만 하면 됩니다. 더불어 여기에 쉐와 법칙만 좀 적용하면 됩니다.

(4) **부정사**는 연계형, 절대형 모두 변화가 없습니다. 위 도표의 내용이 전부지요.

(5) **분사형**은 기본형인 남성 단수에 명사 변화 어미만 적용시키고, 액센트 변화에 따른 모음 변경만 해주면 됩니다. 이렇게 하면 칼 동사 변화는 끝나는 것이지요.

위의 일곱 개의 뼈대가 정확히 몇 개의 변화를 숨기고 있는지 알겠나요? 완료 9개, 미완료 10개, 명령형 4개, 부정사 2개, 분사 능동/수동 해서 8개, 간접명령 8개, 청유형 2개 해서 총 43개입니다. 이 43개의 변화가 위의 일곱 개만 완전히 암기하고 있으면 끝나는 것입니다. 즉 "**카탈–익톨–크톨–크톨–카톨–코텔–카툴**"(קָטַל-יִקְטֹל-קְטֹל-קְטֹל-קָטֹל-קֹטֵל-קָטוּל)만 외우고 있으면 43개의 변화는 고스란히 손 안에 들어오게 됩니다. 엄청나지 않나요? 제가 히브리어의 뼈대를 3일만에 잡을 수 있다고 큰 소리 친 것도 바로 이 점 때문입니다.

D. 칼(=파알) 이외의 동사들의 완료와 미완료

자 이제 칼부터 호팔까지의 완료와 미완료에 대해서 공부해 봅시다. 이 5장의 서론의 도표를 소개하면서 제가 히브리어의 뼈대를 잡기 위해서 꼭 해야 하는 사항에 대해서 말한 바가 있습니다. 그것은 바로 앞 단원에서 배운 칼의 일곱 가지 변화(도표에서 수직으로 표시된 빨간 테두리의 칸들)와 더불어 칼부터 호팔까지의 완료/미완료(도표에서 윗쪽에 수평으로 표시된 빨간 테두리의 칸들)를 완벽하고 정확하게 외워야 한다는 것이었습니다. 앞 단원에서 이 두 가지 사항 중 칼의 일곱 가지 변화에 대해서는 공부했으니, 이제부터는 칼부터 호팔까지의 완료 및 미완료에 대해서 공부해보도록 하겠습니다.

칼의 완료와 미완료에 대해서는 이미 충분히 설명한 바가 있습니다. 그러니 그냥 확인 차원에서 다시 한 번 써보기만 하지요.

קָטַל (qāṭal, 카탈): "그가 죽였다"

יִקְטֹל (yiqṭōl, 읶톨): "그가 죽일 것이다"

1. 니팔의 완료와 미완료

니팔 완료는 이미 앞에서 설명한 바가 있습니다. 이미 아시는 바와 같이 동사 변화의 이름에서 니팔이라는 이름은 고대의 문법 학자들이 사용한 פָּעַל(pāʿal, 파알)이란 동사에서 나온 것입니다. 즉 파알 동사의 어간인 פעל에 니팔 동사의 특징을 부여해 준 것을 소리 나는 대로 읽은 것이 바로 니팔(좀 더 정확히는 "닢알")이라는 이름인 것입니다. 니팔(닢알)의 특징적인 부분을 빨간색으로 표기해보면 다음과 같이 되겠지요.

נִפְעַל (nip̄ʿal, 닢알)

즉 어떤 동사든지 그 어간에다 위의 빨간색 부분을 덧붙이기만 하면 그 동사의 니팔 완료형이 되는 것입니다. 규칙 동사인 קטל에 이것을 붙여 보면 다음과 같이 됩니다.

נִקְטַל (niqṭal, 닠탈)

이렇게 만들어진 닉탈(נִקְטַל)이 바로 קטל의 니팔 완료형입니다. 좀 더 정확히 말하면 이것은 קטל의 니팔 완료 3인칭 남성 단수지요.

앞에서 말한 바와 같이 니팔은 단순 수동형으로 쓰일 수도 있고, 단순 재귀형으로 쓰일 수도 있습니다. 수동형으로 쓰인 경우 그 의미는 "그가 죽임을 당했다"(He was killed) 정도가 될 것입니다. 그리고 단순 재귀형으로 쓰인 경우는 그 의미는 "그가 스스로를 죽였다"(He killed himself)가 되겠지요. 이 정도까지는 이미 앞에서 배운 내용입니다.

자 그러면 이 닉탈(נִקְטַל)의 미완료형은 어떻게 될까요? 칼(=파알)형에서 미완료형은 동사 어간에 접두어 "이티티티에, 이티티티니"를 붙이면 된다고 말한 바가 있지요. 이 중에서 처음 것인 "이"가 바로 미완료 3인칭 남성 단수에 붙는 "이"(יִ)입니다. 니팔 미완료의 기본형인 3인칭 남성 단수 형태를 만들 때는 먼저 이 접두어를 붙입니다. 다음으로 니팔형의 가장 강력한 특징이라고 할 수 있는 נ을 아래와 같이 붙입니다. 마지막으로 동사 어간에 붙어야 할 모음을 아래와 같이 붙임으로써 니팔의 미완료형이 완성되는 것이지요. 이것들을 빨간색으로 표시해보면 다음과 같습니다.

קָטֵל + נְ + יִ → יִנְקָטֵל

즉 니팔 미완료는 기본적으로 그 어떤 동사든 그 어간에 위의 빨간색 부분을 다음과 같이 붙이면 되는 것입니다.

자 어떤가요? 쉽지 않나요?

그런데 이 대목에서 지금까지의 가르침을 아주 잘 터득하고 있는 학생들은 한 가지 더 조정해야 할 사항이 남아 있다는 것을 알 것입니다. 그것은 접두어 다음에 오는 נ이 쉐바와 함께 사용되었다는 점입니다. 자음의 성격들을 가르칠 때 설명한 바와 같이 נ은 쉐바와 같이 사용되면 거의 무조건 뒷자음에 동화되어 이중점으로 변화되어 뒷자음 속으로 들어갑니다. 그러니 이 니팔 미완료의 경우에도 반드시 눈을 뒷자음에 이중점으로 변화시켜 집어넣어야 하겠지요. 이 과정을 좀 더 차근차근 보여주면 다음과 같습니다.

יִנְקָטֵל → יִקְקָטֵל → יִקָּטֵל

(yiqqāṭēl, 익카텔)

이렇게 해서 결국 니팔 미완료형에서는 니팔형의 가장 강력한 특징인 נ은 동사 어간의 첫 자음 속으로 이중점의 형태로 들어가게 됩니다. 즉 미완료에서는 니팔형의 특징인 נ이 소멸되는 것이 아니라 이중점의 형태로 보존되는 것이지요. (따라서 어떤 동사의 미완료가 니팔형인지 아닌지는 바로 동사 어간의 첫자음 속에 이중점이 있느냐 없느냐로 거의 판가름납니다. 이처럼 여러분이 히브리어의 뼈대를 정확히 파악하고 있으면 동사 파싱은 식은 죽 먹기입니다. 감추려 해도 히브리어 동사에는 각 형태의 특징들이 너무나도 '티'가 납니다. 비유적으로 말하자면 마치 멍청한 범인, 즉 자신의 범행에 대한 증거들을 마구 흘리고 다니는 범인과 같지요. 그러므로 여러분이 할 일은 동사가 자신의 정체에 대해서 드러내고 있는 '티'가 뭔지만 제대로 알고 찾아내는 것입니다.)

여러분이 위의 사항을 잊어버리기 전에 שָׁמַר(šāmar, 샤마르, "지키다")로 한 번만 더 연습을 해 봅시다. 이 동사에 위의 니팔 미완료형의 요소들을 대입시키면 다음과 같이 되겠지요.

יִנְשָׁמֵר → יִשְׁשָׁמֵר → יִשָּׁמֵר

(iššāmēr, 잇샤메르)

자 그러면 동사 서론(5장 A)의 도표에 나오는 규칙 동사 קָטַל의 니팔형 완료 미완료를 쓰고 외워 봅시다.

נִקְטַל (niqṭal, 닉탈)

יִקָּטֵל (yiqqāṭēl, 잌카텔)

2. 피엘의 완료와 미완료

이제 피엘형 완료와 미완료로 넘어가도록 하지요. 먼저 피엘형 변화를 פעל을 가지고 써보겠습니다. 빨간색으로 표시된 부분이 피엘 변화의 핵심사항들입니다. 두 번째 자음 ע 안에 찍은 이중점은 원래는 ע이 후음이기 때문에 찍을 수 없는 것이지만 그냥 규칙 동사를 배우기 위해 찍어 넣은 가상적인 형태입니다. 이 이중점은 강조형 능동/수동/재귀형인 피엘/푸알/히트파엘형의 특징이라는 점은 이미 앞에서 강조한 바 있습니다.

פִּעֵּל (piᶜēl, 피엘)

위의 피엘에서 빨간색으로 표시된 부분을 그대로 규칙 동사 어간인 קטל에 찍으면 קטל의 피엘형이 되겠지요.

קִטֵּל (qiṭṭēl, 킽텔)

이제 이 קטל의 피엘 미완료형을 배워 봅시다. 피엘 미완료는 칼이나 니팔과 마찬가지로 "이티티티에, 이티티티니"란 접두어를 덧붙이면 됩니다. 그 중 미완료형의 기본형인 3인칭 남성 단수의 접두어를 붙어야 하니, 제일 처음의 "이"(יְ)를 붙이면 되겠지요.

그러나 비록 어렵지 않지만 한 가지 이 단계에서 새로 등장하는 중요한 사향이 있습니다. 물론 앞으로 나오는 피엘부터 호팔까지의 경우에도 여전히 미완료의 접두어로 "이티티티에, 이티티티니"가 유효하기는 합니다. 그러나 **이 각 접두어의 자음 아래에 오는 모음은 달라질 수가 있습니다.** 이 점을 꼭 기억해야 합니다. 피엘의 경우에는 미완료 접두어 자음 아래의 모음이 "ㅣ"(◌ִ)가 아니라 "쉐바"(◌ְ) 입니다. 피엘 미완료의 접두어 모음을 전체 다 써보면, 모음이 다음과 같이 모두 달라진다는 것을 알 수 있습니다.

발음	이	티	티	티	에	이	티	티	티	니
칼	יִ	תִּ	תִּ	תִּ	אֶ	יִ	תִּ	תִּ	תִּ	נִ
피엘	יְ	תְּ	תְּ	תְּ	אֲ	יְ	תְּ	תְּ	תְּ	נְ
발음	예	트	트	트	아	예	트	트	트	느

위의 도표에서 빨간색 부분은 유념해야 할 부분들입니다. 먼저 첫 번째 빨간 글씨, 즉 피엘의 제일 첫 칸에 있는 יְ (yᵉ)는 한국어로 참 발음하기 곤란하지만 통상적으로 "예"로 읽습니다. 즉 이 책에서는 통상적으로 쉐바는 유성이든 무성이든 묵음처럼 읽는다는 것이 대원칙이지만, 요드(י)와 봐브(ו)의 경우에는 예외입니다. 이 두 자음 아래에 쉐바가 오면 묵음처럼 읽어서는 제대로 소리를 낼 방법이 없기 때문이지요. (이처럼 동일한 소리가 주변의 다른 소리와 어울릴 때 미묘하게 소리가 달라지는 경우는 어느 나라 언어에서나 흔하게 나타납니다. 예를 들어 영어의 t는 "ㅌ"처럼 발음하면 되지만 train, true 등의 경우처럼 바로 뒤에 r이 따라오는 경우에는 마치 "ㅊ"처럼 소리가 변형되어 나게 되지요. 마치 "츄레인", "츄루"라고 발음하는 것처럼 느껴질 정도입니다.)

두 번째 빨간 글씨, 즉 1인칭 단수에 해당하는 부분 역시 주의해야 합니다. 1인칭 단수 미완료 접두어의 자음은 א입니다. 이것은 후음 자음이지요. 칼의 경우에는 아래에 모음이 "ㅔ"(◌ֶ)가 왔기 때문에 별 상관이 없습니다. 그러나 피엘의 경우에는 모음이 단순 쉐바(◌ְ)가 되는데, 후음 자음은 단순 쉐바를 받지 않습니다. 따라서 합성 쉐바로 바꿔 줘야 하는 것이지요. 후음은 "ㅏ" 소리 계열을 좋아하는 특성을 갖고 있으므로 특별한 이유가 없는 한 합성 쉐바도 "ㅏ" 소리 계열(◌ֲ)을 넣어주면 됩니다. 그래서 만들어진 것이 위의 도표에 있는 바와 같습니다(אֲ). 그 아래 칸에 소리를 표기해 놓은 것처럼 "아"(정확한 음역 표기로는 ʾa)로 읽으면 됩니다.

이제 피엘 미완료의 기본형인 3인칭 남성 단수의 형태를 만들어 봅시다. 접두어 "예"(יְ)를 앞에 붙이고 동사 어간에 필요한 모음들을 붙이면 됩니다. 즉 가상적인 형태에 빨간색으로 표시해보면 다음과 같습니다.

이것을 규칙 동사인 קטל에 도입시키면 다음과 같습니다.

יְקַטֵּל (yeqaṭṭēl, 예칼텔)

이제 피엘 완료와 미완료를 한데 모아볼까요?

קִטֵּל (qiṭṭēl, 킽텔)

יְקַטֵּל (yeqaṭṭēl, 예칼텔)

3. 푸알의 완료와 미완료

강조형 수동 형태인 푸알은 강조형 능동 형태인 피엘의 수동형으로서 피엘과 유사한 점들을 많이 갖고 있기 때문에 특별히 길게 설명할 필요는 없을 것 같습니다. 푸알 완료에 대해서는 이미 앞에서 설명을 했으며, 미완료 접두어는 피엘과 동일하지요. 이 푸알 완료와 미완료를 가상적인 자음으로 표기해보면 다음과 같습니다. 빨간색으로 표시된 부분들은 푸알 완료와 미완료의 특징적인 사항들입니다.

완료: 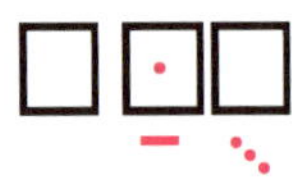

미완료: 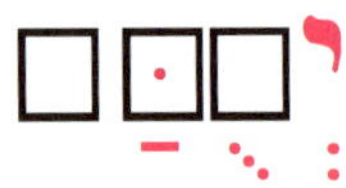

위의 빨간색 부분을 규칙 동사 קטל에 붙이면 קטל의 푸알형 변화가 만들어집니다.

קֻטַּל (quṭṭal, 쿹탈)

יְקֻטַּל (y^{e}quṭṭal, 예쿹탈)

4. 히트파엘의 완료와 미완료

이제 강조형 재귀 형태를 나타내는 히트파엘형을 배워 봅시다. 히트파엘형의 제일 큰 특징은 동사어간에 접두어로 붙는 הִתְ (hiṯ, 히트)라고 했습니다. 이 접두어와 더불어 동사 어간에 붙어야 하는 모음을 함께 동사 어간에 붙여주면 히트파엘형이 완성됩니다. 가상적인 자음과 더불어 한 번 써보도록 하지요. 빨간색 부분들이 동사 어간을 가지고 히트파엘형을 만들 때 붙이는 접두어와 어간의 모음들입니다.

הִתְ□ַ□ֵּ□

이제 이 요소들을 규칙 동사의 어간 קטל에 붙여보면 다음과 같이 됩니다.

הִתְקַטֵּל

여기까지는 이미 배웠습니다. 그러면 미완료는 어떻게 만들면 될까요? "이티티에, 이티티티니"를 붙이면 되겠지요. 이때 이 접두어를 붙이는 위치는 완료형의 접두어 הִתְ의 הִ 부분입니다. 미완료 기본형인 3인칭 남성 단수의 경우 י를 הִ 자리에 넣으면 됩니다. 그 외의 나머지는 완료형과 미완료형이 동일합니다. 한 번 적어 봅시다.

הִתְקַטֵּל → יִתְקַטֵּל

완료형 미완료형

자 그러면 완료형과 미완료형을 앞의 다른 경우들과 마찬가지로 위아래로 표기해 볼까요?

הִתְקַטֵּל (hiṯqaṭṭēl, 힡칼텔)

יִתְקַטֵּל (yiṯqaṭṭēl, 잍칼텔)

5. 히필의 완료와 미완료

이제 사역형인 히필의 완료와 미완료를 봅시다. 사역형의 가장 커다란 특징은 사역형을 나타내는 접두어 ה라는 점에 유의하세요. 이 ה에 모음 "ㅣ"(□ִ)

를 붙인 것이 히필형 완료에 붙는 접두어인 것이지요(הִ). 이 접두어와 더불어 동사 어간에 붙는 나머지 사항들을 붙이면 히필형이 됩니다. 특히 동사 어간의 두 번째 자음과 세 번째 자음 사이에 순장모음 "ㅣ"(□ִי)가 온다는 점을 꼭 기억하길 바랍니다. 사역형의 특징적인 접두어와 더불어 이 순장모음이 히필형을 다른 형들과 구분시켜 주는 가장 큰 특징인 것이지요. 그러면 가상적인 동사 어간의 표시에 이 히필형 변화 요소들을 접목시켜 봅시다.

הִ□ְ□ִי□

이런 히필형 만드는 요소들을 규칙 동사 קטל에 적용시키면 다음과 같습니다.

הִקְטִיל (hiqṭîl, 힉틸)

완료는 이렇게 되었는데, 그러면 미완료는 어떻게 될까요? 우선 미완료의 접두어 공식 "이티티티에, 이티티티니"의 자음은 그대로 적용됩니다. 그러나 모음은 "ㅣ"(□ִ)에서 "ㅏ"(□ַ)로 달라집니다. 즉 다음과 같이 됩니다.

발음	이	티	티	티	에	이	티	티	티	니
칼	יִ	תִּ	תִּ	תִּ	אֶ	יִ	תִּ	תִּ	תִּ	נִ
히필	יַ	תַּ	תַּ	תַּ	אַ	יַ	תַּ	תַּ	תַּ	נַ
발음	야	타	타	타	아	야	타	타	타	나

이렇게 해서 만들어진 히필 미완료 접두어를 히필 완료 접두어인 הִ 자리에 집어 넣으면 미완료가 만들어지게 됩니다.

הִקְטִיל → יַקְטִיל (yaqṭîl, 약틸)

그러면 히필 완료와 미완료를 다시 한 번 정리해 봅시다.

הִקְטִיל (hiqṭîl, 힉틸)

יַקְטִיל (yaqṭîl, 약틸)

6. 호팔의 완료와 미완료

호팔 역시 사역형이므로 사역형을 나타내는 접두어인 ה가 옵니다. 이 ה에 모음 "ㅗ"(ָ, 장모음 "ㅏ"와 혼동하지 말아야 함. 모양은 똑같지만 여기서는 단모음 "ㅗ"임)를 붙인 것이 호팔형 완료에 붙는 접두어인 것이지요(הָ). 이 접두어와 더불어 동사 어간에 붙는 나머지 사항들을 붙이면 호팔형이 됩니다. 그러면 가상적인 동사 어간의 표시에 이 호팔형 변화 요소들을 접목시켜 볼까요?

הָ□ְ□ַ□

이런 호팔형 만드는 요소들을 규칙 동사 קטל에 적용시키면 다음과 같습니다.

הָקְטַל (hoqṭal, 혹탈)

완료는 이렇게 되었는데, 그러면 미완료는 어떻게 될까요? 우선 미완료에서 미완료의 접두어 공식 "이티티티에, 이티티티니"의 자음은 그대로 적용됩니다. 그러나 모음은 "ㅣ"(ִ)에서 "ㅗ"(ָ)로 달라집니다. 즉 다음과 같이 되겠지요.

발음	이	티	티	티	에	이	티	티	티	니
칼	יִ	תִּ	תִּ	תִּ	אֶ	יִ	תִּ	תִּ	תִּ	נִ
호팔	יָ	תָּ	תָּ	תָּ	אָ	יָ	תָּ	תָּ	תָּ	נָ
발음	요	토	토	토	오	요	토	토	토	노

이렇게 해서 만들어진 호팔 미완료 접두어를 호팔 완료 접두어인 הָ 자리에 집어 넣으면 미완료가 만들어집니다.

הָקְטַל → יָקְטַל (yoqṭal, 욕탈)

그러면 호팔 완료와 미완료를 다시 한 번 정리해 봅시다.

הָקְטַל (hoqṭal, 혹탈)

יָקְטַל (yoqṭal, 욕탈)

7. 칼(=파알) 이외의 동사들의 완료와 미완료의 정리

지금까지 설명한 완료와 미완료의 기본형을 정리하자면 다음과 같습니다. 이 도표는 동사 서론(5장 A)의 도표 중 수평으로 된 빨간 표시의 칸들과 동일합니다. 여러분은 이 도표의 완료와 미완료를 칼 동사의 뼈대가 된 일곱 개의 변화와 더불어 완벽하게 외워야 합니다. 이 두 개가 히브리어 공부의 성공에 있어서 가장 중요한 사항들이기 때문입니다. 여러분의 유전자 속에 심어질 정도로 외우세요. 그러면 나머지 공부는 좀 적당히 해도 히브리어는 여러분의 손 안에 들어와 있을 것입니다.

	파알 (פָּעַל) (=칼)	니팔 (닢알) (נִפְעַל)	피엘 (פִּעֵל)	푸알 (פֻּעַל)	히트파엘 (힡파엘) (הִתְפַּעֵל)	히필 (힢일) (הִפְעִיל)	호팔 (홒알) (הָפְעַל)
완료	קָטַל	נִקְטַל	קִטֵּל	קֻטַּל	הִתְקַטֵּל	הִקְטִיל	הָקְטַל
미완료	יִקְטֹל	יִקָּטֵל	יְקַטֵּל	יְקֻטַּל	יִתְקַטֵּל	יַקְטִיל	יָקְטַל

E. 칼 이외의 동사들에 위의 두 도표의 내용 적용하기

자 이제 여러분은 칼 동사의 뼈대 일곱 개와 칼부터 니팔까지의 완료/미완료 14개를 완벽하게 외운 상태입니다. 이 두 가지 암기 사항은 전쟁으로 말하면 인천상륙작전과 같습니다. 6.25전쟁 당시 연합군의 수장인 맥아더 장군은 낙동강부터 서서히 북진하는 작전을 쓰지 않고 아예 북한 땅과 남한 땅의 중간 정도 지점인 인천에 상륙을 감행하는 작전을 썼습니다. 이 작전을 통해 북한국은 인천 이북의 부대와 인천 이남의 부대로 양분되지요. 상륙작전 성공 후 맥아더 장군은 인천 쪽에서 밀고 내려가는 한편 낙동강에서 북진을 하는 양동 작전을 폄으로써 남한에 내려와 있던 북한군을 섬멸한 바 있습니다. 또 그 여파를 몰아 인천 이북으로 북진을 해서 북한 땅의 상당 부분을 점령했지요. 칼 동사 변화 일곱 개와 칼부터 히필까지의 완료/미완료 열네 개의 암기는 이런 인천상륙작전 같은 것이라 할 수 있습니다. 여러분이 이 두 가지를 완벽하게 수행했다면 히브리어 공부는 거의 끝난 것이나 다름없습니다. 이제 남은 것은 잔당들 소탕밖에 없습니다. 그러면 여러분이 이미 뼛속까지 스며들게 암기한 위의 두 가지 사항이 어떻게 동사 서론(5장 A)에 나오는 도표, 그리고 그 도표 속에 숨겨져 있는 더 많은 도표를 굳이 외우지 않고도 다 알 수 있게 해줄 수 있을까요? 이제부터 그것을 설명하겠습니다. 우선 5장 동사 서론의 도표를 다시 한 번 가져와 보도록 하지요.

<table>
<tr><th rowspan="2"></th><th colspan="2">단순형</th><th colspan="3">강조형</th><th colspan="2">사역형</th></tr>
<tr><th>능동</th><th>수동/재귀</th><th>능동</th><th>수동</th><th>재귀</th><th>능동</th><th>수동</th></tr>
<tr><td></td><td>파알
(פָּעַל)
(=칼)</td><td>니팔
(닢알)
(נִפְעַל)</td><td>피엘
(פִּעֵל)</td><td>푸알
(פֻּעַל)</td><td>히트파엘
(힡파엘)
(הִתְפַּעֵל)</td><td>히필
(힢일)
(הִפְעִיל)</td><td>호팔
(홒알)
(הָפְעַל)</td></tr>
<tr><td>완료</td><td>קָטַל</td><td>נִקְטַל</td><td>קִטֵּל</td><td>קֻטַּל</td><td>הִתְקַטֵּל</td><td>הִקְטִיל</td><td>הָקְטַל</td></tr>
<tr><td>미완료</td><td>יִקְטֹל</td><td>יִקָּטֵל</td><td>יְקַטֵּל</td><td>יְקֻטַּל</td><td>יִתְקַטֵּל</td><td>יַקְטִיל</td><td>יָקְטַל</td></tr>
<tr><td>명령형</td><td>קְטֹל</td><td>הִקָּטֵל</td><td>קַטֵּל</td><td>קֻטַּל</td><td>הִתְקַטֵּל</td><td>הַקְטֵל</td><td>הָקְטַל</td></tr>
<tr><td>부정사 연계형</td><td>קְטֹל</td><td>הִקָּטֵל</td><td>קַטֵּל</td><td>קֻטַּל</td><td>הִתְקַטֵּל</td><td>הַקְטִיל</td><td>הָקְטַל</td></tr>
<tr><td>부정사 절대형</td><td>קָטֹל</td><td>הִקָּטֹל</td><td>קַטֹּל</td><td>קֻטֹּל</td><td>הִתְקַטֵּל</td><td>הַקְטֵל</td><td>הָקְטֵל</td></tr>
<tr><td>분사 능동</td><td>קֹטֵל</td><td rowspan="2">נִקְטָל</td><td rowspan="2">מְקַטֵּל</td><td rowspan="2">מְקֻטָּל</td><td rowspan="2">מִתְקַטֵּל</td><td rowspan="2">מַקְטִיל</td><td rowspan="2">מָקְטָל</td></tr>
<tr><td>분사 수동</td><td>קָטוּל</td></tr>
</table>

이 도표에서 빨간색으로 표시된 부분들이 지금까지 설명한 부분들입니다. 이 부분들을 잘 이해하면 어떤 유익이 있는지를 잠깐 말해보도록 하지요. 우선 칼 동사의 변화 일곱 개를 알면 이 각 변화의 요소들이 니팔부터 호팔까지의 변화도 상당 부분 알게 해 줍니다. 예를 들어 칼 명령형의 형태를 잘 이해하고 나면 니팔부터 호팔까지의 명령형의 조성 원리도 거의 파악하게 됩니다. 그러니 칼 명령형만 잘 외우면 니팔부터 호팔까지의 명령형은 거의 파악한 것이나 마찬가지입니다. 바로 이 점이 칼 동사 변화 일곱 개(위 도표상의 수직 방향의 빨간색 칸들)를 열심히 외운 이유입니다. 이 일곱 개를 알면 각 칸의 수평 방향으로의 변

화들을 파악하는 데 큰 도움이 되는 것입니다.

이제 위 도표상의 수평 방향의 빨간색 칸들에 대해서 살펴보지요. 이 수평 방향의 빨간색 칸들에 들어 있는 칼부터 호팔까지의 완료/미완료 열네 개를 완전히 외우고 나면 그 각각의 수직 방향으로의 변화들은 앞에서 칼 동사의 경우에 보았던 것과 마찬가지로 역시 대부분 거의 자동으로 풀려나갑니다.

이처럼 위 도표의 빨간색 칸들을 수직 및 수평 방향으로 완전히 이해하고 암기하고 나면 도표의 나머지 칸들은 외우는 것이 아니라 이해하면 됩니다. 자 그러면 어떻게 붉은 칸의 부분들이 그 이외의 부분들을 채워나갈 수 있는지 살펴보도록 합시다. 칼형에 대해서는 많이 설명했으니, 여기에서는 니팔형부터 설명하도록 합니다.

1. 니팔형 변화에 대한 설명

	니팔(닢알) (נִפְעַל)
완료	נִקְטַל
미완료	יִקָּטֵל
명령형	הִקָּטֵל
부정사 연계형	הִקָּטֵל
부정사 절대형	הִקָּטֹל
분사 능동	נִקְטָל

이제 니팔 완료/미완료에 대해서는 여러분이 완전히 이해했을 줄로 믿습니다. 칼형의 뼈대가 되는 일곱 개의 변화를 니팔형의 경우에도 적용시켜 보면 왼쪽에 있는 도표와 같이 되겠지요. 이 도표는 동사 서론(5장 A) 서두의 도표 중 니팔형 부분만을 따로 떼어 온 것입니다. 그러면 이 도표를 중심으로 해서 완료부터 분사형까지 차근차근 설명을 하겠습니다.

a. 니팔 완료의 변화

먼저 완료형을 봅시다. 앞의 도표에 따르면 니팔 완료형은 נִקְטַל (닉탈)입니다. 정확히 말하자면 이 "닉탈"은 קטל의 니팔 완료 3인칭 남성 단수 형태인 것이지요. 여러분이 칼형을 배우면서 배운 바와 같이 완료형에는 인칭, 성, 수에 따라 나머지가 8개가 더 있습니다. 그러나 정말 다행인 것은 여러분이 칼 완료형에서 외운 어미(**영아타트티, 우템텐누**)가 여기에도 똑같이 그대로 적용된다는 점입니다. 그러니 여러분은 니팔 완료형을 공부할 때 새로 무언가 할 필요가 없습니다. 단지 קטל의 니팔 완료의 기본형인 נִקְטַל에 "영아타트티우템텐누"를 어미로 붙여주고 나서, 어미와 액센트 변화에 따른 조정만 해주면 되는 것이지요. 그럼 우선 액센트 조정 이전의 잠정적인 형태를 보도록 합시다.

	단수	복수
3인칭 남	נִקְטַל	נִקְטַלוּ
3인칭 여	נִקְטַלָה	
2인칭 남	נִקְטַלְתָ	נִקְטַלְתֶם
3인칭 여	נִקְטַלְתְ	נִקְטַלְתֶן
1인칭 공	נִקְטַלְתִי	נִקְטַלְנוּ

자 그러면 먼저 니팔 완료의 기본형인 3인칭 남성 단수부터 봅시다. 이것은 기본형이기 때문에 손댈 것이 없습니다. 단지 음절 구분만 확인합시다. 다음과 같이 2음절로 구성되어 있고 두 음절 다 "자음 + 모음 + 자음"의 형태로 구성되어 있으니 폐음절이지요. 액센트는 뒤에 있습니다.

נִקְ | טַל

② ①

칼형을 설명할 때 말했던 것처럼, 완료형 어미는 다음과 같이 크게 세 가지로 구분됩니다.

모음 어미	וּ ◌ָה
단자음 어미 (=경접미: 자음이 한 개)	נוּ תִי תְ תָ
중자음 어미 (=중접미: 자음이 두 개)	תֶן תֶם *둘 다 2인칭 복수

모음 어미부터 봅시다. 모음 어미의 특징은 앞의 기본형에서 마지막 자음을 가져와서 자신이 독자적인 음절을 만들고, 그 앞의 자음의 모음은 쉐바로 만드는 것입니다. 위의 3인칭 여성 단수와 3인칭 공통 복수의 경우가 여기 해당되지요. 다음과 같습니다. 액센트는 모음 어미 위에 있습니다.

3인칭 여성 단수:

נִקְטַל + ◌ָה → נִקְטְלָה

(niqṭ^{e}lâ, 니크틀라)

3인칭 공성 복수:

נִקְטַל + וּ → נִקְטְלוּ

(niqṭ^{e}lû, 니크틀루)

원래 이렇게 모음 어미가 자기 위로 액센트를 가져가면 앞의 음절들에 모음의 변화가 있게 마련이지만 נִקְטַל의 경우는 둘 다 액센트 없는 폐음절이고 모음들은 단모음이기 때문에 액센트 법칙 3번, "즉 액센트 없는 폐음절의 모음은 단모음"이라는 원칙에 맞아 떨어져서 더 이상 손댈 것이 없습니다.

이제 단자음 어미가 붙는 경우들을 봅시다. 2인칭 남성 및 여성 단수, 1인칭 공통 단수 및 복수가 여기에 해당됩니다. 단자음 어미들이 오는 경우 액센트는 원래대로 유지됩니다. 그리고 그 앞은 액센트 없는 폐음절에 단모음이 있으므로 액센트 법칙 3번에 잘 들어맞지요. 그러므로 더 이상 손볼 것이 없습니다.

2인칭 남성 단수: נִקְטַ֫לְתָּ

2인칭 여성 단수: נִקְטַ֫לְתְּ

1인칭 공통 단수: נִקְטַ֫לְתִּי

1인칭 공통 복수: נִקְטַ֫לְנוּ

이제 마지막으로 중자음 어미가 오는 경우를 봅시다. 2인칭 남성과 여성의 복수가 여기 해당됩니다. 중자음 어미는 액센트를 자기 위로 가져옵니다. 그러나 이 경우 역시 앞이 액센트 없는 폐음절은 단모음이라는 액센트 법칙 3번에 맞아떨어지므로 더 손볼 것이 없습니다.

2인칭 남성 복수: נִקְטַלְתֶּ֫ם

2인칭 여성 복수: נִקְטַלְתֶּן

지금까지 보면 앞의 임시적인 도표에서 굳이 손댈 필요가 없는 경우들도 많이 있음을 알 수 있습니다. 그럼에도 불구하고 제가 계속 반복적인 설명을 하는 이유는 여러분이 정말 히브리어를 꿰뚫기 위해서는 그냥 도표를 외워서는 안 되며, 여러분이 이미 배운 원리들을 가지고 하나씩 따져보는 훈련이 필요하다는 점을 보여주기 위한 것입니다. 똑같은 사항도 그냥 받아들인 것과 따져보고 받아들인 것은 표면적으로는 차이가 없어도 사실은 서로 완전히 다른 것입니다. 이 점을 명심하기를 바랍니다.

위의 결과들을 모아서 니팔 완료 변화의 최종적인 결과를 적어보면 다음과 같습니다.

	단수	복수
3인칭 남	נִקְטַל	נִקְטְלוּ
3인칭 여	נִקְטְלָה	
2인칭 남	נִקְטַלְתָּ	נִקְטַלְתֶּם
2인칭 여	נִקְטַלְתְּ	נִקְטַלְתֶּן
1인칭 공	נִקְטַלְתִּי	נִקְטַלְנוּ

b. 니팔 미완료의 변화

앞에서 본 바와 같이 니팔 미완료도 역시 마찬가지입니다. 니팔 미완료의 기본형인 3인칭 남성 단수 형태는 이미 다 외웠지요. 그리고 여기에 붙은 접두어와 어미는 칼 동사를 통해서 이미 다 배웠습니다. 이제 여러분이 할 일은 니팔 미완료 기본형에 접두어를 바꾸어서 붙여주고, 어미를 단 후 음절과 액센트 변화에 따른 조정만 해주면 됩니다. 이렇게 하면 니팔 미완료 변화를 얼마든지 여러분의 힘으로 만들어낼 수 있는 것이지요. 여러분이 평생 한 번도 보지도 못한 니팔 미완료 변화를 이미 여러분은 알고 있는 것이나 마찬가지인 것입니다. 정말 대단한 일이 아닌가요? (사실 여러분은 니팔 미완료뿐만 아니라 히브리어 동사와 관련하여 아직 배우지 않은 내용들의 거의 대부분을 이미 알고 있는 것이나 마찬가지입니다. 몇 가지 기억해야 할 사항들만 조금 더 알면 끝납니다. 진짜로 히브리어 동사 공부가 거의 끝나가고 있는 것이지요. 단지 여러분이 이미 추측할 수 있는 사항들이 정말로 그런지만 확인만 하면 되는 것입니다.)

그러면 우선 니팔 미완료 변화의 기본형인 3인칭 남성 단수 형태(יִקָּטֵל, 익카텔, yiqqātēl)에 미완료 접두어와 어미를 붙인 임시적인 형태의 도표를 보도록 합시다. 이 도표의 각 칸의 구성요소들을 다음과 같습니다.

(1) 미완료 접두어 (이티티티에, 이티티티니)

(2) 니팔 미완료형의 중심 부분 (יִקָּטֵל에서 접두어를 뗀 부분인 קָּטֵל)

(קָּטֵל의 처음에 찍힌 점은 니팔형의 특징인 נ이 동사 어간 קטל의 첫 자음인 ק에 이중점으로 숨어들어간 것. 2부 5장 D.1.의 설명을 참고하라.)

(3) 미완료 접미어 (이, 우나우나)

아래의 도표에는 이 구성요소들을 구분해서 표시해 보았습니다.

	단수	복수
3인칭 남	יִ קָטֵל	יִ קָטֵל וּ
여	תִּ קָטֵל	תִּ קָטֵל נָה
2인칭 남	תִּ קָטֵל	תִּ קָטֵל וּ
여	תִּ קָטֵל □ִי	תִּ קָטֵל נָה
1인칭 공	אֶ קָטֵל	נִ קָטֵל

위의 도표에서 접미어가 따로 붙지 않는 경우들은 그냥 접두어와 קָטֵל 부분을 붙이면 다음과 같이 변화가 끝이 납니다.

3남단	קָטֵל + יִ	→ יִקָטֵל
3여단 (=2남단)	קָטֵל + תִּ	→ תִּקָטֵל
1공단	קָטֵל + אֶ	→ אֶקָטֵל
1공복	קָטֵל + נִ	→ נִקָטֵל

이제 어미들이 추가되는 경우들을 살펴보지요. 미완료의 모음의 종류는 다음과 같습니다.

모음 어미	◌ִי וּ (액센트는 모음 어미에)
단자음 어미 (=경접미: 자음이 한 개)	נָה (액센트는 원래 자리에)

우선 변화가 적은 단자음 어미의 경우부터 보도록 합시다. "나"(נָה)라는 어미가 오며, 접두어도 동일하여 결국은 형태가 동일한 3인칭 여성 복수와 2인칭 여성 복수가 이에 해당됩니다. 이 둘의 형태는 접두어 "티"(תִּ)에 동사 어간 부분 קָטֵל이 오고, 그 다음에 단자음 어미인 "나"(נָה)가 붙어서 최종 형태가 만들어진 것이지요. 단자음 어미의 경우는 어미가 추가돼도 액센트는 원래의 위치에서 움직이지 않습니다. 단지 동사 어간 부분이 뒤의 어미 때문에 단어 중간에 오게 되기 때문에 어간의 마지막 자음 아래에 폐음절을 나타내주는 쉐와만 하나 넣어주면 됩니다. 그러므로 어미 앞 부분이 달라질 것은 없겠지요. 그러면 형태를 한 번 시각화해 봅시다.

נָה + קָטֵל + תִּ → תִּקְטֵלְנָה

기본적으로는 위의 변화와 같습니다. 여기에 딱 한 가지 수정 사항이 더 필요합니다. 이 사항은 이 책에서 제가 지금까지 설명해온 원리로는 해결되지 않는 사항인데, 음절이나 액센트 법칙 등과는 전혀 상관이 없는 현상으로 굳이 비유적으로 말하자면 바다 가운데 떠있는 외로운 섬과 같은 현상이라 할 수 있겠습니다. 그러니 저는 여러분이 굳이 처음에 히브리어 기초 문법을 공부하면서 이 사항을 꼭 기억하고 있을 필요는 없다고 생각합니다. 통상적인 원리에 따른 내용들을 먼저 충분히 익히고 나서 이 사항은 나중에 여러분이 언뜻 부닥쳤을 때 "왜 이렇지"라고 의문을 던질 수 있는 수준이면 충분하다고 생각합니다.

이 현상은 위의 경우의 טֵל에서와 같이 "ㅔ"(◌ֵ) 모음 혹은 "ㅣ"(◌ִ) 모음이 동사 변화에서 다른 음절들 사이에 끼이는 경우 이 "ㅔ"나 "ㅣ"가 "ㅏ"(ַ)로 바뀌는 일이 일어나는 것입니다. (소위 **필리피의 법칙**[Philippi's Law]이라는 현상으로 학생들이 구할 수 있는 웬만한 책에서는 아예 언급도 없고, 제대로 된 설명도 없을 것입니다. 학자들 사이에서도 이 현상이 비일비재하게 일어난다는 점만 의견의 일치가 이루어져 있을 뿐 정확히 어떤 기원에서 어떤 경로로 이런 현상이 히브리어에 나타나게 되었는지에 대해서는 의견이 분분합니다. 그러니 여러분도 이 문제로 너무 골치 썩지는 마세요. 이런 경우는 현재 단계에서는 그냥 "그렇구나" 하고 넘어가는 것이 정신건강에 좋습니다.)

방금 위에서 설명한 현상에 의해 중간의 음절은 다음과 같이 변합니다.

טֵל → טַל

이 현상까지 적용시키면 위의 3인칭 여성 복수와 2인칭 여성 복수의 최종적인 형태는 다음과 같이 됩니다. (다시 한 번 말하지만, 이 마지막 사항으로 스트레스 받지 마세요. 나중에 히브리어를 훨씬 더 잘 하게 되었을 때 "이게 왜 이렇지" 하는 반응을 나타낼 수 있는 능력이 될 때까지 기다리는 게 정신건강에 더 좋을 듯 합니다. 물론 뭐 머리 용량이 넘쳐나서 특별히 다른 곳에 쓸 데가 없다면야 지금 익히면 되지만요, 당장 이해 못하고 기억하지 못해도 죄책감이나 열등감을 느낄 필요는 전혀 없습니다.)

תִקָטַ֫לְנָה

이제 모음 어미가 붙는 경우들을 살펴봅시다. 먼저 2인칭 여성 단수는 קָטֵל에 접두어 "티"(תִ)와 어미 "ㅣ"(ִי)가 결합된 형태입니다.

תִ + קָטֵל + ִי

이렇게 해서 합치면 일단 다음과 같이 되지요.

תִּקָּטֵלִי

2인칭 여성 단수에 붙는 모음 어미 "ㅣ"(ִ◌י)는 그 자체로는 자음이 없기 때문에 동사 어간의 마지막 자음 ל를 가져와서 하나의 음절을 형성하였습니다. 동사에서 이렇게 모음 어미가 자음을 가져가버리면 그 앞의 자음은 원래 있던 모음 대신에 쉐봐를 취하는 현상은 이미 앞의 완료에서 설명했습니다. 즉 가운데 부분이 다음과 같이 되는 것이지요.

ִ□י + טֵל ➔ לִי + טְ

이렇게 해서 2인칭 여성 단수는 다음과 같은 모양을 띠게 됩니다.

תִּקָּטֵלִי ➔ תִּקָּטְלִי

이제 이것을 모음 변화와 액센트 법칙의 적용을 위해 음절 구분을 해보면 다음과 같습니다. 액센트는 항상 모음 어미 위에 옵니다. ק에 이중점이 있는데, 이 이중점은 그 자음이 두 개라는 것을 나타낸다고 했습니다. 따라서 두 개의 자음을 따로 떼서 표기해보면 다음과 같이 되지요.

לִי	טְ	קָ	תִּקְ
④	③	②	①

위와 같이 네 개의 음절이 됩니다. 이 중에서 액센트는 마지막 음절인 ④번 음절에 있습니다. 그리고 그 앞의 자음은 원래는 טֵל이라는 음절이었으나, 뒤

에 오는 모음 어미에 자음 ל를 빼앗기고는, 대신 자신의 모음이 "ㅔ"(◌ֵ)에서 쉐바(◌ְ)로 바뀌었습니다. 모음 어미가 오면 그 앞의 자음이 쉐바를 취하는 것은 자연스러운 현상입니다.

이제 문제는 이 쉐바로 טְ와 그 앞의 음절인 קָ가 합쳐져서 하나의 폐음절을 이루는 것인가인데, 이 경우는 여러분이 이미 칼 완료 3인칭 여성 단수의 경우에서 보았듯이 קָ의 모양을 유지하기 위해 보조 액센트인 메텍(◌ֽ)를 찍어주게 됩니다. 그 결과 다음과 같이 되지요.

קָ → קָֽ

이렇게 이 קָ가 보조 액센트를 받아서 장모음을 유지하면 그 다음에 오는 טְ의 쉐바는 유성 쉐바가 됩니다. 그러므로 음역을 할 때 ᵉ로 표기해야 합니다.

(혹시 이 마지막으로 설명한 사항, 즉 קָ에 액센트가 오는 문제가 어렵다면 일단 그냥 넘어가길 바랍니다. 사실 이 사항은 여러분이 이 책의 핵심 논리를 잘 따라왔다면 당연히 떠올릴 수 있는 사항입니다. 그러나 놀랍게도 상당히 많은 고급 문법책 등에서도 이 사항에 대해서는 거의 언급이 없는 실정입니다. 기초 히브리어 문법책은 말할 것도 없고 말이지요. 이 점은 히브리어 강사들도 거의 마찬가지일 것입니다. 그러니 뭐 여러분도 적당히 넘어간다고 해도 큰 무리는 없을 것입니다. 하지만 이 사항 자체는 결코 어려운 것이 아닙니다. 이 책이 제시하고 있는 원리이자 히브리어의 기본적인 작동원리를 깨닫고 있으면 사실 이 사항은 아주 명료하고 간단한 사항입니다.)

마지막으로 ①번 음절은 액센트 없는 폐음절인데 단모음입니다. 액센트 법칙 3번 사항과 상응하니 손댈 것이 없지요.

위에서 설명한 것을 전부 적용시켜서 2인칭 여성 단수 미완료형을 적어보면 다음과 같이 됩니다.

תִּקָּטְלִי (tiqqāṭᵉlî)

이제 3인칭 남성 복수와 2인칭 남성 복수를 보도록 합시다. 이 두 개 모두 어미를 제외하고는 방금 위에서 설명한 2인칭 여성 단수와 작동 원리는 동일합니다. 따라서 설명 없이 그냥 이 두 개의 변화를 적어보겠습니다.

3인칭 남성 복수: וּ + קָּטֵל + יִ → יִקָּטְלוּ

2인칭 남성 복수: וּ + קָּטֵל + תִּ → תִּקָּטְלוּ

이제 다 되었습니다. 니팔 미완료 변화를 다 모아서 최종적인 도표로 만들어보면 다음과 같습니다.

● 니팔 미완료 변화 ●

	단수	복수
3인칭 남	יִקָּטֵל	יִקָּטְלוּ
여	תִּקָּטֵל	תִּקָּטַלְנָה
2인칭 남	תִּקָּטֵל	תִּקָּטְלוּ
여	תִּקָּטְלִי	תִּקָּטַלְנָה
1인칭 공	אֶקָּטֵל	נִקָּטֵל

c. 니팔 명령형의 변화

이제 니팔 명령형으로 넘어가 보겠습니다. 칼 명령형을 설명할 때 이미 말했듯이 명령형은 미완료 2인칭에서 접두어만 떼어내면 되는 것입니다.

니팔형에도 기본적으로는 이 원칙이 적용됩니다. 그러나 한 가지 문제가 발생합니다. 아래를 봅시다. 니팔 미완료 2인칭 남성 단수에서 접두어를 떼어내어 명령형 남성 단수를 만드는 것을 가지고 한 번 그 문제를 살펴봅시다. 미완료형은 다음과 같습니다. 붉은 색 부분이 접두어입니다.

תִּקָּטֵל

미완료에서 접두어를 떼어서 명령형을 만든다고 해 봅시다.

קָּטֵל

자 이렇게 하면 명령형이 될까요? 혹시 여러분은 위의 형태에서 어떤 문제점을 발견할 수 있겠나요? 한 번 깊이 생각해 보세요. 이걸 생각해낼 수 있다면 여러분은 히브리어 공부를 끝내고 하산할 수 있는 시간이 멀지 않았습니다.

자 문제는 바로 이것이지요. 첫 자음인 קָּ에서 ק 안에 찍혀 있는 것이 바로 이중점입니다. 이 이중점은 니팔형의 특징인 נ이 미완료의 형성 과정 속에서 뒷자음 ק에 동화되어 들어간 것이지요. 미완료에서는 이 ק가 접두어 다음에 오기 때문에 문제가 없습니다. 그러나 이제 미완료가 명령형이 되는 과정에서 접두어를 제거해버리면 이 이중점 속에 숨어 들어간 니팔형의 특징인 נ이 문제가 됩니다. 왜냐하면 이중점은 절대로 단어의 처음에는 올 수가 없기 때문이지요. 따라서 접두어를 떼어내고 명령형을 만들면 이 이중점마저도 지워야 하는 사태가 발생합니다. 그런데 이중점을 지우면 니팔형의 특징도 함께 사라져버리는 것이 문제입니다.

여러분이라면 이 난감한 문제를 어떻게 해결하시겠습니까? 떼어낸 접두어를 대신하는 대타를 집어넣는 방법이 있습니다. 마치 야구에서 원래 타자가 나와서는 게임이 안 풀릴 때 특별한 조치로 대타를 집어넣듯이 히브리어에서는 접두어를 떼어내면 그 동사의 특성이 사라져버리는 경우 대타를 동원합니다. 이 대타가 바로 ה입니다. 미완료에서 명령형을 만들 때 이 대타 역할을 하는 ה는 두고두고 등장하니 꼭 기억해둬야 합니다. "**접두어를 떼어내면 해당 동사의 특성이 사라질 위험이 있을 때 대타로 ה를 사용한다**" 정도로 머리 속에 주입시켜 놓길 바래요. 이 ה는 물론 그 자체로는 쓰일 수가 없고, 사라지는 접두어의 모음과 함께 사용됩니다. 이 경우는 תִּ 대신에 사용되므로 자음 타브(תּ)는 떼어내고 그 자리에 남는 모음(ִ)과 대타 ה를 함께 써서 הִ를 만들겠지요. 그래서 이것을 תִּ 대신에 사용하는 것입니다. 그러면 한 번 크게 써 봅시다.

יִקָּטֵל → הִקָּטֵל

미완료 2인칭의 나머지 경우들에서도 전부 접두어를 떼어내고 그 자리에 הִ만 넣으면 명령형이 만들어집니다. 한 번 다 살펴볼까요?

여성 단수 명령형: תִּקָּטְלִי → הִקָּטְלִי

남성 복수 명령형: תִּקָּטְלוּ → הִקָּטְלוּ

여성 복수 명령형: תִּקָּטַלְנָה → הִקָּטַלְנָה

이제 최종적인 내용을 도표로 만들어 보면 다음과 같습니다.

● 니팔 명령형 변화 ●

	단수	복수
남	הִקָּטֵל	הִקָּטְלוּ
여	הִקָּטְלִי	הִקָּטַלְנָה

d. 니팔 부정사 연계형과 절대형

부정사 연계형과 절대형은 기타 변화가 없으니 항상 간단합니다. 부정사 연계형이 미완료에서 접두어를 떼내어 만들어진 명령형 남성 단수(접두어 대신 대타가 필요한 경우는 대타를 접두어 대신 붙인 형태)와 동일하다는 점은 칼 동사 때와 마찬가지이지요. 따라서 부정사 연계형은 다음과 같습니다.

הִקָּטֵל

자 그럼 니팔 부정사 절대형은 어떻게 될까요? 제가 아는 한 그 어떤 책도 언급을 안 하는 것 같지만 저는 칼 부정사 절대형의 형태가 니팔부터 호팔까지의 부정사 절대형을 외우는데 큰 도움을 준다고 생각합니다.

그러면 그 도움이 어떻게 작동하는지를 좀 살펴보겠습니다. 이를 위해 우선 칼 부정사 연계형과 절대형을 좀 살펴보겠습니다. 제가 앞에서 칼형의 수직 방향으로 일곱 개를 외우라고 하면서 이 칼형의 부정사 연계형과 절대형을 함께 묶어서 달달 외우라고 말씀드렸죠? 이 둘은 다음과 같습니다.

קְטֹל (칼 부정사 연계형) קָטוֹל (칼 부정사 절대형)

자 위에서 보듯이 칼 부정사 절대형은 קָטֹל이지요? 이 중 우리가 니팔 부정사 절대형을 공부하는 데 있어서 필요한 끝음절은 טֹל입니다. 이 טֹל은 니팔형의 부정사 절대형에서도 같은 모양을 띱니다. 제가 앞에서 칼형의 일곱 가지 변화를 잘 외워 두시면 이 일곱 가지 각각의 사항이 도표의 수평 방향으로 같은 사항들을 공부할 때 도움을 준다고 말씀드린 바가 있지요? 즉, 칼형의 부정사 절대형을 잘 외워 놓으면 이것이 니팔부터 호팔까지의 부정사 절대형을 공부하는 데 큰 도움을 주는 식으로요. 이런 식으로 해서 볼 때 칼 부정사 절대형을 공부할 때 배웠던 이 절대형의 끝음절의 모양인 טֹל은 니팔 부정사 절대형의 경우에도 적용이 됩니다. 꽤 마음에 들지 않나요? 니팔 부정사 절대형을 배울 때 새로 외워야 할 사항이 확 줄어들었으니까요. 또 여러분이 나중에 이 도표를 복습할 때도 이 사항은 여러분의 머리 속에서 금방 다시 떠오를 수 있겠지요. 자 그럼 니팔 부정사 절대형을 한 번 써 봅시다.

הִקָּטֵל ➔ הִקָּטֹל

부정사 연계형 ➔ 부정사 절대형

(칼 부정사 절대형 참고)

정리해보면 니팔 부정사 연계형과 절대형은 다음과 같습니다.

부정사 연계형	הִקָּטֵל
부정사 절대형	הִקָּטֹל

e. 니팔 분사형의 변화

니팔 분사형은 니팔형에서 유일하게 따로 기억해야 하는 사항들을 몇 가지 갖고 있습니다.

(1) 우선 칼 동사와 달리 니팔형부터 호팔형까지는 분사가 능동과 수동이 따로 존재하지 않습니다. 그냥 그 자체가 수동이면 수동이고 능동이면 능동입니다. 즉 니팔형은 수동형이니 분사는 자동으로 수동형이 되는 것이지요. 니팔 능동이란 것은 존재하지 않습니다.

(2) 니팔형 분사의 기본형인 남성 단수형은 완료형 3인칭 남성 단수에서 끝음절만 단모음을 장모음으로 바꾼 것입니다. 분사의 나머지는 이 바뀐 형태에 명사 변화 어미를 붙여주면 됩니다. (참고로 니팔부터 호팔까지의 모든 분사에서 끝음절에 모음 "ㅏ"가 오는 경우 전부 단모음(◌ַ)이 아니라 장모음(◌ָ)을 취합니다. 그리고 공교롭게도 이런 일이 발생하는 것은 전부 수동형들뿐입니다. 즉 니팔/푸알/호팔에서는 이런 일이 발생합니다.)

נִקְטַל → נִקְטָל

자 위의 최종적인 형태가 바로 니팔 분사형입니다. 좀 더 정확히 말하면 이 분사형의 기본 형태인 남성 단수 형태입니다. 이제 여기에 명사 변화 어미를 붙이면 니팔 분사 도표가 완성되겠지요. 어미가 추가될 때 음절과 액센트 변화에 따른 모음의 변화는 앞에서 누누이 설명한 바와 동일하니 도표만 한 번 보도록 하겠습니다. 여러분은 일단 먼저 자신이 도표를 그려보고 나서 그것이 아래의 도표와 일치하는지 확인해보세요.

	단수	복수
남성	נִקְטָל	נִקְטָלִים
여성	נִקְטָלָה נִקְטֶלֶת	נִקְטָלוֹת

위 도표에서 한 가지 특이한 점은 어미 바로 앞에 오는 개음절이 전부 명사의 경우처럼 장모음화 되어 있다는 점입니다. 원래 동사 변화에서는 이런 식으로 동사 어간의 마지막 자음을 어미에 뺏기면 그 앞의 개음절의 모음이 쉐바가 되어야 하는 데 이 니팔 분사의 경우에는 그런 식으로 변화되지 않습니다. 이런 현상은 법칙이라고 부를 만한 성질의 것은 아닙니다. 그러나 수동의 의미를 갖는 동사 유형들, 즉 니팔형/푸알형/호팔형의 분사들의 경우에는 분사 남성 단수 형태의 끝음절에 오는 장모음 "ㅏ"(□ָ)를 쉐바로 만들지 않고 그대로 살려줍니다. 이 현상은 이 수동 분사들의 경우에는 일관되게 나타나는 현상이니 미리 기억해 두시면 좋겠죠?

f. 니팔 간접 명령과 청유형

니팔 간접 명령은 미완료 2, 3인칭을 있는 그대로 가져오니 따로 설명하지 않겠습니다. 청유형은 1인칭 미완료형에 모음 어미 "ㅏ"(□ָה)를 붙여주고, 그에 따른 액센트 및 모음의 변화만 고려하면 됩니다. 그 형태는 다음과 같습니다.

□ָה + אֶקָּטֵל → אֶקָּטְלָה

הָ◻ + נִקָטֵל ➔ נִקָטְלָה

앞으로 간접 명령과 청유형은 따로 다루지 않겠습니다. 어차피 뻔하니까요.

2. 피엘형 변화에 대한 설명

이제부터는 거의 대부분은 앞에서 상세하게 설명한 사항들을 적용하기만 하면 되는 것이므로 서둘러서 내용을 진행하도록 하겠습니다. 단지 꼭 주목해야 할 특이사항들만 좀 더 자세히 언급하겠습니다.

a. 피엘 완료의 변화

피엘 완료는 여러분이 이미 배운 피엘 완료의 기본형인 3인칭 남성 단수에 "영아타트티우템텐누"만 붙이면 됩니다. 먼저 자신이 피엘 완료 변화 도표를 작성하고 제대로 작성했는지 아래의 도표를 통해 확인해 보세요. 어미와 기타 특별히 유념할 점들은 빨간색으로 표시하였습니다.

피엘 완료 변화 (영아타트티우템텐누)

	단수	복수
3인칭 남	קִטֵּל 그가 심하게 죽였다.	קִטְּלוּ 그들이 심하게 죽였다.
여	קִטְּלָה 그녀가 심하게 죽였다	
2인칭 남	קִטַּלְתָּ 네(남자)가 심하게 죽였다	קִטַּלְתֶּם 너희들(남자)이 심하게 죽였다
여	קִטַּלְתְּ 네(여자)가 심하게 죽였다	קִטַּלְתֶּן 너희들(여자)이 심하게 죽였다
1인칭 공	קִטַּלְתִּי 내가 심하게 죽였다	קִטַּלְנוּ 우리들이 심하게 죽였다

위의 도표에서 2인칭 남/여 단수, 1인칭 공통 단수, 2인칭 남/여 복수, 1인칭 공통 복수에서 **필리피의 법칙**(Philippi's Law)이 적용되고 있음을 기억하세요. 즉 원래 이 변화형들의 중간 음절인 טַּל에는 피엘형의 두 번째 음절의 특징 중의 하나인 טֵּל가 왔어야 합니다. 모음이 "ㅏ"(◌ַ)가 아니라 피엘의 "엘"에 해당하는 "ㅔ"(◌ֵ)가 왔어야 하는 것이지요. 그러나 "ㅔ"가 위의 도표에서 보듯이 "ㅏ"로 바뀌었습니다. 이렇게 이 음절의 "ㅔ"나 "ㅣ" 소리가 다른 음절들 사이에 끼게 될 때 "ㅏ"로 바뀌는 현상을 필리피의 법칙이라고 한다는 것은 앞에서 니팔을 설명하면서 이미 지적한 바가 있습니다. 그런 현상이 벌어진 것입니다. (뭐 이 점을 틀렸다고 해서 스트레스 받지 마세요. 몇 번 더 보다 보면 자동으로 기억하게 됩니다. 일

단 위의 도표의 해당 변화형들을 "ㅔ"로 한 번 발음해보고, "ㅏ"로 한 번 발음해 보세요. 그러면 '필리피의 법칙이 일어날 수밖에 없겠구나' 하는 생각이 들 것입니다. 발음이 훨씬 자연스러워지지요. 언어란 것은 어차피 불편한 것에서 편한 것으로 흘러가게 마련이니까요.)

b. 피엘 미완료의 변화

피엘 미완료 기본형은 이미 배운 יְקַטֵּל에 접두어로 "**이티티티에, 이티티티니**"의 자음들을 붙여주고, 이 접두어의 모음은 피엘형에 맞게 조정해 주면 됩니다. 그리고 어미는 "**이, 우나우나**"를 붙여주면 됩니다. 이것도 먼저 자신이 도표를 만들어보고 나서 다음 도표를 가지고 확인해 보세요.

● 피엘 미완료 변화 ●

	단수	복수
3인칭 남	יְקַטֵּל	יְקַטְּלוּ
여	תְּקַטֵּל	תְּקַטֵּלְנָה
2인칭 남	תְּקַטֵּל	תְּקַטְּלוּ
여	תְּקַטְּלִי	תְּקַטֵּלְנָה
1인칭 공	אֲקַטֵּל	נְקַטֵּל

3인칭과 2인칭 여성 복수에서 필리피의 법칙이 일어날 수도 있었는데 안 일어났다는 점에 주목하세요. 이렇게 필리피의 법칙은 일어났다 안 일어났다 합

니다.

다른 한 가지 유념할 점은 1인칭 공통 단수의 접두어 א 아래에 합성 쉐봐(ֲ)가 온다는 점입니다. א이 후음이기 때문에 이런 일이 발생한다는 점을 앞에서 말씀드린 바가 있습니다.

c. 피엘 명령형의 변화

피엘 명령형은 위의 미완료 2인칭을 그대로 가져와서 접두어만 떼면 됩니다. 어미나 액센트 변화 등에 따른 조정을 할 것도 없습니다.

● 피엘 명령형 변화 ●

	단수	복수
남	קַטֵּל	קַטְּלוּ
여	קַטְּלִי	קַטֵּלְנָה

d. 피엘 부정사 연계형과 절대형

부정사 연계형은 명령형 남성 단수와 동일합니다. 절대형의 모음은 니팔 부정사 절대형을 설명할 때 말한 바와 같이 칼 부정사 절대형의 모음, 좀 더 정확히 말씀드리자면 끝음절의 טֹל을 떠올리면 됩니다. 이게 피엘형이니까 ט 안의 이중점은 그대로 둔 상태에서 모음만 "ㅗ"(ֹ)로 바꿔주면 되는 것입니다(즉 טֹּל).

부정사 연계형: קַטֵּל

부정사 절대형: קַטֹּל

참고적으로 문법책들은 부정사 연계형의 형태가 절대형으로도 쓰일 수가 있다고 되어 있습니다. 즉 부정사 연계형인 קַטֵּל이 부정사 절대형으로도 쓰일 수 있다는 것이지요. 그러나 이 책이 설명하는 논리에서 벗어나는 이런 몇 안 되는 경우들은 "아 그렇구나" 하고 넘어가면 됩니다. 이런 떨어진 이삭과 같은 요소들은 여러분이 충분히 히브리어를 손아귀에 쥔 다음에 익혀도 절대 늦지 않습니다. 이런 요소들까지 다 챙겨 가면서 초급 히브리어를 공부하려고 하면 공부가 끝이 나지 않습니다.

e. 피엘 분사형의 변화

자 아주 재미있는 사항, 그리고 여러분이 반드시 기억해야 하는 사항이 한 가지 더 나왔습니다. 이것은 이 피엘부터 마지막의 호팔까지 다 적용되는 사항이니 꼭 기억해 두어야 한다. 그러나 갑자기 새롭게 암기해야 할 부담이 생기는 것은 아닙니다. 그냥 "그렇구나" 하고 머리에서 떠올릴 정도면 충분합니다.

이 사항은 무엇일까요? 그것은 피엘부터 호팔까지 분사형은 미완료 3인칭 남성 단수를 그대로 가져와서 단지 접두어의 자음 요드(י)만 그냥 멤(מ)으로 바꿔주면 되는 것이지요. 아주 간단하지 않나요? 제가 외울 사항이 아니라고 하지 않던가요?

자 그러면 피엘 분사의 기본형이 되는 남성 단수는 미완료 3인칭 남성 단수에서 단지 접두어 요드(י)만 멤(מ)으로 바꿔주면 된다고 하였는데 한 번 보도록 하지요..

יְקַטֵּל → מְקַטֵּל

피엘부터 호팔까지의 분사는 전부 이런 식입니다. 허무할 정도로 간단하지 않나요? 히브리어 뼈대를 3일 만에 잡을 수 있다고 한 말은 절대 허풍이 아닙니다.

그러면 분사의 나머지 형태를 다 보도록 하지요.

● 피엘 분사형 ●

	단수	복수
남성	מְקַטֵּל	מְקַטְּלִים
여성	מְקַטְּלָה מְקַטֶּלֶת	מְקַטְּלוֹת

어미 앞에 오는 자음의 모음이 쉐바가 된 것에 유념하세요. 니팔의 경우와 달리 이게 더 자연스러운 현상입니다.

3. 푸알형 변화에 대한 설명

a. 푸알 완료의 변화

도표를 먼저 그려보고, 이후 확인하세요. 작동 원리는 칼부터 피엘까지와 동일합니다. 음절이나 액센트 변화에 따른 특이 현상도 발생하지 않습니다.

● 푸알 완료 변화 ●

	단수	복수
3인칭 남	קֻטַּל 그가 심하게 죽임을 당했다	קֻטְּלוּ 그들이 심하게 죽임을 당했다
여	קֻטְּלָה 그녀가 심하게 죽임을 당했다	
2인칭 남	קֻטַּלְתָּ 네(남자)가 심하게 죽임을 당했다	קֻטַּלְתֶּם 너희들(남자)이 심하게 죽임을 당했다
여	קֻטַּלְתְּ 네(여자)가 심하게 죽임을 당했다	קֻטַּלְתֶּן 너희들(여자)이 심하게 죽임을 당했다
1인칭 공	קֻטַּלְתִּי 내가 심하게 죽임을 당했다	קֻטַּלְנוּ 우리들이 심하게 죽임을 당했다

b. 푸알 미완료의 변화

피엘형에서 설명한 것과 거의 비슷합니다. 먼저 도표를 그려본 다음에, 아래의 도표를 보고 자신이 이 책에서 설명하고 있는 원리를 잘 알고 있는지를 확인하면 되겠습니다.

	단수	복수
3인칭 남	יְקֻטַּל	יְקֻטְּלוּ
여	תְּקֻטַּל	תְּקֻטַּלְנָה
2인칭 남	תְּקֻטַּל	תְּקֻטְּלוּ
여	תְּקֻטְּלִי	תְּקֻטַּלְנָה
1인칭 공	אֲקֻטַּל	נְקֻטַּל

c. 푸알 명령형의 변화

푸알 명령형이라는 건 존재하지 않습니다. 왜냐하면 수동 명령이라는 것은 개념적으로 불가능하기 때문이지요. 그래서 5장 A의 서론에 있는 도표와 같은 것을 다른 문법책들에서 살펴보면 이 푸알 명령 칸은 비어 있습니다.

그러나 제가 보기에는 초급 히브리어를 배우는 과정 중에 빈 칸이 어디인지 기억하는 것 자체도 학생들에게는 큰 짐이 됩니다. 그러니 그냥 아래의 푸알 명령형의 도표는 제가 지금까지 설명한 바에 따라 한 번 장난으로 만들어 보세요. 그리고 나서 이런 건 없다 하는 표시로 그 칸에 X표 치면 되겠지요? 이제 여러분은 없는 것도 있게 할 수 있을 만큼의 히브리어 능력자가 된 것입니다.

자 그럼 푸알 명령형이 존재한다고 하면 어떻게 될까요? 칼형에서부터 쭉 봐왔듯이 2인칭 접두어를 떼고 명령형을 만들지 않던가요?

푸알 명령형 변화 (가상적 형태)

	단수	복수
남	קֻטַּל	קֻטְּלוּ
여	קֻטְּלִי	קֻטַּלְנָה

d. 푸알 부정사 연계형과 절대형

왜 앞에서 쓸데없이 푸알 명령형을 앞에서 만들어보라고 했는지에 대해 의문을 가지신 분들이 있을지도 모르겠습니다. 그 이유는 비록 가상적이라고 해도 푸알 명령형을 알아야 이 푸알 부정사 연계형이 파악되기 때문입니다. 부정사 연계형은 명령형과 같다고 하지 않았던가요?

부정사 절대형은 충분히 예측하리라고 생각합니다. 지금까지 그랬던 것처럼 칼형과 피엘형의 부정사 절대형에 대한 설명을 참고하면 쉽습니다. 다시 말해 끝음절이 טֹּל 되는 것이지요.

그러면 이 두 개를 아래에 적어 봅시다.

부정사 연계형: קֻטַּל

부정사 절대형: קֻטֹּל

히브리어 공부 완전히 신나지 않나요? 줄만 잡아 당기면 아주 큰 그물이 다 끌려 올라오듯 히브리어도 여러분이 줄만 잘 잡으면 이렇게 통쾌하게 공부를 할 수가 있습니다.

e. 푸알 분사형의 변화

푸알 분사형 역시 피엘의 경우와 마찬가지로 미완료 3인칭 남성 단수에서 접두어의 자음인 요드(י) 대신 멤(מ)을 써주면 됩니다. 다음과 같습니다.

יְקֻטַּל → מְקֻטַּל

자 여기에 한 가지 사항이 더 남아 있습니다. 앞에서 니팔의 분사를 다룰 때 저는 분사의 경우는 끝음절에 "ㅏ"(◌ַ) 소리가 올 경우 그것을 장모음화(◌ָ)시켜야 한다고 했습니다. 위의 푸알 분사도 끝음절에 "ㅏ"(◌ַ) 소리가 왔으므로 그것을 장모음화(◌ָ)시켜야 합니다.

מְקֻטַּל → מְקֻטָּל

위의 오른쪽 형태에 명사 변화 어미를 붙이면 다음 도표와 같이 푸알 분사가 완성됩니다. 여러분이 먼저 한 번 도표를 작성해보고, 아래의 도표로 확인하는 것이 더 효과적인 공부가 되겠지요. 한 가지 기억할 점은 일곱 개의 동사 유형 중 수동형인 니팔/푸알/호팔은 분사에서 끝음절의 장모음 "ㅏ"(◌ָ)를 어미가 왔을 때 쉐바로 만들지 않고 살려준다는 점입니다. 그 점만 유념하면 나머지는 아무 문제 없이 여러분이 도표를 만들 수 있을 것입니다.

푸알 분사형

	단수	복수
남성	מְקֻטָּל	מְקֻטָּלִים
여성	מְקֻטָּלָה מְקֻטֶּלֶת	מְקֻטָּלוֹת

4. 히트파엘형의 변화에 대한 설명

히트파엘형은 동사 변화에서 가장 쉬운 것입니다. 왜냐하면 접두어로 붙는 הִתְ가 너무나도 두드러진 특징이며, 이 접두어는 모든 변화에도 항상 그 형태를 유지하기 때문이지요. 그래서 저는 농담으로 말하기를 "다른 유형의 변화는 다 틀려도 히트파엘 동사를 틀리는 것은 죄악"이라고 말하곤 합니다. 여러분도 히트파엘 정도는 아주 정확히 찾아낼 수 있어야 그나마 최소한의 히브리어 공부는 했다고 할 수 있겠지요. 히트파엘은 헷갈릴 건덕지가 전혀 없습니다.

a. 히트파엘 완료의 변화

히트파엘형은 방금 말한 대로 접두어 הִתְ가 가장 큰 특징입니다. 또 강조형이기 때문에 동사 어간의 두 번째 자음에 이중점이 들어가는 것도 또 하나의 중요한 특징이지요. 이 두 가지만으로도 히트파엘형은 못 알아보는 것이 더 힘든 동사 유형이라고 할 수 있습니다.

● **히트파엘 완료 변화** (영아타트티우템텐누) ●

	단수	복수
3인칭 남	הִתְקַטֵּל	הִתְקַטְּלוּ
여	הִתְקַטְּלָה	
2인칭 남	הִתְקַטַּלְתָּ	הִתְקַטַּלְתֶּם
여	הִתְקַטַּלְתְּ	הִתְקַטַּלְתֶּן
1인칭 공	הִתְקַטַּלְתִּי	הִתְקַטַּלְנוּ

2인칭 남/여 단수와 복수, 1인칭 공통 단/복수에 원래의 טֵּל (모음이 "ㅔ"[ֵ])이 아닌 טַּל (모음이 "ㅏ"[ַ])가 되는 **필리피의 법칙**이 적용되고 있다는 점을 주목하세요.

b. 히트파엘 미완료의 변화

히트파엘 미완료형은 완료형의 접두어 הִתְ 대신에 ה를 י로 대신한 יִתְ를 붙여준다는 점만 기억하면 문제가 없습니다. 미완료 접두어는 "**이티티티에, 이티티티니**", 어미는 "**이, 우나우나**"만 붙여주면 됩니다.

	단수	복수
3인칭 남	יִתְקַטֵּל	יִתְקַטְּלוּ
여	תִּתְקַטֵּל	תִּתְקַטֵּלְנָה
2인칭 남	תִּתְקַטֵּל	תִּתְקַטְּלוּ
여	תִּתְקַטְּלִי	תִּתְקַטֵּלְנָה
1인칭 공	אֶתְקַטֵּל	נִתְקַטֵּל

c. 히트파엘 명령형의 변화

명령형은 미완료 2인칭에서 접두어를 떼어내면 된다고 말했습니다. 그런데 이제 여러분은 문제점이 퍼뜩 떠오를 것입니다. 히트파엘형의 최고의 특징은 바로 완료형에 붙은 접두어인 הִתְ이지요. 그리고 미완료형은 יִתְ, תִּתְ 등입니다. 그런데 미완료형에서 접두어를 떼어내어 명령형을 만든다고 하면 당연히 히트파엘형의 형태가 깨지게 되는 것이지요. 앞에서 니팔을 가르치면서 저는 이처럼 형태가 깨어지는 경우에는 떨어져나가는 접두어 대신에 대타를 기용하면 된다고 말했습니다. 이 대타로 쓰이는 자음은 항상 ה이며, 이것을 해당 형태의 모음과 결합시키면 된다고 했습니다. 이 절차를 다시 써보면 나음과 같습니다.

(1) 히트파엘 미완료 2인칭의 접두어.	תִתְ
(2) 명령형 만들기 위해 미완료형의 접두어 제거. 접두어 자음을 제거하려니 그에 딸린 모음도 탈락. 결과적으로 히트파엘형의 형태가 깨지게 됨.	תִתְ → תְ
(3) 형태가 깨지는 것을 막기 위해 대타로 쓰는 자음 ה를 도입. 자음을 도입하려니 떨어져 나간 자음의 아래 있는 모음도 회복시켜야 함.	הִתְ
(4) 정리: 결과적으로 간단하게 쓰면 다음과 같음. 붉은 색 부분이 달라짐.	תִתְ → הִתְ

이런 경로를 통해 히트파엘 명령형은 미완료 2인칭에 미완료 접두어 תִתְ 대신 הִתְ를 써주면 됩니다. 그러면 도표를 한 번 만들어 보도록 하지요.

● 히트파엘 명령형 변화 ●

	단수	복수
남	הִתְקַטֵּל	הִתְקַטְּלוּ
여	הִתְקַטְּלִי	הִתְקַטֵּלְנָה

위의 도표에서 보듯이 남성 단수 명령형의 경우는 완료 3인칭 남성 단수와 동일하고, 남성 복수 명령형은 완료 3인칭 공통 복수와 동일합니다. 히브리어 동사는 어간을 구성하는 자음 세 개에 접두어와 어미를 붙여서 변화를 하는 통에 이런 식으로 동일한 형태들이 나올 수밖에 없는 운명을 띠고 있습니다. 사정이 이러하기 때문에 여러분은 더욱 더 히브리어는 암기하려고 들면 안 됩니다.

제대로 된 이해가 없이 암기만 하려고 들면 이런 식으로 동사 형태가 똑같은 경우들을 만나면 당황하게 되지요. 왜냐하면 자신은 전혀 다른 항목을 공부하고 있는데, 거기에서 갑자기 앞에서 배운 것과는 다른 문법 사항이면서도 모양만은 똑같은 형태를 만날 때가 간혹 있기 때문입니다. 이런 경우 자신이 뭘 잘못 외웠나 하고 생각하게 되기 마련이지요. 그러나 이 책에서 계속 제시하고 있는 변화의 이론과 시스템을 정확히 이해하면 그처럼 문법적으로는 다른 사항이면서도 형태는 동일한 것들이 있을 수 있으며, 이런 문법적으로 다른 항목들도 원리를 따라 변화의 과정을 따져 보면 충분히 그렇게 될 수밖에 없다는 것을 이해하게 되고, 또 왜 그럴 수밖에 없는지도 정확하게 설명할 수 있게 됩니다. 이처럼 히브리어는 무조건적으로 암기를 해서는 안 되는 언어입니다. 그것보다는 변화의 시스템, 변화의 이론을 정확히 아는 것이 훨씬 더 정확하고 효율적입니다.

d. 히트파엘 부정사 연계형과 절대형

부정사 연계형은 명령형, 좀 더 정확히 말하면 명령형 남성 단수 형태와 동일합니다. 이건 지금까지 해온 바와 동일하니 다 아시리라 생각합니다.

그러나 부정사 절대형과 관련해서는 한 가지 기억해야 할 사항이 있습니다. 칼형부터 푸알형까지 네 개의 유형에서는 부정사 절대형의 끝음절의 모음이 동일했습니다. 즉 טֹל의 모음은 다 "ㅗ"(◌ֹ)였습니다. 그런데 이 히트파엘 형부터 시작해서 마지막 형태인 호팔까지의 세 개 유형의 부정사 절대형은 다 טֵל입니다. 즉 이 세 유형의 경우는 이 끝음절의 모음이 다 "ㅔ"(◌ֵ)인 것이지요. (갑자기 달라지니까 살짝 짜증이 나실 수도 있습니다만 이게 이 도표에서 여러분이 새로 알아야 할 모든 사항의 끝입니다. 이제 더 이상 없습니다. 그러니 그냥 속 편하게 생각하시기 바랍니다.)

자 이제 히트파엘형의 부정사 연계형과 절대형을 함께 써보면 다음과 같습니다.

부정사 연계형: הִתְקַטֵּל

부정사 절대형: הִתְקַטֵּל

위에서 설명한 것들의 결과로 인해 결국 히트파엘형에서는 부정사 연계형과 절대형이 같아져 버렸네요. 히트파엘형은 이처럼 모든 형태들이 다 비슷하거나 똑같습니다. 그러나 문맥을 보고 이 동일한 형태가 실제로는 정확히 무엇에 해당하는지를 찾아내야만 합니다.

e. 히트파엘 분사형의 변화

피엘형부터 호팔형까지는 미완료 3인칭 남성 단수의 접두어 요드(י)가 들어갈 자리에 멤(מ)을 써주면 된다고 했습니다. 히트파엘에서는 다음과 같지요.

יִתְקַטֵּל → מִתְקַטֵּל

이제 여기에 명사 변화 어미를 붙여주면 됩니다.

• 히트파엘 분사형 •

	단수	복수
남성	מִתְקַטֵּל	מִתְקַטְּלִים
여성	מִתְקַטְּלָה מִתְקַטֶּלֶת	מִתְקַטְּלוֹת

5. 히필형의 변화에 대한 설명

이제 남은 히필형과 호팔형은 사역형입니다. 이 두 형의 특징은 사역형의 특징적인 접두어인 ה가 접두어로 온다는 점이지요. 히필형에는 הִ (히, hi)의 형태로 오며, 호팔형에는 הָ (호, ho)의 형태로 옵니다. 히필형의 "히"와 호팔형의 "호"는 바로 이 접두어의 발음에서 온 것입니다.

a. 히필 완료의 변화

히필형의 가장 두드러진 특징들은 두 가지가 있습니다. 첫째, 접두어가 הִ입니다. 둘째, 동사어간의 두 번째 자음과 세 번째 자음 사이에 순장모음 "ㅣ"(□ִי)가 옵니다. 가상적인 자음에 이 요소들을 표시해보면 다음과 같습니다.

הִ□ְ□ִי□

이것을 규칙 동사인 קטל에 적용시키고, 완료형 어미인 "영아타트티우템텐누"를 붙이면 다음과 같은 도표가 완성됩니다.

● 히필 완료 변화 (영아타트티우템텐누) ●

	단수	복수
3인칭 남	הִקְטִיל	הִקְטִילוּ
여	הִקְטִילָה	
2인칭 남	הִקְטַלְתָּ	הִקְטַלְתֶּם
여	הִקְטַלְתְּ	הִקְטַלְתֶּן
1인칭 공	הִקְטַלְתִּי	הִקְטַלְנוּ

위 도표에서 몇 가지 유념할 사항을 봅시다.

(1) 모음 어미가 오는 경우들, 즉 3인칭 여성 단수와 3인칭 공통 복수의 경우에 모음 어미 앞에는 모음이 쉐바로 바뀌는 것이 통상적이지만 히필형의 경우는 순장모음 "ㅣ"(◌ִי)가 유지됩니다. 순장모음은 건드리지 않는 원칙이 적용되는 것이지요.

(2) 단자음 어미나 중자음 어미가 와서 טִיל이 다른 음절들 사이에 끼게 되면 필리피의 법칙이 작동됩니다. 그래서 טִיל이 טַל로 바뀝니다. (이 필리피의 법칙이 좀 홍길동 같습니다. 순장모음도 막 자기 맘대로 해치워버려요. 이 필리피 현상은 발견된 지가 이제 150년쯤 되어가지만 아직도 학자들이 제대로 파악을 못하고 있습니다. 이런 경우는 "그냥 그러려니" 하는 정신으로 받아들이는 게 속이 편하죠.)

טִיל → טַל

b. 히필 미완료의 변화

히필 미완료의 접두어는 הִ(히, hi)를 יַ (야, ya)로 바꿔주면 됩니다.

הִקְטִיל → יַקְטִיל

이렇게 바뀐 상태에서 미완료의 접두어와 어미를 붙여주면 됩니다.

● 히필 미완료 변화●

	단수	복수
3인칭 남	יַקְטִיל	יַקְטִילוּ
여	תַּקְטִיל	תַּקְטֵלְנָה
2인칭 남	תַּקְטִיל	תַּקְטִילוּ
여	תַּקְטִילִי	תַּקְטֵלְנָה
1인칭 공	אַקְטִיל	נַקְטִיל

위 도표에서 몇 가지 유념할 사항을 봅시다.

(1) 모음 어미가 오는 경우들, 즉 2인칭 여성 단수와 3인칭/2인칭 여성 복수의 경우에 모음 어미 앞에는 모음이 쉐바로 바뀌는 것이 통상적이지만 히필형의 경우는 순장모음 “ㅣ”(□ִי)가 유지됩니다. 순장모음은 건드리지 않는 원칙이 적용되는 것이지요.

(2) 어미가 단자음 어미 "나"(נָה)가 온 경우 순장모음 "ㅣ"(◌ִי)가 모음 삼각도 상으로 본 동일계열 소리(e/i) 중 조금 더 짧은 "ㅔ"(◌ֵ)로 바뀌었습니다. 이 정도의 변화는 충분히 용인할 수 있는 사항입니다.

c. 히필 명령형의 변화

히필 명령형은 두 가지 사항을 기억해야 합니다.

(1) 히필에는 사역형의 특징인 접두어 ה가 왔다는 점을 위에서 이야기했습니다. 따라서 미완료에서 접두어를 떼어버리고 명령형을 만들게 되면 사역형으로서의 히필형의 특징이 사라져버리게 됩니다. 이런 경우 대타로 ה가 미완료 접두어 תַּ자리에 들어오게 되지요.

이 과정을 좀 천천히 살펴봅시다.

(1) 히필형 미완료 2인칭의 접두어	תַּ
(2) 명령형 만들기 위해 미완료형 접두어 제거. 접두어 제거시 사역형으로서의 히필형 특징 상실	תַּקְטִיל → קְטִיל (사역형 특징 상실)
(3) 형태 깨지는 것을 막기 위해 대타로 쓰는 자음 ה를 도입. 자음을 도입하려니 떨어져 나간 자음의 아래 있는 모음도 회복	תַּ → הַ
(4) 미완료 접두어 대신 대타로 쓰는 ה를 쓴 명령형 완성	תַּקְטִיל → הַקְטִיל

이런 경로를 통해 히필 명령형은 미완료 2인칭에 미완료 접두어 תַּ 대신 הַ를 써주면 됩니다.

(2) 두 번째 기억해야 할 사항은 남성 단수의 경우, 즉 아무 어미도 안 오는 경우에는 순장모음 "ㅣ"(◌ִי)가 모음 삼각도 상으로 본 동일계열 소리(e/i) 중 조금 더 짧은 "ㅔ"(◌ֵ)로 바뀐다는 점입니다.

(그 이유는 알 수 없지만 명령의 뉘앙스 전달을 위해서 좀 더 짧아지는 것은 아닐까요? 그러면 히필의 나머지 명령형들은 왜 안 그러냐고 물을 수 있습니다. 그것은 우리가 현재는 확인할 길이 없지만 뒤에 어미들이 추가되는 것과 관련이 있지 않을까요? 하여튼 이런 결과로 이 남성 단수의 경우만 빼고 나머지는 미완료형에서 접두어만 손질하면 됩니다. 이론의 큰 흐름대로 흘러가 우리에게는 정말 다행스러운 일입니다. 이 책에서 강조하는 바는 너무 세부적인 것에 얽매이지 말고 큰 틀을 잡으라는 것이지요. 세부적인 미묘한 차이들은 나중에 히브리어를 더 잘하게 된 다음에 챙겨도 됩니다.)

그러면 도표를 한 번 만들어 보도록 합시다.

● 히필 명령형 변화 ●

	단수	복수
남	הַקְטֵל (טֵל의 모음 주의!)	הַקְטִילוּ
여	הַקְטִילִי	הַקְטֵלְנָה

d. 히필 부정사 연계형과 절대형

부정사 연계형이 명령형 남성 단수와 동일하다는 대원칙은 여기에서도 계속됩니다. 단지 명령형과 달리 부정사 연계형에서는 명령형의 긴박성이 사라지므로 다시 순장모음 "ㅣ"(◌ִי)가 회복된다는 점만 유의하면 됩니다. 그리고 부정사 절대형은 연계형과 다시 달라야 해서 순장모음 "ㅣ"(◌ִי)가 다시 "ㅔ"(◌ֵ)로 짧아집니다. 이 길어졌다 짧아졌다 하는 부분들만 빨간색으로 표시해보면 다음과 같습니다.

부정사 연계형: הַקְטִיל

부정사 절대형: הַקְטֵל

e. 히필 분사형의 변화

피엘형부터 호팔형까지는 미완료 3인칭 남성 단수의 접두어 자음 요드(י)가 들어갈 자리에 멤(מ)을 써주면 된다고 했습니다. 히필형에서는 다음과 같습니다.

יַקְטִיל → מַקְטִיל

이제 여기에 명사 변화 어미를 붙여주면 됩니다.

● 히필 분사형 ●

	단수	복수
남성	מַקְטִיל	מַקְטִילִים
여성	מַקְטִילָה מַקְטֶלֶת	מַקְטִילוֹת

여성 단수 분사형에서 세골 명사처럼 어미가 오는 것의 위력이 막강합니다. 그냥 순장모음 "ㅣ"(ִי◌)도 막 밀고 들어갑니다. 그러나 다른 한편으로 생각해보면 이 세골 명사 같은 어미와 히필형의 순장모음을 병행시킬 방법이 없습니다. 그러니 하나를 택할 수 밖에요!

6. 호팔형의 변화에 대한 설명

드디어 마지막인 호팔에 이르렀습니다. 호팔은 사역형 중의 하나로서 사역형을 나타내는 ה와 모음 "ㅗ"(ָ◌)가 결합된 형태인 "호"(הָ)를 접두어로 갖습니다.

a. 호팔 완료의 변화

호팔 완료는 바로 위에서 말한 그 특징적인 접두어인 "호"(הָ)와 더불어 동사 어간에 다음과 같은 모음들을 붙여서 구성됩니다.

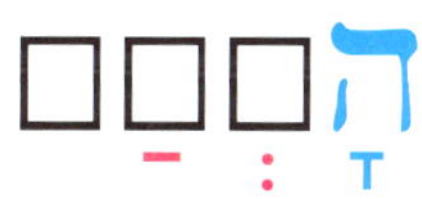

이것을 규칙 동사인 קטל에 적용시키고, 완료형 어미인 "영아타트티우템텐누"를 붙이면 다음과 같은 도표가 완성되지요.

● **호팔 완료 변화** (영아타트티우템텐누) ●

	단수	복수
3인칭 남	הָקְטַל	הָקְטְלוּ
여	הָקְטְלָה	
2인칭 남	הָקְטַ֫לְתָּ	הָקְטַלְתֶּם
여	הָקְטַ֫לְתְּ	הָקְטַלְתֶּן
1인칭 공	הָקְטַ֫לְתִּי	הָקְטַ֫לְנוּ

b. 호팔 미완료의 변화

히필 미완료의 접두어는 הָ(호, ho)에서 모음은 그대로 둔 채 자음만 י로 바꿔주면 됩니다.

הָקְטַל → יָקְטַל

이렇게 바뀐 상태에서 미완료의 접두어와 어미를 붙여주면 됩니다.

● 호팔 미완료 변화 ●

	단수	복수
3인칭 남	יָקְטַל	יָקְטְלוּ
여	תָּקְטַל	תָּקְטַלְנָה
2인칭 남	תָּקְטַל	תָּקְטְלוּ
여	תָּקְטְלִי	תָּקְטַלְנָה
1인칭 공	אָקְטַל	נָקְטַל

c. 호팔 명령형의 변화

수동형인 호팔의 명령형은 존재하지 않습니다. 또 하나의 수동형인 푸알의 명령형이 존재하지 않았듯이 말이지요. 그러나 이 책에서 제시하는 논리의 흐름을 따라 부정사 연계형 등을 잘 파악하기 위해서는 호팔 명령형도 한 번 가상적으로 만들어 보는 게 좋습니다.

이 가상적인 호팔의 명령형을 만드는 것은 미완료 2인칭 남성 단수에서 접두어를 떼면 된다는 원칙과 궤를 같이합니다. 그러나 이미 몇 번 보았듯이 접두어를 떼어낼 때 그 형태가 깨지는 경우는 떨어져나가는 접두어의 자음의 대타로 ה라는 자음을 활용하게 되지요. 그리고 이 대타 자음에 호팔 미완료 접두어의 어미, 즉 단모음 “ㅗ”(ָ)를 넣으면 되지요. 그 결과는 다음과 같습니다.

תָּקְטַל ➔ □ָקְטַל ➔ הָקְטַל

미완 2 남 단 ➔ 접두어 자음 제거 ➔ 대타 자음 ה도입

명령형의 나머지 경우들도 모두 이렇게 미완료 접두어의 자음 대신 대타 자음 ה를 도입해주면 모든 것이 해결됩니다.

● 호팔 명령형 변화 (가상적 형태) ●

	단수	복수
남	הָקְטַל	הָקְטְלוּ
여	הָקְטְלִי	הָקְטַלְנָה

이 호팔의 경우 명령형은 단지 가상적임을 기억하세요. 존재하지 않는 것도 여러분이 이 책이 말하고 있는 시스템만 잘 이해하면 만들어낼 수 있다는 점이 재미있지 않나요?

d. 호팔 부정사 연계형과 절대형

존재하지도 않는 호팔 명령형 도표를 만들어본 이유가 바로 이 부정사 연계형 때문이라는 점은 잘 아시지요? 칼부터 히필까지의 다른 유형들과 마찬가지로 부정사 연계형은 명령형 남성 단수와 동일하지요. 그리고 히트파엘형부터 이 마지막 호팔형까지의 부정사 절대형의 끝 음절은 다 טֵל인 것을 아시지요? 연계형과 절대형을 한 번 써보면 다음과 같습니다.

부정사 연계형: הָקְטַל

부정사 절대형: הָקְטֵל

e. 호팔 분사형의 변화

호팔 분사형을 만드는 원리는 다음의 두 단계입니다.

(1) 피엘형부터 호팔형까지는 미완료 3인칭 남성 단수의 접두어 자음 요드(י)가 들어갈 자리에 멤(מ)을 써주면 된다고 했습니다. 따라서 아래와 같이 하면 되겠지요.

יָקְטַל → מָקְטַל

(2) 분사는 끝음절에 "ㅏ"(◌ַ) 소리가 오게 되면 그 모음을 장모음 "ㅏ"(◌ָ)로 바꿔주면 됩니다. 공교롭게도 이 현상이 발생하는 경우는 전부 수동형 내지는 수동과 관계된 니팔, 푸알, 호팔뿐이라는 점은 이미 앞에서 말한 바가 있습니다. 따라서 위의 형태를 다시 다음과 같이 수정해야 합니다.

מָקְטַל → מָקְטָל

바로 위의 마지막 형태가 분사형의 기본이 되는 남성 단수 형태입니다. 이제 여기에 명사 변화 어미들을 붙이면 호팔의 분사 도표가 완성됩니다. 이 점을 유의하면서 호팔의 분사 도표를 만들어보면 다음과 같습니다.

● 호팔 분사형 ●

	단수	복수
남성	מָקְטָל	מָקְטָלִים
여성	מָקְטָלָה מָקְטֶלֶת	מָקְטָלוֹת

여성 단수 분사형에서 세골 명사처럼 어미가 오는 것의 위력은 여기에서도 역시 막강합니다. 방금 위에서 말한 호팔 분사형의 기본형인 남성 단수형의 끝음절에 오는 장모음 "ㅏ"(◌ָ)는 지켜져야 한다고 했지요. 이 여성 분사형의 또 다른 형태인 세골 명사 형태는 그것도 다 무시하고 그냥 세골을 연속으로 사용하는 형태로 만들어 버립니다.

f. 동사의 정리

다시 서론의 도표로 돌아가 봅시다. 여러분이 그 페이지로 돌아가는 수고를 하지 않도록 다시 한 번 써 보지요.

	단순형		강조형			사역형	
	능동	수동/재귀	능동	수동	재귀	능동	수동
	파알 (פָּעַל) (=칼)	니팔 (닢알) (נִפְעַל)	피엘 (פִּעֵל)	푸알 (פֻּעַל)	히트파엘 (힡파엘) (הִתְפַּעֵל)	히필 (힢일) (הִפְעִיל)	호팔 (홒알) (הָפְעַל)
완료	קָטַל	נִקְטַל	קִטֵּל	קֻטַּל	הִתְקַטֵּל	הִקְטִיל	הָקְטַל
미완료	יִקְטֹל	יִקָּטֵל	יְקַטֵּל	יְקֻטַּל	יִתְקַטֵּל	יַקְטִיל	יָקְטַל
명령형	קְטֹל	הִקָּטֵל	קַטֵּל	קֻטַּל	הִתְקַטֵּל	הַקְטֵל	הָקְטַל
부정사 연계형	קְטֹל	הִקָּטֵל	קַטֵּל	קֻטַּל	הִתְקַטֵּל	הַקְטִיל	הָקְטַל
부정사 절대형	קָטֹל	הִקָּטֹל	קַטֹּל	קֻטֹּל	הִתְקַטֵּל	הַקְטֵל	הָקְטֵל
분사 능동	קֹטֵל	נִקְטָל	מְקַטֵּל	מְקֻטָּל	מִתְקַטֵּל	מַקְטִיל	מָקְטָל
분사 수동	קָטוּל						

지금까지 설명한 바에 따르면 동사 변화의 전체 도표는 이것보다 훨씬 더 커야 합니다. 왜냐하면 위의 도표는 완료, 미완료 등 각각의 사항들마다 그 기본형만 적어 놓았기 때문이지요. 그런 것을 다 적으면 여러분은 규칙 동사 קטל의 변화로 한 300개 정도의 변화를 다 외워야 합니다. 그러나 저는 그 모든 도표를 위의 총 43개만 알고 있으면 된다는 점을 보여주기 위해 지금까지 설명을 한 것입니다.

그리고 그 43개마저도 다 외울 필요가 없이 칼형을 구성하는 일곱 개, 그리고 칼부터 호팔까지의 완료/미완료 14개만 철저히 외우면 된다고 주장했습니다(위 도표 중 빨간 테두리로 표시한 칸들). 이 두 가지 암기 사항들 사이에는 칼 완료/미완료, 이 두 개가 겹치므로 결국 총 19개만 완벽하게 외우면 300여개의 모든 변화들을 그 변화 원리까지 완벽하게 다 파악할 수 있다는 것이 이 책의 핵심 사항입니다. 여러분이 꼭 외워야 할 것은 철저하게 외우고, 이해해야 할 것들은 이해하는 것을 통해서 효율적으로 히브리어를 마스터할 수 있게 되기를 바랍니다.

g. 봐브 연속법(waw consecutive)

구약성경 히브리어를 읽기 위해서 동사와 관련하여 꼭 알아야 하는 구문론적 현상이 하나 있습니다. 그것은 소위 "**봐브 연속법**"이라고 불리는 현상입니다. 이것은 가장 중요한 사항만 아주 간단하게 말한다면 완료와 미완료의 시제가 뒤집히는 현상이라고 할 수 있습니다. 앞에서 히브리어의 시제는 굉장히 어려운 주제이긴 하지만 대략 다음과 같이 이해하면 된다고 말했습니다.

완료=과거

(예: קָטַל 칼 완료 3인칭 남성 단수, "그가 죽였다"[He killed])

미완료=미래

(예: יִקְטֹל 칼 미완료 3인칭 남성 단수, "그가 죽일 것이다"[He will kill)

그런데 이 완료형과 미완료형이 접속사 봐브(ו)의 특정한 형태와 만날 때 마치 시제가 뒤집힌 것처럼 되는 현상이 봐브 연속법이라고 할 수 있습니다. 그것은 다음과 같습니다.

봐브 + 완료 ➔ 미래 (원래는 과거)

봐브 + 미완료 ➔ 과거 (원래는 미래)

이때 봐브 연속법이란 현상에는 특정한 형태의 봐브가 쓰인다고 했는데 그 형태는 완료의 봐브 연속법과 미완료의 봐브 연속법에 차이가 있습니다. 그것은 다음과 같습니다. 모음과 기타 요소에 집중해서 보시기를 바랍니다.

완료의 봐브 연속법에 쓰이는 봐브:

וְ(봐브 아래에 쉐봐)

미완료의 봐브 연속법에 쓰이는 봐브:

וַ⊡(봐브 아래에 단모음 "ㅏ"[□ַ], 다음의 동사가 어떤 모양이든 그 첫 자음에 이중점, 마치 정관사가 הַ⊡, 즉 "הַ + 이중점[⊡]"인데 단지 자음만 ה에서 ו로 바뀐 모양이라고 보면 됨)

자 그러면 이 봐브 연속법에 완료와 미완료가 오는 경우를 실제 예를 가지고 살펴보겠습니다.

	완료-일반 경우	완료-봐브 연속법 경우
형태	완료 동사만 단독으로	봐브(וְ) + 완료
예	קָטַל	וְקָטַל
분석	칼 완료 3인칭 남성 단수	봐브 연속법 + 칼 완료 3인칭 남성 단수
의미	"그가 죽였다"(He killed)	"그가 죽일 것이다"(He will kill)

	미완료–일반 경우	미완료–바브 연속법 경우
형태	미완료 동사만 단독으로	바브(וַ) + 미완료
예	יִקְטֹל	וַיִּקְטֹל
분석	칼 미완료 3인칭 남성 단수	바브 연속법 + 칼 미완료 3인칭 남성 단수
의미	"그가 죽일 것이다"(He will kill)	"그가 죽였다"(He killed)

미완료에 붙는 바브 연속법과 액센트의 문제:

미완료에 바브 연속법이 오는 경우 액센트가 앞, 즉 바브 연속법의 접속사 ו 다음 음절의 위치로 이동하는 경우가 많습니다. 특히 3부에서 배울 약동사들의 경우가 그러합니다. 이 경우 가상적으로 말하자면 다음과 같이 된다고 할 수 있습니다.

원래 액센트 위치: יִקְטֹל

바브 연속법의 액센트의 위치: וַיִּקְטֹל

이렇게 액센트의 위치가 달라지면 그에 맞추어 모음도 조정해줘야 하는 일이 생깁니다. 예를 들어 위의 예의 경우 액센트가 이동한 경우 끝음절 טֹל은 이제 액센트 법칙 3번에 해당됩니다, 즉 "액센트 없는 폐음절의 모음은 단모음"이란 법칙에 해당됩니다. 따라서 טֹל → טָל의 변화를 반영시켜야 함. 즉 다음과 같습니다.

וַיִּקְטֹל → וַיִּקְטָל

이 봐브 연속법이란 현상은 성경 시대 히브리어의 가장 큰 특징이라고 할 수 있습니다. 그리고 이것이 현대 히브리어와의 가장 커다란 차이라고 할 수 있지요. 현대 히브리어는 영어와 같은 인도 유럽어의 영향을 받아 시제를 아예 재편해서 "과거, 현재, 미래"의 3시제로 구성되어 있습니다. 반면 성경 시대의 히브리어는 시제와 관련될 수 있는 동사 형태가 "완료, 미완료"의 두 가지 형태만 갖고 있으며, 이것마저도 봐브 연속법 구문을 통해 시제가 뒤집힙니다.

물론 성경 시대 히브리어의 완료, 미완료가 시제를 나타내느냐 하는 문제는 고급 문법으로 올라가면 굉장히 많은 논란의 대상입니다. 그러나 히브리어의 입문을 가능한 한 쉽게 하고자 하는 이 책의 수준에서는 여러분이 위의 사항만 일단 숙지하시면 상당수의 성경 본문을 읽는 데에는 거의 지장이 없습니다.

3부

히브리어의 살: 추가적 사항들

3

3부는 히브리어의 살에 해당합니다. 여러분이 1부와 2부의 내용을 정말 완벽하게 마스터하셨다면 3부의 내용이 없이도 꽤 히브리어를 잘 이해할 수가 있을 것입니다.

그러나 인간의 몸이 뼈대로만 구성되어 있는 것은 아니기 때문에 살도 필요합니다. 대체적인 내용은 이미 앞에서 말한 것들이지만 3부에서 새롭게 추가되는 내용들도 좀 되기는 합니다. 하지만 기본적으로 3부의 내용들은 암기할 내용이라기 보다는 "아 이런 것은 이렇게 되는구나" 하는 정도의 이해가 더 중요합니다. 그러니 혹시 3부를 읽어나가는 중에 잘 이해가 안 되는 대목이 있으면 문제의 근원은 여러분이 1부와 2부의 내용을 잘 이해하지 못했기 때문일 가능성이 높습니다. 이런 경우 앞으로 돌아가서 해당 사항을 확인하고 오시는 것이 좋습니다.

1장 명사: 추가적 사항들

1. 서론

2부에서는 명사에 대한 전반적인 사항을 배웠습니다. 이제 3부의 추가적 사항들에서는 명사의 나머지 사항들을 배우도록 하겠습니다. 3부를 읽는 중에 혹시 내용을 잘 이해하기 어렵다는 생각이 들면 먼저 2부의 명사 부분을 철저히 복습하고 오시기를 바랍니다. 기본 원리는 2부의 내용과 기본적으로 동일합니다. 단지 여기에서는 몇 가지 특별한 경우들을 배우는 것입니다. 그 특별한 경우란 다음의 세 가지입니다.

- 명사에 후음(א ע / ה ח // ר)이 사용되는 경우의 명사 변화
- 세골 명사의 명사 변화
- 명사에 소유격 인칭대명사가 붙을 때 위의 명사들의 변화

2. 후음 경우의 명사 변화

그림 이제 명사에 후음이 오는 경우를 한 번 살펴보기로 하죠. 후음 글자가 무엇이고, 또 그 후음 글자의 특성은 무엇인지 기억하시나요? 다시 한 번 되새겨보도록 하지요.

먼저 후음 자음은 다음 다섯 가지가 있다고 했지요? 진짜 후음 네 개에 유사 후음 한 개입니다. 다음과 같습니다.

א ע / ה ח // ר

(음역: ʾ ʿ / h ḥ // r)

또 후음의 세 가지 특징은 뭐지요? 다음과 같지요?

❶ 이중점을 못 찍는다. (100%)

❷ 단순 쉐바를 안 취하고, 대신 합성 쉐바를 취한다. (90%쯤?)

❸ 후음은 아(a)소리를 좋아한다. (80%쯤?)

이 세 가지 사항은 꼭 기억하고 계셔야 합니다. 히브리어의 복잡해 보이는 변화를 푸는 아주 중요한 요소들이니까요.

자 그럼 위의 이런 규칙들이 실제의 명사 혹은 형용사 변화에 어떻게 사용되는지를 살펴보도록 하지요. 예를 들어, “지혜로운”(형용사) 혹은 “지혜자”(명사)라는 의미를 가진 하캄(ḥāḵām, חָכָם)이란 단어를 가지고 한 번 해보도록 하겠습니다(예전에 말씀드린 바와 같이 히브리어는 이처럼 형용사와 명사 사이의 구분선이 모호합니다. 그냥 동일한 단어가 명사로도 쓰이고 형용사로도 쓰이는 것이지요). 먼저 변화를 다 보여드린 다음에 상세한 설명을 이어서 하도록 하겠습니다. 명사 변화 어미는 다 기억하시죠? “임-아-오트”(îm-â-ôṯ, ◌ִים - ◌ָה - וֹת)죠? 다음과 같습니다.

	단수	복수
남성	□□□	□□□ִים
여성	□□□ָה	□□□וֹת

이 어미들을 명사의 표준형 변화에 붙여보면 다음과 같습니다. 2부에서 배운 바와 같이 דָּבָר (dāḇār 다바르, “말”, “말씀”, “~것”, “일” 등)에 붙여보겠습니다.

	단수	복수
남성	דָּבָר 말씀, 것	דְּבָרִים 말씀들, 것들
여성	דְּבָרָה (가상적 형태)	דְּבָרוֹת (가상적 형태)

דָּבָר (dāḇār 다바르)와 חָכָם (ḥāḵām, 하캄)은 근본적으로 형태가 동일한 명사입니다. "자음 세 개 + 모음 두 개"로 구성된 단어이며, 또 모음의 모양이 동일하기 때문입니다(□ָ□ָ□).

따라서 기본적으로는 이 חָכָם (ḥāḵām, 하캄)에 위의 דָּבָר (dāḇār 다바르)의 변화형들에 붙인 어미와 모음을 그대로 갖다 붙이면 됩니다. 딱 한 가지 차이점을 제외하고 말이죠. 그 차이점은 바로 חָכָם (ḥāḵām, 하캄)의 경우에는 그 첫 번째 자음인 ח가 바로 후음이라는 점입니다. 이때문에 앞에서 말한 후음 법칙이 적용되게 됩니다. 그 결과 모음에 약간의 변화가 생기게 됩니다.

그러면 한 번 차근차근 살펴보죠. 먼저 חָכָם (ḥāḵām, 하캄)의 경우에도 당연히 명사 변화 어미가 동일하게 적용됩니다. 다음 도표의 빨간색 부분이 명사 변화 어미를 붙인 것들입니다. חָכָם (ḥāḵām, 하캄)의 자음에 어미만 한 번 붙여 봤습니다.

	단수	복수
남성	חָכָם 지혜로운, 지혜자(남)	חכמִים 지혜로운, 지혜자들(남)
여성	חכמָה 지혜로운, 지혜자(여)	חכמוֹת 지혜로운, 지혜자들(여)

이제 이 명사 변화를 하캄(ḥāḵām, חָכָם)에 모음을 찍은 것으로 한 번 보겠습니다. 우선 규칙 변화인 דָּבָר (dāḇār 다바르)에 붙였던 식으로 모음을 한 번 붙여보겠습니다. 명사 어미는 빨간색, 후음 자음인 ח는 파란색으로 표시했습니다.

	단수	복수
남성	חָכָם	חְכָמִים
여성	חְכָמָה	חְכָמוֹת

위의 도표에서 남성 단수를 빼고는 나머지 경우는 모두 후음 자음인 ח 아래에 쉐바(◌ְ)가 옵니다. 그런데 후음 법칙 중 두 번째 법칙이 "후음은 단순 쉐바를 안 취한다"는 것입니다. 단순 쉐바 대신 합성 쉐바를 취하지요.

그런데 합성 쉐바는 모두 세 가지가 있지요? 다음과 같이요.

□ֲ ("ㅏ"[a] 소리 계열)

□ֱ ("ㅔ"[e] 소리 계열)

□ֳ ("ㅗ"[o] 소리 계열)

위의 세 가지 합성 쉐바 중 ח 아래에 어떤 것이 올까요? 이때 작용하는 것이 바로 후음 법칙 3번, 즉 "후음은 'ㅏ'(a) 계열 모음을 좋아한다"는 법칙입니다. 물론 항상 후음이 "ㅏ" 계열 합성 쉐바만을 취하는 것은 아니지만 대체로 이렇다는 것입니다. 특별한 이유가 없는 한, 그리고 잘 모르겠으면 일단 "ㅏ" 계열 합성 쉐바를 취하면 거의 맞습니다.

따라서 위의 하캄(ḥāḵām, חָכָם)에도 이 "ㅏ" 계열 합성 쉐바(◌ֲ)를 취하면 되겠습니다. 한 번 해보죠.

	단수	복수
남성	חָכָם 지혜로운(남단)	חֲכָמִים 지혜로운(남복)
여성	חֲכָמָה 지혜로운(여단)	חֲכָמוֹת 지혜로운(여복)

그럼 한 번 דָּבָר (dāḇār, 다바르)와 חָכָם (ḥāḵām, 하캄)을 한 칸에 넣어보지요. 차이 나는 부분을 한 번 표시해볼게요.

	단수	복수
남성	דָּבָר חָכָם	דְּבָרִים חֲכָמִים
여성	דְּבָרָה חֲכָמָה	דְּבָרוֹת חֲכָמוֹת

보시다시피 차이는 전부 후음 ח 아래에서 나타나지요? 후음이 단어에 포함된 경우의 변화는 이런 겁니다. 여러분이 새로 외우는 게 아니라 제가 여러 번 말씀드린 대로 그 변화의 원리를 이해하는 것입니다.

그러면 왜 이 단어의 경우 후음 아래에서 달라지나요? 바로 후음 아래에 명사의 어미 변화에 따라 쉐봐가 오게 되었기 때문이지요. 그런데 후음은 단순 쉐봐를 싫어한다고 그랬지요. 그래서 단순 쉐봐 대신 합성 쉐봐가 오게 된 것입니다.

그럼 합성 쉐봐는 세 가지인데("ㅏ"[a, ◌ֲ], "ㅔ"[e, ◌ֱ], "ㅗ"[o, ◌ֳ]) 그 중에서 어떤 것이 와야 할까요? 여기에서 후음 법칙의 세 번째 원칙이 적용되는 것입니다. 후음은 "아"소리를 좋아한다고 했죠. 그래서 별 다른 이유가 없으면 아(◌ֲ)를 찍으면 해결됩니다. 위의 변화를 보면 그렇죠?

이런 식으로 히브리어는 일단 앞의 2부의 "히브리어의 뼈대: 기본적 사항들"에서 설명한 규칙 변화들을 정확히 이해하고 또 기억한 상태에서 거기에서 벗어나는 것들은 전부 이 규칙 변화에서 달라질 수밖에 없는 이유를 알고 있으면 됩니다. 즉 חָכָם (ḥāḵām, 하캄)의 남성 복수 변화를 파악하고자 한다 할 때도 규칙 변화를 하는 דָּבָר (dāḇār, 다바르)의 변화를 알고 있으면 다 해결이 되는 것이지요. 그럼 חָכָם (ḥāḵām, 하캄)의 남성 복수 변화를 파악하는 과정을 한 번 다시 써보면 다음과 같습니다.

① דָּבָר 에서 시작

② דָּבָר 의 남성 복수 변화 파악: דְּבָרִים

③ דְּבָרִים 에 חָכָם 을 끼워 넣기

(빨간 부분에 חָכָם 의 자음을 끼워 넣음)

④ חְכָמִים

후음 ח 아래 쉐바가 와서 문제가 됨.
후음 아래 단순 쉐바 대신에 합성 쉐바를 집어 넣어야 함.
합성 쉐바 중 다른 이유가 없는 한 "ㅏ"(◌ֲ)가 최적

⑤ 최종 결과: חֲכָמִים

쉽지요? 히브리어의 변화는 제가 항상 강조하지만 규칙 변화에 대해서만 정확히 알고 나면 나머지는 아무것도 아닙니다. 그냥 알고 있는 법칙들만 잘 적용하면 해결됩니다.

그러면 이제 명사 원형의 두 번째 자음에 후음이 오는 경우를 한 번 볼까요? "금"(gold)이란 의미를 가진 זָהָב (zāhāḇ, 자하브)를 가지고 한 번 해보지요. 자 제가 항상 변화의 시작은 규칙적인 변화를 하는 단어에서부터 시작하라고 했지요. 규칙 명사인 דָּבָר (dāḇār, 다바르)의 변화와 함께 한 번 써보죠. 일단 זָהָב (zāhāḇ, 자하브)도 규칙 명사의 경우와 완전히 동일하게 모음을 찍어 보겠습니다.

	단수	복수
남성	דָּבָר זָהָב	דְּבָרִים זְהָבִים
여성	דְּבָרָה זְהָבָה	דְּבָרוֹת זְהָבוֹת

자 앞의 도표에 보듯이 ה가 후음이기는 하지만 그 아래 후음 법칙과 관련된 사항이 하나도 적용될 것이 없지요. 이런 경우 아무리 후음이 있어도 이 명사는 규칙 변화를 합니다.

다시 한 번 말씀 드리지만 히브리어에서 규칙적인 변화를 넘어서는 변화는 규칙에서 벗어나야 할 확실한 이유가 있을 때에만 발생합니다. 그 외에는 항상 규칙 변화를 합니다. 그러니 히브리어는 불규칙 같아 보이는 변화들을 하나하나 따로 외우는 것이 아니라 변화에서 벗어나는 경우 왜 그렇게 되는지를 이해하고 있으면 되는 것입니다. 이 점을 꼭 기억하세요. 히브리어는 외우는 것이 아니라 이해하는 것이라는 점을요!

3. 세골 명사 변화의 경우

히브리어 명사는 굉장히 많은 수가 세골 명사로 되어 있어요. 세골 명사가 뭔지 앞에서 말한 적이 있는데 기억이 나시나요? 히브리어에는 모음이 세골로만 이루어진 독특한 형태의 단어들이 있습니다. 몇 가지 예를 들어 보지요.

מֶ֫לֶךְ (왕, king)

עֶ֫שֶׂר (10, ten)

חֶ֫סֶד (신실, loyalty)

위의 단어들에서 모음은 모두 세골이지요? 모음이 이렇다고 해서 세골 명사라고 부르는 것입니다.

이 세골 명사에서 중요한 것은 이 세골 명사의 기원입니다. 히브리어 문법책들에 보면 다음과 같은 이야기들이 나옵니다. 그 이야기들에 따르면 매우 놀랍게도 세골 명사의 모음은 원래는 세골이 아니었다고 합니다. 황당하죠?

그럼 원래의 모음은 무엇이었을까요? 위의 첫 번째 단어를 가지고 보자면 원래의 모음은 다음과 같았다고 합니다.

מַלְךְ

이 단어를 음역을 해보면 어떻게 될까요? malḵ(말크) 정도가 되겠지요? 그런데 고대 히브리인들의 음성학적인 체계로는 이 단어는 발음이 불가능했습니다. 이건 음절을 나눠보면 느낌이 오지요? 히브리어 음절은 "자음 + 모음"(개모음)이거나 "자음 + 모음 + 자음"이라고 했지요? 그에 따라 위의 단어의 음절을 나눠서 표시해 보면 다음과 같습니다.

מַלְ | ךְ

자 이러면 첫 음절은 "자음 + 모음 + 자음"(m + a + l)이니까 한 음절이 되지요? 그런데 첫 음절 다음에 오는 건 모음 없이 자음 하나밖에 없지요? 자음만으로는 음절이 될 수가 없지요. 이래서 이 단어를 고대 히브리인들은 발음을 못하는 거지요.

세골 명사의 경우에 고대 히브리인들이 겪었던 어려움이 바로 이런 것입니다. 위의 "왕"이란 단어인 malḵ(말크)도 그대로는 읽을 수가 없었지요. 그래서 도입한 것이 히브리어 모음 중 가장 짧은 세골을 보조 모음으로 하나 추가한 것입니다. 그 결과는 다음과 같이 되겠지요(빨간색 주목!).

מַלֶךְ

자 이제는 읽을 수가 있지요? 음역을 해보면 **maleḵ**(말레크)가 됩니다. 그런데 발음해보시면 어떤가요? 조금 불편하죠? 첫 모음 a와 추가된 보조 모음 e가 충돌하죠. 이래서 추가된 보조 모음의 영향을 받아서 원래의 모음도 세골로 수정됩니다.

מַלֶךְ → מֶלֶךְ

자 이러면 제가 맨 위에서 예로 들었던 단어들과 모음 형태가 같은 모양이 되었죠? 이런 연유로 해서 명사의 모음이 세골로 이루어진 단어들을 **세골 명사**라고 합니다.

이렇게 세골 명사가 완성된 상태에서 다시 한 번 음절을 나눠 보겠습니다. 제가 이 책의 앞 부분에서 강조했듯이 히브리어를 여는 열쇠는 음절이니까요. 그럼 우선 음절 표시부터 해보죠. 다음과 같습니다.

מֶ | לֶךְ

자 첫 음절은 “자음 + 모음”(m + e)로 개음절이지요. 그리고 두 번째 음절은 “자음 + 모음 + 자음”(l + e + ḵ)으로 폐음절이지요. 이렇게 해서 “개음절 + 폐음절”로 구성된 전형적인 히브리어 단어 형태가 만들어졌습니다. 원래는 자음이 하나밖에 없던 단어에 보조 모음으로 세골을 추가하고, 그 세골의 영향으로 원래의 모음인 “a”도 세골로 수정함으로써 결과적으로 “개음절 + 폐음절”로 구성된 전형적인 히브리어 단어의 구성을 만든 것입니다. 물론 모음이 세골로 구성되어 있다는 점만 빼고요.

그런데 예리하신 학생들은 앞에서 예로 든 단어들과 방금 본 빨간색으로 세골 모음을 표시한 단어 사이에 한 가지 중요한 차이점이 있다는 점을 파악했을 것입니다. 어디가 차이가 나나요? 바로 액센트 표시지요?

액센트 위치가 어디인가요? 첫 음절이지요? 독특하지요. 히브리어에서는 보통 끝음절에 액센트가 온다고 했는데 세골 명사는 첫음절에 오니까요.

왜 그럴까요? 그 이유는 바로 이 세골 명사의 모음이 원래는 바로 첫음절에만 있었기 때문입니다. 모음을 억지로 추가해야 했던 두 번째 음절에 액센트가 오는 것이 아니라 원래부터 모음을 갖고 있었던 첫음절에 액센트가 오는 것입니다. 상당히 논리적이죠?

이게 세골 명사입니다. 그러면 세골 명사의 특징 및 형성 과정을 한 번 정리해보죠.

❶ 세골 명사는 원래 모음이 첫 자음 아래에 하나밖에 없었다.

❷ 세골 명사를 발음하기 위해 두 번째 자음 아래에 보조 모음으로 세골을 추가했다.

❸ 추가된 모음인 세골의 영향으로 원래 있던 첫 자음 아래의 모음 역시 세골로 동화된다. 그 결과 세골 명사의 형태가 완성된다.

❹ 액센트는 원래 모음이 있던 곳인 첫 번째 음절에 온다. 이런 액센트의 위치가 세골 명사의 중요한 특징이다.

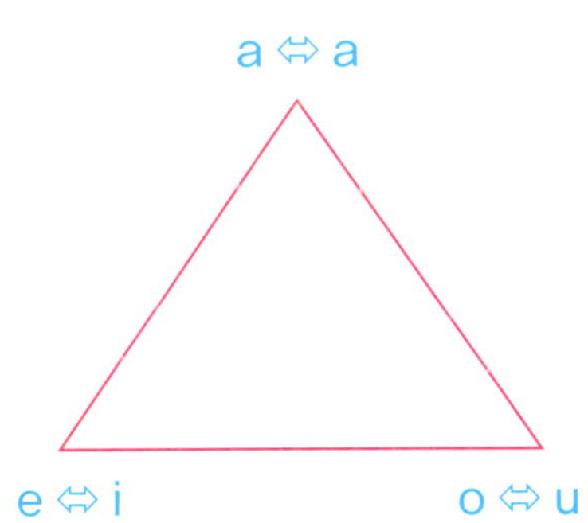

이렇게 이해하고 나니 세골 명사가 생각보다는 쉽죠? 그런데 세골 명사가 여기까지 말하고 딱 끝이면 좋겠는데 조금 더 알아야 할 것들이 있습니다. 도대체 뭐가 더 있을까요? 그것은 간단합니다. 제가 앞에서 모음은 크게 세 가지 계열, 즉 "아"(a) 소리 계열, "에"(e) 소리 계열, "o" 소리 계열이 있다고 했지요? 세골 명사도 바로 이 모음의 세 가지 계열을 따라 세 가지가 존재합니다. 이 세 가지 형태를 한 번 볼까요?

"아"(a) 소리 계열: מֶ֫לֶךְ (왕, king)

"에"(e) 소리 계열: סֵ֫פֶר (책, book)

"오"(o) 소리 계열: בֹּ֫קֶר (아침, morning)

이 세 가지 계열의 세골 명사들을 그 원형과 함께 표시해보면 각각 다음과 같았다고 합니다.

"아"(a) 소리 계열: מֶ֫לֶךְ ← מַלְךְ

"에"(e) 소리 계열: סֵ֫פֶר ← סִפְרְ

"오"(o) 소리 계열: בֹּ֫קֶר ← בֹּקְרְ

자 위의 세 계열의 명사들 모두 첫 자음 아래에만 모음이 하나씩 있고, 나머지 두 개의 자음에는 모음이 없다는 표시로 쉐와(ְ)만 찍혀 있죠? 세골 명사는 기원이 바로 이런 식입니다.

그러면 위에서 "아" 소리 계열은 살펴보았기 때문에 나머지 두 개, 즉 "에"(e) 소리 계열과 "오"(o) 소리 계열을 살펴보도록 하지요. 그 중에 먼저 "에"(e) 소리 계열부터 봅니다. 위에서 예로 든 "책"(book)이란 의미의 סֵ֫פֶר (sēper)를 가지고 단계적으로 살펴보지요. 이 단어의 원형은 סִפְרְ (sipr)였으므로 거기서부터 시작하지요.

(1) 원형: סִפְרְ

(2) 두 번째 자음 아래 세골 첨가: סִפֶר

(3) 세골 영향으로 앞 모음 조정(i ➔ ē): סֵפֶר

(4) 원래 모음이 있던 첫 음절에 액센트 표시: סֵ֫פֶר

자 이렇게 해서 סִפְרְ (sipr)에서 סֵ֫פֶר (sḗper)로의 변화가 완성되었습니다. 쉽죠?

그러면 이제 "오"(o) 소리 계열도 가보도록 하지요. 전개되는 방식은 동일합니다. 위에서 예로 든 "아침"(morning)이란 의미의 בֹ֫קֶר (bṓqer)를 가지고 단계적으로 살펴보지요. 이 단어의 원형은 בֹקְרְ (bōqr)였으므로 거기서부터 시작하지요.

(1) 원형: בֹקְרְ

(2) 두 번째 자음 아래 세골 첨가: בֹקֶר

(3) 세골 영향으로 앞 모음 조정: 이 o형의 경우는 소정이 거의 없음

(4) 원래 모음이 있던 첫 음절에 액센트 표시: בֹ֫קֶר

자 이렇게 해서 בֹקְרְ (bōqr)에서 בֹ֫קֶר (bṓqer)로의 변화가 완성되었습니다. 별로 어렵지 않지요?

2장 동사: 추가적 사항들(상태 동사)

1. 서론

히브리어의 독특한 동사로 소위 "상태 동사"(stative verb)란 것이 있습니다. 이 "상태 동사"란 것은 어떤 기상천외한 부류의 동사가 아니라 그냥 "be 동사 + 형용사"의 의미를 가진 동사라고 생각하면 됩니다. 우리가 앞에서 배웠던 동사들은 주어의 동작을 나타내는 동사였습니다. 그런데 이와 달리 "상태 동사"(stative verb)는 주어의 동작이 아니라 상태를 나타내는 동사인 것입니다.

예를 들어 보지요. "그는 크다"라는 문장을 생각해보지요. 히브리어로는 다음과 같은 두 가지 표현 방식이 가능합니다.

(가) 주어 + 형용사(히브리어는 이런 경우 be 동사를 굳이 쓰지 않음)

הוּא גָּדוֹל

(참고: גָּדוֹל [가돌, gādôl], 형용사, "큰, great, big")

(나) 주어 + 상태 동사("be 동사 + 형용사"로 생각하면 됨)

הוּא גָּדַל

(참고: גָּדַל [가달, gādal], 상태 동사, "크다, to be great")

2. 상태 동사의 종류

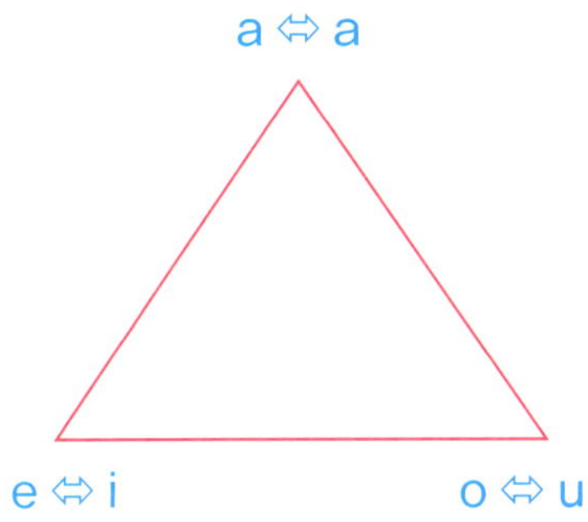

상태 동사는 형태상으로 분류하면 크게 세 가지로 나뉩니다. 이 세 가지는 왼쪽의 히브리어 모음 삼각도를 기억하시면 간단합니다. 원래 히브리어 모음은 a, e, i, o, u의 다섯 가지 계열이 있지만 이것을 다시 압축하면 a, e/i, o/u의 세 계열로 나눌 수 있다고 여러 번 말한 바가 있지요? 바로 이런 이유로 해서 상태 동사는 앞에서 본 세골 명사의 경우와 마찬가지로 동사의 두 번째 음절에 오는 동사에 따라 a계열, e계열, o계열의 세 가지 유형이 있습니다. 이런 구분은 순전히 모음의 차이이므로 여러분은 형태상의 구분 이외에는 신경 쓰지 않아도 됩니다. 단지 두 번째 음절의 모음만 신경 쓰면 되지요.

그러면 세 가지 계열을 볼까요?

(1) a계열: גָּדַל (가달, gāḏal, "크다, to be great")

a계열은 끝음절의 모음이 a

(2) e계열: כָּבֵד (카베드, kāḇēḏ, "무겁다, to be heavy")

e계열은 끝음절의 모음이 e

(3) o계열: קָטֹן (카톤, kāṭōn, "작다, to be small")

o계열은 끝음절의 모음이 o

이 상태 동사는 칼형태만 알고 있으면 되니 크게 부담될 것이 없습니다. 또 두 번째 음절의 모음 외에는 기본적으로 규칙 동사처럼 움직이니 신경 쓸 것이 거의 없습니다. 그러면 상태 동사의 완료형의 도표를 한 번 살펴 봅시다.

		규칙 동사	a계열	e계열	o계열
단수	3남	קָטַל	גָּדַל	כָּבֵד	קָטֹן
	3여	קָטְלָה	גָּדְלָה	כָּבְדָה	קָטְנָה
	2남	קָטַלְתָּ	גָּדַלְתָּ	כָּבַדְתָּ	קָטֹנְתָּ
	2여	קָטַלְתְּ	גָּדַלְתְּ	כָּבַדְתְּ	קָטֹנְתְּ
	1공	קָטַלְתִּי	גָּדַלְתִּי	כָּבַדְתִּי	קָטֹנְתִּי
복수	3공	קָטְלוּ	גָּדְלוּ	כָּבְדוּ	קָטְנוּ
	2남	קְטַלְתֶּם	גְּדַלְתֶּם	כְּבַדְתֶּם	קְטֹנְתֶּם
	2여	קְטַלְתֶּן	גְּדַלְתֶּן	כְּבַדְתֶּן	קְטֹנְתֶּן
	1공	קָטַלְנוּ	גָּדַלְנוּ	כָּבַדְנוּ	קָטֹנּוּ

- 주목할 사항들이나 꼭 유념해야 할 사항들만 간단하게 적어보겠습니다.

(1) 각 계열의 기본이 되는 3인칭 남성 단수 형태에서는 각 계열의 특징인 a, e, o 모음이 끝음절에 나타납니다.

(2) e계열의 경우 모음 e가 앞뒤의 음절에 끼이게 될 때 필리피의 법칙이 작동합니다. 그 결과 e 모음이 a가 되지요. 2인칭 남성 단수의 예를 들어 봅시다. 원래는 기본형인 3인칭 남성 단수에 2인칭 남성 단수 어미를 붙여서 다음과 같이 되어야 할 것입니다.

תָּ + כָּבֵד → כָּבֵדְתָּ

그러나 이때 e 모음이 낀 두 번째 음절(בֵדְ)이 앞뒤의 음절들 사이에 끼이게 되는데, 이런 경우 필리피의 법칙이 작동됩니다. 그 결과 다음과 같이 변화되는 것이지요.

כָּבֵדְתָּ → כָּבַדְתָּ

마지막으로 한 가지 알면 좋은 사항은 이 상태 동사들의 미완료는 a계열, e계열, o계열 모두 이 모음들이 오는 자리에 단모음 "ㅏ"(◌ַ)가 온다는 점입니다. 다음과 같지요.

(1) a계열: יִגְדַּל (이그달)

(2) e계열: יִכְבַּד (이크바드)

(3) o계열: יִקְטַן (이크탄)

3장 동사: 추가적 사항들(약동사)

1. 서론

이제 히브리어 문법책들에서 가장 어려운 부분에 도달했습니다. 이제 우리는 지금까지 미뤄놨던 숙제이자 가장 난해한 숙제, 그리고 반드시 해결하고 넘어가야 할 숙제를 다뤄야 합니다. 그것은 히브리어 동사 중 2부에서 배운 규칙 동사 변화와 다르게 변화하는 동사들에 대해서 다루는 것입니다.

다른 나라의 언어들을 배울 때 가장 어려운 사항들 중의 하나가 이 규칙 동사에서 벗어나는 동사들을 마스터하는 것입니다. 혹시 헬라어나 라틴어, 혹은 프랑스어나 스페인어를 배워 본 분들은 불규칙 동사들을 공부하는 데 얼마나 많은 시간과 정성을 들여야 하는지를 잘 알 것입니다. 정말 한도 끝도 없는 공부를 해야만 하지요.

히브리어에도 바로 그런 "불규칙 동사"와 비슷한 류의 동사들이 있습니다. 히브리어 문법에서는 보통 "약동사"(weak verb)라고 부르지요. 한국의 대부분의 신학교들은 보통 초급 히브리어 문법 수업에서 이 "약동사"에 대해서 제대로 가르치지 않습니다. 보통 그것들을 제대로 다루기 전에 학기 수업이 끝나버리지요.

그러나 문제는 바로 이 "약동사"들을 배우지 않고서는 성경의 히브리어 본문을 읽는 것이 불가능하다는 점입니다. 첫째, 성경에 나오는 대부분의 동사들은 이 유형의 동사들입니다. 한 번 생각해보세요. 제가 이미 여러 번 강조한 바와 같이 히브리어 동사는 자음 세 개로 이루어져 있습니다. 다음과 같이요.

□□□

그리고 히브리어 알파벳의 자음은 총 23개입니다. 그런데 히브리어 자음들 중 독특한 성격을 가진 자음은 다음과 같이 총 8개입니다.

❶ **후음: א ע ה ח / ר (후음 성격 세 가지)**

❷ **נ (아래 쉐봐[ְ◌]가 오면 뒷 자음에 동화)**

❸ **반자음: י ו**

그러면 23을 8로 나누어보세요. 3이 채 안 되지요(23/8=2.875)? 이 말은 무슨 뜻일까요? 대략 생각해보자면 히브리어 단어를 구성하는 세 개의 자음들 중의 하나는 문제를 일으키는 자음일 가능성이 거의 100%라는 것입니다. 이 말은 곧 "약동사"가 전체 동사의 거의 대부분일 수 있다는 말입니다.

둘째, 여느 언어의 불규칙 동사들과 마찬가지로 히브리어 역시 이런 "약동사"들은 그 변화에 대한 이해가 없으면 그 동사의 원형이 무엇인지, 즉 사전에서 어떻게 이 동사 단어를 찾아야 하는지를 알 수가 없습니다. 그리고 단어를 사전에서 찾지 못하면 성경 본문을 이해하는 것도 불가능하겠지요.

사정이 이러하니 여러분이 "약동사"를 배우지 않고서는 히브리어 성경을 제대로 읽을 수가 없습니다. 안타깝게도 많은 신학교들에서는 대체로 이 "약동사"를 막 가르치려는 판국에 학기가 끝나버립니다. 그리고는 더는 초급 문법을 가르치지 않고 바로 강독으로 들어가버리고 말지요. 이러니 강독 수업이 제대로 될 리가 없습니다.

위에서 말한 여러 가지 이유들이 있기 때문에 히브리어 성경을 제대로 읽고자 하는 사람은 반드시 "약동사"에 대해 정통해야만 합니다. 그러면 과연 "약동사"를 익히는 것은 쉬울까요? 이에 대해서는 의견이 분분할 것입니다. 일단 히브리어를 일정 수준 이상으로 공부하신 분들은 거의 대부분 "약동사"가 쉽다고 말할 것입니다. 그러나 이렇게 "약동사"가 쉽다고 느끼는 단계까지 이른 분들은 불행히도 전체 학생들 중에서 극히 소수인 것이 사실입니다.

또한 "약동사"가 쉽다고 말하시는 분들 중에서도 진정으로 약동사를 꿰뚫고 있는 분은 생각보다 많지가 않습니다. 일단 "약동사"에 대한 대략적인 그림을 파악한 후에 그저 반복학습이나 부단한 노력 등을 통해서 자주 나오는 어휘들에 익숙해져 있는 것뿐이지요.

이렇게 보면 히브리어 "약동사"가 무척 어려운 문제인 것 같기도 합니다. 그러나 사실 약동사의 대부분의 사항들은 이미 여러분이 알고 있는 사항들을 조합하면 알 수가 있는 것들입니다. 제가 이 책의 처음에 약속했듯이 히브리어의 자음과 모음, 음절, 액센트 법칙을 제대로 파악하고 있으면 대부분의 사항들은 단지 응용만 잘하면 됩니다.

비록 많지는 않지만 이 응용의 수준을 넘어서는 내용들도 분명히 "약동사"에 있기는 합니다. 그러나 그런 사항들은 굳이 따로 외워야 하는 사항들은 아니고 "아 이런 것도 있구나" 하는 정도로 이해하면 됩니다. 그리고 그런 사항들은 단번에 해결하려고 들지 말고, 일단 기본적인 그림만 갖고 있는 상태에서 추후 자주 그런 경우들을 만날 때마다 방금 말한 바와 같이 "아 이런 것도 있구나"하고 이해해 놓은 사항들을 따져보면 됩니다. 그렇게 조금만 노력하면 큰 어려움 없이 약동사를 가지고 놀 수 있게 됩니다.

2. 약동사의 기본적 이해

자 그러면 "약동사"에 대한 기본적이고 전반적인 이해를 좀 해보도록 하겠습니다. 아래에서는 다음 몇 가지 사항을 다루고자 합니다.

(1) "약동사"란 용어 및 개념 이해
(2) "약동사"의 종류

(1) "약동사"란 용어 및 개념 이해

우선 히브리어에서는 왜 "불규칙 동사"라는 용어를 쓰지 않고 "약동사"란 독특한 용어를 쓰는지를 설명하겠습니다. 그 이유는 히브리어에서는 엄밀하게 말해서 "불규칙 동사"란 것이 존재하지 않기 때문입니다. 히브리어 동사는 기본적으로 모든 동사가 다 2부에서 배운 "규칙 동사"와 같이 변한다고 생각하면 됩니다. 단지 위의 서론에서 말한 바와 같이 독특한 성격을 가진 다음 여덟 개의 자음이 자신의 성격을 드러내야만 하는 상황이 발생하는 경우 그 변화가 마치 규칙에서 벗어나는 것처럼 보일 뿐이지요. 그 여덟 개의 자음과 독특한 성격은 다음과 같습니다.

(1) 후음 5 개: א ע ה ח / ר

(가) 후음은 이중점을 못 찍는다. 대신 앞의 모음을 길게(모음 보상).

(나) 후음은 단순 쉐바 대신 합성 쉐바 취함

(다) 후음은 "ㅏ"(a) 모음을 좋아한다.

(2) נ

נ은 쉐바와 함께 올 때 뒤에 오는 자음에 동화된다.

(3) 반자음 2개: י ו

기회만 되면 자음 가치를 상실하고 모음처럼 사용되거나 아예 사라져버린다.

이렇게 약동사는 이 여덟 개의 자음이 자기의 독특한 성격을 일으킬 때 내는 변화를 규칙 동사 변화에 반영만 시켜주면 됩니다. 거의 대부분의 경우 히브리어 동사는 이 독특한 자음들이 다시 더 기상천외한 변화를 일으키는 일이 없습니다. 그러니 여러분은 제가 여러 번 말씀드린 대로 규칙 동사 변화를 철저하게 공부하고 나시면 이 약동사 변화 공부는 별로 할 게 없습니다. 여러분은 이미 알고 있는 것과 마찬가지니까요.

물론 약동사 변화는 이미 배운 규칙 동사의 변화와 약간 다른 경우들도 없지는 않습니다. 그런 경우 여러분은 그런 변화에 당황하지 말고 자신이 규칙 동사 변화로부터 어디까지는 충분히 예상할 수 있고, 어디부터는 정말 불규칙적인지를 잘 파악하는 것이 중요합니다. 그리고 다행히 이런 경우마저도 히브리어에서는 불규칙이 하늘에서 떨어지듯이 기상천외하게 변하는 경우는 절대로 없습니다. 충분히 상식적으로 납득할 수 있는 선에서 움직이지요. 이런 점은 제가 지금까지 그래 왔던 것처럼 아래에서 차근차근 설명해드릴 것입니다.

이처럼 히브리어 약동사 변화는 여러분이 이미 배운 것에 기초하면 충분히 예상할 수 있는 수준에서 변화하는 경우가 대부분이지만 여전히 그 변화의 결과물들을 눈에 익히는 것이 중요합니다. 또 어디까지는 여러분이 규칙 동사 변화를 가지고 만들어낼 수 있고, 또 어디서부터는 여러분이 좀 더 신경 써서 살펴봐야 하는지도 파악하는 것이 중요합니다.

그러면 지금까지 말로만 설명한 약동사 변화가 어떤 식으로 작동되는지를 간단한 예를 들어 살펴보겠습니다. 규칙 동사인 카탈(קָטַל)의 칼 명령형 남성 단수는 다음과 같습니다(**카탈–익톨–크톨**의 **크톨**).

קְטֹל

자 규칙 동사인 이 카탈(קָטַל)의 변화는 일반적인 히브리어 동사의 변화를 파악하기 위한 도구라고 했지요? 즉 이 명령형 2인칭 남성 단수 변화인 크톨(קְטֹל)이 보여주는 바는 모든 동사에 적용되는 일반 규칙을 보여주는 것입니다. 다시 말해 어떤 동사의 칼 명령 남성 단수는 그 동사의 자음 세 개의 아래에 이 크톨(קְטֹל)의 모음을 찍어주면 되는 것입니다. 다음과 같이 말입니다.

자 그러면 이런 규칙 동사의 변화가 약동사 변화와 관련하여 어떤 의미가 있는지를 살펴보도록 하겠습니다. "서 있다"(to stand)란 의미를 가진 עָמַד (ʿāmaḏ, 아마드)란 동사의 칼 명령 남성 단수는 어떻게 될까요? 일단 위의 규칙 동사 칼 명령 남성 단수 형태의 모음들을 이 단어에 찍으면 됩니다. 다음과 같이요.

עְמֹד

그런데 여러분이 지금까지 공부해온 바에 따르면 위의 형태에서 한 가지 잘못된 대목이 있지요? 뭘까요? 네 바로 עָמַד (ʿāmaḏ, 아마드) 동사의 첫 번째 자음인 ע이 후음인데, 그 아래에 단순 쉐바(ְ)가 왔다는 점입니다. 후음의 특성 세 가지 중 두 번째 사항이 바로 "후음은 단순 쉐바를 안 취한다"는 것은 아시죠? 그러니 단순 쉐바 대신에 합성 쉐바가 와야 합니다. 나중에 좀 더 정확한 이유를 들으셔야 하겠지만 일단은 합성 쉐바를 뭘 찍을지 모르면 그냥 후음의 특성 중 세 번째 사항인 "후음은 'ㅏ'(a) 소리를 좋아한다"는 원칙에 따라 "ㅏ" 계열의 합성 쉐바인 ֲ를 찍어주면 된다고 했지요? 이에 따라서 단순 쉐바를 합성 쉐바로 바꿔 주면 위의 עָמַד (ʿāmaḏ, 아마드)의 변화가 다음과 같이 됩니다. 해당 부분만 빨간색으로 표시해보지요.

עֲמֹד

아시겠지요? 이렇게 하면 עָמַד (ʿāmaḏ, 아마드)의 칼 명령 남성 단수 형태가 완성되었습니다.

히브리어의 "약동사"라는 것이 대부분의 경우는 이처럼 그다지 특별할 것이 없습니다. 일단은 규칙 동사 변화를 적용하고 나서, 앞에서 말한 여덟 개의 자음의 특성 때문에 이런 규칙 동사 변화에 문제가 발생할 경우 그 점만 처리해주면 약동사 변화가 마무리되는 경우가 거의 대부분입니다. 그러니 여러분이 이미 알고 있는 사항들을 잘 활용하실 수만 있다면 여러분은 "약동사"의 상당 부분을 이미 알고 있는 것이나 다름없습니다.

(2) 약동사의 종류

약동사는 동사의 어간을 구성하는 세 개의 자음 중 어디에 약동사 변화를 일으키는 모음이 오느냐 하는 것에 따라 종류를 구분합니다.

□□□

즉 위의 세 자리 중에서 어느 위치에 오느냐 하는 것에 이름을 부여하는 것이지요. 그런데 위의 세 자리를 "첫 번째 자리", "두 번째 자리", "세 번째 자리" 등으로 지칭하지 않고, 앞에서 동사의 일곱 유형의 이름으로 활용하였던 파알(פעל)이란 동사를 사용합니다.

פעל

그래서 첫 번째 자리는 פ자리가 되는 것이고, 두 번째 자리는 ע자리, 세 번째 자리는 ל자리가 되는 것이지요. 예를 들어 보지요.

עבד

(ʿāḇaḏ, 아바드, "일하다, 섬기다"[to work, serve])

위의 단어는 어간 세 자음 중 첫 번째 자음의 위치, 즉 פ의 위치에 ע이라는 후음이 있습니다. 따라서 이것을 פ의 자리에 후음이 오므로 **페-후음** 동사라고 합니다. 후음의 영어 단어인 guttual의 첫 글자를 따서 **G"פ 동사**라고 표기하기도 하지요(오른쪽에서 왼쪽으로 읽어서 "페-후음 동사"라고 읽음).

자 그러면 두 번째 자음의 위치, 즉 ע의 위치에 후음이 오면 어떻게 될까요? **아인-후음(G"ע)** 동사가 되겠지요? 예를 들어 다음과 같은 동사가 "아인-후음"(**G"ע**) 동사입니다.

בחר

(이 בחר [bāḥar, 바하르]란 단어의 뜻은 "선택하다"[choose]임)

그리고 세 번째 자음의 위치, 즉 ל의 위치에 후음이 오면 **라메드-후음(G"ל)** 동사가 되겠지요. 예를 들어 다음과 같이요.

שׁמע

(šāmaᶜ, 샤마, "듣다"[to listen])

하나만 더 해보지요. 마지막의 ל의 위치에 후음 중에서도 약간 특별한 변화를 일으키는 ה나 א이 오는 경우에는 세부적으로 다시 분류를 해서 따로 이름을 붙여주기도 합니다. 다음과 같은 예들이지요.

גלה

(gālâ, 갈라, "드러내다"[to uncover, reveal])

מצא

(māṣâʾ, 마짜, "찾다"[to find])

이 두 단어는 각각 **라메드-헤(ה"ל) 동사**와 **라메드-알렙(א"ל) 동사**라고 부릅니다.

좀 특이한 형태의 동사들도 있습니다. 히브리어 동사 중에 꽤 많은 수의 동사는 동사 어간의 세 자음 중 두 번째 자음의 위치, 즉 ע의 위치의 자음이 세 번째 위치에 다시 반복됩니다. 이런 종류의 동사를 일컬어 **아인-아인(ע"ע) 동사**라고 합니다. 보통 한국어로는 **아인 중복 동사**(영어로는 double ʿayin verb)라고도 하지요. 다음과 같은 동사가 그 예입니다.

סבב

(sāḇaḇ, 사바브, "둘러싸다"[to surround])

또 어떤 동사들은 약동사 변화를 일으키는 자음들이 두 개 이상 사용된 경우도 있습니다. 이런 경우를 **이중 약동사**(double weak verb) 혹은 **중복 약동사**라고 부릅니다. 많이 쓰이는 예로는 다음 동사가 있습니다.

עָשָׂה

(ʿāśâ, 아싸, "하다, 만들다"[to do, make])

위 단어를 보시면 פ 자리에는 ע이 왔고, ל 자리에는 ה가 왔지요? 따라서 이 단어는 **페-후음(G"פ) 동사**인 동시에 **라메드-헤(ל"ה) 동사**가 됩니다. 즉 약동사가 되는 요소가 두 개가 겹쳐 있으니까 **이중 약동사**지요.

마지막으로 특별한 경우로는 약동사 변화가 때에 따라 좀 달라지는 단어들이 존재합니다. 이 종류의 단어들은 대부분의 경우 나중에 원문 강독하다 그런 단어를 만나면 그때 가서 배우면 됩니다. 그리고 규칙 동사를 철저히 공부한 상태에서 위의 다른 약동사가 변화하는 방식을 이해하고 난다면 어려울 것은 없습니다. 단지 이 종류의 단어들은 이렇게 좀 특이하구나 하는 점만 이해하면 됩니다. 이 부류의 동사들의 대표적인 단어는 빈도수가 최강인 단어들 중 하나인 바로 다음의 단어입니다.

הלךְ

(hālaḵ, 할라크, "걷다, 행하다"[to walk])

이 단어는 분명히 첫 번째 자음이 ה이지만 실제 변화는 마치 ו 동사(소위 פ"ו 동사)처럼 움직입니다. 항상 그런 것도 아니고 어떤 때만요. 그래서 이런 종류의 동사를 "결합 동사"(defective verb)라고 부릅니다. 뭐 저 단어 입장에서는 좀 억울한 이름이기는 하지만요.

이제 약동사를 어떻게 분류하는지 개념은 아시겠지요? 그러면 이 약동사들의 종류를 체계적으로 정리해볼까요? 동사 어간의 세 자음의 위치에 따라 대략 다음과 같이 분류할 수 있습니다. 이 동사 종류들을 대표적인 단어들과 함께 나열해보면 다음과 같습니다.

분류	대표 단어
פ"ן 동사	נפל, נגשׁ
פ"א 동사	אמר, אכל
G"פ 동사	עמד, חזק (ḥāzaq, "강하다"[to be strong])
פ"י 동사	יטב (yāṭaḇ, "좋다"[to be good], 참고, טוֹב, "좋은", good)
פ"ו 동사	ישׁב (기본 형태는 פ"י 동사처럼 보이나 변화 중 정체가 드러남)
G"ע 동사	בחר, ברךְ (bārak̠, "축복하다"[bless])
ע"ו 동사	בוא, קום
ע"י 동사	שׂים
G"ל 동사	שׁמע, שׁלח (šālaḥ, "보내다"[send])
ל"ה 동사	ראה, גלה (gālâ, "드러내다"[uncover])
ל"א 동사	מצא, רפא (rāpāʾ, "치료하다"[heal])
ע"ע 동사	סבב
이중 약동사	עשׂה (G"פ + ל"ה) 등
결합 동사	הלךְ 등 (위의 해당 약동사를 다룰 때 다룸)

이 약동사들은 결국은 제가 1부에서 자음을 설명하면서 말씀드린 대로 특별한 성격을 가진 여덟 개의 자음 때문에 일어나는 독특한 변화들을 담고 있는 것들입니다. 이제 아래에서 그 독특한 변화의 경우들을 살펴볼 것입니다.

여러분은 위의 각 종류마다 모든 사항들을 다 살펴볼 필요는 없습니다. 단지 여러분은 규칙 동사 변화를 완벽하게 공부한 상태에서 약동사가 작동하는 원리만 터득하면 됩니다. 그래서 아래의 약동사 변화는 개괄적으로, 그리고 꼭 필요한 사항들만 설명할 것입니다. 좀 더 구체적인 변화는 초급 히브리어 문법책 등을 보시기 바랍니다.

3. 약동사 각론: 후음 동사

이제 약동사들을 각론으로 다뤄보도록 하겠습니다. 위의 동사들을 비슷한 성격을 가진 것끼리 묶어서 다룹니다. 먼저 후음을 가진 동사들을 살펴보겠습니다.

후음을 가진 동사들은 동사 어간을 구성하는 세 개의 자음들 중에 후음이 들어있는 경우들입니다. 후음의 특성은 다음과 같습니다.

(가) 후음은 이중점을 못 찍는다. 대신 앞의 모음을 길게(모음보상)

(나) 후음은 단순 쉐봐 대신 합성 쉐봐 취함

(다) 후음은 "ㅏ"(a) 모음을 좋아한다.

때로는 이런 후음의 특성이 발현되지 않는 경우들도 있는데 그런 경우는 규칙 동사 변화를 적용하면 됩니다. 그리고 발현되는 경우는 위의 세 가지 사항들 중에서 해당되는 사항들을 적용시켜 주면 됩니다. 그러면 어떻게 되는지 하나씩 살펴볼까요?

(1) 페-후음(G"פ) 동사

페-후음(G"פ) 동사는 동사 어간의 세 자음 중 첫 번째 자음에 후음이 오는 경우입니다. עמד, חזק 등의 단어가 이런 경우이지요. 이 페-후음(**G"פ**) 동사들의 경우 후음 자음인 ע이나 ח가 특성을 발휘하는 경우는 칼, 니팔, 히필, 호팔 등입니다. 기타의 경우에는 이런 성격이 발현되지 않으니 신경 쓰지 않아도 됩니다. 또 위의 칼, 니팔, 히필, 호팔 등의 경우에도 항상 발현되는 것은 아니니 후음의 특성이 발현되는 경우만 "아 그런 일이 발생하는구나" 하고 알면 되는 것입니다.

그럼 먼저 도표를 좀 보도록 하지요. 색깔이 칠해진 부분들이 특성이 발현되는 부분들입니다. 또 빈 칸 부분은 뻔하니까 적지 않은 것입니다. 여러분이 규칙 동사를 정확히 알고 있다면 충분히 메꿀 수 있는 것들이지요. (혹시 못하더라도 너무 스트레스 받지 마세요. 제가 자료를 뒤져본 바로는 상당히 권위가 있는 히브리어 문법책들도 잘못된 곳이 꽤 있습니다. 그런 경우 제가 "이게 왜 이러지?" 하면서 다른 책들을 뒤져서 재차 확인해보고는 했습니다. 이 말은 여러분이 틀리는 게 크게 이상할 것은 없다는 말이에요. 그냥 여러분이 해당 칸에 들어갈 사항에 대해 꽤 좋은 추측을 할 수 있다면 그것으로 충분합니다. 꾸준히 공부하기만 한다면 나머지는 시간이 해결해줄 거에요.)

	파알 I (פָּעַל) (=칼)	파알 II	니팔 (נִפְעַל)			히필 (הִפְעִיל)	호팔 (הָפְעַל)
완료	עָמַד	חָזַק	נֶעֱמַד			הֶעֱמִיד	הָעֳמַד
미완료	יַעֲמֹד	יֶחֱזַק	יֵעָמֵד			יַעֲמִיד	יָעֳמַד
명령형	עֲמֹד	חֲזַק	הֵעָמֵד			הַעֲמֵד	הָעֳמַד
부정사 연계형	עֲמֹד	חֲזַק	הֵעָמֵד			הַעֲמִיד	הָעֳמַד
부정사 절대형	עָמֹד עָמוֹד		נַעֲמֹד			הַעֲמֵד	
분사 능동	עֹמֵד		נֶעֱמָד			מַעֲמִיד	מָעֳמָד
분사 수동	עָמוּד						

먼저 칼형부터 볼까요? 칼형의 변화는 두 가지가 있군요. (몇 가지가 있는지는 신경 안 쓰셔도 돼요. 그냥 최종적인 결과를 보고 "아 이런 것은 이렇게 되는구나" 하는 정도만 인식하고 있으면 충분합니다.)

먼저 파알형 중 첫 번째 형태인 עמד 동사의 경우부터 살펴볼까요? 항상 규칙 동사에서부터 시작해서 약동사를 살피는 것이 좋으므로 먼저 규칙 동사에서의 칼 미완료 형태(정확히는 칼 미완료 3인칭 남성 단수)를 보지요. 다음과 같습니다.

יִקְטֹל

자 이 규칙 동사 변화에서 배울 것이 무엇입니까? 즉 임의의 동사의 세 자음에 붙여야 할 요소가 무엇인지를 보여주는 것이라고 했지요? 즉 규칙 동사라면 칼 미완료 3인칭 남성 단수에서는 해당 동사의 어간에 다음과 같은 사항들이 적용되어야 하는 것입니다.

이 요소들을 עמד 동사에 적용해보면 다음과 같습니다.

자 이렇게 해놓고 보니 후음인 ע 아래에 단순 쉐바가 오게 되었군요. 후음의 특성 중 하나가 바로 단순 쉐바 대신 합성 쉐바를 취하는 것이라고 했지요? 그리고 합성 쉐바 세 개(◌ֲ ◌ֱ ◌ֳ) 중 고르기 힘들면 그냥 "ㅏ" 소리가 나는 합성 쉐바(◌ֲ)를 선택하면 된다고 했지요? 그렇게 하면 다음과 같이 됩니다.

이렇게 ע에 **합성 쉐바를 찍고 나면 그 앞의 모음은 이 합성 쉐바와 조화를 맞추기 위해 동일 계열 모음 중 단모음을 찍어줍니다.** 이렇게 합성 쉐바와 그 앞의 모음을 조화시키는 방법은 다음과 같습니다. 꼭 기억하셔야 합니다.

참고: 합성 쉐바와 그 앞 모음의 조화

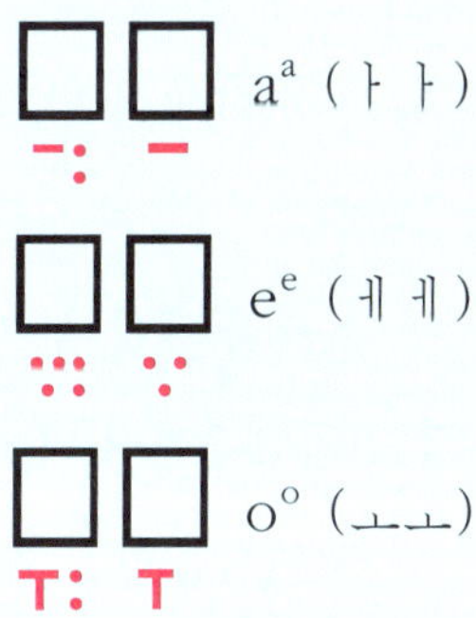

이렇게 모음을 조화시키고 나면 그 결과는 다음과 같습니다.

יַעֲמֹד

이렇게 해서 עמד 동사의 칼 미완료 3인칭 남성 단수 형태의 약동사 변화가 마무리됩니다. 이런 식으로 대부분의 경우는 약동사 변화는 뭔가 특별한 게 있는 것이 아니라 그냥 규칙 동사 변화를 하는 와중에 후음 등의 특정 자음이 자기 특성을 발휘해야만 하는 경우가 생길 때 그 특성만 반영해주면 되는 것입니다. 특성을 발휘 안 하면 그냥 놔두면 되는 것이고요. 가끔은 그런 경우들도 있거든요.

일단 이렇게 עמד 동사의 칼 미완료 3인칭 남성 단수의 변화를 시키고 나면 나머지는 그냥 자동으로 흘러갑니다. 즉 칼 명령형, 그리고 부정사 연계형은 이 미완료에서 접두어를 떼면 된다고 했지요? 떼고 나니 다음과 같습니다.

עֲמֹד

위의 형태가 바로 עמד 동사의 명령형과 부정사 연계형입니다. 규칙 동사에서 미완료형의 접두어를 떼어내면 명령형과 부정사 연계형이 되는 것과 동일하지요?

도표에서 아래의 칸들, 즉 부정사 절대형, 분사 능동 및 수동형은 ע 아래에 단순 쉐봐가 오지 않으니 규칙 동사 변화에서 달라질 일도 없습니다. 그냥 규칙 동사의 모음을 찍어주면 끝이 납니다.

그럼 이제 칼형 변화 중 두 번째 형태를 볼까요? 원리는 동일합니다만 약간의 차이를 보입니다. חזק의 칼 미완료 3인칭 남성 단수의 변화를 한 번 살펴보도록 하지요. 일단 규칙 동사의 변화를 적용시켜 봅니다.

יִחְזֹק

보시다시피 ח 아래에 단순 쉐바가 왔습니다. 단순 쉐바를 합성 쉐바로 바꿔줘야 합니다. 그런데 제가 일반적으로 합성 쉐바는 "ㅏ" 모음(ֲ)을 찍어주면 된다고 했지만 이 경우는 "ㅔ" 모음(ֱ)을 찍어줍니다. 그럼 찍어보지요. 빨간색 부분을 보면 됩니다.

יִחֱזֹק

이렇게 된 상태에서 후음은 그 앞의 모음을 합성 쉐바와 동일 계열 모음의 단모음으로 바꿔주면 된다고 했지요? 적용하면 다음과 같습니다.

יֶחֱזֹק

이렇게 맞추고 난 다음에 그 다음 음절의 모음을 이 앞의 음절과 잘 어울리게 다음과 같이 바꾸어 줍니다. 다음과 같이요.

זֹק → זַק

이제 이것들을 결합하면 최종적인 결과는 다음과 같습니다.

יֶחֱזַק

그러면 칼형의 두 가지 형태를 한 번 비교해볼까요?

יַעֲמֹד (ya^{ca}mōḏ, 야아모드)

יֶחֱזַק (yeḥ^{e}zaq, 예헤자크)

각 형태의 두 번째 음절 부분(1번 형, "모드"; 2번 형, "자크")의 모음이 확실히 각각의 형태에 맞게 구성되어 있죠? 한 번 서로 바꿔서 발음해보세요(즉, "야아마드", "예헤조크"). 위의 형태가 훨씬 더 자연스럽지요? 언어란 자연스러운 쪽을 따라가게 되어 있습니다. 여러분은 각 형태의 "두 번째 음절의 모음이 뭐였더라?" 하고 당황하지 마시고 그냥 위의 각 형태를 통으로 입에 배게 몇 번만 발음해보세요. 그러면 자동으로 그냥 감이 오게 되어 있습니다. 그게 자연스러우니까요. 그러니 이것으로 스트레스 받을 것도 없고, 굳이 외울 필요도 없습니다. 그냥 몇 번 읽기만 하세요.

자 그럼 יֶחֱזַק 형태의 명령형과 부정사 연계형은 어떻게 될까요? 미완료의 접두어를 떼어내면 되니까 다음과 같이 되겠지요? 그럴까요?

חֱזַק (ḥ^{e}zaq, 헤자크)

그렇지가 않습니다. 위의 도표를 자세히 보시면 아시겠지만 명령형과 부정사 연계형에서는 첫 번째 변화 형태, 즉 עמד 동사의 변화 형태를 따라 다음과 같이 됩니다.

חֲזַק (ḥ^{a}zaq, 하자크)

이렇게 되는 이유에 대해서 그 어떤 히브리어 문법책에서도 본 적이 없습니다만, 아마 발음상의 이유가 아닌가 생각합니다. 미완료 접두어를 떼어낸 상태에서는 위의 두 가지 형태 중 확실히 아래의 것이 편하고 자연스럽습니다. 다시 한 번 언어는 자연스러운 형태를 따라가고 있네요. 그리고 결과적으로는 חזק가 마치 **עמד** 형태를 따르고 있는 것처럼 되었네요.

그러면 위의 사항들과 관련하여 마지막으로 한 가지 질문을 던져 봐야 할 것 같네요. 위의 두 형태는 각각 어떤 경우에 쓰일까요? 성경 히브리어 본문에 나타난 증거들을 보면 이에 대한 대답은 특정한 경우가 없다는 것입니다. 그냥 이 두 가지가 혼용해서 쓰입니다. 심지어는 한 동사가 이 두 가지 형태로 다 사용되는 경우들도 보입니다.

위의 말이 의미하는 바는 여러분이 위의 두 형태 사이에서 고민할 필요가 없다는 것입니다. 그냥 여러분은 위의 두 가지 형태가 있다는 것 정도만 아시면 충분합니다.

그러면 이제 니팔형으로 가볼까요? 니팔 완료형의 규칙 동사 형태는 다음과 같습니다.

נִקְטַל

이 형태를 **עמד** 동사에 적용시켜 보면 다음과 같습니다.

נִעְמַד

사 위의 형태에서 **ע** 아래에 단순 쉐바가 온 것이 문제가 되지요? 합성 쉐바를 취해야겠지요. 그러면 어떤 합성 쉐바를 취할까요? 제가 일단은 "ㅏ" 모음의 합성 쉐바(ֲ)를 취하면 된다고 했지요? 그러나 때로는 그 앞의 모음이 영향을 주는 수도 있습니다. 위의 경우는 니팔형의 특징인 **נִ**가 큰 영향을 미칩니다. 즉 **נ** 아래의 모음인 ִ가 영향을 줍니다. 따라서 여기에 맞춰줘야 합니다.

그런데 문제가 있군요. 이 ִ와 상응하는 합성 쉐바, 즉 모음 "ㅣ"에 해당하는 합성 쉐바를 **ע** 아래에 찍어줘야 하는 데 "ㅣ" 모음에 상응하는 합성 쉐바가 뭘까요? 일단 "ㅣ" 모음의 합성 쉐바는 존재하지가 않지요? 그럼 "ㅣ" 모음에 가장 어울리는 합성 쉐바는 뭘까요? 앞의 모음 삼각도를 보면 "ㅣ"(i) 모음은 "ㅔ"(e) 모음과 호환이 가능합니다. 이에 기초해서 보면 ע 아래에 찍어줘야 할 합성 쉐바는 "ㅔ"(e) 모음의 합성 쉐바(◌ֱ)입니다. 그것을 찍어주면 다음과 같습니다.

נִעֱמַד

자 이제 한 가지 작업이 더 남아 있죠? 합성 쉐바와 그 앞의 모음은 일치시켜 줘야 합니다. 결국 다음과 같이 됩니다.

נֶעֱמַד

이렇게 하면 모든 변화가 끝이 났습니다. 한 번 규칙 동사 변화와 비교를 해볼까요? 빨간색 부분이 차이가 납니다.

נִקְטַל

נֶעֱמַד

이제 니팔 미완료를 보도록 하지요. 먼저 니팔 미완료의 규칙 동사 변화는 다음과 같습니다.

יִקָטֵל

이제 이 규칙 동사 변화를 עמד 동사에 적용시켜 봅니다. 다음과 같습니다.

יִעָמֵד

문제가 뭔지 아시겠지요? 네, 후음인 ע에 이중점이 찍힌 것입니다. 그러나 후음은 이중점을 찍을 수가 없습니다. 빼줘야죠. 다음과 같습니다.

יִעָמֵד

위와 같이 후음의 이중점을 빼는 대신에 그 앞의 모음을 장모음화 시켜줘야 합니다. 후음 앞의 모음 ◌ִ를 장모음화 시킬 때 어떻게 해야 할까요? ◌ִ 모음은 더 길게 하고자 하면 순장모음인 ◌ִי 뿐인데요. 이때 쓰는 방법이 바로 앞의 모음 삼각도를 활용하는 것입니다. "ㅣ"와 "ㅔ"는 서로 호환됩니다. 따라서 ◌ִ를 ◌ֵ로 바꿔주면 됩니다(◌ִ ➔ ◌ֵ). 이것을 적용시켜 보면 다음과 같습니다.

יֵעָמֵד

자 이제 변화가 완전히 끝났습니다. 이제 규칙 동사의 경우와 비교해볼까요?

יִקָּטֵל

יֵעָמֵד

그리면 명령형과 부정사 연계형은 어떻게 될까요? 니팔형에서는 접두어를 떼면 형태가 깨지니까 대신 י자리에 ה를 넣어주면 된다고 했지요? 다음과 같습니다.

הֵעָמֵד

히필, 호팔의 완료 및 미완료의 경우도 여러분이 충분히 이해하실 수 있을 줄로 생각합니다. 이 경우들은 전부 다 후음 앞의 모음이 후음의 합성 쉐봐에도 영향을 주는 경우들입니다. 한 번 생각해보세요.

הֶעֱמִיד

יַעֲמִיד

הָעֳמַד

יָעֳמַד

위에서 지적한 사항들 외의 나머지 부분들은 여러분이 따져보시면 충분히 알 수 있는 사항들입니다. 그럼 다음으로 넘어가도록 하지요.

(2) 아인-후음(G"ע) 동사: בחר 등

아인-후음(**G"ע**) 동사의 경우는 페-후음(**G"פ**) 동사와 달리 기본 일곱 유형 도표상으로는 거의 문제가 될 것이 없습니다. 그냥 칼 완료 3인칭 여성이나 3인칭 복수 등과 같은 일부 경우에서 후음이 작동하는 경우가 발생합니다. 그런 경우 단순 쉐바 대신에 합성 쉐바 ◌ֲ를 넣어 주는 것으로 모든 것이 끝이 납니다. 도표를 한 번 볼까요?

● בחר의 칼 완료 변화 ●

	단수	복수
3인칭 남	בָּחַר	בָּחֲרוּ
여	בָּחֲרָה	

(3) 라메드-후음(G"ל) 동사: שׁלח 등

라메드-후음(**G"ל**) 동사의 도표부터 먼저 보도록 하겠습니다.

	파알 (פָּעַל) (=칼)	니팔 (נִפְעַל)	피엘 (פִּעֵל)	푸알 (פֻּעַל)	히트파엘 (הִתְפַּעֵל)	히필 (הִפְעִיל)	호팔 (הָפְעַל)
완료	שָׁלַח	נִשְׁלַח	שִׁלַּח	שֻׁלַּח		הִשְׁלִיחַ	הָשְׁלַח
미완료	יִשְׁלַח	יִשָּׁלַח	יְשַׁלַּח	יְשֻׁלַּח		יַשְׁלִיחַ	יָשְׁלַח
명령형	שְׁלַח	הִשָּׁלַח	שַׁלַּח	שֻׁלַּח		הַשְׁלַח	הָשְׁלַח
부정사 연계형	שְׁלַח	הִשָּׁלַח	שַׁלַּח	שֻׁלַּח		הַשְׁלִיחַ	הָשְׁלַח
부정사 절대형	שָׁלוֹחַ	נִשְׁלֹחַ	שַׁלֵּחַ			הַשְׁלֵחַ	
분사 능동	שֹׁלֵחַ	נִשְׁלָח	מְשַׁלֵּחַ	מְשֻׁלָּח		מַשְׁלִיחַ	מָשְׁלָח
분사 수동	שָׁלוּחַ						

위의 도표에서 핵심은 세 번째 자음인 후음이 "ㅏ"(a) 모음을 좋아한다는 것입니다. 그 결과 이 약동사에서는 다음의 두 가지 방식을 취합니다.

(가) 후음은 자기 앞의 모음을 아예 "ㅏ"(a)로 바꾼다.

(나) 후음은 앞의 모음과의 충돌을 피하기 위해 완충 작용을 하는 모음 "ㅏ"(□, 파타흐라고 부름)를 추가시킨다. (이때 추가시킨 모음 "ㅏ"를 후음 앞에 미리 넣는 모음이라는 의미에서 "선입 파타흐"라고 부른다.)

그러면 (가)의 경우를 보도록 하지요. 위의 도표에서 칼 미완료의 형태를 보겠습니다. 먼저 규칙 동사에서의 변화를 쓰고, 그 다음에 이 라메드-후음(**G"ל**) 동사의 변화를 써보도록 하겠습니다. 빨간 부분이 차이가 나는 부분입니다.

יִקְטֹל

יִשְׁלַח

미완료의 규칙 동사 변화에서는 두 번째 모음이 "ㅗ"(□)가 옵니다. 그러나 라메드-후음(**G"ל**) 동사의 경우에는 후음 앞에 이 "ㅗ"(□) 모음이 옴으로써 "ㅏ"(a) 소리를 좋아하는 후음의 성격과 충돌합니다. 이때 후음은 자기 앞의 "ㅗ"(□) 모음을 아예 "ㅏ"(□)로 바꿔버립니다. 위의 결과가 바로 이렇게 돼서 발생된 것입니다.

이제 (나)의 경우를 보겠습니다. 칼 부정사 절대형의 경우를 보겠습니다. 이번에도 규칙 동사의 경우와 대조를 해보겠습니다.

קָטוֹל

שָׁלוֹחַ

규칙 동사의 모음을 라메드-후음(G"ל) 동사에 그대로 적용시킬 경우 위에서 보듯이 후음 앞에 "ㅗ"(o) 모음(וֹ 혹은 □ֹ)이 오게 되며, 후음과 충돌하게 됩니다. 이 충돌을 막기 위해 둘 사이에 완충 작용을 하는 "ㅏ" 모음(□ַ)을 넣어주게 됩니다. 그 결과가 위와 같습니다.

나머지 경우들도 여러분이 한 번 해보면 됩니다. (히트파엘형은 일부러 적지 않았습니다. 별로 중요하지도 않을뿐더러 괜히 여러분 머리만 아프게 할 것 같아서요.)

4. 약동사 각론: ל"א 동사: מצא 등

라메드-알렢(ל"א) 동사의 완료형은 아주 간단합니다. **א**이란 자음은 음절의 끝에 올 때 자음으로서의 가치를 상실하고 묵음이 됩니다. 대신 앞의 모음을 길게 해줍니다. 예를 들어 칼 완료 3인칭 남성 단수형을 보지요. 규칙 동사의 경우는 모음이 다음과 같습니다.

□ָ□ַ□

이것을 라메드-알렢(ל"א) 동사의 대표격인 **מצא**에 일단 적용시켜보면 다음과 같습니다. 음절도 표기해보지요.

צַא | מָ

② ①

이렇게 되고 보니 **א**은 ②번 음절의 끝에 와서 묵음이 되었습니다. 대신 그 앞의 모음을 길게 해줘야 합니다. 다음과 같습니다.

צָא | מָ

이처럼 라메드-알렢(ל"א) 동사의 완료형은 א이 묵음이 되면서 그 앞의 모음을 길게 해준다는 정도의 원칙만 이해하면 나머지는 자동으로 해결됩니다. 굳이 설명하지 않아도 여러분이 충분히 이해할 수 있을 것입니다.

미완료도 어렵지 않습니다. א이 자기 앞에 “ㅏ” 소리가 오는 것을 좋아한다는 점만 기억하시면 됩니다. 이것을 규칙 동사의 경우와 비교해보면 다음과 같습니다.

규칙 동사: יִקְטֹל

라메드-알렢(ל"א) 동사: יִמְצָא

위에서 보듯이 규칙 동사의 경우는 두 번째 음절이 טֹל입니다. 모음이 “ㅗ”(ֹ)가 오지요. 그러나 라메드-알렢(ל"א) 동사의 경우는 미완료의 이 두 번째 음절의 모음이 א 의 영향으로 인해 장모음 “ㅏ”(ָ)가 됩니다. 이 점만 기억하면 이 유형의 약동사의 변화는 끝이 납니다.

5. 약동사 각론: פ"א 동사: אמר 등

바로 앞에서 א이 동사 어간의 세 번째 자리에 오는 동사, 즉 라메드-알렢(ל"א) 동사를 배운 김에 여기에서는 א이 동사 어간의 첫 번째 자리에 오는 동사, 즉 **페-알렢(פ"א) 동사**를 배워 보도록 하겠습니다.

사실 이 **페-알렢(פ"א) 동사**는 구약성경의 히브리어 본문에서 오직 다섯 개의 동사에만 해당되는 제한적인 약동사입니다. 이 다섯 개의 동사는 אמר (ʾāmar, 아마르, “말하다”[to speak]), אכל (ʾāḵal, 아칼, 먹다[to eat]), אבד (ʾāḇaḏ, 아바드, “멸망하다”[to perish]), אבה (ʾāḇâ, 아바, “기꺼이 ~하려 하다”[to be willing to~]), אפה (ʾāpâ, 아파, “굽다”[to bake])입니다. 이 외의 동사들은 비록 פ

자리에 א이 오는 경우에도 **페-알렙(פ"א) 동사**로 간주하지 않습니다. 실제로 동사 변화를 할 때도 이런 동사들은 **페-알렙(פ"א) 동사**처럼 변화하는 것이 아니라 그냥 일반적인 **페-후음(G"פ) 동사**, 즉 פ 자리에 후음이 오는 동사들처럼 변화합니다.

이처럼 **페-알렙(פ"א) 동사**에 속하는 동사들이 극히 제한되어 있는데 왜 귀찮게 이 부류의 동사들을 배워야 할까요? 그 이유는 위의 **페-알렙(פ"א) 동사**에 해당하는 다섯 개의 동사들 중 처음 두 개의 동사, 즉 אמר (ʾāmar, 아마르, "말하다"[to speak])와 אכל (ʾāḵal, 아칼, "먹다"[to eat])이 구약성경에서 정말 많이 쓰이기 때문입니다. אמר (ʾāmar, 아마르, "말하다"[to speak])는 구약성경 히브리어 단어 빈도수 순위 11위(5,300회 정도 사용)의 단어이며, אכל (ʾāḵal, 아칼, "먹다"[to eat])은 순위 58위(820회 정도 사용)의 단어입니다. 구약성경 히브리어 본문이 1500페이지 정도이니 여러분이 히브리어 본문을 읽을 때 אמר (ʾāmar, 아마르)는 한 페이지에 3.5회 정도, אכל (ʾāḵal, 아칼)은 2페이지마다 한 번 정도 만나게 됩니다. 따라서 여러분이 이 두 단어를 모르면 구약성경의 히브리어 본문을 읽을 때 애로사항이 많겠죠. 그러니 이 **페-알렙(פ"א) 동사** 중 최소한 앞의 두 개는 잘 아셔야 합니다.

비록 이 **페-알렙(פ"א) 동사**가 약간 독특하게 변화하기는 하지만 별로 걱정하실 필요는 없습니다. 왜냐하면 이것은 거의 대부분의 경우에 **페-후음(G"פ) 동사**와 동일하게 변화하기 때문입니다. 그러니 이 동사와 관련해서 새로 배울 것은 많이는 없습니다.

단지 가장 크게 문제가 되는 것은 미완료일 때입니다. 아마 이 미완료 변화는 구약성경 히브리어 중에서 가장 독특하게 변하는 것들 중의 하나이고, 또 이 책에서 지금까지 설명했던 그 어떤 원칙과도 따로 노는 변화이기도 합니다. 그러나 다행히도 여러분이 이 미완료 변화의 특징 한 가지만 기억하면 그것으로 끝납니다. 또 앞에서 말한 바와 같이 이 부류의 동사의 대표 동사인 אמר (ʾāmar, 아마르, "말하다"[to speak])가 워낙 구약성경에 자주 쓰이다 보니 여러분이 자주 대하게 되므로 일단 이 변화를 익히고 나면 잊어먹기도 힘듭니다.

그럼 이 **페-알렢(פ"א) 동사** 의 미완료가 어떻게 되는지를 **אמר** (ʾāmar, 아마르)를 가지고 한 번 살펴보도록 하지요. 우선 이것의 미완료 변화를 다음과 같이 음절을 구분해서 규칙 동사의 경우와 비교해 보도록 하겠습니다.

규칙 동사: טֹל | יִקְ

② ①

페-알렢(פ"א) 동사: מַר | יֹא

② ①

차이가 나는 부분은 위의 빨간 부분들입니다. ①번 음절의 차이부터 따져 보겠습니다. 규칙 동사의 ①번 음절은 다음과 같이 구성됩니다.

(1) 미완료 접두어 자음: י

(2) 미완료 접두어의 모음: ◌ִ

(3) 동사 어간의 첫 자음이 ①번 음절의 폐음절 형성: קְ

➔ (1)+(2)+(3) = יִקְ

반면에 **페-알렢(פ"א) 동사**의 경우는 다음과 같습니다.

(1) 미완료 접두어 자음: י (규칙 동사와 동일)

(2) 미완료 접두어의 모음: ◌ֹ (한 가지 더 자세하게 설명하자면 א 위에 있는 모음 ◌ֹ가 사실은 앞의 י의 모음임. **페-알렢(פ"א) 동사**의 경우는 이렇게 י의 모음을 א 위에 찍는 것이 관행임. 달리 이유는 없고 아마 심미적인 것이 아닐까 생각됨.)

(3) **페-알렢(פ"א) 동사** 어간의 첫 자음인 א은 자음으로서의 가치를 상실한 묵음으로 이 ①번 음절을 개음절로 만듦. 따라서 א 아래의 쉐바가

불필요해짐: אְ → א

→ 페-알렙(פ"א) 동사의 (1)+(2)+(3)=יֹא

따라서 위의 규칙 동사의 ①번 음절과 페-알렙(פ"א) 동사의 ①번 음절을 한데 놓고 보면 다음과 같습니다.

יִקְ → יֹא

칼 미완료의 1번 음절이 위에서 보는 것과 같은 독특한 형태를 취하는 것이 이 페-알렙(פ"א) 동사의 가장 커다란 특징입니다. 이런 모습은 히브리어 동사의 그 어디에서도 나타나지 않는 독특한 모습입니다. 이 독특한 모습을 모르고는 구약성경을 읽을 수가 없습니다. 꼭 기억해두셔야 합니다.

위의 1번 음절의 변화와 달리 2번 음절의 경우는 상대적으로 단순합니다. 그냥 규칙 동사의 경우 "ㅗ" 모음(□)이 오는 것을 단모음 "ㅏ"(□)로 바꾸어 주면 됩니다. 그 결과가 위에서 보았던 페-알렙(פ"א) 동사의 대표격인 אמר (ʾāmar, 아마르)의 칼 미완료 형태입니다. 칼 미완료의 나머지 형태들, 즉 성과 수에 따른 변화는 일반적인 미완료의 접두어와 어미를 갖다 붙이면 됩니다. 한 번 보도록 하지요.

● אמר의 칼 미완료 (이티티티에-이티티티니//이 우나우나) ●

	단수	복수
3인칭 남	יֹאמַר	יֹאמְרוּ
3인칭 여	תֹּאמַר	תֹּאמַרְנָה
2인칭 남	תֹּאמַר	תֹּאמְרוּ
3인칭 여	תֹּאמְרִי	תֹּאמַרְנָה
1인칭 공	אֹמַר (אֹאמַר → אֹמַר) (א중복→하나 생략)	נֹאמַר

이렇게 차근차근 살펴보면 별로 어려울 것이 없지요. 위의 파란색으로 된 칸의 1인칭 공통 단수의 경우만 좀 신경 쓰면 됩니다. 이 경우는 미완료 접두어의 모음이 א이고, אמר의 첫 자음도 א인 관계로 미완료 변화를 시키고 보니 א이 두 번 연속 오게 됩니다. 제가 히브리어는 동일한 자음이 반복되는 것을 굉장히 싫어한다고 했죠. 그래서 א을 하나만 쓰는 쪽으로 정리가 됩니다. 그 결과가 바로 위의 도표의 모습입니다. 별로 난해할 것이 없지요? 이처럼 히브리어는 제가 1부에서 "히브리어의 유전자"라고 말한 특성들을 잘 이해하고 나서 그것들을 하나 하나 적용하면 됩니다.

페-알렢(פ"א) 동사는 이처럼 칼형의 미완료만 제대로 이해하고 나면 별 문제가 없습니다. 나머지는 **페-후음(פ"G) 동사**의 변화를 따라간다고 생각하면 됩니다. אמר의 א이 후음이니 이것은 당연한 것이겠지요. 따라서 **페-알렢(פ"א)**

동사의 나머지 변화를 이해하는 데에는 별다른 어려움이 없겠지만 한 번 더 눈으로 확인한다는 차원에서 칼형의 일곱 가지 형태의 도표를 אמר 동사의 예를 가지고 한 번 훑어 보겠습니다. 그 변화는 아래 표와 같습니다.

어형	칼	중요변화
완료	אָמַר	
미완료	יֹאמַר	וַיֹּאמֶר (봐브 연속법: 아래 설명)
명령형	אֱמֹר	
부정사 연계형	אֱמֹר	לֵאמֹר
부정사 절대형	אָמֹר / אָמוֹר	
분사 능동	אֹמֵר / אוֹמֵר	
분사 수동	אָמוּר / אָמֻר	

우선 위의 도표의 두 번째 열에 있는 אמר의 칼형 변화 일곱 가지에 대해서 간략하게 살펴보고, 그 오른쪽 열에 있는 중요 변화들에 대해서 설명을 하도록 하겠습니다.

그럼 칼형 변화 일곱 가지를 먼저 보겠습니다. 일곱 가지 변화 중 첫 번째 형태인 완료형은 규칙 동사와 완전히 동일하니 따로 설명이 필요하지 않습니다. 페-알렙(פ"א) 동사의 가장 특징이라고 할 수 있는 미완료형은 바로 위에서 설명한 대로 이해하시면 됩니다.

아마 문제는 명령형과 부정사 연계형일 것입니다. 이 페-알렙(פ"א) 동사의 칼 명령형과 부정사 연계형의 경우에는 "미완료에서 접두어를 떼어내면 명령형과 부정사 연계형이 만들어진다"는 지금까지의 원칙과는 좀 다른 형태입니다.

그러나 막 나가는 것은 아니고 일단은 규칙 동사의 명령형과 부정사 연계형의 형태에서 출발한다고 하면 이해가 좀 쉬울 것입니다.

규칙 동사의 명령형과 부정사 연계형: קְטֹל

페-알렢(פ"א) 동사의 명령형과 부정사 연계형: אֱמֹר

그런데 א이 후음이므로 단순 쉐바 대신 합성 쉐바가 와야 합니다. 이때 합성 쉐바가 뭐가 올지 잘 모르겠으면 "ㅏ"의 합성 쉐바인 ◌ֲ가 오면 된다고 했습니다. 그런데 이 **페-알렢(פ"א) 동사**는 그 특유의 색깔을 계속 내어 "ㅔ"의 합성 쉐바(◌ֱ)가 옵니다. 다음과 같이 됩니다.

אֱמֹר ➔ אְמֹר

이것이 **페-알렢(פ"א) 동사**, 그리고 그 대표 동사인 אמר의 명령형 및 부정사 연계형의 형태입니다. 첫 자음 아래에 규칙 동사의 경우는 단순 쉐바가 오는 반면에 이 종류의 약동사에서는 후음인 א 아래에 합성 쉐바가 온다는 점만 차이가 납니다.

나머지 형태들, 즉 부정사 절대형, 분사 능동, 분사 수동은 א이 후음이라는 점을 제외하고는 규칙 동사의 변화를 따라 갑니다. 이처럼 **페-알렢(פ"א) 동사**의 변화, 그리고 그 대표적인 동사인 אמר의 변화는 거의 대부분의 사항에 대해서는 그다지 어려울 것이 없습니다.

하지만 이 **페-알렢(פ"א) 동사**의 대표적인 동사인 אמר와 관련해서는 두 가지 사항만은 반드시 좀 더 이야기하고 넘어가야 합니다. 이 두 가지 변화가 약간은 귀찮기는 한데, 이것들이 수천 번은 구약성경에 등장하기 때문에 어쩔 수가 없습니다.

첫째, 이 אמר 동사의 미완료형이 소위 봐브 연속법과 만날 때의 경우, 즉 "봐브 연속법 접속사(וַ◻) + אמר 동사 미완료" 형태의 경우에 대해서는 꼭 아셔야만 합니다. אמר 동사가 구약성경에서 한 5,000번 정도 나오는데 그 중의 절반 정도가 바로 이 형태로 사용되기 때문입니다.

자 그러면 이 "봐브 연속법 접속사(וַ◻) + אמר 동사 미완료"가 어떻게 되는지를 차근차근 살펴보지요

(1) אמר의 미완료 3인칭 남성 단수: יֹאמַר

(2) 봐브 연속법 접속사(וַ◻)과 함께:

יֹאמַר + וַ◻ → וַיֹּאמַר

(3) "봐브 연속법+미완료"의 특성상 액센트가 끝음절에서 봐브 뒷 음절로 이동:

וַיֹּאמַר → וַיֹּאמַר

(4) 액센트가 이렇게 이동된 상태에서 끝음절 מַר의 특이 변화: אמר 동사의 경우에는 봐브 연속법에서 끝음절인 מַר가 מֶר로 변화(מַר → מֶר). 이것을 반영해서 전체를 써보면 다음과 같다.

וַיֹּאמַר → וַיֹּאמֶר

(봐요메르, wayyōmer, "그리고 그가 말했다"[and he said])

최종적인 형태인 וַיֹּאמֶר (봐요메르, wayyōmer)는 구약성경에서 꼭 이 형태로 2,000번이 넘게 나오기 때문에 여러분이 꼭 알아두셔야 합니다. 그냥 봐요메

르, “그리고 그가 말했다”가 자동으로 나올 정도로요.

둘째, 여러분은 **אמר** 동사의 부정사 연계형이 전치사 לְ (l^{e}, 르, “~에게”[to])와 함께 쓰이는 것에 대해서 꼭 알아두셔야만 합니다. 이것은 개역개정판에 “이르시되”(개역한글에서는 “가라사대”)로 번역된 어구로서 한 1,000번쯤 사용됩니다. 그러니 역시 여러분이 이것을 모르고는 히브리어 본문을 읽는 것이 불가능하겠지요.

이것은 다음과 같이 됩니다. 우선 위의 **אמר**의 부정사 연계형 앞에 전치사 לְ (l^{e}, 르, “~에게”[to])를 붙여주면 됩니다. 다음과 같이요.

אֱמֹר + לְ → לֶאֱמֹר

위와 같이 되면 거기에서 멈출 수 없다는 것을 이제는 잘 아시겠지요. 왜냐하면 위의 조합의 결과로 생긴 어구의 처음에 쉐바가 연속으로 나오게 되니까요. 자 그러면 어떻게 해주죠? 이런 경우 처리는 단순 쉐바의 경우와 합성 쉐바의 경우가 차이가 난다고 여러 번 말씀드렸지요? 단순 쉐바의 경우와 합성 쉐바의 경우의 처리 방법을 정리해보면 다음과 같습니다.

참고

단순 쉐바가 연속으로 오는 경우의 처리

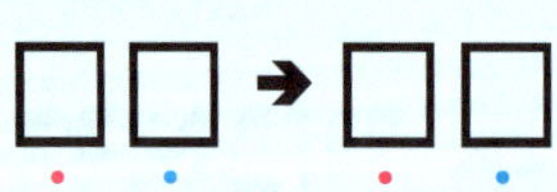
(앞의 것을 “ ｌ ”로)

참고 ●●●

연속으로 오는 쉐와에 합성 쉐와가 있는 경우의 처리(앞의 단순 쉐와를 뒤의 합성 쉐와 속의 모음에 상응하는 단모음으로 바꿔 조화되게 만듦)

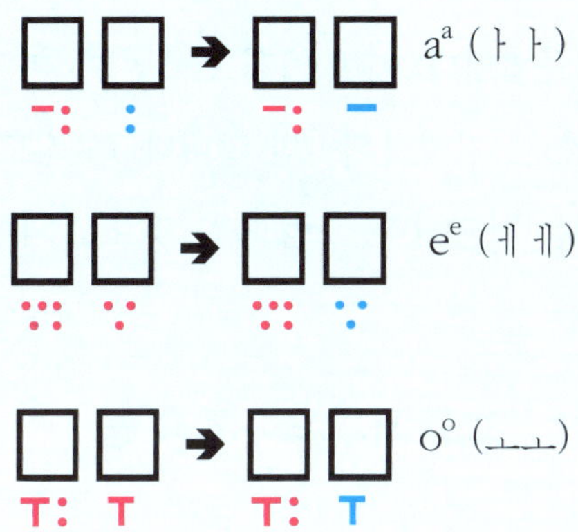

우리가 다루고 있는 לְאֱמֹר의 경우는 위의 합성 쉐와의 두 번째 경우이니 다음과 같이 처리하면 됩니다.

לְאֱמֹר → לֶאֱמֹר

다른 페-알렙(פ"א) 동사의 경우는 여기까지면 변화가 끝납니다. 그러나 אמר의 경우는 여기에서 한 발 더 나아갑니다. 아마 그 이유는 이 אמר의 사용 빈도수가 극히 높기 때문이 아닌가 하는 생각이 듭니다. 말이라는 것은 점점 더 편한 쪽으로 변화되게 되어 있잖아요. 그래서 이 אמר의 경우도 워낙 많이 쓰이다보니 좀 더 편한 쪽으로 변화하게 된 것 같습니다. 한국어로 말하자면 "하였다 ➔ 했다"나 "~하는 것이 ➔ ~하는 게"로 변하는 것과 같은 이치라 할 수 있겠지요. 이처럼 לֶאֱמֹר도 한 발 더 나아갑니다. 다음과 같습니다.

לֶאֱמֹר → לֵאמֹר

이렇게 된 이유는 이 흔한 문구의 경우 **א**이 아예 자음의 가치를 완전히 상실해 버리고 묵음이 된 대신에 그 앞의 모음을 조금 길게 해주는 소위 "모음 보상" 현상이 일어났기 때문입니다. 이미 여러 번 보아온 바로 그런 현상이지요. 이런 결과로 나온 **לֵאמֹר**를 꼭 기억하셔야만 합니다. 이 정도면 **페-알렢(פ"א) 동사**에서 더 이상 문제될 것은 없습니다. 그럼 다음 것으로 넘어가도록 하지요.

6. 약동사 각론: פ"ן 동사: נפל, נגשׁ 등

페-눈(פ"ן) 동사 역시 그다지 어렵지 않습니다. 다음 몇 가지 사항만 기억하면 됩니다.

(가) נ이 그 아래 쉐봐가 오게 되면(נְ) 뒤 자음에 동화된다.

(나) נְ이 단어 처음에 오게 되면 아예 사라지는 경우가 있다.

(이것은 앞의 특성과 연결된 것입니다. נְ이 뒷자음에 동화된다는 점은 동일하게 적용됩니다. 그런데 이것이 단어 처음에 오는 경우는 마치 아예 사라진 것처럼 보이는 것뿐이지요. 안 사라지는 경우도 있는데 그런 경우는 규칙 동사 변화와 동일하니 더 쉽습니다.)

(다) 부정사 연계형과 같은 경우는 נְ이 사라지는 대신에 그에 대한 보상으로 뒤에 ת가 추가된다.

그럼 다음 두 동사를 가지고 도표를 보겠습니다.

נָגַשׁ (nāḡaš, 나가쉬, "다가가다"[to go near, approach])

נָפַל (nāpal, 나팔, "떨어지다"[to fall])

	파알 I (פָּעַל) (=칼)	파알 II (פָּעַל) (=칼)	니팔 (נִפְעַל)			히필 (הִפְעִיל)	호팔 (הָפְעַל)
완료	נָפַל	נָגַשׁ	נִגַּשׁ			הִגִּישׁ	הֻגַּשׁ
미완료	יִפֹּל	יִגַּשׁ	יִנָּגֵשׁ			יַגִּישׁ	יֻגַּשׁ
명령형	נְפֹל	גַּשׁ	הִנָּגֵשׁ			הַגֵּשׁ	
부정사 연계형	נְפֹל	גֶּשֶׁת	הִנָּגֵשׁ			הַגִּישׁ	הֻגַּשׁ
부정사 절대형	נָפוֹל	נָגוֹשׁ				הַגֵּשׁ	הֻגֵּשׁ
분사 능동	נֹפֵל	נֹגֵשׁ	נִגָּשׁ			מַגִּישׁ	מֻגָּשׁ
분사 수동	נָפוּל	נָגוּשׁ					

우선 파알형의 첫 번째 형태(파알 I)에 나오는 **נפל**의 칼 미완료를 보도록 합시다. 원래 규칙 동사의 칼 미완료는 다음과 같습니다.

יִקְטֹל

יִ□ְ□ֹ□

이 규칙 동사 형태를 **נפל**에 적용해보면 다음과 같습니다.

יִנְפֹּל

위의 빨간 부분에서 보듯이 נ 아래에 단순 쉐바가 오는 것이 문제가 됩니다. 이런 경우 נ은 뒷자음에 동화되어 이중점으로 들어가게 됩니다. 이 과정을 써 보면 다음과 같습니다.

יִנְפֹּל → יִפְפֹּל → יִפֹּל

이제 파알형의 두 번째 형태(파알 II)에 나오는 נגשׁ의 미완료 형태를 보겠습니다. 이것은 다른 것은 없고 단지 두 번째 음절의 모음이 원래의 모음인 “ㅗ”(◌ֹ)가 아니라 “ㅏ”(◌ַ)라는 점이 차이가 날 뿐입니다. 사실 이처럼 두 번째 모음이 “ㅗ” 이외의 것이 오는 경우는 생각보다 흔하므로 “아 그렇구나” 하는 정도로 생각하면 됩니다. נ이 동화된다는 점은 앞의 נפל과 동일하지요. 그러면 נגשׁ의 미완료형을 좀 크게 써 보겠습니다.

יִנְגַּשׁ → יִגַּשׁ

위의 도표에서 보듯이 נפל (제 1형)과 נגשׁ (제 2형)는 명령형도 차이가 납니다. 우선 נפל (제 1형)은 규칙 동사와 마찬가지로 변화합니다.

יִקְטֹל → קְטֹל

יִנְפֹּל → נְפֹל

반면 נגשׁ (제 2형)는 미완료형에서 접두어 נְ이 탈락합니다. (원래는 נְ이 뒷

자음에 동화되어 이중점 형태로 들어가게 됩니다. 그러나 뒷자음에 동화되고 나니, 뒷자음이 단어의 처음에 오게 되는 것이지요. 단어 처음에는 이중점을 찍을 수가 없으므로 결국은 נְ이 아예 탈락해버린 것처럼 보이는 것입니다.) 이 과정을 써 보겠습니다.

יִנְגַּשׁ → נְגַּשׁ → גַּשׁ

이제 부정사 연계형을 보도록 합시다. נפל (제 1형)의 경우 "명령형=부정사 연계형"이라는 공식대로 명령형과 동일합니다.

נְפֹל (명령형)

נְפֹל (부정사 연계형)

이제 נגשׁ (제 2형)를 보겠습니다. 제 2형의 경우는 명령형에서 아예 נְ이 탈락해버리고 원래 동사 어간의 세 자음 중 두 개의 자음만 남은 상태가 되었습니다.

נגשׁ → גַּשׁ

부정사 연계형에서는 이처럼 **원래의 세 개의 자음에서 두 개의 자음만 남는 경우 자음 개수 세 개로 환원**하려는 경향이 있습니다. 이때 원래의 사라진 자음인 נ이 다시 살아나는 것이 아니라, 이런 경우에 **대타로 사용되는 자음인 ת**가 남은 두 개의 자음 뒤에 추가되는 것이지요. 다음과 같습니다.

גַּשׁ (명령형) → גַּשׁת (보조 자음 추가)

혹시 위의 자음을 보면 뭐 머리 속에 떠오르는 것이 없나요? 없다면 위의 자음들 중 모음이 찍히지 않은 자음들에 모음이 없다는 표시로 쉐바를 찍어 보세요. 다음과 같습니다.

גַּשְׁתְ

세 개의 자음 중 첫 번째 자음에만 모음 "ㅏ"(◌ַ)가 있는 형태! 아직도 안 떠오르나요? 바로 "왕"(king)이라는 뜻의 세골 명사 מֶלֶךְ (melek̲, 멜레크)의 원래 형태(מַלְךְ)와 동일한 형태지요. 비교해 봅시다.

מַלְךְ

גַּשְׁתְ

위의 두 형태는 모두 첫 자음 아래에만 모음 "ㅏ"(◌ַ)가 있고, 나머지 두 개의 자음에는 모음이 없습니다. 이래서는 발음이 불가능하겠지요. 이럴 때 두 번째 자음 아래에 짧은 "ㅔ" 모음(◌ֶ, "세골"이라고 부름)을 제공해주고, 그 여파로 첫 번째 모음도 "ㅏ"(◌ַ)에서 "ㅔ"(◌ֶ)로 바꾸어줌으로써 소위 "세골명사"란 것을 만들어준다고 설명한 바가 있습니다. 그러면 נגשׁ의 부정사 연계형을 מֶלֶךְ의 형성 과정과 대비시켜보면 다음과 같습니다.

מַלְךְ ➔ מֶלֶךְ

גַּשְׁתְ ➔ גֶּשֶׁת

이제 נגשׁ의 부정사 연계형인 גֶּשֶׁת가 만들어지는 과정을 다시 한 번 정리해 보면 다음과 같습니다.

(1) יִנְגַּשׁ (칼 미완료)

(2) נְגַּשׁ (미완료 접두어 탈락)

(3) גַּשׁ (נְ마저 탈락): 명령형

(4) גַּשְׁת (탈락된 נְ 대신에 대타로 보조 자음 ת를 뒤에 추가)

(5) גֶּשֶׁת (세골명사 만드는 방식을 따라 부정사 연계형 만듬)

이제 페-눈(פ״ן) 동사와 관련하여 마지막으로 호팔 완료형을 보도록 하겠습니다. 먼저 규칙 동사 변화부터 보도록 하지요.

הָקְטַל

자 이 규칙 동사는 어떤 동사 어간이든지 일단 다음과 같이 적용해보라는 의미이지요?

הָ□ְ□ַ□

위의 요소들을 이제 נגשׁ에 적용시키면 다음과 같습니다.

הָנְגַּשׁ

위의 형태에서 נְ은 뒷자음에 동화되어 이중점으로 들어가겠지요. 그 결과 다음과 같이 될 것입니다.

הָגַּשׁ

혹시 이때 גּ에 찍혀 있는 점의 차이를 아시겠나요? הָנְגַּשׁ일 때는 גּ 안의 점은 경음점이지만 הָגַּשׁ에서는 גּ 안의 점이 이중점입니다.

이렇게 הָגַּשׁ가 될 때 이것 자체가 우리가 중요하게 여기는 음절이나 액센트 법칙상으로 문제가 있는 것은 아닙니다. 실제로 이런 형태가 아주 없는 것도 아닙니다. 그러나 페-눈(פ"ן) 동사에서는 이 호팔형에서 ה 아래의 모음을 “ㅗ”(□ָ)가 아닌 “ㅜ”(□ֻ)를 씁니다. 그 결과는 다음과 같습니다.

הֻגַּשׁ

호팔형에서는 나머지 경우도 이 첫 음절의 모음은 전부 이렇게 “ㅜ”(□ֻ)를 쓴다는 점을 기억하면 나머지는 여러분이 다 이해할 수 있는 사항들입니다.

7. 약동사 각론: ל"ה 동사: גלה 등

이제부터는 약동사의 난이도가 많이 올라갑니다. 지금부터 배우는 약동사의 유형들은 우리가 1부와 2부에서 배운 규칙 동사 변화와 후음 등의 자음에 대한 이해만으로는 해결이 안 되는 내용들이 좀 나옵니다. 그렇다고 해서 우리가 지금까지 배운 내용들이 무가치해 지는 것은 결코 아닙니다. 단지 앞에서 배운 내용들에 몇 가지 특이사항들이 추가되는 것뿐입니다. 따라서 이런 것들이 추가될수록 앞에서 배운 내용들에 대한 정확한 지식이 히브리어 공부를 쉽게 만든다는 점을 꼭 기억하시기를 바랍니다.

그럼 새로운 도전을 시작해보지요. 이제부터 배울 라메드-헤(ל"ה) 동사는 굉장히 흔합니다. 또 이 약동사 유형에 속하는 동사들 중에는 빈도수가 높은 동사들도 상당히 많습니다. 그러므로 여러분이 아주 잘 알아두셔야만 합니다.

특히 이 약동사 유형부터는 각 유형마다 몇 가지 특이 사항들을 익히려고 노력하셔야 합니다. 그러나 억지로 무리해서 외우려고는 하지 마십시오. 일단은 '아! 이 유형의 약동사는 변화의 과정에서 이런 특성들이 개입되는구나' 하는 것을 적당하 파악하는 정도로 훑어 나가는 것이 더 중요합니다. 그리고는 히브리어 단어장을 외우거나 성경 원문을 강독하는 과정 등을 거치면서 잘 모를 때마다 이 책의 이 대목을 다시 읽어보고 이해하려는 노력을 해보세요. 자꾸 이런 식으로 이 대목을 반복적으로 읽어보고 정리해나가는 과정을 몇 번 거치다 보면 자동적으로 이 동사에 대한 공부가 해결됩니다. 다시 말해 이 부분부터는 한 방에 끝장내려는 식의 공부를 추천하지 않습니다. 그냥 자꾸 툭툭 건드리면서 친숙해지는 식의 공부가 훨씬 더 스트레스도 적고 효과적입니다.

이 동사에 대한 내용이 어려운 것은 결코 아닙니다. 단지 몇 가지에 익숙해져야 하는 것뿐입니다. 그러면 도표를 먼저 볼까요?

	파알 (פָּעַל) (=칼)	니팔 (נִפְעַל)	피엘 (פִּעֵל)	푸알 (פֻּעַל)	히트파엘 (הִתְפַּעֵל)	히필 (הִפְעִיל)	호팔 (הָפְעַל)
완료	גָּלָה	נִגְלָה	גִּלָּה	גֻּלָּה	הִתְגַּלָּה	הִגְלָה	הָגְלָה
미완료	יִגְלֶה	יִגָּלֶה	יְגַלֶּה	יְגֻלֶּה	יִתְגַּלֶּה	יַגְלֶה	יָגְלֶה
명령형	גְּלֵה	הִגָּלֵה	גַּלֵּה		הִתְגַּלֵּה	הַגְלֵה	
부정사 연계형	גְּלוֹת	הִגָּלוֹת	גַּלּוֹת	גֻּלּוֹת	הִתְגַּלּוֹת	הַגְלוֹת	הָגְלוֹת
부정사 절대형	גָּלֹה	נִגְלֹה	גַּלֵּה	גֻּלֹּה	הִתְגַּלֵּה	הַגְלֵה	הָגְלֵה
분사 능동	גֹּלֶה	נִגְלֶה	מְגַלֶּה	מְגֻלֶּה	מִתְגַּלֶּה	מַגְלֶה	מָגְלֶה
분사 수동	גָּלוּי						

위의 도표를 보고 처음에는 여러분이 당혹해 할 수가 있습니다. 지금까지 배운 것과는 사뭇 다르다는 느낌이 들기 때문일 것입니다. 그러나 그다지 걱정할 필요는 없습니다. 제가 중요하다고 짚어주는 대목만 잘 익히신다면 나머지는 생각보다 쉽게 터득할 수 있습니다.

위의 도표 중에서 가장 중요한 대목은 규칙 동사를 배울 때와 마찬가지로 칼(=파알) 동사의 일곱 가지 형태를 잘 익히는 것입니다. 위의 도표를 정복할 수 있는 중요한 정보들이 그 안에 거의 들어 있기 때문입니다. 그중에서도 특별히 각 형태의 끝음절의 모양에 중요한 정보가 들어 있습니다. 그러므로 이 끝음절의 모양을 잘 익히면 이 유형의 약동사에 대한 공부는 거의 끝난 것이나 마찬가지라고 할 수 있습니다.

이 칼형의 끝음절 부분만을 다시 정리해서 크게 써보면 다음과 같습니다. (여러분은 끝음절, 그 중에서도 특히 빨간색 부분에 신경을 쓰시기 바랍니다. 나머지 사항들은 그냥 크게 신경 쓰지 않아도 됩니다. 이 나머지 부분들은 동사 어간의 자음의 종류에 따라 달라질 수도 있는 부분들이니까요.)

□□ָה (גָּלָה) : 완료

יִ□ְ□ֶה (יִגְלֶה) : 미완료

□ְ□ֵה (גְּלֵה) : 명령형

□ְ□וֹת (גְּלוֹת) : 부정사 연계형

□ָ□ֹה (גָּלֹה) : 부정사 절대형

□ֹ□ֵה (גֹּלֶה) : 분사 능동형

□ָ□וּי (גָּלוּי) : 분사 수동형

(분사 수동형은 칼[=파알]형에만 존재)

잠깐만 ●●●

이 분사 수동형은 상당히 독특해 보입니다. 그러나 한 가지 충격적인 사실만 기억하면 간단합니다. 그것은 **라메드-헤(ל״ה) 동사**의 어간의 **끝 자음인 ה가 원래 원시 히브리어에서는 י였다**는 점입니다. 스타워즈 영화 시리즈의 유명한 악당인 검은 마스크의 다스 베이더가 죽으면서 주인공인 루크 스카이워크에게 "I am your father"라고 한 것만큼이나 충격적이죠? 그러나 이 점을 알면 이 유형의 약동사 공부는 상당히 쉬워지게 됩니다.

그러면 이 점이 위의 칼 분사 수동형에 어떻게 적용되는지를 볼까요? 일단 이 **라메드-헤(ל״ה) 동사**의 칼 분사 수동형은 규칙 동사의 형태와 동일하게 □ָ□וּ□ (קָטוּל)의 형태를 따르고 있습니다. 그런데 **라메드-헤(ל״ה) 동사**의 어간의 끝 자음인 ה는 평소에는 ה 그대로 쓰이다가 칼 분사 수동형과 같은 경우에는 갑자기 원래의 자음인 י가 이 ה 대신 불쑥 나타나게 됩니다(ה ➔ י). 그 결과 **라메드-헤(ל״ה) 동사**의 칼 분사 수동형은 끝이 □ָ□וּה (גָּלוּה)의 모습이 아니라 □ָ□וּי (גָּלוּי)의 모습을 띠게 되는 것입니다. 이것을 한 번 크게 써보면 다음과 같습니다.

גָּלוּה ➔ גָּלוּי

그럼 위의 일곱 가지 어미를 좀 살펴볼까요? 먼저 완료형의 경우를 보겠습니다. 완료형의 끝음절은 칼이든 니팔이든 그 무엇이든 상관없이 무조건 ◌ָה의 형태를 띱니다. 완료형의 이 끝음절의 형태는 위의 도표의 니팔부터 호팔까지의 다른 모든 유형의 경우에도 동일하게 적용되는 것을 보실 수 있지요? 심지어는 히필형처럼 독특한 끝음절을 갖는 경우까지도 이 "라메드-헤(ל"ה) 동사"의 독특한 완료형 어미가 적용됩니다. 원래 גלה가 규칙 동사의 변화를 따를 경우의 히필형 완료는 다음과 같아야 할 것입니다.

הִגְלִיה

그러나 "라메드-헤(ל"ה) 동사"의 모든 완료형은 칼 완료의 끝음절 어미와 같이 ◌ָה의 형태를 가지므로 이 히필 완료의 어미인 빨간 부분이 다음과 같이 됩니다.

הִגְלָה

이런 점은 완료형의 경우만 아니라 미완료형이나 명령형 등의 나머지 사항들에도 역시 적용됩니다. 칼의 미완료 형태의 끝음절의 모습은 니팔부터 히필까지의 미완료 형태의 끝음절의 모습에도 역시 적용되는 식이지요. 이 점만 기억한다면 이 **라메드-헤(ל"ה) 동사**의 변화는 그다지 어렵지 않습니다. 그러니 꼭 칼형의 완료, 미완료, 명령형 등의 일곱 가지 형태의 끝음절의 어미를 잘 익히시기를 바랍니다.

이제 **라메드-헤(ל"ה) 동사**와 관련하여 중요한 사항을 한 가지 더 살펴보겠습니다. 그것은 위에서 칼 분사 수동 형태와 관련하여 이미 위의 "**잠깐만!!!**" 항목에서 설명했던 사항입니다. 즉 **라메드-헤(ל"ה) 동사**의 **마지막 자음인 ה가 원래는 י였으며, 이 י가 기회만 되면 다시 살아난다는 것입니다.** 이를 위해 칼 완료형 도표를 살펴보겠습니다. 우선 우리가 **라메드-헤(ל"ה) 동사**의 예로 사용하고 있는 גלה에 규칙 동사의 완료형 변화를 적용시켜 보겠습니다. ה만 빨간색으로 표시해보았습니다.

● גלה의 칼 완료 변화 (영아타트티우템텐누) ●

	단수	복수
3인칭 남	גָּלָה	גָּלַהוּ
여	גָּלְהָה	
2인칭 남	גָּלַהְתָּ	גְּלַהְתֶּם
여	גָּלַהְתְּ	גְּלַהְתֶּן
1인칭 공	גָּלַהְתִּי	גָּלַהְנוּ

위의 도표에서 자음이 낀 어미가 오는 경우들, 즉 1인칭과 2인칭의 단수 및 복수의 경우에서는 모두 ה가 י로 바뀝니다. 또 י로 바뀌면서 그 앞의 모음마저 사기와 동일 계열의 모음인 "ㅣ"(ִ)로 바뀌면서 순장모음화합니다. 1인칭 복수의 예를 들자면 다음과 같이 되는 것입니다.

גָּלַהְנוּ → גָּלַיְנוּ (①) → גָּלִינוּ (②)

①번 변화: ה가 י로 바뀜

②번 변화: י 앞의 모음이 י와 동일 계열 모음 "ㅣ"(ִ)로 바뀌면서 순장모음화함.

그럼 2인칭 남성 단수의 경우도 한 번 해볼까요? 다음과 같습니다.

גָּלַהְתָּ → גָּלַיְתָּ → גָּלִיתָּ

이 경우에는 여기에 비록 사소하지만 한 가지 작업을 더 해줘야겠지요? 뭘까요? 네, 어미인 תָּ의 자음은 ת가 모음 뒤에 오게 되었으니 더 이상 경음점이 필요 없게 되었습니다. 따라서 이 경음점을 빼주면 모든 변화가 마무리 됩니다. 다음과 같습니다.

גָּלִיתָּ → גָּלִיתָ

이제 좀 다른 경우를 보지요. 3인칭 공통 복수의 예를 볼까요? 우선 규칙 동사의 형태를 גלה에 적용시켜 보면 다음과 같습니다.

גָּלַהוּ

여기에서 문제는 동사 어간의 마지막 자음인 ה가 원래 단어 끝에 올 때에는 자음의 가치가 없는 묵음이 된다는 점입니다. 이런 ה의 성격이 뒤에 모음 어미(וּ 등)가 오게 될 때도 여전히 작용합니다. 따라서 ה는 뒤에 모음 어미가 오면 탈락해버립니다. 아래와 같이 되는 거지요.

גָּלַ וּ

자 이렇게 되면 어떻게 됩니까? 모음 어미 וּ와 그 앞의 남은 자음의 모음인 "ㅏ"(◌ַ)가 충돌합니다. 그런데 히브리어에서는 이렇게 모음 두 개가 한꺼번에 올 수가 없습니다. (이미 명사 변화하면서 한 번 배운 바가 있지요?) 그러므로 둘 중 하나는 사라져야 합니다. 그러면 위의 두 모음 중 어느 게 사라져야 할까요? 당연히 원래 있던 모음인 앞의 모음이 사라져야겠지요. 만약 뒤에 인칭을 나타내기 위해 추가되는 모음 어미인 וּ가 사라져버린다면 3인칭 복수의 특징 자체가 아예 없어져버릴 테니까요. 따라서 "ㅏ"(◌ַ)를 없애버립니다. 그리고 나서 남은 자음과 모음을 합쳐 주면 변화가 끝납니다. 다음과 같습니다.

גָּלַ וּ → גָּל וּ → גָּלוּ

이제 마지막으로 3인칭 여성 단수의 경우를 보도록 하겠습니다. 이것을 마지막에 설명하는 이유는 이것이야말로 정말 불규칙스럽기 때문입니다. 저의 기억에 따르면 저는 히브리어 문법책을 정말 열심히 공부하고 익혔는데도 불구하고 이 "라메드-헤(ל״ה) 동사"의 3인칭 여성 단수 변화를 성경 본문에서 만났을 때 당황했습니다. "뭐 이런 게 다 있어?" 하고 말이죠. 아마 히브리어 잘 하시는 분들은 다 이런 경험을 한 번씩은 해봤을 줄로 압니다.

제가 이 말을 하는 이유는 지금 히브리어를 배우는 여러분 역시 이것 가지고 너무 스트레스 받지 말라는 것입니다. 일단 아래의 설명을 읽어보고 "아 그렇구나" 하고 이해한 다음에 잊어먹으셔도 별일 아닙니다. 나중에 성경을 읽을 때 이 변화형을 몇 번 다시 만나고 나서 어느 정도 익숙해진 다음에 그때 가서 장기 기억 속에 집어 넣으면 됩니다. 그러니 일단은 아래의 설명을 편한 마음으로 읽으세요.

자 그러면 가볼까요? 일단 이것도 규칙 동사의 변화를 적용시켜 봐야겠지요? 항상 그게 출발점이니까요. 위의 도표에도 나와 있듯이 다음과 같습니다.

גָּלְהָה

여기에서 정말 아무 이유도 없이(아마 발음상의 이유?) 동사 어간의 마지막 자음 ה(빨간색)가 ת로 바뀝니다. 정말 어이가 없지요. 그러나 이렇게 변합니다. 여기에 대해서는 그 어느 책에도 적절한 설명이 없습니다. 그냥 그렇게 변합니다. (다행인 것은 일단 칼형 완료 3인칭 여성 단수에 일어나는 이 변화는 니팔부터 호팔까지 다 동일하게 일어난다는 점입니다. 그러니 여러분은 일단 이 한 번만 이해하면 나머지는 다 오케이입니다.) 한 번 써볼까요?

גָּלְהָה → גָּלְתָה

위와 같이 되면 칼 완료 변화가 다 끝났습니다. 그러면 이 완성된 형태의 변화표를 볼까요?

● 최종 גלה의 칼 완료 변화 (영아타트티우템텐누) ●

	단수	복수
3인칭 남	גָּלָה	גָּלוּ
여	גָּלְתָה	
2인칭 남	גָּלִיתָ	גְּלִיתֶם
여	גָּלִית	גְּלִיתֶן
1인칭 공	גָּלִיתִי	גָּלִינוּ

간단하지요. 위에서 말한 사항들을 기억하시면 **라메드-헤(ל״ה) 동사**의 변화도 사실 그다지 어려울 것은 없습니다. 그러니 이 약동사의 앞쪽으로 가서 칼

동사의 일곱 가지 형태의 끝음절을 꼭 암기하도록 하세요. 그리고 이 유형의 약동사의 **마지막 자음인 ה가 원래는 י였다**는 점을 또 기억하시고, 이 특징이 어떻게 동사 변화에 작동하게 될지를 좀 사색해보세요. 그러면 다 해결됩니다.

8. 약동사 각론: פ״י 동사: ישב 등

이번 단원과 다음 번 단원에서는 동사의 세 자음 중 첫 번째 자리에 반자음(י/ו)이 오는 경우들을 살펴보고자 합니다. 이 유형의 동사들은 각각 **페-요드(פ״י) 동사**와 **페-봐브(פ״ו) 동사**라고 불립니다. 이 범주의 동사들은 칼(=파알)형에서는 다 똑같은 모습을 띱니다. 즉 둘 다 **페-요드(פ״י) 동사**처럼 보입니다. 그러나 칼 이외의 나머지 형태들에서는 **페-봐브(פ״ו) 동사**는 어간의 첫 번째 자음의 원래 모습인 ו가 살아납니다.

그러면 우선 **페-요드(פ״י) 동사**부터 살펴보도록 하겠습니다. 이 부류의 약동사들의 **가장 중요한 특징**은 **동사 어간을 구성하는 세 자음 중 첫 번째 자음인 요드(י)에 쉐봐(ְ◌)가 오고, 그 앞에 요드(י)와 상응하는 모음인 "ㅔ"(e)나 "ㅣ"(i)가 오게 되는 경우 요드(י)가 자음의 가치를 상실한다**는 것입니다. **대신 이 요드(י)는 앞의 모음인 "ㅔ"(e)나 "ㅣ"(i)와 함께 순장모음인 "ㅔ"(ֵי◌)나 "ㅣ"(ִי◌)로 전환**됩니다. 즉 다음과 같은 변화들이 생깁니다.

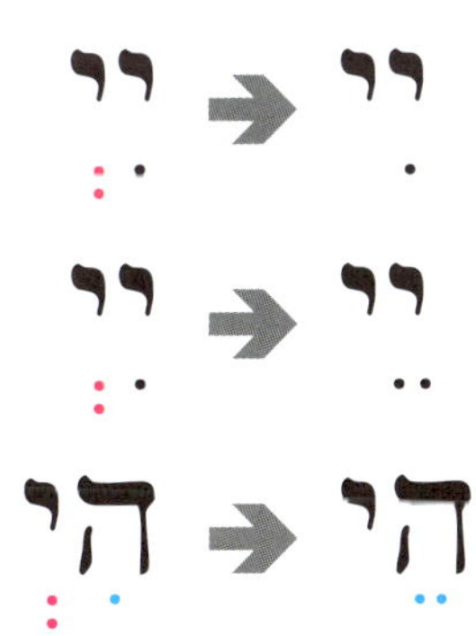

(마지막 경우는 앞 자음의 모음까지 변화한 점 유념할 것)

위에서 “ㅣ”(◌ִיְ)가 그냥 “ㅣ”(◌ִי)가 될지 “ㅔ”(◌ֵי)가 될지는 일반 원리는 없습니다. 그냥 아래의 도표를 보면 칼형에서는 “ㅣ”(◌ִי)가 되고, 히필형에서는 “ㅔ”(◌ֵי)가 된다는 점만 확인할 수 있습니다.

이제 좀 더 놀라운 사항을 보겠습니다.

이 **페-요드(פ״י) 동사**에서 첫 자음인 י의 막강함은 이 י앞에 동일 계열 모음인 “ㅣ”(◌ִ)나 “ㅔ”(◌ֵ) 외의 다른 모음, 예를 들어 “ㅏ”(◌ַ)가 와도 이것을 자신과 동일한 계열의 모음인 “ㅔ”(◌ֵ)로 바꿔버린다는 데 있습니다. 이것을 좀 크게 써보면 다음과 같습니다.

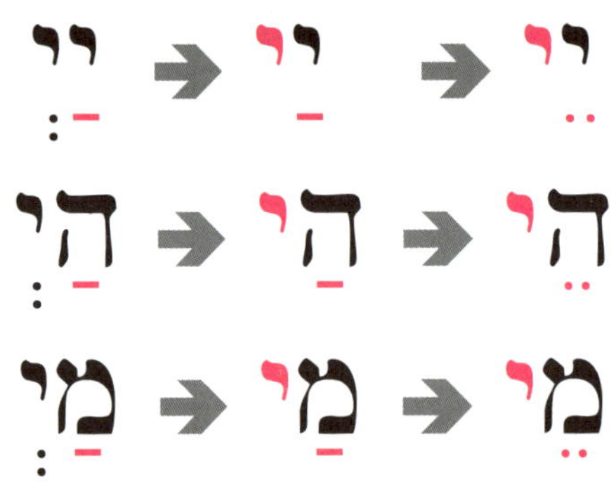

그러면 “페-요드”(פ״י) 동사의 한 예인 יטב (야타브, yṭb, “좋다, to be good”)란 동사의 변화 도표를 한 번 살펴보겠습니다. 문제가 되는 부분들은 다음과 같습니다.

	파알 (פָּעַל) (=칼)	니팔 (נִפְעַל)	피엘 (פִּעֵל)	푸알 (פֻּעַל)	히트파엘 (הִתְפַּעֵל)	히필 (הִפְעִיל)	호팔 (הָפְעַל)
완료	יָטַב					הֵיטִיב	
미완료	יִיטַב					יֵיטִיב	
명령형						הֵיטֵב	
부정사 연계형	(יְטֹב)					הֵיטִיב	
부정사 절대형	יָטוֹב					הֵיטֵב	
분사 능동	יֹטֵב					מֵיטִיב	
분사 수동	יָטוּב						

위의 도표들 중 나머지 사항들은 거의 다 규칙 동사처럼 변하니 별로 어려울 것이 없습니다. 짙은 색으로 처리된 부분만 확인해보면 됩니다.

우선 칼 미완료부터 보도록 하지요. 규칙 동사의 칼 미완료는 다음과 같습니다.

יִקְטֹל (□□□יִ)

위의 빨간색의 요소들을 יטב (야타브, yṭb, “좋다, to be good”)란 동사에 적용시키면 다음과 같습니다(음절 구분 표시 첨가).

טַב | יִי (□□□יִ)

② ①

그러면 이 단어의 약동사 변화를 뒤에서부터 살펴보겠습니다.

(1) ②번 음절의 모음은 마치 상태 동사와 같은 모음을 취합니다. 즉 다음

과 같습니다. 이 부분은 "아 그렇구나"하고 끝나면 되는 수준의 변화니 신경 안 써도 됩니다.

טֹב → טַב

(2) 문제가 되는 부분은 ①번 음절입니다. "페-요드"(פ"י) 동사의 일반적인 변화에 대한 서두의 설명에서 보듯이 이 부분은 다음과 같이 됩니다.

יִיְ → יֵי

위의 (1)번과 (2)번의 변화를 합쳐보면 다음과 같이 됩니다.

טַב + יֵי → יֵיטַב

이제 히필형을 좀 보도록 하겠습니다. 히필형은 위의 도표에서 보듯이 접두어 부분(מֵי יֵי הֵי)만 이해를 하면 됩니다. 이 부분의 변화는 도표 위의 변화에서 설명한 그대로입니다. 자 그러면 규칙 동사의 변화로부터 시작해서 한 번 이 동사의 변화를 살펴볼까요? 규칙 동사의 히필 완료형의 변화는 다음과 같습니다.

הִקְטִיל (הִ□ְ□ִי□)

이것을 "페-요드"(פ"י) 동사인 יטב에 적용시키면 다음과 같습니다(두 번째 것은 음절 구분한 것).

הֵיטִיב (הֵ□ִי□)

טִיב | הִיְ (הִ□ְ□ִי□)

② ①

여기에서 ②번 음절은 문제가 없습니다. 문제는 ①번 음절입니다. 이 ①번 음절의 변화는 이미 위에서 설명한 대로 다음과 같습니다.

הִיְ ➔ הֵי

따라서 다음과 같이 됩니다.

הִיְטִיב ➔ הֵיטִיב

이제 히필 미완료형을 보겠습니다. 히필 미완료형의 규칙 동사 변화는 다음과 같습니다.

יַקְטִיל (יַ□ְ□ִי□)

이것을 יטב에 적용시키면 다음과 같습니다.

יַיְטִיב (יַ□ְ□ִי□)

"페-요드"(פ״י) 동사인 יטב의 경우 첫 자음 י의 특성이 강해서 그 앞의 미완료 접두어 יַ의 모음마저도 י와 동일 계열의 모음인 "ㅣ"(i) 혹은 "ㅔ"(e)로 바꿔 버린다는 점은 앞에서 이미 이야기했습니다. 즉 다음과 같습니다.

יַיְ ➔ יַי ➔ יֵי

이것을 위의 יטב의 미완료에 적용시키면 다음과 같습니다.

יַיְטִיב → יַיטִיב → יֵיטִיב

이처럼 접두어가 오는 첫 음절에서 접두어의 모음 “ㅏ”(□)가 “ㅣ”(i) 혹은 “ㅔ”(e)로 되는 현상이 히필형의 나머지 경우들에도 다 나타납니다. 그 결과 위의 도표의 히필형 변화와 같이 됩니다.

9. 약동사 각론: פ"ו 동사: יָשַׁב 등

페-봐브(פ"ו) 동사에서 제일 중요한 사실은 비록 칼 완료형의 형태가 앞의 **페-요드(פ"י) 동사**와 비슷하게 보인다고 해도 사실은 첫 자음이 원래는 י가 아니라 ו라는 사실을 아는 것입니다. 이 ו는 기회가 될 때마다 살아납니다. 또 이 **페-봐브(פ"ו) 동사**는 때로는 페-눈(פ"ן) 동사처럼 첫 자음 י가 탈락하기도 하고 칼 부정사 연계형이 세골 명사처럼 변하기도 합니다.

구약에서 특히 칼형에서 활약하는 **페-봐브(פ"ו) 동사**는 총 다섯 개가 존재합니다. 이 다섯 개 동사는 다 사용 빈도수가 높은 단어들이라 여러분이 꼭 암기해 두셔야 합니다. 이 다섯 개의 동사를 사용 빈도수 순서로 나열하면 다음과 같습니다.

יָשַׁב (yāšaḇ, 야샤브): 앉다, 거주하다(to sit, dwell)

(총 빈도 순위 38위, 동사 빈도 순위 9위)

יָצָא (yāṣâʾ, 야짜): 나가다(to go out)

(총 빈도 순위 40위, 동사 빈도 순위 10위)

יָדַע (yāḏāʿ, 야다): 알고 있다(to know)

(총 빈도 순위 47위, 동사 빈도 순위 12위)

יָלַד (yālaḏ, 얄라드): 낳다(to give birth)

(총 빈도 순위 99위, 동사 빈도 순위 25위)

יָרַד (yāraḏ, 야라드): 내려가다(to go down)

(총 빈도 순위 128위, 동사 빈도 순위 30위)

여기에 엄밀하게 **페-봐브(פ"ו) 동사**는 아니지만 마치 이 동사처럼 움직이는 동사가 하나 더 있습니다. 이 동사는 위의 다섯 개 동사보다 빈도수 순위가 더 높습니다.

הָלַךְ (hālaḵ, 할라크): 걷다, 행하다(to walk, behave)

(총 빈도 순위 29위, 동사 빈도 순위 5위)

이 הָלַךְ (hālaḵ, 할라크)란 동사에서 특이한 점은 첫 자음인 ה가 어떤 경우에는 마치 י인 것처럼 행동한다는 것이지요. 바로 이 점 때문에 이 הָלַךְ (hālaḵ, 할라크) 동사가 이 "페-봐브(פ"ו) 동사"와 함께 다뤄지는 것입니다. 물론 때로는 이 ה는 원래의 모양대로 ה로도 사용되기 때문에 이 단어의 변화는 좀 복잡할 때가 있습니다. 하지만 워낙 빈도수가 높은 단어라 자주 보기 때문에 몇 번만 보면 이 단어의 변화에 금방 익숙해지므로 걱정하실 필요는 없습니다. (이 단어 때문에 히브리어 못하는 사람 없어요!!!)

이 **페-봐브(פ"ו) 동사**는 빈도수가 높은 중요한 동사들로 구성되어 있으므로 여러분이 잘 아실 필요가 있습니다. 그럼 우선 이 부류의 약동사의 변화표부터 볼까요?

	파알 (פָּעַל) (=칼)	니팔 (נִפְעַל)	피엘 (פִּעֵל)	푸알 (פֻּעַל)	히트파엘 (הִתְפַּעֵל)	히필 (הִפְעִיל)	호팔 (הָפְעַל)
완료	יָשַׁב	נוֹשַׁב				הוֹשִׁיב	הוּשַׁב
미완료	יֵשֵׁב	יִוָּשֵׁב				יוֹשִׁיב	יוּשַׁב
명령형	שֵׁב	הִוָּשֵׁב				הוֹשֵׁב	
부정사 연계형	שֶׁבֶת	הִוָּשֵׁב				הוֹשִׁיב	הוּשַׁב
부정사 절대형	יָשׁוֹב					הוֹשֵׁב	
분사 능동	יֹשֵׁב	נוֹשָׁב				מוֹשִׁיב	מוּשָׁב
분사 수동	יָשׁוּב						

우선 위의 도표에서 특징적인 사항들을 좀 살펴보지요. 우선 이 **페-봐브(פ"ו) 동사**의 가장 큰 특징은 **사전을 찾을 때 사용하는 칼 완료형 형태를 보면 마치 페-요드(פ"י) 동사처럼 보인다**는 점입니다. 위의 도표를 보면 그렇지요? 따라서 여러분은 사전에서 이 "페-봐브(פ"ו) 동사"들을 찾을 때 꼭 "페-요드(פ"י) 동사"인 것처럼, 즉 첫 자음이 ו가 아니라 י인 것처럼 생각하고 찾아야 합니다.

그리고 이처럼 첫 자음이 ו가 아니라 י인 것처럼 느껴지는 점은 이 칼형의 변화 내내 나타납니다. 그럼 칼형의 변화를 하나씩 살펴보지요. 완료형은 위에서 살펴본 그대로이니 미완료형부터 살펴보겠습니다.

첫 자음이 י로 시작되는 **페-요드(פ"י) 동사**의 경우 칼 미완료형이 다음과 같다는 점은 앞 단원에서 살펴보았지요?

יֵיטַב

페-봐브(פ"ו) 동사는 칼형에서만은 첫 자음이 ו가 아니라 י인양 보인다는 점 때문에 페-요드(פ"י) 동사와 비슷해 보입니다. 단지 미완료 접두어가 올 때의 모양이 살짝 틀릴 뿐입니다. 다음과 같이요.

페-요드(פ"י) 동사 : יֵי (יֵיטַב)

페-봐브(פ"ו) 동사 : יֵ (יֵשֵׁב)

비슷하면서도 달라 보이는 이 변화가 가져오는 결과는 이 **페-봐브(פ"ו) 동사**의 칼 미완료 변화가 앞에서 살펴본 **페-요드(פ"י) 동사**의 칼 미완료 변화와 비슷하면서도 다른 변화를 일으킨다는 점입니다. 여러분들은 비슷한 것에 속지 말고 이 두 약동사 유형의 칼 미완료 변화가 어떤 차이가 있는지를 구분하실 수 있어야겠습니다. (물론 이 점 역시 너무 무리해서 처음부터 마스터하려고 하지 마세요. 여러 번 부딪히다 보면 익숙해지고, 어느 정도 익숙해졌다 싶을 때 그때 가서 한 번 확 정리하면 쉬워집니다.)

그럼 이 **페-봐브(פ"ו) 동사**의 칼 미완료 변화를 좀 더 자세히 들여다 볼까요? 언제나 그래왔듯이 규칙 동사 변화로부터 시작해야겠죠?

규칙 동사의 칼 미완료는 다음과 같습니다.

יִקְטֹל (יִ□ְ□ֹ□)

위의 빨간색의 요소들을 **페-봐브(פ"ו) 동사**인 יָשַׁב (yāšab̲, 야샤브, "앉다, 거주하다"[to sit, dwell])에 적용시켜보면 다음과 같습니다(음절 구분 표시 첨가).

יֵי | שֵׁב (יִ□ְ□ֹ□)

① ②

그러면 먼저 이 단어의 약동사 변화를 뒤에서부터 살펴보겠습니다.

(1) 우선 ②번 음절의 모음이 앞의 **페-요드(פ"י) 동사**의 경우와 차이가 납니다. 페-요드(פ"י) 동사의 경우에는 이 부분이 마치 상태 동사와 같은 모음을 취했지요? 반면에 **페-봐브(פ"ו) 동사**는 이 부분의 모음이 "ㅔ" 모음(□ֵ)을 취합니다. 이건 이대로 받아들이고 말아야 할 특징입니다. 그냥 익숙해지는 수밖에 없습니다. 다음과 같습니다.

שֹׁב → שֵׁב

(2) 좀 더 중요하고, 문제가 되는 부분은 ①번 음절입니다. 이 부분 역시 **페-봐브(פ"ו) 동사**의 경우와 차이가 납니다. 페-요드(פ"י) 동사의 경우에는 ①번 음절을 구성하는 יִיְ가 다음과 같이 되었지요?

יִיְ → יִי

그런데 **페-봐브(פ"ו) 동사**는 이 יִיְ의 두 번째 י, 즉 쉐봐(□ְ) 바로 위의 י가 바로 앞의 미완료 접두어의 י와 동화되는 대신 그 아래의 모음을 길게 만들어 보상해주는 방식을 취합니다. 즉 단모음 "ㅣ"(□ִ)에서 장모음 "ㅔ"(□ֵ)로 전환시켜 주는 것입니다. 그 결과 다음과 같이 됩니다.

יִיְ → יֵ

이제 위의 (1)번과 (2)번의 변화를 합쳐보면 **페-봐브(פ"ו) 동사**의 칼 미완료형의 변화는 다음과 같이 됩니다.

שֵׁב + יֵ → יֵשֵׁב

위에서 살펴본 **페-봐브(פ"ו) 동사**들은 칼 미완료에서 전부 이런 변화를 따라갑니다. 그럼 한 번 위의 여섯 개의 동사의 칼 미완료형을 완료형과 함께 살펴볼까요? 왼쪽이 완료형이고 오른쪽이 미완료형입니다.

יָשַׁב (yāšab̲, 야샤브) ➔ יֵשֵׁב (yēšēb̲, 예셰브)

יָצָא (yāṣâʾ, 야짜) ➔ יֵצֵא (yēṣêʾ, 예쩨)

יָדַע (yād̲āʿ, 야다) ➔ יֵדַע (yēd̲āʿ, 예다)

(한 발 더 나아감. ע이 후음이라 그 앞의 모음이 ◌ֵ ➔ ◌ַ가 됨)

יָלַד (yālad̲, 얄라드) ➔ יֵלֵד (yēlēd̲, 옐레드)

יָרַד (yārad̲, 야라드) ➔ יֵרֵד (yērēd̲, 예레드)

הָלַךְ (hālak̲, 할라크) ➔ יֵלֵךְ (yēlēk̲, 옐레크)

(ה가 י처럼 변화되는 결합 동사임)

칼 명령형은 위의 미완료에서 접두어를 떼어내면 됩니다. 마치 **페-눈(פ"ן) 동사**(예, נגשׁ)에서 봤던 것처럼요. 다음과 같습니다.

יֵשֵׁב (yēšēb̲, 예셰브) ➔ שֵׁב (šēb̲, 셰브)

יֵצֵא (yēṣêʾ, 예쩨) ➔ צֵא (ṣêʾ, 쩨)

יֵדַע (yēḏāᶜ, 예다) ➔ דַּע (ḏāᶜ, 다)

(ע이 후음이라 그 앞의 모음이 ◌ֵ ➔ ◌ַ가 됨)

יֵלֵד (yēlēḏ, 옐레드) ➔ לֵד (lēḏ, 레드)

יֵרֵד (yērēḏ, 예레드) ➔ רֵד (rēḏ, 레드)

יֵלֵךְ (yēlēḵ, 옐레크) ➔ לֵךְ (lēḵ, 레크)

칼 부정사 연계형은 규칙 동사에서는 칼 명령형과 같습니다. 그러나 이 경우처럼 첫 자음이 탈락하는 페-눈(פ"ן) 동사와 같은 경우는 탈락한 첫 자음 대신에 단어 끝에 대타로 오는 ת를 붙여주고, 단어의 모음은 마치 세골 명사와 같이 찍어준다는 것을 말한 바가 있습니다. 바로 이런 현상이 일어납니다. 따라서 위의 명령형에서 부정사 연계형을 만들어보면 다음과 같습니다.

שֵׁב ➔ שֶׁבֶת

צֵא ➔ צֵאת

(א이 묵음이 되기 때문에 צֵאֶת ➔ צֵאת의 변화 일어남)

דַּע ➔ דַּעַת

(ע이 후음이라 세골 명사의 모음 형태인 ◌ֶ를 전부 ◌ַ로 바꿈)

לֵד → לֵדֶת

רֵד → רֵדֶת

לֵךְ → לֶכֶת

일단 여기까지가 규칙 동사와 차이가 나는 부분입니다. 칼 동사에서 나머지는 규칙 동사와 동일하기 때문에 따로 공부할 필요가 없습니다. 그냥 규칙 동사의 변화대로 해주기만 하면 됩니다.

이제 니팔형과 히필형을 살펴보도록 하겠습니다. 이 두 형태에서 **페-봐브(פ"ו) 동사**의 특성이 잘 드러납니다. 다시 말해 **페-봐브(פ"ו) 동사의 동사 어간의 첫 번째 자음이 원래는 י가 아닌 ו라는 사실**이 가장 잘 나타나는 것이 바로 이 두 형태, 즉 니팔형과 히필형인 것입니다. 그럼 먼저 이 두 형태 중 니팔형을 살펴보겠습니다.

규칙 동사에서의 니팔형은 다음과 같습니다.

נִקְטַל (נִ□ְ□ַ□)

위의 빨간색으로 된 것을 **페-봐브(פ"ו) 동사**의 대표적인 단어인 ישׁב에 적용시키면 다음과 같습니다. 페-봐브(פ"ו) 동사의 니팔형에서는 첫 번째 자음이 י가 아닌 원래의 자음 ו가 나타나므로 다음과 같이 됩니다.

ישׁב → ושׁב

이 ושׁב에 규칙 동사 니팔형 완료 변화를 적용시키면 다음과 같습니다.

נִוְשַׁב

페-요드(פ"י) 동사에서 첫 자음 י가 그 아래 쉐봐(ְ◌)가 오면 자음으로서의 특성을 상실하고 그 앞의 모음과 어울려 순장모음 "ㅣ"(◌ִי)나 "ㅔ" (◌ֵי)가 되었던 것과 비슷하게 **페-봐브(פ"ו) 동사**의 첫 자음 ו 역시 그 아래 쉐봐(ְ◌)가 오면 자음으로서의 특성을 상실합니다. 즉 다음과 같이 됩니다.

נִוְשַׁב → נִושַׁב

자 이렇게 되고 보면 נִ의 모음인 "ㅣ"(ִ◌)와 ו는 충돌합니다. 모음 삼각도에서 보듯이 ו는 "ㅣ"나 "ㅔ"가 아닌 "ㅗ"나 "ㅜ"와 어울리기 때문입니다. 이때문에 이 ו의 영향으로 인해 נ 아래의 모음인 "ㅣ"(ִ◌)는 죽고, 그 대신에 ו가 자기와 어울리는 모음인 "ㅗ"를 취해 순장모음인 "ㅗ"(וֹ)가 됩니다. 그 결과 다음과 같이 됩니다.

נִושַׁב → נוֹשַׁב

니팔 미완료는 이처럼 **페-봐브(פ"ו) 동사**인 ישׁב의 원래 형태가 위에서 설명한 대로 ושׁב라는 점을 이해하면 됩니다.

이제 **페-봐브(פ"ו) 동사**의 니팔 미완료를 한 번 보도록 할까요? 먼저 규칙동사 니팔 미완료로부터 시작하겠습니다. 다음과 같습니다.

יִקָּטֵל (יִ◌ָ◌ֵ◌)

이것을 그대로 ושׁב에 적용시키면 됩니다. 다음과 같습니다.

יִוָּשֵׁב (יִ□ָּ□ֵ□)

위의 도표를 한 번 보시면 이 모양 그대로 맞지요? 좀 더 자세히 살펴볼 니팔 분사를 빼고는 다 이런 원칙에 따라 만들어진 것입니다.

그러면 이제 니팔 분사를 보지요. 제가 **규칙 동사**를 설명할 때 **니팔 분사는 니팔 완료형과 동일한데 단지 끝 모음 "ㅏ"가 단모음(□ַ)에서 장모음(□ָ)으로 길어지면 된다**고 했지요? 니팔 완료에서 니팔 분사를 만들어보면 다음과 같습니다.

נוֹשַׁב → נוֹשָׁב

앞의 도표를 보면 이렇게 되어 있지요? (재미있고, 생각보다 단순하지요?)

이제 마지막으로 히필형 변화를 보도록 하겠습니다. 이것 역시 앞에서 니팔 완료형을 설명하면서 말했던 사항대로 접두어 부분이 변한다는 사실만 알면 간단하게 해결됩니다. 즉 히필 접두어 부분이 ישׁב의 원래 형태인 ושׁב에 적용되면 다음과 같이 됩니다.

우선 히필 완료의 규칙 동사 변화를 이 ושׁב에 적용시켜보도록 하지요. 규칙 동사의 히필 완료 변화를 보면 다음과 같습니다.

הִקְטִיל (הִ□ְ□ִי□)

이것을 ושׁב에 적용시켜 보면 다음과 같습니다.

הִוְשִׁיב

여기에서 הִוְ의 ו는 아래에 쉐바(□ְ)가 오면 자음으로서의 특성을 상실합니다.

הִוִשִׁיב → הִוְשִׁיב

이렇게 되면 ו는 הִ의 모음인 "ㅣ"(◻ִ)와 충돌합니다. 이때문에 이 ו의 영향으로 인해 ה 아래의 모음인 "ㅣ"(◻ִ)는 죽고, 그 대신에 ו가 자기와 어울리는 모음인 "ㅗ"를 취해 순장모음인 "ㅗ"(וֹ)가 됩니다. 이미 니팔형 변화를 공부하면서 본 사항이지요. 하여튼 이런 변화의 과정을 통해 얻어진 결과는 다음과 같이 됩니다.

הִושִׁיב → הוֹשִׁיב

히필형의 나머지 변화는 이 접두어의 변화만 알고 나면 나머지 사항은 규칙 동사를 설명했을 때와 동일합니다.

마지막으로 호팔형을 보겠습니다. 이 경우 역시 ישׁב의 원래 형태인 ושׁב에 적용시키고 나면 크게 난해한 점은 없습니다. 일단 해볼까요? 규칙 동사의 호팔 완료는 다음과 같지요?

הָקְטַל (הָ◻ְ◻ַ◻)

이것을 ושׁב에 적용시켜 보면 다음과 같습니다.

הָוְשַׁב

자, 이 호팔형 역시 ו 아래에 쉐봐(◻ְ)가 있고, 그 때문에 자음으로서의 가치를 상실하고 모음이 됩니다.

הָוְשַׁב → הָוֹשַׁב

그러면 이 ו는 앞의 모음과 어울려 순장모음을 이루게 되겠지요. 우리 생각에는 앞의 모음이 단모음 “ㅗ”(◌ָ)니까 “ㅗ”의 순장모음(וֹ)이 되면 좋을 것 같아 보입니다. 물론 이렇게 되는 것도 나쁘지는 않았을 것입니다. 그러나 고대 히브리어에서 실제로 벌어진 변화는 모음 삼각도 상으로 호팔의 “ㅗ”와 동일계열의 모음인 “ㅜ”의 순장모음인 “ㅜ”(וּ)가 되는 것이었습니다. “ㅗ”와 “ㅜ”는 모음 삼각도 상으로 서로 상응할 수 있는 모음이니까 이 정도의 변화는 충분히 용인 가능한 것으로 받아들여야죠. 하여튼 이런 변화의 과정의 결과로 호팔 완료형의 변화는 다음과 같이 됩니다.

הָושַׁב → הוּשַׁב

이처럼 호팔 접두어 부분이 הוּ가 된다는 것을 알고 나면 호팔의 나머지 변화는 문제될 것이 없습니다. 나머지는 전부 이 완료형 변화에서 일어났던 현상을 따라갑니다. 이렇게 해서 페-봐브(פ"ו) 동사의 변화가 끝이 났습니다.

10. 약동사 각론: ע"ו 동사: קום 등

이 10번 유형의 약동사인 **아인-봐브(ע"ו) 동사**와 다음에 다룰 11번 유형의 약동사인 **아인-요드(ע"י) 동사**는 동사 어간의 두 번째 자음에 반자음인 ו나 י가 오는 동사들입니다. 반자음이 오는 위치가 동일하고, 또 이 ו와 י의 성격이 비슷한 것이 많기 때문에 이 두 가지 유형의 동사의 변화도 역시 상당히 비슷합니다. 따라서 하나를 알고 나면 나머지 하나는 금방 알 수가 있습니다. 단지 설명의 편의를 위해서 구분해서 다룰 뿐입니다.

이 두 유형의 동사는 상당히 빈도수가 높기 때문에 중요합니다. 그러나 또한 약동사들 중에서도 진정으로 불규칙에 가까운 유형들입니다. 하지만 이 유형들의 변화 역시 꽤 난감해 보이는 몇 군데에서 요령을 좀 익히고 나면 나머지는 꽤 일정하게 규칙 동사처럼 변화하므로 당황해하실 필요가 없습니다.

또한 이 약동사의 변화형을 완벽하게 파악해서 잘 기억하고 있는 사람은 그다지 많지 않습니다. 웬만하면 다들 이 동사의 칼형 변화를 넘어가면 당황스러워 합니다. 그러니 초보자 여러분들도 이게 너무 어렵다고 한탄하실 필요가 없습니다. 이 대목까지 여러분이 이르렀다면 여러분은 이미 히브리어의 뼈대는 튼튼하게 잘 잡은 상태일 것입니다. 그러므로 이 유형들 역시 일단 기본적인 특성들을 잘 파악하고 난 후에 성경 원문을 읽어나가면서 몇 번 다시 이 책으로 돌아와서 살펴보다 보면 금방 익숙해지게 될 것입니다. 그러니 즐거운 마음으로 공부하시기를 바랍니다. 이 유형들을 넘어서고 나면 히브리어의 약동사라는 험악한 산은 거의 정복된 것이나 마찬가지입니다.

<table>
<tr><th></th><th>파알
(פָּעַל)
(=칼)</th><th>니팔
(נִפְעַל)</th><th>피엘
(폴렐,
polel,
פֹּלֵל)*</th><th>푸알
(폴랄,
polal,
פֹּלַל)*</th><th>히트파엘
(히트폴렐,
hitpolel,
הִתְפֹּלֵל)*</th><th>히필
(הִפְעִיל)</th><th>호팔
(הָפְעַל)</th></tr>
<tr><td>완료</td><td>קָם</td><td>נָקוֹם</td><td>קוֹמֵם</td><td>קוֹמַם</td><td>הִתְקוֹמֵם</td><td>הֵקִים</td><td>הוּקַם</td></tr>
<tr><td>미완료</td><td>יָקוּם</td><td>יִקּוֹם</td><td>יְקוֹמֵם</td><td>יְקוֹמַם</td><td>יִתְקוֹמֵם</td><td>יָקִים</td><td>יוּקַם</td></tr>
<tr><td>명령형</td><td>קוּם</td><td>הִקּוֹם</td><td>קוֹמֵם</td><td>קוֹמַם</td><td>הִתְקוֹמֵם</td><td>הָקֵם</td><td></td></tr>
<tr><td>부정사 연계형</td><td>קוּם</td><td>הִקּוֹם</td><td>קוֹמֵם</td><td>קוֹמַם</td><td>הִתְקוֹמֵם</td><td>הָקִים</td><td>הוּקַם</td></tr>
<tr><td>부정사 절대형</td><td>קוֹם</td><td>הִקּוֹם</td><td></td><td></td><td></td><td>הָקֵם</td><td></td></tr>
<tr><td>분사 능동</td><td>קָם</td><td rowspan="2">נָקוֹם</td><td rowspan="2">מְקוֹמֵם</td><td rowspan="2">מְקוֹמָם</td><td rowspan="2">מִתְקוֹמֵם</td><td rowspan="2">מֵקִים</td><td rowspan="2">מוּקָם</td></tr>
<tr><td>분사 수동</td><td>קוּם</td></tr>
</table>

(*는 일부의 경우만 해당. 나머지 사항들은 아래의 설명을 참조할 것)

물론 제가 아래에서 설명을 해서 도움이 되는 부분은 설명을 해드리겠지만 히브리어 중 가장 불규칙에 가깝다고 할 수 있는 **아인-봐브(ע"ו) 동사**와 **아**

인-요드(ע"י) 동사를 쉽게 공부하는 가장 좋은 방법은 이것들의 칼형의 완료, 미완료, 명령형 정도에 가능한 한 익숙해지는 것입니다. (그리고 12번 유형의 약동사인 **아인 중복(ע"ע) 동사**도 이 점에 있어서는 마찬가지이므로 결국은 지금 배우는 10번을 잘 익히면 나머지 약동사 공부는 쉬워집니다.) 논리적으로 설명 가능한 부분은 최대한 설명을 익힌 상태에서 외우고, 그렇지 못한 몇 개 부분은 친숙해지는 작업을 통해서 공부를 하면 되는 것입니다. 그리고 10, 11, 12 유형의 동사들(이 셋은 결국은 다 비슷함!)이 결국은 히브리어에서 가장 어려운 약동사 유형들이므로 이것들을 마스터하고 나면 히브리어의 형태론 공부에서 극복해야 할 난관은 다 극복한 것이나 마찬가지입니다. 그러니 이제 마지막이라고 생각하고 힘을 내시기 바랍니다.

그러면 방금 앞에서 말씀드린 대로 칼 동사의 완료, 미완료, 봐브 연속법, 그리고 명령형 변화를 눈에 익히는 작업을 먼저 하도록 하겠습니다.

קום

(원래는 "카밤"이라고 읽어야겠지만 관행상 쿰[qûm, קוּם]이라고 읽음. 이 관행에 대한 설명은 아래의 상자형 설명에서 나옴.)

- 완료: קָם 캄(qām)
- 미완료: יָקוּם 야쿰(yāqûm)

(일단 이렇게 완료와 미완료만 알면 이후의 것은 자동으로 만들어낼 수 있습니다. 그러나 여러분이 익숙해질 수 있도록 아래의 형태들도 한 번 써보겠습니다. 여러분이 지금까지 제가 가르치고자 했던 시스템을 이해하신다면 아래의 내용들을 더 외울 필요는 없습니다. 단지 익숙해지면 됩니다.)

• 간접 명령: יָקֹם 야콤(yaqōm)

• 봐브 연속법: וַיָּ֫קָם 봐야콤(wayyāqom)

(액센트가 봐브 연속법 형태에서는 접두어인 י에 오게 되므로 끝음절이자 폐음절인 קָם은 액센트 법칙 3번, 즉 "액센트 없는 폐음절의 모음은 단모음"이라는 법칙의 적용을 받게 됩니다. 따라서 "캄"이 아니라 "콤"이라고 읽어야 합니다. 다시 말해 ק 아래의 모음 ָ는 장모음 "ㅏ"가 아니라 단모음 "ㅗ"입니다. 이 점을 꼭 유념하셔야 합니다. 히브리어 좀 한다 하시는 분들도 이것을 잘 모르거나 비록 이론적으로는 알고 있어도 실제 구약성경 본문을 읽을 때는 발음을 자꾸 틀리게 읽는 분들이 꽤 됩니다.)

• 명령형 및 부정사 연계형: קוּם

(미완료에서 접두어 뗀 형태, 규칙 동사의 경우와 마찬가지임!!!)

위의 네 가지 형태, 즉 **완료, 미완료, 봐브 연속법, 명령**의 형태만 입에 밸 정도로 익혀도 이 유형의 동사 변화는 상당히 쉬워집니다. 꼭 잘 익히시기를 바랍니다. 다음과 같이요. **"קוּם 쿰(qûm)의 변화, קָם-יָקוּם-וַיָּקָם-קוּם (캄–야쿰–봐야콤–쿰)"! "קוּם 쿰(qûm)의 변화, קָם-יָקוּם-וַיָּקָם-קוּם (캄–야쿰–봐야콤–쿰)"!** 이 정도만 하시면 나머지는 그다지 어렵지 않습니다.

그러면 이제 여러분이 이 동사의 변화에 대해서 잘 잊어먹지 않게 할 수 있는 설명을 한 번 해볼까요? 먼저 칼 완료부터 보도록 하지요. קוּם (쿰, qûm)의 칼 완료형은 이미 위에서 배운 바와 같이 קָם (캄, qām)입니다. "도대체 이게 왜 이래"라는 생각이 절로 들지요? 그러나 조금만 생각해보면 이렇게 변화하는 것이 무작정 황당하기만 한 것은 아닙니다. 이것도 일단 규칙 동사 변화에서부터 출발하면 됩니다. 규칙 동사에서 칼 완료 변화는 다음과 같지요?

קָטַל (□ָ□ַ□)

이런 규칙 동사의 완료 변화를 קוּם 쿰(qûm)에 적용시켜보면 다음과 같습니다.

קָוַם (□ָ□ַ□)

자 위의 형태에서 문제는 두 번째 자음인 ו가 반자음, 즉 자음과 모음의 중간적인 성격을 가진 자음이라는 것입니다. 제가 이 책의 1부에서 자음을 설명하면서 말씀드렸듯이 반자음 ו나 י는 기회만 되면 사라지려고 합니다. 그래서 사라져버립니다. 다음과 같이요.

קָ ַם

자 이렇게 되면 문제가 생기죠? 이 단어에서 모음이 하나 남아돌게 됩니다. 즉 ו 아래에 있던 모음이 이제는 불필요해진 거죠. 그러면 어떻게 해야 할까요? 히브리어는 계산이 거의 항상 정확하다고 했지요? 자음을 하나 빼면 그에 해당하는 조치를 취해야죠. 이 경우에는 자음 하나 뺀 것에 맞추어서 모음도 하나 빼줍니다. 바로 ו 아래에 있던 모음 "ㅏ"(□ַ)도 같이 빼버리는 것이지요. 그리고는 나머지 부분을 합쳐주는 것이지요. 그 결과는 다음과 같습니다.

קָ ַם → קָ ם → קָם

자 이 결과물이 바로 위의 도표에 있는 바와 같이 칼 완료형이 맞지요? 규칙 동사에서 시작해서 앞에 설명한 바와 같이 ו의 반자음으로서의 성격만 고려하면 아주 불규칙스러워 보이는 이 동사의 변화도 극복 못할 바는 아닙니다. (재미있지요? 저는 히브리어를 처음 배우는 과정에서 이 동사의 이런 변화가 아주 재미있었고, 지금도 재미있습니다. 그래서 히브리어를 가지고 놀이하듯이 공부하다 보니 지금에 이르게 된 것 같습니다. 여러분도 한 번 위의 과정을 다시 한 번 살펴보시고 이 변화에서 즐거움을 찾아보세요. 그러면 히브리어가 쉬워집니다.)

이제 미완료를 좀 살펴보도록 하지요. 미완료도 위의 완료에 대한 설명과 비슷한 방식으로 어느 정도의 설명은 가능하지만 여전히 설명 불가능한 점도 개입되어 있기 때문에 차라리 설명을 하지 않는 것이 나은 것 같습니다. 그냥 제가 2부에서 규칙 동사 변화를 설명하면서 여러 번 강조한 바와 같이 어떤 동사, 어떤 형태든지 항상 완료-미완료를 한 세트로 외우는 버릇을 들이라고 한 점을 잘 활용하는 것이 약동사를 잘 마스터하는 지름길입니다. 이 **아인-봐브(ע"ו) 동사**만큼 이 조언이 잘 적용되는 것도 없을 것입니다. 앞에서 살펴본 바와 같이 קוּם 동사의 칼 완료-미완료는 다음과 같습니다.

קָם יָקוּם (캄-야쿰)

이렇게 칼 완료-미완료를 함께 묶어서 외우고 나면 나머지는 쉽습니다. 일단 명령형과 부정사 연계형은 미완료에서 접두어를 떼어내면 된다는 것은 잘 기억하시죠? 다음과 같습니다.

יָקוּם → קוּם (명령=부정사 연계형)

아주 깊은 심화 학습

이 미완료가 이렇게 생긴 데에 대해 히브리어 문법책들 중 가장 권위 있는 책들 중의 하나인 게제니우스(Gesenius) 문법은 다음과 같이 설명합니다. 규칙 동사 등의 일반적인 동사들의 경우 해당 동사의 기본형은 칼 완료 3인칭 남성 단수인 반면에 중간에 모음 문자가 들어간 **아인-봐브(ע"ו) 동사**나 **아인-요드(ע"י) 동사** 등은 **부정사 연계형 혹은 명령형(양자는 동일한 형태를 갖고 있음)이 기본형**이라고요.

굉장히 독특하지요? 여러분이 잘 알다시피 규칙 동사의 기본형은 칼 3인칭 남성 단수, 즉 다음과 같은 형태입니다.

קָטַל

반면에 **아인-봐브(ע"ו) 동사**에서는 동사 변화의 기초가 되는 기본형은 **부정사 연계형 혹은 명령형**이라는 것입니다. קוּם의 예를 들자면 다음과 같다는 것입니다.

קוּם

그러니 사실은 명령형 혹은 부정사 연계형이 미완료형인 יָקוּם에서 나온 것이 아니라 그 반대라는 것이지요. 이런 설명이 적절한 대목도 있는 것 같기는 합니다. 다른 동사들과 너무 달라 좀 황당스럽기는 하지만 말이죠. (사실 저는 아직도 이 설명을 어떻게 받아들여야 할지 모르겠습니다. 현상적으로는 어쩔 수 없이 이런 설명이 맞는 것 같은데 왜 그러면 굳이 이 유형의 약동사만 이러느냐는 질문에 대해서는 적절한 설명이 없는 것 같습니다. 게제니우스 등의 대가들도 이 질문에 대해서는 완전히 함구하고요.)

부정사 절대형은 규칙 동사와 비교하면 쉽습니다. 다음과 같습니다.

קָטוֹל (규칙 동사 부정사 절대형)

קוֹם (קוּם 부정사 절대형)

이 부정사 절대형을 규칙 동사 변화를 가지고 조금 더 설명해보면 다음과 같습니다. 우선 규칙 동사 부정사 절대형의 요소는 다음과 같습니다.

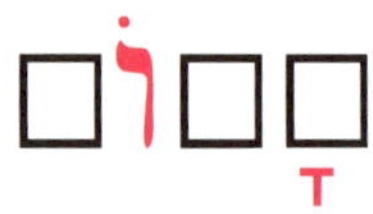

위의 요소들을 קום에 적용시켜 보면 다음과 같습니다.

여기에서 동사 어간의 두 번째 자음인 ו는 반자음의 특성이 작동되어 사라집니다. 다음과 같습니다.

이렇게 ו가 사라지고 나면 앞의 완료형 변화 설명에서와 마찬가지로 모음이 하나 남아돌게 됩니다. 그러면 하나가 사라져줘야죠. 부정사 절대형에서는 두 번째 음절의 모음인 וֹ가 더 강한 특징이므로 상대적으로 약한 첫음절의 모음, 즉 ק 아래의 모음인 "ㅏ"(◌ָ)가 사라집니다. 그리고 나서 나머지 요소들을 재결합시켜주면 변화가 끝납니다. 다음과 같습니다.

이 최종적인 형태인 קוֹם을 앞의 도표의 칼 부정사 절대형과 비교해보시면 동일하지요? 이렇게 하면 됩니다. (제가 앞에서도 여러 번 언급하지만 저는 이렇게 하는 설명이 좋습니다. 그러나 이런 식으로 끝도 없이 규칙 동사로부터 설명을 해내는 것을 귀찮아 하는 분들도 분명히 있습니다. 그런 분들은 그냥 이 세부적인 설명은 무시하세요. 일단 위의 도표를 잘 살펴서 익히시고 나서 나중에 충분히 익숙해지고 나면 다시 이 설명을 보시고 그때 가서 마음에 들면 받아들이시면 됩니다. 이런 것으로 스트레스 받지 마세요. 공부도 다 취향이란 게 있습니다.)

이제 분사 능동을 보지요. 항상 그런 것은 아니지만 규칙 동사의 니팔의 분사 등에서 자주 보아온 바와 같이 קום의 분사 능동은 완료형과 동일합니다. 즉 다음과 같습니다.

קָם (칼 완료)

קָם (칼 분사 능동)

아인-봐브(ע״ו) 동사의 칼 분사 능동형은 칼 완료형과 동일하다고 기억해두세요.

이제 칼형의 마지막 형태인 분사 수동형을 보겠습니다. 다음과 같습니다. 형태가 마치 명령형같이 생겼지요? 특히 빨간색을 좀 유념해서 보세요.

קוּם

형태상으로는 명령형과 비슷해 보이지만 사실 분사 수동형은 앞의 부정사 절대형과 같은 원리를 따라서 설명이 가능합니다. 그럼 규칙 동사의 분사 수동형 변화로부터 시작해 볼까요? 규칙 동사의 분사 수동형의 요소는 다음과 같습니다.

□ָ□וּ□ (קָטוּל)

위의 요소들을 קום에 적용시켜 보면 다음과 같습니다.

קָוּם

여기에서 동사 어간의 두 번째 자음인 ו는 반자음의 특성이 작동되어 사라집니다. 다음과 같습니다.

קָוּם

이렇게 ו가 사라지고 나면 앞의 완료형 변화 설명에서와 마찬가지로 모음이 하나가 남아돌게 됩니다. 그러면 할 수 없이 하나가 사라져줘야죠. 분사 수동형에서는 두 번째 음절의 모음인 וּ가 더 강한 특징이므로 상대적으로 약한 첫 음절의 모음, 즉 ק 아래의 모음인 "ㅏ"(ָ)가 사라집니다. 그리고 나서 나머지 요소들을 재결합시켜주면 변화가 끝납니다. 다음과 같습니다.

קָוּם → ק וּם → קוּם

이 최종적인 형태인 קוּם을 앞의 도표의 칼 분사 수동형과 비교해보시면 동일하지요? 이렇게 해서 "아인-봐브(ע"ו) 동사"의 대표격인 קוּם 동사의 칼 변화가 끝났습니다. 생각보다는 쉽지요? 그저 이 유형의 약동사의 어간을 구성하는 세 자음 중 두 번째 자음인 반자음 ו가 기회만 되면 모음 하나를 동반하고 사라지고, 그 다음에 나머지 요소들을 합치면 된다는 점만 기억하면 됩니다.

그럼 이제 니팔형을 가보도록 할까요? 우선 니팔형 역시 니팔 완료-미완료를 세트로 익혀 두는 게 좋습니다. 다음과 같습니다.

יִקּוֹם נָקוֹם

우선 완료형인 נָקוֹם 역시 규칙 동사로부터 자연스럽게 설명이 도출되지는 않습니다. 그냥 이것은 칼 미완료처럼 있는 모습 그대로 이해하는 것이 좋겠습니다. (물론 위의 "아주 깊은 심화학습"의 내용이 도움이 될 수도 있습니다.) 칼 미완료와의 가장 큰 차이라면 두 번째 음절이 "ㅜ"(וּ)냐 "ㅗ"(וֹ)냐의 차이겠지요. 그럼 살펴볼까요?

- 칼 미완료 : יָקוּם
- 니팔 완료 : נָקוֹם

그럼 니팔 미완료를 보지요. 니팔형의 가장 중요한 특징은 접두어로 오는 נ이죠. 규칙 동사의 경우와 마찬가지로 이 "아인-봐브(ע"ו) 동사"의 니팔 미완료에서도 נ이 있었습니다. 다음과 같이요.

יִנְקוֹם

여러분도 이제는 다 아시다시피 נְ은 뒷자음에 동화된 후, 뒷자음 속에 이중점이 되어 들어갑니다. 다음과 같이요.

יִנְקוֹם → יִקְקוֹם → יִקּוֹם

일단 이 변화를 이해하고 나면 분사를 제외하고는 접두어 문제만 이해하면 됩니다. 미완료 접두어 יִ가 명령형이나 부정사 연계형 등에서 הִ가 되는 것은 규칙 동사의 경우와 동일합니다.

그리고 니팔 분사가 니팔 완료와 기본적으로는 동일한 형태를 띤다는 점도 역시 마찬가지입니다. 위의 도표를 보면 니팔 완료와 분사가 동일하지요. 이렇게 해서 니팔 변화는 끝이 났습니다.

이제 강조형인 피엘, 푸알, 히트파엘의 경우를 일단 건너뛰어서 히필형으로 가보겠습니다. 히필형은 **아인-봐브(ע"ו) 동사** 중에서 가장 논리적으로 설명이 잘 됩니다. 우선 완료형을 규칙 동사의 변화로부터 도출해보도록 하겠습니다.

규칙 동사의 완료형은 다음과 같습니다.

הִקְטִיל (הִ□ְ□ִי□)

이것을 קוּם에 적용시켜 보면 다음과 같습니다.

הִקְוִים

여기에서 어간의 두 번째 자음인 ו가 반자음의 특성을 나타내어 사라집니다. 다음과 같이요.

הִקְ ◌ִים

그러면 위에서 칼 완료 등을 설명할 때 본 것처럼 모음이 남아돕니다. 이 경우 모음이 하나가 사라져야 하는 데 히필형의 강력한 특징인 끝음절의 "ㅣ"(◌ִי)는 당연히 유지되어야겠죠. 대신 그 앞의 쉐바가 사라집니다. 다음과 같이요.

הִק ◌ִים

여기에서 자음 없이 홀로 남은 "ㅣ"(◌ִי)와 쉐바가 사라진 ק를 합쳐 줍니다. 그러면 다음과 같이 됩니다.

הִקִים

자! 위의 결과물의 음절을 나누어보면 다음과 같습니다.

הִ | קִים
② ①

액센트는 당연히 끝음절인 ②번 음절에 옵니다. 그러면 ①번 음절은 액센트 법칙 1번, 즉 "**액센트 바로 앞의 개음절은 장모음**"이라는 법칙의 적용 대상이 됩니다. 그러면 어떻게 이 ①번 음절을 장모음으로 만들까요? 앞에서 수도 없이 살펴본 모음 삼각도의 원칙에 따라 ①번 음절의 "ㅣ"를 동일 계열 모음인 "ㅔ"(◌ֵ)로 바꿔주어야겠지요? 다음과 같이 됩니다.

הִקִים → הֵקִים

이제 미완료를 볼까요? 규칙 동사의 경우 히필 완료에서 미완료를 만들 때는 접두어 הִ를 יַ로 바꿔주면 됩니다. 이것을 위의 최종적인 히필 완료형에 적용시켜 보면 다음과 같습니다.

הֵקִים → יַקִים

그런데 이 미완료 접두어 역시 앞에서 다른 완료형의 경우와 마찬가지로 액센트 바로 앞의 개음절이 되므로 액센트 법칙 1번의 적용을 받아서 장모음을 취해야 합니다. 따라서 다음과 같이 됩니다.

יַקִים → יָקִים

그러면 명령형을 볼까요? 명령형은 미완료 접두어를 떼어내면 되는데, 히필의 경우는 접두어가 필수죠? 이런 경우 미완료 접두어의 자음 י 대신에 ה를 집어넣어주면 된다고 했습니다. 그러면 한 번 볼까요?

הָקִים

여기에서 한 가지 작업을 더 해주어야죠? 뭘 해야죠? 네 히필 명령형의 경우 끝음절의 모음인 긴 "ㅣ"(◌ִי)를 그보다 짧은 "ㅔ"(◌ֵ)로 바꿔줘야죠. 이걸 적용시키면 다음과 같습니다.

הָקִים → הָקֵם

분사만은 약간 독특하게 움직입니다. 규칙 동사의 경우 히필 분사는 미완료에서 접두어만 מ으로 바꿔주면 되었습니다. 이것을 קום의 경우에도 적용시키면 다음과 같이 되겠지요

יָקִים → מָקִים

그런데 실제로는 다음과 같습니다.

מָקִים (X)   מֵקִים (O)

위의 두 번째 형태인 מֵקִים은 마치 קום의 히필 미완료가 아니라 완료형에서 접두어의 자음만 대체한 것처럼 보입니다. 다음과 같이요.

הֵקִים → מֵקִים

이런 특이사항만 빼면 히필형 변화는 큰 어려움은 없습니다.

이제 호팔형을 좀 볼까요? 이것의 호팔형은 이전 형태의 약동사의 호팔형,

즉 **페-봐브(פ"ו) 동사**의 호팔형과 동일한 형태를 띠고 있습니다. 물론 그렇게 동일한 형태에 도달하는 과정은 좀 차이가 있지요. 하지만 결과적인 형태가 같다는 점은 잘 기억해두면 나중에 동사 분석을 할 때 도움이 되겠지요.

그러면 호팔의 완료부터 한 번 살펴볼까요? 규칙 동사의 호팔 완료는 다음과 같지요?

הָקְטַל (הָ□ְ□ַ□)

이것을 קוּם에 적용시켜 보면 다음과 같습니다.

הָקְוַם (호크봠, hoqwam)

자 여기에서 어간의 두 번째 자음인 ו가 사라집니다. 다음과 같습니다.

הָקְ ַם

이렇게 되면 앞에서 이미 여러 번 보아온 바와 같이 모음이 하나 남아돌게 됩니다. 이때 사라지는 모음은 이 사라진 ו 바로 앞의 쉐봐가 됩니다. 다음과 같습니다.

הָק ַם

이제 사라진 ו 아래의 모음 "ㅏ"(□ַ)와 그 앞에 쉐봐가 사라진 자음 ק를 결합시켜줍니다. 다음과 같습니다.

הָקַם

아직 끝난 게 아닙니다. 위의 형태는 문제가 몇 가지 있습니다. 우선 끝음절인 קַם 위에는 액센트가 있습니다. 그리고 הָ는 원래 "호팔"형에서 온 것이니까 "호"가 맞습니다. 그런데 현재 **아인-봐브(ע"ו) 동사**는 הָ는 개음절이고, 게다가 액센트 바로 앞이기까지 합니다. 그러니 당연히 단모음을 가진 הָ (호, ho)가 올 수는 없습니다. 뭔가 조치를 취해야지요.

이때 조치는 모음 삼각도 상의 "ㅗ-ㅜ"(o-u) 계열에서 가장 소리가 긴 모음들 중의 하나인 순장모음 "ㅜ"(וּ)를 취하는 것입니다. 다시 말해서 다음과 같이 되는 것이지요.

הָ (호, ho) ➔ הוּ (후, hû)

이 הוּ (후, hû)를 적용시키면 다음과 같습니다.

הָקַם ➔ הוּקַם (후캄, hûqam)

결과적으로 볼 때 흥미로운 점은 이 **아인-봐브(ע"ו) 동사**의 호팔 형태가 바로 앞에서 앞에서 배운 **페-봐브(פ"ו) 동사**의 호팔 형태와 동일한 모양을 띠게 되었다는 점입니다. 그 이유는 이 동사들을 구성하는 어간의 세 개의 자음 중 첫 자리에 ו가 오든 둘째 자리에 ו가 오든 간에 상관없이 이 ו가 사라지고, 남은 두 개의 자음으로 호팔 변화가 이루어지기 때문입니다. 그 결과로 이 두 유형의 약동사의 호팔 완료는 결국 같은 모양을 띠게 된 것입니다. 다음과 같습니다.

아인-봐브(ע"ו) 동사의 호팔: הוּקַם (הוּ□ַ□)

페-봐브(פ"ו) 동사의 호팔: הוּשַׁב (הוּ□ַ□)

상황이 이렇다 보니 여러분이 성경에서 이렇게 생긴 호팔을 만났을 때 그 동사의 원형이 **아인-봐브(ע"ו) 동사**인지 **페-봐브(פ"ו) 동사**인지 파악하는 것은 형태만 가지고는 어려울 때가 있습니다. 그나마 다행인 것은 대표적인 **페-봐브(פ"ו) 동사**가 앞에서 말한 바와 같이 여섯 개 정도밖에 안 되니까 그 외의 것은 일단 **아인-봐브(ע"ו) 동사**라고 추정하고 분석을 해보는 정도의 요령은 부릴 수 있다는 점입니다. (제가 히브리어를 처음 배우던 시절만 해도 히브리어 원문을 보면서 동사의 원형을 찾아나갈 때 사용할 수 있는 컴퓨터 소프트웨어도 없었고, 제대로 된 참고 서적들도 없었습니다. 그나마 ICC 주석 등의 고급 주석의 귀퉁이에서 어느 정도의 단서들을 찾을 수 있는 정도였죠. 그래서 그야말로 맨 땅에 헤딩하는 식으로 계속 시행착오를 겪으면서 원형을 찾아나가는 수밖에 없었습니다. 그러나 지금 생각해보면 이 시절의 저의 히브리어 분석 능력이 더 뛰어났던 것 같습니다. 지금은 Bible Works 등의 프로그램을 켜놓고 잘 모르는 단어나 대목이 나오면 마우스를 해당 본문에 올려만 놓으면 정답이 툭툭 튀어나옵니다. 이러다 보니 점점 제가 이런 프로그램에 의존적이 되고, 저의 분석 능력은 쇠퇴하는 듯합니다. 이런 식으로 될 때의 문제는 이런 성경 소프트웨어들의 정보가 틀리는 경우도 꽤 있다는 점입니다. 결국은 곰처럼 무식하게 공부하는 것이 당장은 시간 낭비 같아 보여도 결국은 최고의 공부 방법인 것 같습니다.)

자 지금까지 살펴본 호팔 완료변화로부터 미완료의 변화를 만들어내는 것은 쉽습니다. 접두어 ה 대신에 י를 넣어주면 되니까요. 다음과 같습니다.

הוּקַם → יוּקַם

분사는 미완료의 י 자리에 מ를 넣어주면 되지요? 다음과 같습니다.

יוּקַם → מוּקָם

여기에 한 가지 작업이 더 필요한 것은 아시지요? 분사의 경우는 끝음절에 "ㅏ"(ַ)가 오면 길어진다고 했지요? 따라서 다음과 같이 이 점을 적용하면 분사의 변화가 완성됩니다.

מוּקַם → מוּקָם

자 이렇게 해놓고 보니 위의 도표의 호팔 분사와 동일하지요? 제가 여러분에게 여러 번 말씀드렸듯이 여러분은 이 책에서 강조하고 있는 시스템만 잘 익히시면 도표를 억지로 외우는 것이 아니라 도표를 스스로 만들어낼 수 있는 능력이 생깁니다. 히브리어 공부를 이런 식으로 해야 히브리어가 쉬워집니다.

자 그러면 이제 남은 피엘, 푸알, 히트파엘의 변화로 가볼까요? 이 셋의 경우에는 일단 크게 두 가지 방식으로 변화가 가능합니다. 첫째 방식은 규칙 동사의 변화를 그대로 따라가는 것입니다. 그런 경우는 별로 신경 쓸 것이 없지요. 이미 배운 규칙 동사의 피엘, 푸알, 히트파엘 변화를 적용시키면 되니까요. 이 경우를 보면 다음과 같습니다.

עור (칼형 구약성경에서 안 나옴)

• 피엘 완료: עִוֵּר (ʿiwwēr, 입웨르) (ו는 자음으로 발음)

(עור의 피엘형의 뜻은 "눈을 멀게 하다"[to make…blind])

• 피엘 미완료: יְעַוֵּר (yeʿawwēr, 예압웨르) (ו는 자음으로 발음)

하지만 이 첫 번째 방식의 변화, 즉 규칙 동사처럼 변화하는 방식의 변화는 거의 없습니다. 절대 다수의 변화는 이제부터 설명하고자 하는 두 번째 방식의 변화를 따릅니다. 그것은 이 **아인-봐브(ע"ו) 동사**의 어간의 두 번째 자음인 ו가 자음으로서의 성격을 상실하고 사라지는 현상을 반영한 것입니다.

그런데 문제는 강조형인 피엘, 푸알, 히트파엘형에서는 이 두 번째 자음이 사라진다는 것은 한 가지 중요한 문제를 야기시킵니다. 여러분이 이미 예상할 수 있듯이 강조형은 두 번째 자음에 이중점이 오게 되는데, 이 **아인-봐브(ע"ו) 동사**에서는 이 이중점을 받을 자음 자체가 사라져버리기 때문입니다. קוּם을 가지고 예를 들면 다음과 같지요.

원형: קוּם

피엘: קִוֵּם

이렇게 되면 이 **아인-봐브(ע"ו) 동사**의 경우에는 강조형 변화 자체가 그 출발점에서부터 아예 막혀버리게 됩니다. 따라서 부득이하게 특별 조치가 필요해지는데, 특별 조치는 두 가지 갈래의 방식이 존재합니다. 첫 번째 방식은 사라진 ו 대신 세 번째 자음을 두 번째 자음의 자리에 한 번 더 써주는 방식입니다. 그리고 두 번째 방식은 ו가 사라지고 남은 두 자음, 즉 첫 번째 자음과 세 번째 자음을 활용하는 방식입니다.

그러면 **첫 번째 해결 방식**, 즉 사라진 두 번째 자음 ו 대신에 세 번째 자음이 두 번째 자음 역할을 대신하게 하는 방식을 살펴볼까요? 이것은 다음과 같습니다. (이때문에 이 **아인-봐브[ע"ו] 동사**의 피엘, 푸알, 히트파엘 변화는 12번 약동사인 **아인 중복[ע"ע]동사**의 변화와 같아지게 됩니다.)

קוּם → קמם

자 그러면 여기에서 질문 하나 던질게요. 이렇게 세 번째 자음으로 두 번째 자음의 역할을 대신하게 하면 이제 이 새로 생긴 두 번째 자음에 이중점을 찍고 여기에 맞추어 피엘, 푸알, 히트파엘 변화를 시키면 변화가 마무리 될까요? 마치 다음과 같이요.

여러분이 지금까지 이 책의 내용을 잘 따라오셨다면 이런 식의 변화를 당연히 껄끄럽게 여기실 것입니다. 제가 누차 강조했듯이 히브리어는 동일한 자음이 반복되는 것을 극도로 싫어합니다. 그런데 위의 경우에는 가운데 자음에 이중점을 찍어주면, 이 이중점이란 것이 동일한 자음이 두 번 반복되고 있다는 표시이기 때문에 결국은 아예 동일한 자음이 세 개나 연속되는 것과 같은 불상사(?)가 일어나게 됩니다. 히브리어의 기본적인 성격, 즉 히브리어의 유전자와는 참 안 맞는 사태가 발생하는 거지요.

이런 문제를 막아주기 위해 히브리어에서는 이중점을 찍어주는 대신에 피엘의 모음을 좀 바꾸어주는 획기적인 방식을 택합니다. 즉 규칙 동사의 경우처럼 어간의 두 번째 자음에 이중점을 찍고 모음으로는 "ㅣ-ㅔ"(i-ē)를 붙여주는 대신에 이중점을 안 찍고 모음을 "ㅗ-ㅔ"(ō- ē)로 찍어주는 길을 택하는 것입니다. 다음과 같습니다. (참고로 앞에서 말한 바와 같이 아래의 קום의 변화에서 2번 자음인 ו가 사라진 대신에 3번 자음인 ם으로 교체된 상태에서 이런 모음상의 변화가 적용되는 것임.)

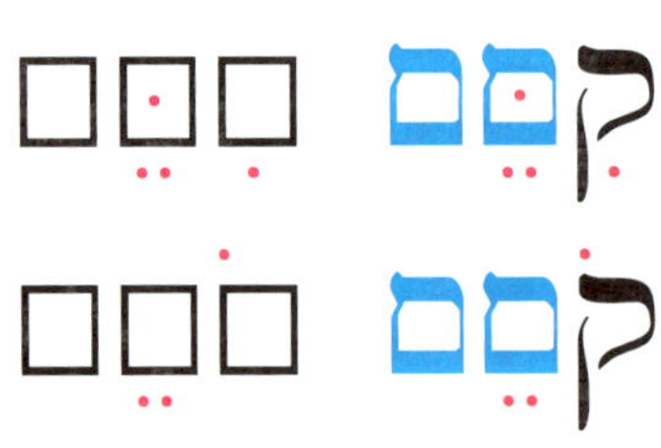

자 이 변화가 어렵다고요? 걱정하지 마세요. 규칙 동사를 배울 때 피엘,

푸알, 히트파엘 등의 이름이 전부 פעל이란 동사를 바탕으로 해서 만들어졌다고 한 것을 기억하시죠? 그걸 기억하시면 위의 변화도 쉽게 공부할 수 있습니다. 그럼 피엘의 경우를 볼까요? 피엘은 פעל의 첫 자음에 "ㅣ"(□ִ), 둘째 자음에 "ㅔ"(□ֵ)를 붙여서 만들었지요? 다음과 같습니다.

פִּעֵל (이중점은 잠정적으로 무시, פּ 안의 점은 경음점)

그런데 "아인-봐브(ע"ו)" 동사는 두 번째 자음이 사라지는 대신에 세 번째 자음을 두 번째 자음의 사라진 자리에 한 번 더 넣어준다고 했지요? 그러면 פעל이 다음과 같이 되겠지요.

פעל → פלל

자 여기에 위에서 본 "ㅗ-ㅔ"(ō- ē) 모음을 찍어주는 것입니다. 다음과 같이요.

פֹּלֵל (□ֹ□ֵ□)

위의 פֹּלֵל을 읽으면 "폴렐"(pōlēl)이 되지요? 이처럼 아인-봐브(ע"ו) 동사에서 강조형 능동 변화인 피엘을 만들 때의 첫 번째 방식은 피엘 변화가 아닌 이 "폴렐"(pōlēl)형 변화를 적용시켜 주면 됩니다.

어렵지 않지요? 자 그러면 "피엘"형은 "폴렐"형이 된다 치고, "푸알"과 "히트파엘"은 어떻게 되냐고요? 간단합니다. "피엘"과 동일한 원리에 의해서 각각 "폴랄(pōlal)", "히트폴렐(hiṯpōlēl)"로 만들면 됩니다. "폴렐"과 더불어 써보면 다음과 같습니다.

피엘 ➔ 폴렐(pōlēl): פֹּלֵל (□ֹ□ֵ□)

(피엘과 폴렐의 끝음절 모음이 "ㅔ"[□ֵ]로 상응)

푸알 ➔ 폴랄(pōlal): פֹּלַל (□ֹ□ַ□)

(푸알과 폴랄의 끝음절 모음이 "ㅏ"[□ַ]로 상응)

히트파엘 ➔ 히트폴렐(hitpōlēl): הִתְפֹּלֵל (הִתְ□ֹ□ֵ□)

(히트파엘과 히트폴렐의 끝음절 모음이 "ㅔ"[□ֵ]로 상응)

이런 폴렐, 폴랄, 히트폴렐 형태의 변화는 나름대로 서로 상응성을 갖고 있습니다. 첫째, 첫 번째 음절 부분(재귀형의 경우 접두어 "히트"는 제외하고)만 보면 다 "폴"이라는 형태를 공유합니다. "폴렐", "폴랄", "히트폴렐"의 빨간색 부분이 다 동일하지요? 둘째, 이 특수형 삼형제는 규칙 동사 변화인 피엘, 푸알, 히트파엘의 끝음절의 각각의 모음을 그대로 가져 옵니다. 즉 피엘의 끝음절 모음인 "ㅔ", 푸알의 끝음절 모음인 "ㅏ", 히트파엘의 끝음절 모음인 "ㅔ"를 그대로 같은 자리에 유지합니다. 이 점은 위의 히브리어 표기의 괄호 설명 안에 이미 표시해 놓았습니다. 자 이렇게 놓고 보니 이 특수한 형태의 변화가 생각보다는 규칙 동사의 변화와 가깝지 않나요?

그러면 이제 지금까지 배운 "폴렐", "폴랄", "히트폴렐"의 변화를 **아인-바브(ע"ו) 동사**인 קום에 적용시켜 보도록 하겠습니다. 일단 이 קום을 다음과 같이 만들어야겠지요?

קום ➔ קמם

자 여기에 “폴렐”, “폴랄”, “히트폴렐”의 요소들을 적용시키면 됩니다.

폴렐(pōlēl): קֹמֵם (□ֹ□ֵ□) (코멤)

폴랄(pōlal): קֹמַם (□ֹ□ַ□) (코맘)

히트폴렐(hitpōlēl): הִתְקֹמֵם (הִתְ□ֹ□ֵ□) (히트코멤)

아주 쉽지요? 그러면 이제 이 폴렐, 폴랄, 히트폴렐의 미완료형들은 어떻게 될까요? 아주 간단합니다. 폴렐과 폴랄의 규칙 동사 형태인 피엘과 푸알의 미완료 접두어가 “예”(יְ)였지요? 그리고 히트파엘의 미완료 접두어는 “이트”(יִתְ)였지요? 이것들을 위의 완료형에 적용시켜주면 됩니다. 다음과 같습니다.

폴렐(pōlēl): יְקֹמֵם (יְ□ֹ□ֵ□) (예코멤)

폴랄(pōlal): יְקֹמַם (יְ□ֹ□ַ□) (예코맘)

히트폴렐(hitpōlēl): יִתְקֹמֵם (יִתְ□ֹ□ֵ□) (이트코멤)

여기까지 이해하고 나면 나머지는 규칙 동사를 통해서 배웠던 사항들을 잘 활용하면 다 이해할 수 있을 것입니다.

이제 이 **아인-바브(ע"ו) 동사**의 강조형 변화에서 가운데 자음인 ו가 사라지는 문제를 해결하는 **두 번째 방식**을 다루도록 하겠습니다. 그것은 이 ו가 사라지고 나서 남은 두 자음, 즉 첫 번째 자음과 세 번째 자음을 활용해서 강조형 변화를 만드는 방식입니다. 이렇게 해서 만들어지는 변화는 각각 피엘, 푸알, 히트파엘에 상응하는 "필펠(pilpēl)", "폴팔(pōlpal)", "히트팔펠(hitpalpēl)"입니다. 즉 "피엘 ➔ 필펠", "푸알 ➔ 폴팔", "히트파엘 ➔ 히트팔펠"로 되는 것이지요.

그럼 이런 식으로 만들어지는 방식을 한 번 차근차근 보도록 하지요. 우선 동사의 이름의 시작은 항상 "파알"(פעל)을 가지고 시작하는 것은 다 아시지요? 우리는 **아인-봐브(ע"ו) 동사**의 변화를 다룰 것이니까 이 "파알"(פעל)의 가운데 자음을 우선 ו로 바꾸어줄 필요가 있습니다. 다음과 같겠지요.

פעל ➔ פול ("아인-봐브[ע"ו]" 동사)

이제 여기에서 가운데 ו는 사라집니다. 다음과 같습니다.

פול ➔ פ ל (ו 사라짐)

이제 사라진 ו 대신에 첫 번째 자음 פ와 세 번째 자음 ל를 두 번 반복해주는 방식을 택합니다. 다음과 같습니다.

פ ל ➔ פלפל (1, 3번 자음인 פ와 ל 반복)

이렇게 되면 "필펠"(pilpel)의 변화를 위한 자음의 준비가 다 되었습니다. 그런데 혹시 이 결과적인 형태가 자음이 세 개가 아닌 네 개가 된 것이 좀 당황스럽지 않나요? 그러나 이것도 상당히 논리적인 이해가 가능합니다. 원래 피엘형은 강조형이라 두 번째 자음에 이중점이 오지요? 따라서 가운데 자음이 중첩된 것입니다. 따라서 피엘형 자체가 시각적으로는 자음이 세 개밖에 없는 것처럼 생각될 수도 있지만 사실은 자음이 네 개가 있는 것이지요. 그러므로 이 피엘형을 대체하는 특수한 형태인 필펠 역시 자음을 네 개를 가지게 되는 것은 사실은 아주 자연스러운 현상이라고 할 수 있습니다.

하여튼 이렇게 해서 얻어진 최종적인 결과물인 자음 **פלפל**에 "필펠"형에 맞는 모음을 넣어주면 됩니다. 그 모음은 "필펠"이라는 이름 속에 들어 있는 모음인 "ㅣ-ㅔ"(i-ē)겠지요? 자 이렇게 모음을 적용시켜 보면 그 결과는 다음과 같습니다. (참고로 이 필펠의 모음은 어디서 왔을까요? 바로 피엘의 모음인 "ㅣ-ㅔ"[i-ē]에서 왔겠지요? 이처럼 특수한 형태인 필펠은 하늘에서 뚝 떨어진 것이 아니라 여러분이 이미 알고 있는 규칙 동사와 많은 연결고리를 갖고 있습니다. 그러니 제가 이 책을 통해 계속 강조하고 있는 바와 같이 규칙 동사에 대한 철저한 지식이 약동사 공부를 쉽게 한다는 점을 잊지 마시길 바랍니다.)

פִּלְפֵּל (□ִ□ְ□ֵ□) (필펠)

(פּ 안의 점은 베게드페케트 문자에 오는 경음점, 신경 쓸 것 없음)

이런 식으로 푸알의 특수형인 "폴팔", 히트파엘의 특수형인 "히트팔펠"까지 만들어서 이것들을 모아 보면 아래와 같습니다.

פִּלְפֵּל (□ִ□ְ□ֵ□) (필펠)

(두 음절의 모음이 피엘의 두 모음인 "ㅣ", "ㅔ"와 상응)

פֹּלְפַּל (□ֹ□ְ□ַ□) (폴팔)

(두 음절의 모음이 푸알의 두 모음인 "ㅜ", "ㅏ"와 대략 상응. 첫 모음인 "ㅜ"의 경우 이와 동일 계열 모음인 "ㅗ"로 된 점만 유의)

הִתְפַּלְפֵּל (הִתְ□ַ□ְ□ֵ□) (히트팔펠)

(접두어를 뺀 나머지 두 음절의 모음이 히트파엘의 해당 모음들인 "ㅏ", "ㅔ"와 상응)

자 그러면 구약성경에 실제 존재하는 단어로 한 번 "필펠"형을 만들어 볼까요? טול이라는 단어를 가지고 한 번 해보죠. 이 단어의 "피엘"형(실은 "필펠"형)의 뜻은 "던지다"(cast, throw)입니다. 이 단어의 필펠형은 다음과 같습니다.

טול → ל ט (ו 사라짐)

→ טלטל (1, 3번 자음인 ט와 ל 반복)

→ טִלְטֵל (□ִ□ְ□ֵ□) (모음 추가)

재미있지요. 그러면 수수께끼 하나 내볼까요? "필펠"형의 미완료는 어떻게 될까요? 이걸 맞추기 위해서는 먼저 규칙 동사의 피엘 완료와 미완료를 살펴볼 필요가 있습니다. 다음과 같지요?

□ִ□ֵּ□ יְ□ַ□ֵּ□

קִטֵּל יְקַטֵּל

여기에서 중요한 것은 어간의 첫 번째 자음인 ק 아래의 모음이 완료에서는 "ㅣ"(□ִ)인데 미완료에서는 "ㅏ"(□ַ)로 변했다는 점입니다. "필펠"의 완료와 미완료 사이에서도 역시 마찬가지입니다. 미완료에서 접두어 "예"(y^e, יְ)가 오는 건 물론 기본이고요. 이것을 טול에 적용시켜 보면 다음과 같습니다.

필펠 완료: טִלְטֵל (□ִ□ְ□ֵ□) (틸텔)

필펠 미완료: יְטַלְטֵל (יְ□ַ□ְ□ֵ□) (예탈텔)

자 그러면 **아인-봐브(ע״ו) 동사**의 강조형들의 특수 변화들을 도표로 한 번 정리해보도록 하지요. (지금까지 배운, 그리고 아래 도표로 제 1 방법, 제 2 방법으로 표시된 변화는 다음 두 단원에서 배우는 약동사들에서도 그대로 적용되는 경우들이 있습니다. 그러니 혹시 지금은 간단하게 이해만 하고 넘어간다고 해도 나중에 좀 여유가 생길 때 꼭 잘 익혀 두도록 하시길 바랍니다.)

	규칙 동사	제 1 방법	제 2 방법
처리 방법		**아인-봐브(ע״ו) 동사**의 사라진 두 번째 자음 ו자리에 세 번째 자음을 한 번 더 쓰고 모음을 조정해서 변화시킴	**아인-봐브(ע״ו) 동사**의 두 번째 자음 ו가 사라지는 대신에 남은 첫 번째와 세 번째 자음을 반복시켜서 거기에 피엘, 푸알, 히트파엘의 모음들 혹은 동일 계열 모음들을 넣어 줌
능동 (피엘)	פִּעֵל	פֹּלֵל 폴렐(pōlēl)	פִּלְפֵּל 필펠(pilpēl)
수동 (푸알)	פֻּעַל	פֹּלַל 폴랄(pōlal)	פֻּלְפַּל 폴팔(pōlpal)
재귀 (히트파엘)	הִתְפַּעֵל	הִתְפֹּלֵל 히트폴렐(hitpōlal)	הִתְפַּלְפֵּל 히트팔펠(hitpalpēl)

간단하지요? 여러분이 규칙 동사를 통해 이미 알고 있는 것들을 잘만 활용하면 이렇게 약동사의 거의 대부분의 변화도 충분히 잘 이해할 수 있습니다.

특이한 변화들은 이외에도 가끔씩 좀 독특한 것들이 있을 수 있습니다. 그러나 그런 것들은 크게 신경 쓰지 않으셔도 됩니다. 그 이유는 다음 몇 가지입니다.

(1) 그런 특이한 변화들을 혹시라도 만나게 될 때쯤에는 이미 여러분은 아주 복잡한 변화마저 충분히 소화할 실력을 갖춘 상태일 테니 문제가 없을 것입니다.

(2) 어차피 그런 변화의 경우도 그에 대한 이름은 פעל 동사를 바탕으로 해서 만들어진 것들입니다. 위에서 설명한 사항들을 여러분이 제대로 익혔다면 여러분은 그런 특수한 변화들을 하는 동사들의 이름만 들어도 그 변화가 어떻게 되는지를 파악할 능력이 있습니다. 그러니 문제가 없습니다.

대단하지요? 지금까지 설명한 사항들을 여러분이 잘 이해했다면 여러분을 좌절시킬 약동사는 존재하지 않는다고 봐도 무방합니다. 그럼 다음 종류의 약동사로 넘어가 볼까요?

11. 약동사 각론: ע"י 동사: שִׂים 등

앞의 아인-봐브(ע"ו) 동사의 변화를 제대로 이해했다면 이 아인-요드(ע"י) 동사는 사실 거의 설명이 거의 필요 없을 정도로 거저먹기입니다. 왜냐하면 이 두 종류의 약동사에서 어간의 두 번째 자음인 ו나 י가 사라지고 나면 남는 자음은 첫 번째 자음과 세 번째 자음밖에 없게 되며, 이 두 자음으로 만드는 변화는 서로 거의 같을 수밖에 없기 때문입니다. 그러니 여러분은 일단 위의 아인-봐브(ע"ו) 동사의 경우에서와 같이 칼 완료, 미완료 등의 기본 사항만 대표적인 동사를 활용해서 익혀 두시면 나머지는 더 이상 공부할 필요도 없을 정도입니다.

그러면 이 아인-요드(ע"י) 동사의 대표적인 동사인 שִׂים(śîm 씸, "두다"[to place, put down])을 가지고 기본적인 형태를 한 번 살펴봅시다. (참고로 말씀드리자면 이 שִׂים은 때로는 앞에서 다룬 아인-봐브[ע"ו] 동사의 대표격인 קוּם과 같은 형태인 שׂוּם의 변화 형태를 띠기도 합니다. 이 점은 아인-봐브[ע"ו] 동사와 아인-요드[ע"י] 동사가 정말 얼마나 비슷하게 변화하는지를 보여주는 증거이지요.)

שׂים

(원래는 "싸얌"[שָׂיַם]이라고 읽어야겠지만 관행상 "씸"[śîm, שִׂים]이라고 읽음)

- 완료: שָׂם 쌈(śām)
- 미완료: יָשִׂים 야씸(yāśîm)

(일단 이렇게 완료와 미완료만 알면 이후의 것은 자동으로 만들어낼 수 있습니다. 그러나 여러분이 익숙해질 수 있도록 아래의 형태들도 한 번 써보겠습니다. 여러분이 지금까지 제가 가르치고자 했던 시스템을 이해하신다면 아래의 내용들을 더 외울 필요는 없습니다.)

- 간접 명령: יָשֵׂם 야쎔(yāśēm) (끝음절 단축)
- 바브 연속법: וַיָּ֫שֶׂם 봐야쎔(wayyāśem)

(액센트는 바브 연속법 형태에서는 접속사 다음이자 접두어인 י에 오게 됨. 끝음절은 폐음절이므로 단모음 "ㅔ"[ֶ]를 취함.)

- 명령형 및 부정사 연계형: שִׂים

(미완료에서 접두어 뗀 형태, 규칙 동사의 경우와 마찬가지로)

자 그러면 이제 "아인-요드(ע״י)" 동사의 도표를 볼까요?

	파알 (פָּעַל) (=칼)	니팔 (נִפְעַל)	피엘 (פִּעֵל)	푸알 (פֻּעַל)	히트파엘 (הִתְפַּעֵל)	히필 (הִפְעִיל)	호팔 (הָפְעַל)
완료	שָׂם	נָשׂוֹם				הֵשִׂים	
미완료	יָשִׂים	יִשּׂוֹם				יָשִׂים	
명령형	שִׂים	הִשּׂוֹם				הָשֵׂם	
부정사 연계형	שִׂים	הִשּׂוֹם				הָשִׂים	
부정사 절대형	שׂוֹם	הִשּׂוֹם				הָשֵׂם	
분사 능동	שָׂם	נָשׂוֹם				מֵשִׂים	
분사 수동	שׂוּם						

먼저 칼 완료형부터 볼까요? 앞의 **아인-봐브(ע"ו) 동사**와 마찬가지로 이 **아인-요드(ע"י) 동사**의 완료형은 결과적으로 같은 모양을 띨 수밖에 없게 됩니다. 즉 **아인-봐브(ע"ו) 동사**인 קוּם (쿰, qûm)의 완료형과 **아인-요드(ע"י) 동사**인 שִׂים (씸, śîm)의 칼 완료형은 각각 다음과 같습니다.

קוּם → קָם (□ָ□)

שִׂים → שָׂם (□ָ□)

이렇게 되는 이유는 결국은 이 두 유형의 약동사 모두에서 동사 어간의 세 자음 중 중간의 자음인 ו/י가 사라지고, 나머지 두 개의 자음으로 칼 완료형을 만들어야 하기 때문입니다. 가운데 자음이 ו가 됐든 י가 됐든 간에 일단 사라지고 나면 이 두 자음의 차이는 아무 의미가 없어지는 것입니다.

물론 결과적으로 보면 이렇지만 "아인-요드(ע"י) 동사"에서 가운데 자음인 י가 사라지면서 칼 완료형이 만들어지는 과정을 한 번 좀 더 자세히 살펴보겠습니다. 이 유형의 약동사의 대표적인 동사인 שִׂים (씸, śîm)을 가지고 한 번 해보지요.

이것도 일단 규칙 동사 변화에서부터 출발하면 됩니다. 규칙 동사에서 칼 완료 변화는 다음과 같지요?

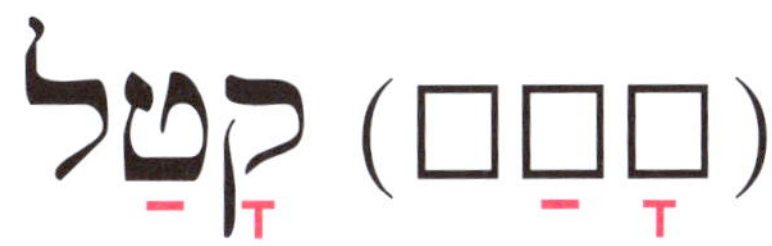

이런 규칙 동사의 완료 변화를 שִׂים (씸, śîm)에 적용시켜 보면 다음과 같습니다.

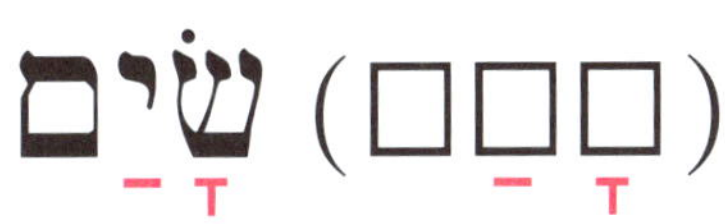

가운데 자음인 반자음 י가 여기에서 사라져야겠죠? 다음과 같이요.

이렇게 되면 모음이 하나 남아돌게 되지요? 즉 י 아래 있던 모음이 이제는 불필요해졌죠? 사라진 י와 더불어 그 아래에 있던 모음 “ㅏ”(ַ)도 사라져야겠죠? 그리고는 나머지 부분을 합쳐주면 됩니다. 그 결과는 다음과 같습니다.

이렇게 해서 שִׂים (씸, śîm)의 칼 완료형이 만들어졌습니다. 위의 도표와도 맞고, 앞의 10번 유형의 약동사인 아인-바브(ע"ו) 동사인 קוּם과도 결과적으로 같은 형태를 띠게 되었습니다.

완료는 이처럼 아인-요드(ע"י) 동사와 아인-바브(ע"ו) 동사가 동일한 모양새를 띠지만 미완료는 좀 차이가 납니다. 우선 이 아인-요드(ע"י) 동사의 경우에도 칼 완료와 미완료를 한 세트로 묶어서 기억하고 있으면 좋습니다. שִׂים의 칼 완료-미완료는 다음과 같습니다.

שָׂם יָשִׂים (쌈-야씸)

이렇게 칼 완료-미완료를 외우고 나면 나머지는 쉽습니다. 일단 명령형과 부정사 연계형은 미완료에서 접두어를 떼어낸 것이라는 점은 잘 기억하시죠? 다음과 같습니다.

יָשִׂים → שִׂים (명령형=부정사 연계형)

아주 깊은 심화 학습

게제니우스 문법책에 따르면 **아인-봐브(ע"ו) 동사**와 마찬가지로 **아인-요드(ע"י) 동사** 역시 칼 완료형 3인칭 남성 단수가 아니라 부정사 연계형 혹은 명령형(양자는 동일한 형태를 갖고 있음)이 기본형이라고 합니다. 즉 위에서 보듯이 명령형 혹은 부정사 연계형인 다음의 형태가 기본형이라는 것입니다.

שִׂים

그러니 사실은 명령형 혹은 부정사 연계형이 미완료형인 יָשִׂים에서 나온 것이 아니라 그 반대라는 것이지요.

일단 여기까지 파악하고 나면 나머지는 **아인-봐브(ע"ו) 동사**와 변화가 같습니다. 예를 들어 강조형의 “피엘”, “푸알”, “히트파엘” 대신에 “폴렐”, “폴랄”,

"히트폴렐"이 사용되는 식이지요. 이런 부분들은 그걸 참고하면 됩니다. 그러면 다음 유형의 약동사로 넘어가 볼까요?

12. 약동사 각론: 아인 중복(ע"ע) 동사: סבב 등

이제 정말 배워야 할 것들의 마지막에 이르렀습니다. 마지막 남은 다음 단원의 **이중 약동사**는 새로운 종류의 약동사가 아니라 이제 배울 **아인 중복(ע"ע) 동사**를 포함하여 지금까지 배운 약동사들이 이중으로 결합된 것들입니다. 그러니 이미 배운 지식들을 활용하면 끝나는 것이지요. 따라서 이 번 단원에서 배우는 이 **아인 중복(ע"ע) 동사**가 진짜 마지막입니다.

이 **아인 중복(ע"ע) 동사**의 변화에 있어서 가장 큰 특징은 동사 어간의 세 자음 중 두 번째 자음과 세 번째 자음이 동일하다는 것입니다. 이 유형의 동사의 대표적인 예를 한 번 볼까요?

סבב (2, 3번 자음이 동일!!!) ("둘러싸다"[to surround])

이 유형의 동사는 나중에 좀 더 살펴보겠지만 두 가지 방식으로 처리됩니다. 첫째, 아주 드물기는 하지만 규칙 동사처럼 변하는 경우가 있습니다. 둘째, 히브리어는 동일한 자음이 연속으로 오는 것을 싫어하므로 두 번째 자음을 제거하고 그 대신에 다른 조치를 취하는 경우도 있습니다. 칼 완료형의 경우에만 첫 번째 방식과 두 번째 방식이 병행해서 사용되고, 나머지의 경우는 두 번째 방식이 사용됩니다.

위의 두 번째 방식은 결국 동사 어간의 세 자음은 두 번째 자음이 사라진다는 점에 있어서 이미 앞에서 배웠던 **아인-봐브(ו"ע) 동사**나 **아인-요드(י"ע) 동사**와 거의 비슷한 변화를 겪게 됩니다. 아주 동일하지는 않지만요. 바로 이 점을 잘 염두에 두고 있으면 까다로워 보이는 이 약동사 유형도 그다지 어렵지 않게 배울 수가 있습니다.

그리고 여러분이 결과적으로 이 **아인 중복(ע"ע) 동사**의 변화 원리를 다 이해한다고 해도 결국은 여러분이 대표 동사 하나의 칼 완료, 미완료 등의 변화 정도는 기억해 두는 편이 좋습니다. 다음과 같이요.

סבב (이 동사를 부를 때는 그냥 "사바브"[סָבַב]라고 읽음)

- 완료: I. סָבַב 사바브(sāḇaḇ); II. סַב 사브(saḇ)
- 미완료: I. יָסֹב 야소브(yāsōḇ); II. יִסֹּב 잇소브(yissōḇ)
- 간접 명령: 미완료와 동일. 단축될 것이 없음.
- 봐브 연속법: I. וַיָּ֫סָב 봐야소브(wayyāsoḇ);

  II. וַיִּסֹּב 봐잇소브(wayyissoḇ)

(봐브 연속법 형태 I에서는 액센트가 접두어인 י에 오게 되어 끝음절이 액센트 없는 폐음절이 되므로 장모음 "ㅗ" [□ֹ]가 단모음 "ㅗ"[□ָ]로 변함.)

- 명령형 및 부정사 연계형: סֹב

(미완료에서 접두어 뗀 형태. I, II 형태 공히 접두어를 제거하면 이 유형이 남게 됨. II 형태에서 ס의 이중점은 접두어가 떨어지고 나면 단어의 맨 앞으로 나오게 되며, 단어의 첫 자음에는 이중점을 찍을 수가 없으므로)

자 위의 변화 정도에 익숙해지고 나면 나머지는 쉽습니다. 그냥 급한 맘 먹지 말고 천천히 익혀 나가면 됩니다. 그럼 도표를 먼저 볼까요?

	파알 I (פָּעַל) (=칼)	파알 II (פָּעַל) (=칼)	니팔 (נִפְעַל)			히필 (הִפְעִיל)	호팔 (הָפְעַל)
완료	סַב	סָבַב	נָסַב			הֵסֵב	הוּסַב
미완료	יָסֹב	יִסֹּב	יִסַּב			יָסֵב יַסֵּב	יוּסַב
명령형	סֹב		הִסַּב			הָסֵב	
부정사 연계형	סֹב		הִסַּב			הָסֵב	הוּסַב
부정사 절대형	סָבוֹב		הִסּוֹב			הָסֵב	
분사 능동	סֹבֵב		נָסָב			מֵסֵב	מוּסָב
분사 수동	סָבוּב						

우선 칼형의 두 번째 유형(II)은 규칙 동사와 동일하니 신경 쓸 것이 없습니다. 문제가 되는 것은 첫 번째 유형(I)이겠지요. 이 첫 번째 유형은 앞에서 배운 **아인-봐브(ע"ו) 동사**나 **아인-요드(ע"י) 동사**와 거의 비슷한 방식으로 작동합니다. 그러면 규칙 동사 변화에서부터 출발해 볼까요? 규칙 동사에서 칼 완료 변화는 다음과 같지요?

קָטַל (□ָ□ַ□)

이런 규칙 동사의 완료 변화를 סבב에 적용시켜보면 다음과 같습니다.

סָבַב (□ָ□ַ□)

그냥 이렇게 규칙 동사처럼 쓰는 것은 위의 도표에서 칼 완료 유형 중 II번이지요. 그런데 I번은 이와는 좀 차이가 납니다. I번 변화의 핵심은 히브리어가 동일한 자음이 두 번 연속되는 것을 극도로 싫어한다는 데 있습니다. 따라서 반복되는 자음 중 하나를 없애려고 듭니다. 바로 둘 중 앞에 나오는 것을 없애려고 합니다. 다음과 같습니다.

이렇게 되면 결국 **아인-봐브(ע"ו) 동사**나 **아인-요드(ע"י) 동사**와 마찬가지로 모음이 하나 남아돌게 되지요? 이런 경우 앞에서 배운 이런 두 유형의 경우는 사라진 자음 아래의 모음도 같이 사라지게 만들었습니다. 그런데 이 **아인 중복(ע"ע) 동사**에서는 그 앞의 모음을 사라지게 만든다는 점에서 미묘한 차이가 있습니다. 바로 다음과 같습니다.

이제 남은 자음들을 정리해주면 됩니다. 다음과 같습니다.

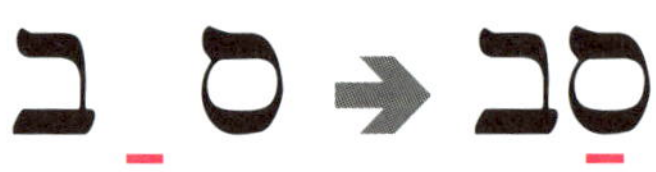

이렇게 해서 칼 완료 변화가 만들어졌습니다. 그러면 이제 미완료를 볼까요? 미완료도 약간의 돌변적인 요소가 없는 것은 아니지만 어느 정도까지는 규칙 동사에서 설명이 가능하기는 합니다. 일단은 규칙 동사의 칼 미완료를 만들어보면 다음과 같겠죠.

יִקְטֹל

יִ□ְ□ֹ□

이것을 **סבב**에 적용시켜 보면 다음과 같습니다.

יִסְבֹב

여기에서 일단 두 번째 자음 **ב**가 사라지려고 들겠죠. 다음과 같습니다.

יִסְ ֹב

이렇게 되면 모음이 남아 돕니다. 앞에서 여러 번 보았듯이 이런 경우 사라지는 자음 앞의 쉐바가 사라지게 되지요. 다음과 같이 됩니다.

יִס ֹב

자 이제 남은 자음과 모음을 합쳐주면 되겠지요.

יִסֹב

여기까지 되면 괜찮은데 아인 중복(ע"ע) 동사에서는 한 가지 조치를 더 취합니다. 그 조치는 두 갈래 방식으로 갈라집니다. 첫 번째 방식은 미완료 접두어의 모음을 "ㅏ"(□ָ)로 바꿔주는 것입니다. 두 번째 방식은 미완료 접두어는 놔두고 사라지는 자음 **ב** 대신에 그 앞의 자음에 이중점을 찍어주는 아주 희한한 길을 택합니다. 이 두 가지 방식을 써보면 다음과 같습니다.

I번 방식: יִסֹב → יָסֹב

II번 방식: יִסֹב → יִסֹּב

이 두 가지가 위의 도표의 칼 미완료 두 가지 유형이지요? 이제 명령형과 부정사 연계형은 위 두 가지 미완료에서 접두어를 떼어내면 됩니다. II번 유형의 경우에 ס 안에 이중점이 있지만 접두어가 떨어지면 이 ס은 단어 처음으로 나가게 되므로 결과적으로 남는 형태는 I, II번 모두 다음과 같습니다.

סֹב

역시 도표와 일치하지요.

부정사 연계형까지만 익히고 나면 칼의 나머지는 전부 규칙 동사처럼 움직이고 있으니까 따로 설명할 필요가 없습니다.

이제 니팔형으로 가보지요. 이 니팔형의 경우 역시 독특하게 움직입니다. 원래 규칙 동사라면 다음과 같겠지요.

נִקְטַל

נִ□ְ□ַ□

이것을 סבב에 적용시키면 다음과 같습니다.

נִסְבַב

일단 두 번째 자음 ב가 사라지고, 그 앞의 쉐바도 이와 함께 사라지겠지요. 다음과 같이요.

נִס_ב

남은 것을 합쳐주면 다음과 같이 됩니다.

נִסַב

여기에서 한 가지 조치를 더 취해줍니다. 위의 칼 미완료에서 접두어 יִ를 יָ로 만들어준 것처럼 이 니팔 완료에서도 נִ를 נָ로 바꿔줍니다. 다음과 같습니다.

칼 미완료 I번 방식: יִסֹּב → יָסֹב

니팔 완료: נִסַב → נָסַב

니팔 미완료는 이 완료형에 미완료 접두어 יִ를 다음과 같은 방식으로 붙여주면 됩니다. 우선 규칙 동사의 경우를 살펴볼게요. 규칙 동사에서의 니팔 변화는 다음과 같다는 것을 이미 많이 보았습니다.

יִנְקָטֵל → יִקְקָטֵל → יִקָּטֵל

즉 규칙 동사 니팔 미완료의 구성은 다음과 같습니다.

(1) 미완료 접두어: יִ

(2) 니팔형의 특징인 נ이 쉐바와 함께 옴

(3) 동사의 어간 세 자음과 해당 모음들

위의 세 가지 요소 중 두 번째 요소인 니팔형의 특징인 "נ + ְ"는 뒷자음에 동화되어 들어가서 결과적으로 יִקָּטֵל이 된 것을 아실 것입니다.

이제 위의 사항들을 סבב 동사에 적용해보도록 하지요. 우선 (3)에 해당하는 사항이 이 동사에서는 סַב가 된 것은 위에서 설명했습니다. 이제 이것에 니팔 미완료의 요소들인 위의 (1)과 (2)를 합쳐줘야죠. 다음과 같습니다.

סַב + יִנְ → יִנְסַב

자 이렇게 되면 다음 단계는 자동으로 떠오르지요? נְ이 뒷자음에 동화되어 이중점으로 들어가게 되겠지요? 다음과 같습니다.

יִנְסַב → יִסְסַב → יִסַּב

자 이 결과적인 모양이 니팔 미완료 도표와 일치하지요? 니팔 분사를 제외한 나머지 사항들은 이 미완료를 가지고 얼마든지 설명이 가능하니 생략하지요. 이미 다 아는 사항이긴 하지만 니팔 분사만 잠깐 보겠습니다. 기본적으로 니팔 분사는 니팔 완료형과 동일하지요. 그런데 끝음절의 모음이 "ㅏ"(ַ)가 오면 그것만 장모음 "ㅏ"(ָ)로 바꿔주면 됩니다. 다음과 같지요.

נָסַב (완료) → נָסָב

이 최종적인 형태가 도표와 일치하지요?

그럼 이제 히필형을 보도록 하겠습니다. 히필형 역시 기본적으로 이 **아인 중복(ע"ע) 동사**는 앞의 **아인-봐브(ע"ו) 동사**나 **아인-요드(ע"י) 동사**와 거의 비슷하게 움직입니다. 한 번 비교해보겠습니다.

아인-봐브(ע"ו) 동사: קוּם → הֵקִים

아인-요드(ע"י) 동사: שִׂים → הֵשִׂים

아인 중복(ע"ע) 동사: סבב → הֵסֵב

단지 차이라면 위의 두 유형과 달리 이 **아인 중복(ע"ע) 동사**는 끝음절이 순장모음 "ㅣ"(ִי)가 아니라 그보다는 짧은 장모음인 "ㅔ"(ֵ)라는 점 정도입니다.

히필 미완료는 칼 미완료의 두 가지 유형을 생각해보면 좀 쉽게 이해가 갑니다. 한 번 비교해보도록 하지요.

칼 미완료: יָסֹב יִסֹּב

히필 미완료: יָסֵב יַסֵּב

히필 미완료는 일단 기본적으로는 규칙 동사의 경우와 마찬가지로 יַ가 옵니다. 그런데 끝음절이 강세가 있는 음절인 סֵב이므로 그 앞의 개음절인 יַ가 액센트 법칙 1번에 따라 장모음 "ㅏ"(ָ)를 취하든지, 아니면 ס에 이중점을 찍어 그 앞을 폐음절을 만들고 יַ의 형태를 유지하거나 하는 거지요.

히필의 분사를 제외한 나머지 변화는 위의 두 가지 미완료 유형 중 첫 번째의 것을 따라가고 있습니다. 접두어만 경우에 맞게 적용시켜주면 되니 어려울 것이 없습니다.

히필 분사는 앞의 **아인-봐브(ע"ו) 동사**나 **아인-요드(ע"י) 동사**와 마찬가지로 마치 히필 완료에서 접두어만 ה에서 מ으로 바꿔준 것과 같은 모양을 하고 있습니다.

호팔형의 변화는 **아인-봐브(ע"ו) 동사**나 **아인-요드(ע"י) 동사**와 완전히 동일한 변화를 하고 있으므로 따로 설명할 것이 없습니다. 이 동사들의 변화에 대한 설명을 참고하십시오.

피엘, 푸알, 히트파엘의 경우 위의 **아인-봐브(ע"ו) 동사**에서 설명한 바와 같이 폴렐, 폴랄, 히트폴렐로 변화합니다. 역시 그곳의 설명을 참고하십시오. 이렇게 해서 드디어 약동사의 유형들에 대한 설명들이 끝이 난 것이나 마찬가지입니다.

13. 약동사 각론: 이중 약동사: עשׂה (G"פ + ל"ה) 등

지금까지 설명한 약동사의 변화들에 대한 설명들을 즐겼기를 바랍니다. 끝의 몇 개의 형태를 빼놓고는 히브리어 약동사 변화는 규칙 동사 변화를 제대로 익혔다면 거의 대부분의 사항들을 설명할 수가 있다는 점을 다시 한 번 이해하셨으면 합니다.

이 마지막 단원에서 보고자 하는 것은 이중 약동사입니다. 이름 그대로 한 동사에 두 가지 이상의 약동사 유형이 들어가 있는 것들이지요. 아래 도표는 **עשׂה**란 동사의 변화 도표입니다. 이 동사는 동사 어간의 첫 자음의 자리에 **ע**이란 후음이 옵니다. 즉 **페-후음(G"פ) 동사**에 해당되지요. 그리고 마지막 자음의 자리에는 **ה**가 옵니다. 즉 **라메드-헤(ל"ה) 동사**에 해당되지요. 이렇게 두 가지 유형의 약동사가 한 동사 내에 나타남으로써 변화가 복잡해집니다.

그러나 당황하실 필요는 없습니다. 그냥 침착하게 규칙 동사의 변화로부터 시작해서 차근차근 약동사 변화의 적용 사항들을 적용시켜 나가면 됩니다. 그럼 일단 도표를 볼까요?

	파알 (פָּעַל) (=칼)	니팔 (נִפְעַל)	피엘 (פִּעֵל)	푸알 (פֻּעַל)	히트파엘 (הִתְפַּעֵל)	히필 (הִפְעִיל)	호팔 (הָפְעַל)
완료	עָשָׂה	נֶעֱשָׂה				הֶעֱשָׂה	
미완료	יַעֲשֶׂה	יֵעָשֶׂה				יַעֲשֶׂה	
명령형	עֲשֵׂה	הֵעָשֵׂה				הַעֲשֵׂה	
부정사 연계형	עֲשׂוֹת	הֵעָשׂוֹת				הַעֲשׂוֹת	
부정사 절대형	עָשׂוֹה עָשֹׂה	נַעֲשׂוֹה נַעֲשֹׂה				הַעֲשֵׂה	
분사 능동	עֹשֶׂה	נַעֲשֶׂה				מַעֲשֶׂה	
분사 수동	עָשׂוּי						

위의 עשה 동사의 칼 완료형을 규칙 동사로부터 도출해보도록 하지요. 우선 עשה에 규칙 동사의 요소들을 적용시켜 보겠습니다.

עָשַׂה (□ָ□ַ□ קָטַל)

자 이렇게 하고 보면 문제가 생기지요? עשה는 끝자음이 ה가 오는 **라메드-헤(ל״ה) 동사**입니다. 이 유형의 약동사에서 끝자음 ה는 묵음이 되고, 대신에 그 앞의 단모음이 장모음이 되어야 합니다. 따라서 다음과 같이 되어야 합니다.

עָשַׂה → עָשָׂה

자 이 최종적인 결과물이 위의 도표의 칼 완료와 일치하지요. 이처럼 **이중 약동사**도 별로 걱정할 것이 없습니다. 규칙 동사로부터 차근차근 문제가 되는 항목들만 위에서 설명한 변화들을 적용시켜 주기만 하면 됩니다. 히브리어는 거의 절대 헬라어처럼 밑도 끝도 없는 어떤 돌발적인 변화가 나타나지는 않습니다. 규칙 동사 변화를 철저하게 익히고 나면 거의 항상 완벽한 논리적 설명이 가능하지요.

그러면 이제 칼 미완료를 좀 살펴볼까요? 이건 조금 더 복잡합니다. 왜냐하면 위의 완료형이 **라메드-헤(ל"ה) 동사**의 효력만 작용했던 반면에 이 미완료형의 경우에는 여기에 덧붙여 **페-후음(G"פ) 동사**의 요소도 함께 작용하고 있기 때문입니다. 그러면 이것 역시 규칙 동사 변화로부터 시작해보도록 하지요. **עשה**에 규칙 동사의 칼 미완료 변화의 요소들을 적용시키면 다음과 같습니다.

יִקְטֹל (יִ□ְ□ֹ□) יִעְשֹׂה

논의를 편하게 하기 위해 간만에 위의 미완료형의 음절을 나누어 보면 다음과 같습니다.

יִעְ | שֹׂה

① ②

먼저 뒷부분, 즉 ②번 음절은 규칙 동사에서는 모음이 "ㅗ"(□ֹ)이지만 동사의 끝자음이 ה로 끝나는 **라메드-헤(ל"ה) 동사**는 이 ה와 더불어 다음과 같은 형태를 취한다고 했습니다.

□ֶה

그러니 위의 2번 음절 역시 다음과 같이 되어야 합니다.

שׂה ➔ שֶׂה

이제 ①번 음절을 보겠습니다. 이 음절에서는 "페-후음(G"פ) 동사"의 성격이 발동합니다. 즉 이 음절의 문제는 동사 어간의 첫 번째 자음이자 후음인 ע 아래에 단순 쉐바(ְ◌)가 왔다는 점입니다. 후음의 중요한 특성 중의 하나는 단순 쉐바를 안 취하는 것이죠. 대신에 합성 쉐바를 취해야 합니다. 그러면 합성 쉐바 세 개(ֲ◌, ֱ◌, ֳ◌) 중 어떤 것을 취해야 할까요? 이 문제는 해당 쉐바 주변의 여러 가지 사항들을 통해 결정되는 것이지만 대체로 "ㅏ" 모음을 좋아하는 후음의 특성상 "ㅏ" 계열 합성 쉐바(ֲ◌)를 취하면 해결되는 경우가 많다는 점을 앞에서 여러 번 언급했습니다. 그러니 ①번 음절의 ע 자음 아래에도 이것을 찍어주면 됩니다. 다음과 같이 됩니다.

יִעְ ➔ יִעֲ

자 그러면 이제 한 가지 문제가 다시 발생했지요? ע 아래의 합성 쉐바와 그 앞의 모음이 일치하지 않습니다. 항상 이 둘을 일치시켜 줘야죠? 즉 다음과 같이요.

יִעֲ ➔ יַעֲ

이렇게 해서 ①번 음절의 변화가 끝이 났습니다. 이제 앞의 ②번 음절의 변화의 결과와 이 ①번 음절의 변화의 결과를 결합시키면 다음과 같습니다.

שֶׂה + יַעֲ = יַעֲשֶׂה

이 최종적인 결과를 위의 칼 미완료 도표와 확인해 보시기를 바랍니다. 정확히 일치하지요? 바로 이런 식으로 여러분이 이미 배운 사항들을 차근차근 적용시키면 이중 약동사든 뭐든 여러분이 다 만들어낼 수가 있습니다. 제가 수도 없이 강조한 바와 같이 히브리어는 외우는 게 아니라 간단한 원리를 활용하고 적용하는 법을 터득하는 것이라는 점만 기억하시면 여러분은 히브리어를 잘하실 수가 있습니다.

니팔형과 히필형의 변화는 특히 앞쪽, 즉 첫음절 쪽의 변화가 중요한데 그에 대해서는 **페-후음(G"פ) 동사**의 니팔형 변화에 대한 설명을 참고해서 한 번 여러분이 직접해보시기를 바랍니다. 이것을 잘 해내신다면 여러분은 이 책을 마스터하신 것이나 마찬가지입니다. 이제 마음 놓고 하산하셔도 될 것입니다.

그러나 하산하기 전에 재미있는 것 한 가지만을 살펴보도록 하겠습니다. 그것은 히필 미완료입니다. 위의 도표에 있는 것을 다시 가져와 보면 다음과 같습니다.

יַעֲשֶׂה

일단 이 히필 미완료가 이렇게 된 것을 설명해보지요. 먼저 규칙 동사의 히필 미완료의 요소들을 עשה에 적용시켜 보겠습니다.

(יַקְטִיל יַ□ְ□ִי□) יַעְשִׂיה

논의를 위해 음절 표시도 해보죠.

יַעְ | שִׂיה

① ②

②번 음절과 관련해서는 제가 앞에서 **라메드-헤(ל"ה) 동사**를 다룰 때 강

조한 바와 같이 칼이든 히필이든 가리지 않고 무조건 완료의 어미는 "ㅏ"(◌ָה), 미완료의 어미는 "ㅔ"(◌ֶה)가 된다는 점을 이야기했죠? 그 원칙대로 해주면 됩니다. 다음과 같지요.

שִׂיה → שֶׂה

이제 ①번 음절을 보지요. 후음인 ע 아래에 단순 쉐바(◌ְ)가 온 것이 문제가 되고 있죠? 이 단순 쉐바를 합성 쉐바로 바꿔주면 됩니다. 이 경우는 접두어 י 아래의 모음인 단모음 "ㅏ"(◌ַ)가 히필 미완료의 중요한 특징이므로 거기에 맞추어서 합성 쉐바를 취해줘야 합니다. 따라서 이 "ㅏ"(◌ַ)에 맞추어서 합성 쉐바도 "ㅏ" 계열 합성 쉐바(◌ֲ)를 취하면 다음과 같습니다.

יַעְ → יַעֲ

자 이제 ①번 음절과 ②번 음절의 결과를 합치면 다음과 같습니다.

שֶׂה + יַעֲ = יַעֲשֶׂה

흥미로운 것은 이렇게 만들어진 עשה의 히필 미완료의 변화가 칼 미완료의 변화와 동일하다는 점입니다. **라메드-헤(ל"ה) 동사**의 특성상 ②번 음절의 경우는 칼이든 히필이든 동일할 수밖에 없고, **페-후음(G"פ) 동사**의 특성을 띠는 ①번 음절은 칼과 히필이 변화의 과정은 틀리지만 결과는 같게 나올 수 있게 되어 있습니다. 이런 이유들로 해서 칼 미완료와 히필 미완료는 같아져 버립니다.

아주 흥미롭지요? 이런 내용을 굳이 다 기억할 필요는 없지만 여러분이 규칙 동사를 잘 익히고 나서 약동사를 만들어내는 방식을 잘 이해하고 나면 여러분은 위의 흥미로운 사항들을 즐기실 수가 있습니다.

	히필 (הִפְעִיל)
완료	הִכָּה
미완료	יַכֶּה
명령형	הַכֵּה
부정사 연계형	הַכּוֹת
부정사 절대형	הַכֵּה
분사 능동	מַכֶּה

이제 여러분은 정말 하산하셔도 됩니다만 재미있는 일들이 많이 벌어지는 이 **이중 약동사**를 가지고 한 번만 더 놀아보도록 하지요. 성경에서 아주 많이 쓰이는 동사 중 하나인 נכה(나카, "때리다"[smite], "쳐죽이다"[beat to kill])란 동사를 가지고 한 번 해보겠습니다. 구약성경의 전쟁 이야기에 항상 흔하게 나오는 동사니 여러분이 자주 만나게 됩니다. 이 동사는 칼 등은 없고 오직 히필과 그 수동형인 호팔로만 쓰입니다. 여기에서는 히필형 변화만 한 번 보도록 하지요.

이 동사가 어떤 약동사인지부터 한 번 살펴보지요. 이 동사는 어간의 끝자음이 ה이니 일단 **라메드-헤(ל"ה) 동사**입니다. 그리고 어간의 첫 자음이 נ이니 **페-눈(פ"ן) 동사**네요.

위의 사실들에 기초해서 히필형 변화를 한 번 살펴보겠습니다. 우선 히필 완료부터 해보겠습니다. 앞에서도 항상 그래왔듯이 일단 규칙 동사의 히필 완료의 요소들을 נכה에 적용시켜야겠지요? 다음과 같습니다.

הִקְטִיל (הִ□ְ□ִי□) הִנְכִיה

(경음점은 헷갈리니까 무시합니다)

일단 음절 표시를 해보겠습니다.

הִנְ | כִיה

① ②

우선 ②번 음절은 **라메드-헤(ל״ה) 동사**의 성격이 작용하죠? 칼이든 히필이든 가리지 않고 무조건 완료의 어미는 "ㅏ"(הָ◌), 미완료의 어미는 "ㅔ"(הֶ◌)가 된다는 것이 그것이죠? 그러니 ②번 음절은 다음과 같이 바뀌야 합니다.

כִיה → כָה

이제 ①번 음절 쪽으로 가보죠. 이 음절에서는 **페-눈(פ״ן) 동사**의 성격이 발동되지요? 보시다시피 נ 아래에 쉐바(◌ְ)가 왔습니다. 이러면 당연히 뒷자음에 동화되겠지요. 뒷자음은 ②번 음절에 들어있으므로 위의 ②번 음절의 변화의 결과물과 결합시켜서 נ의 동화과정을 살펴보겠습니다.

הִנְכָה → הִכְכָה → הִכָּה

미완료형도 앞에서 설명한 이유들을 다 동원해서 그 과정을 추적해보면 다음과 같이 됩니다.

יַנְכֶה → יַכְכֶה → יַכֶּה

이렇게 해서 얻어진 결과물인 נכה의 완료-미완료인 הִכָּה יַכֶּה (힠카, 약케)를 입에 배게 만들면 이 골치 아파 보이는 이중 약동사도 금방 정복됩니다.

드디어 제가 히브리어의 뼈대와 관련하여 가르칠 것들이 다 끝났네요. 이제 진짜 하산하셔도 돼요. 수고 많으셨어요.